MALTE HEYNEN

DER RAUBZUG DER BANKEN

VON EINEM, DER AUSZOG,
SEINE ERSPARNISSE ZU
RETTEN, UND ENTDECKTE,
WAS WIRKLICH MIT
UNSEREM GELD PASSIERT.

W0057696

KARL BLESSING VERLAG

Vorbemerkung:
Die in diesem Buch beschriebenen Finanztransaktionen und Finanzprodukte sind zum Teil hochkomplex. Der hier verfolgte Ansatz, einen auch für Nicht-Experten verständlichen Blick hinter die Fassade der Finanzbranche zu werfen, hat es deshalb hier und da erforderlich gemacht, Sachverhalte und Abläufe zu vereinfachen, um das Wesentliche herauszuarbeiten. Für ergänzende Einblicke wird ausdrücklich auf die zahlreichen Fußnoten verwiesen.

MIX
Papier aus verantwor-
tungsvollen Quellen
FSC www.fsc.org   **FSC® C014496**

Verlagsgruppe Random House FSC-DEU-0100
Das für dieses Buch verwendete
FSC®-zertifizierte Papier *Super Snowbright*
liefert Hellefoss AS, Hokksund, Norwegen.

1. Auflage 2012
Copyright © by Karl Blessing Verlag, München,
in der Verlagsgruppe Random House GmbH
Umschlaggestaltung: Hauptmann und Kompanie Werbeagentur, Zürich
Bildredaktion: Annette Mayer
Satz: Leingärtner, Nabburg
Druck und Einband: GGP Media GmbH, Pößneck
Printed in Germany
ISBN 978-3-89667-487-6

www.blessing-verlag.de

MALTE HEYNEN

DER RAUBZUG
DER BANKEN

INHALTSVERZEICHNIS

Für Jule

WIE DIE IDEE FÜR DIESES BUCH ENTSTAND

Alles begann Anfang 2007: Damals wollte ich eigentlich nur mein Erspartes vor der Wirtschaftskrise retten. Ich hatte schon viele Jahre vorher angefangen, Aktien zu kaufen: als Student. Während meines Studiums hatte ich durch die Arbeit als freier Journalist Geld verdient, unter anderem beim *Bayerischen Rundfunk*, und einen Teil davon in Aktien investiert. Seitdem las ich auch oft die Wirtschaftsteile von ZEIT und FAZ. Doch Anfang 2007 veränderte sich etwas: Ich las nicht mehr nur – ich begann, intensiv zu recherchieren. Denn mehr und mehr stieß ich auf Vorgänge, die aus einem Wirtschaftskrimi stammen könnten, die aber real waren.

Ich arbeite seit mehr als 20 Jahren als Journalist, zunächst für Radio und Zeitung, später für das Fernsehen, und habe in dieser Zeit meine Begeisterung für die Recherche nie verloren. Ich liebe es, hinter die Kulissen zu schauen und so lange Indizien zusammenzutragen, bis sich ein klares Bild der Wirklichkeit ergibt. Diese Begeisterung für das Entdecken und Nachforschen versuche ich an andere weiterzugeben: Seit einigen Jahren bilde ich Journalisten aus und berate Redaktionen.

Anfang 2007 warnten Experten vor einem Börsencrash, nicht viele zwar, aber ihre Argumente klangen überzeugend. Ich begann, mehr über das Thema zu lesen. Die Warnungen erschienen mir immer einleuchtender. Merkwürdig nur: Im Laufe des Jahres

2007 stiegt der DAX von 6.600 auf über 8.000 Punkte. Hatten die Crashpropheten doch Unrecht? Zum Glück hatte ich mich noch nicht dazu durchringen können, meine Aktien zu verkaufen: Der Wert meines Depots stieg um 15 Prozent. Die Warner waren ja auch nur eine kleine Minderheit: Die meisten Analysten, also die Experten der Banken, rieten zum Kauf von Aktien und verkündeten neue Rekordziele für den Dax.

Da erinnerte ich mich an den Crash des »Neuen Marktes« in Deutschland, bei dem ich einige tausend Euro verloren hatte. Ich kramte einen alten Artikel heraus, aus einem Magazin der *Deutschen Bank*. Sie hatte im November 2000 ihren Kunden empfohlen, Aktien am *Neuen Markt* zu kaufen, insbesondere die Medienfirma EM.TV. Deren Aktie hatte bereits zwei Drittel ihres Wertes verloren,[1] doch die *Deutsche Bank* schrieb unverdrossen: »Anlage-Strategie Privatkunden bewertet die Kursrückgänge am Neuen Markt als übertrieben. […] Ein […] Beispiel für das vorherrschende schlechte Marktsentiment, bei dem fundamentale Daten nicht beachtet werden, sondern Nervosität und Unsicherheit die Oberhand behalten, ist EM.TV.«[2] Als diese Empfehlung ausgesprochen war, fiel der Kurs von EM.TV weiter wie ein Stein, und bereits im Dezember 2000 war die Aktie nur noch 6 Euro wert. Sie hatte seit ihrem Höchststand 95 Prozent verloren.

Fast alle Banken hatten damals bis kurz vor dem Crash empfohlen, Aktien am *Neuen Markt* zu kaufen. Die Kurse dieser Internet- und Medienunternehmen waren ja auch jahrelang nach oben geschossen, nur um dann genauso schnell wieder abzustürzen.

---

[1]   Höchststand EM.TV war 115,50 €, Ende Oktober 2000 lag der Kurs bereits bei 38,01 €.

[2]   S. H.: »Neuer Markt – Nervosität bei Wachstumswerten«, *Private Banking* (Kundenmagazin der *Deutschen Bank*), 11-2000. Redaktionsschluss war frühestens am 24.10.2000.

Im Jahr 2000 hatte ich das alles etwas verwundert an mir vorüberziehen lassen. Jetzt, sieben Jahre später, war ich zumindest ein bisschen klüger. Ich kannte nun die Hintergründe: EM.TV und viele andere Firmen am *Neuen Markt* hatten die Anleger hinters Licht geführt. Sie hatten mit ihren Börsengängen Millionen eingenommen. Die Manager dieser Firmen sorgten dafür, dass einige dieser Millionen auf ihren Privatkonten landeten. Der Trick dabei: Die Börsengänge brachten nur deshalb so viel Geld, weil EM.TV und andere Firmen ihre Geschäftsaussichten vollkommen übertrieben dargestellt hatten. Deshalb steckten viele Anleger viel Geld in unsolide Unternehmen. Und die »Analysten«, die Experten der Banken, hatten die Euphorie angefacht. Inzwischen wusste ich, warum: Analysten empfehlen viel häufiger, Aktien zu kaufen, als sie zu verkaufen. Denn ihre Arbeitgeber verdienen nun einmal viel mehr bei steigenden Aktienkursen.

Ich wollte mehr wissen, las Berichte über den Japan-Crash, den Bilanzfälschungsskandal des US-Konzerns *Enron*, die Asienkrise, die Weltwirtschaftskrise der dreißiger Jahre. Was ich las, verdichtete sich zu einem erschreckenden Bild: Immer wieder spielen Finanzmärkte vollkommen verrückt, und zwar jahrelang. Einzelne Personen verdienen durch die Euphorie Millionen. Und zurück bleibt jedes Mal ein riesiger wirtschaftlicher Schaden: Milliarden werden in Projekte geleitet, die Geld vernichten, statt Mehrwert zu schaffen. Immer wieder versagen die Finanzmärkte also bei ihrer wichtigsten Aufgabe, nämlich wertvolles Kapital dorthin zu leiten, wo es hingehört: in solide, wirtschaftlich sinnvolle Projekte.

Im Laufe des Jahres 2007 wurde mein Interesse immer größer: Standen wir wieder vor einem gewaltigen Börsencrash? Diesmal ging es nicht nur um einige Internetfirmen. Diesmal ging es um die Weltwirtschaft. Das Szenario der Warner: Die USA seien die Wirtschaftslokomotive der Welt. Ein Viertel der Weltwirtschaftsleistung konzentriert sich in diesem einen Land. Doch der jahrelange Boom dort sei nur künstlich. Banken auf der ganzen Welt hätten Millionen von US-Privathaushalten immer höhere Kredite gegeben. Ob diese Haushalte kreditwürdig waren, hätten die Banken oft nicht geprüft. Immer mehr Geld sei an immer schlechtere Schuldner gegangen. Allein dieses zusätzliche Geld habe den Boom angetrieben. Konsum auf Pump. Doch jede Kreditorgie sei irgendwann zu Ende. Und dann drohe ein Einbruch der Weltwirtschaft und aller Börsen.

Im Jahr 2006 hatte ich selbst mit einigen Wohnungseigentümern in den USA gesprochen: Ich arbeitete mit einem Kamerateam im Trump World Tower, dem höchsten Wohnhaus von New York. Wir drehten einen Fernsehbeitrag über dieses Hochhaus, in dem die Millionäre unter sich waren: Selbst die billigsten Wohnungen in den unteren Etagen kosteten eine halbe Million Dollar. Eine der Bewohnerinnen erzählte mir, sie habe ihre Eigentumswohnung als sichere Geldanlage gekauft. Ich fragte sie, ob sie keine Angst habe, mit diesem Investment Verluste zu machen. Ihre schlichte Antwort: Nein, die Preise für Immobilien seien ja jahrelang nur gestiegen. Daraus könne man ableiten, dass sie auch in Zukunft weiter steigen würden. Später las ich, dass die Investitionen mancher Banken sogar auf noch gewagteren Annahmen beruhten als der Wohnungskauf dieser Frau: Sie konnte nur bei fallenden Immobilienpreisen Geld verlieren – die Banken dagegen schon dann, wenn die Preise auf der Stelle traten. So extrem waren die Finanzwetten, die sie abgeschlossen hatten.

Schon damals sprachen viele Indizien dafür, dass die Immobilienpreise nicht nur auf der Stelle treten, sondern drastisch einbrechen würden.

Je mehr ich herausfand, desto schwieriger schien es, eine Antwort auf die entscheidende Frage zu finden: Welche Geldanlage ist in einer solchen Krise noch sicher? Vieles probierte ich aus, das meiste verwarf ich wieder. Manches aus ethischen Gründen. Manches, weil ich immer mehr über die Finanzmärkte lernte und so nach und nach erkannte, dass oft versteckte Risiken in Investments lauern, die von den »Analysten« in renommierten Medien empfohlen werden. Im Laufe der Jahre kaufte und verkaufte ich unter anderem: Anteile an einem Hedgefonds, Aktien einer Forstfirma in China, Gold, Bundesanleihen und Aktien von Immobilienfirmen. Inzwischen weiß ich mehr darüber, was eine Geldanlage wirklich sicher macht, doch der Weg zum Wissen verlief im Zickzack. Unter dem Strich gelang es mir immerhin, einen kleinen Gewinn zu erzielen.

Gleichzeitig passierte noch etwas viel Wichtigeres: Das Thema selbst packte mich. Ich wollte den Dingen auf den Grund gehen. In diesen Jahren bin ich auf beunruhigende Rechercheergebnisse renommierter Wissenschaftler, Journalisten und Brancheninsider gestoßen: Die aktuelle Krise verläuft offensichtlich nach einem ähnlichen Muster wie die Internetblase – nur in viel größerem Maßstab. Einige Akteure haben die Blase immer weiter aufgepumpt. Sie haben riesige Summen in die falschen Kanäle gelenkt, denn sie verdienen an diesen Fehlinvestitionen. Damals verdienten sie Millionen, heute Milliarden.

Und inzwischen verdienen die Akteure auch noch durch die Hilfszahlungen der Staaten und Zentralbanken. Hunderte von Milliarden Euro fließen in das Bankensystem. Je weiter ich recherchierte, desto mehr erhärtete sich der Verdacht, dass dieses Geld die Probleme nicht löst, sondern vor allem ein marodes System noch eine Weile am Leben erhält.

Der Crash kann schon morgen kommen, oder erst im Jahr 2017. Doch dass er kommen wird, dafür gibt es leider erdrückende Indizien. Wir haben nur noch eine Chance: Die Politik muss das Ruder schnell herumreißen.

Immer mehr Schuldnern weltweit droht die Zahlungsunfähigkeit, zum Beispiel in den USA, Großbritannien, Spanien, Griechenland, China und Australien. Wir stehen wahrscheinlich vor dem gewaltigsten Wirtschaftscrash der Geschichte. Das Loch, in das wir fallen werden, könnte tiefer sein als während der berüchtigten Weltwirtschaftskrise der dreißiger Jahre. Im Jahr 2012 zeichnet sich ein ähnliches Szenario ab wie damals – die massenhafte Pleite von Schuldnern – doch die Ausgangslage ist weit dramatischer. Noch nie in der Geschichte der Menschheit gab es so viele notleidende Kredite. Wir haben ein Schuldengebirge geschaffen, gewaltig und voller Risse.

ÜBERBLICK: DIE KONSTRUKTIONS-FEHLER DES BANKENSYSTEMS UND IHRE DRAMATISCHEN FOLGEN

Exportware faule Kredite – die dubiosen Deals der Deutschen Bank

New York, 8. Februar 2007: Im Wolkenkratzer der *Deutschen Bank* an der Wall Street Nummer 60 werden zwei brisante E-Mails verschickt. Absender der Mails: Managing Director Michael Lamont, der sein Büro in der 19. Etage hat.[1]

An jenem 8. Februar herrscht Panik im *Deutsche-Bank*-Hochhaus. Michael Lamont und seine Kollegen haben Angst, dass ein gewaltiger Deal platzen könnte. Der Deal trägt den Namen »Gemstone VII«, also Edelstein 7. Michael Lamont weiß: Wenn die *Deutsche Bank* diesen Deal abschließt, wird sie 6,79 Millionen Dollar Provision kassieren und Kreditrisiken im Umfang von mehreren hundert Millionen Dollar auf ihre Kunden abschieben. Doch es ist alles andere als sicher, dass der Plan aufgeht.[2]

In dieser Situation verschickt Lamont seine beiden E-Mails: »Wir müssen es verkaufen, solange wir noch können«, drängt er um 10:14 Uhr einen Mitarbeiter, der ebenfalls in der 19. Etage des

---

[1] *United States Senate, Permanent Subcommittee on Investigations*: »Wall Street and the Financial Crisis«, 13.04.2011. (im Folgenden »*Senatskommission*«). *Footnote Exhibits*, S. 2151.

[2] *Senatskommission*, S. 351, 352. Alle fremdsprachigen Quellen: Übersetzung durch den Autor.

Deutsche-Bank-Hochhauses seinen Arbeitsplatz hat. Keine zwei Stunden später mailt Lamont dem Mitarbeiter eines Hedgefonds in Dallas, der an der Konstruktion von *Gemstone VII* maßgeblich beteiligt ist: »Daumen drücken, aber ich glaube, wir können es gerade noch absetzen, kurz bevor der Markt in den Abgrund stürzt.«[1]

Gemstone VII wird später für die *Deutsche Bank* ein Erfolg werden – aber nicht für ihre Kunden. Weniger als sechs Monate nach dem Abschluss des Deals bricht 6.036 Kilometer von New York entfernt die *Industriekreditbank* (IKB) zusammen, und die deutschen Politiker schaffen hektisch viele Milliarden Euro Steuergelder zu ihrer Rettung herbei. *Gemstone VII* ist eine der Ursachen für den Zusammenbruch der IKB. Doch der Reihe nach.

Geschäfte wie *Gemstone VII* machten Lamont und seine Kollegen damals fast im Monatsrhythmus.[2] Die *Deutsche Bank* war Teil einer gigantischen Maschinerie, die die Großbanken seit den neunziger Jahren errichtet hatten: ein System zum weltweiten Weiterverschieben von Kreditrisiken. Es ist bis heute in Betrieb.[3]

Vereinfacht gesagt funktionierte das System so: Sobald eine Bank einen Kredit vergibt, erhält sie normalerweise monatliche Ratenzahlungen des Schuldners, der den Kredit abstottern muss. In der neuen Welt der Banken funktionierte dies ganz anders. Die Bank, zum Beispiel in den USA, verpflichtete sich, alle zukünftigen Zahlungen des Schuldners in die Maschinerie umzuleiten. Im Gegenzug erhielt sie einen hohen einmaligen Betrag.

---

[1] *Senatskommission*, a. a. O., S. 366. *Footnote Exhibits* der *Senatskommission*, S. 2131, 2145.

[2] *Senatskommission*, S. 10: Von 2004 bis 2008 gab es 47 ähnliche Deals, so genannte CDOs.

[3] Aufgrund der Lage der Finanzmärkte ist der Betrieb zurzeit verlangsamt, jedoch nicht eingestellt.

Sie war damit das Risiko los, dass der Schuldner eines Tages bankrottgehen könnte.

Das Risiko steckte nun in der Maschinerie, und die spuckte es irgendwo anders auf der Welt wieder aus, bei der *Industriekreditbank* in Deutschland beispielsweise. Dort lief der Deal umgekehrt: Die Bank zahlte einen hohen einmaligen Betrag in das System ein, und erhielt im Gegenzug das Versprechen, dass sie alle zukünftigen Ratenzahlungen des Schuldners in den USA erhalten würde. Im Grunde war es so, als hätte die *Industriekreditbank* den Kredit in den USA selbst vergeben, denn sie trug jetzt das Risiko eines Zahlungsausfalls.

Dieses Weiterverschieben von Kreditrisiken rund um den Globus nennt man »Verbriefung« (*securitization*). Angeblich verschob die Verbriefungsmaschinerie jedes Kreditrisiko genau zu demjenigen, der es am besten tragen konnte. Doch in Wirklichkeit landete das Risiko oft bei demjenigen, der es am meisten unterschätzte.

Denn das System hatte schwerwiegende Konstruktionsfehler. Es gab in seinem Inneren viele Akteure, die vor allem ein Interesse hatten: Dass die Verbriefungsmaschinerie immer schneller lief und dabei viel Geld ausspuckte. Großbanken, Ratingagenturen und Hedgefonds kassierten für jeden verschobenen Kredit gewaltige Provisionen – weitgehend unabhängig davon, ob der Kredit später zurückgezahlt wurde oder nicht.[1] Das galt sogar für denjenigen, der die Kredite bewilligte. Seine Provisionen waren oft dann am höchsten, wenn er möglichst viele Kredite vergeben konnte, egal an wen. Kurzum: Die Maschinerie wurde immer mehr zu einem Räderwerk zur massenhaften Erzeugung von faulen Krediten.

---

[1] Manche dieser Akteure behielten einen Teil des Risikos in ihren Büchern, was jedoch (aus diversen Gründen) nichts am Grundproblem änderte.

Gemstone VII gehörte zu diesem Räderwerk. Mit dem Deal wollte die *Deutsche Bank* Kreditrisiken im Umfang von 1,1 Milliarden Euro verschieben, unter anderem an die *Commerzbank* in Frankfurt und die *Industriekreditbank* (IKB) in Düsseldorf. Hinter *Gemstone VII* standen Tausende von Schuldnern in den USA, meist Hauseigentümer, die einen Immobilienkredit aufgenommen hatten.[1] *Gemstone VII* war eine Art Paket, in das jeden Monat die Ratenzahlungen dieser Schuldner gepackt wurden. Wenn man einen hohen einmaligen Betrag zahlte, konnte man sozusagen einen Anteil an dem Paket erwerben, und würde in Zukunft regelmäßig von den Ratenzahlungen aus den USA profitieren. Ein Anteil an *Gemstone VII* war wie ein Sparbuch mit besonders hohen Zinsen. Allerdings ein Sparbuch, das einem jederzeit weggenommen werden konnte, wenn viele Schuldner in den USA pleitegingen und die Zwangsversteigerungen ihrer Häuser zu wenig einbrachten. Genau das sollte bei *Gemstone VII* passieren.[2]

Bis die *Deutsche Bank* Käufer gefunden hatte, war sie selbst das Zwischenlager für das Paket. Sie trug also für mehrere Wochen das Risiko möglicher Zahlungsausfälle.[3] Michael Lamont aus der 19. Etage des *Deutsche-Bank*-Wolkenkratzers wollte das Paket deshalb am 8. Februar 2007 so schnell wie möglich verkaufen. Doch die Kunden zögerten. *Gemstone VII* bestand zu einem Drittel aus *Subprime*-Schuldnern, also Personen, bei denen das Risiko von Zahlungsausfällen besonders hoch war.[4]

---

[1] *Senatskommission*, S. 331, 350, 369, 510.

[2] Tatsächlich gab es noch mehr versteckte Risiken in dem Deal, denn *Gemstone VII* war ein besonders komplexes Finanzprodukt namens CDO (S. 173 ff.) und enthielt unter anderem Derivate (S. 74 ff.).

[3] *Senatskommission*, S. 252. Bei Verlusten übernahm der Hedgefonds HBK die ersten 80 Mio Dollar, alle darüber hinausgehenden Verluste trug die *Deutsche Bank*.

[4] *Senatskommission, Footnote Exhibits*, S. 1436 (Vorläufige Verkaufspräsentation zu *Gemstone VII*).

Bis dahin war die Kreditverkaufsmaschinerie der *Deutschen Bank* auf Hochtouren gelaufen: Die Bank hatte Kreditpakete im Wert von vielen Milliarden Dollar an Käufer in aller Welt verschoben. Mit jedem Paket verdiente sie Millionen. Doch jetzt stockte die Maschinerie, die Kunden wurden langsam misstrauisch, weil immer mehr Warnzeichen auftauchten. Irgendetwas stimmte nicht mit den Immobilienkrediten aus den USA. Am frühen Morgen des 8. Februar 2007, einige Stunden bevor Michael Lamont die beiden brisanten E-Mails verschicken sollte, war wieder eine neue Warnung eingetroffen: Die Nachrichtenagentur Bloomberg hatte gemeldet, dass immer mehr Schuldner in den USA zahlungsunfähig wurden und dass bei der internationalen Großbank HSBC unerwartete Verluste mit US-Immobiliengeschäften drohten, wie zuvor schon bei anderen Banken.[1]

Noch während die *Deutsche Bank* verzweifelt versuchte, *Gemstone VII* zu verkaufen, verlor das Paket immer weiter an Wert.[2] Kein Wunder: Einige Bestandteile des Pakets waren so marode, dass ein Chefhändler der *Deutschen Bank* sie als »Scheißdreck« und »Schweinerei« bezeichnet hatte.[3] Dieser Händler namens Greg Lippmann machte sogar heimlich einige seiner Kunden auf genau diese Bestandteile aufmerksam, damit sie auf deren Zahlungsausfall wetten konnten. Lippmann selbst wettete auch auf einen Zusammenbruch des US-Wohnungsmarkts und sollte damit später 1,5 Milliarden Dollar Gewinn für die *Deutsche Bank* erzielen.[4]

---

[1]   Christine Harper, Chia-Peck Wong: »HSBC to Boost Loan-Loss Provisions on Bad Mortgages (Update 8)«, *Bloomberg.com*, 08.02.2007, 05:02 Uhr *Eastern Standard Time* (u. a. New York).

[2]   *Senatskommission*, S. 367–369.

[3]   Senatskommission, S. 359. Die Bestandteile waren u. a. sogenannte RMBS (siehe S. 128).

[4]   *Senatskommission*, S. 340, 354–363, Dennoch machte die *Deutsche Bank* mit Wetten auf den US-Immobilienmarkt unter dem Strich Milliardenverluste, siehe unten.

Nach Angaben aus dem Umfeld der Düsseldorfer *Industriekreditbank* soll die Bank am 8. Februar eine Verkaufspräsentation für *Gemstone VII* erhalten haben, also genau an dem Tag, an dem Michael Lamont seine beiden Mails abschickte.[1] Tatsächlich existiert eine Präsentation mit diesem Datum, erstellt von der *Deutschen Bank* und einem Hedgefonds. Sie listet auf rund 60 Seiten diverse Vorteile des Kreditpakets auf. So heißt es, fast 73 Prozent des Pakets seien von den Ratingagenturen mit der bestmöglichen Note bewertet worden.[2]

Ende Februar 2007 sah die Verkaufstruppe der *Deutschen Bank* ihre Felle davonschwimmen: Sie hatte immer noch nicht genügend Käufer für das Paket gefunden. Die Chefs der *Deutschen Bank* versprachen der Verkaufstruppe Sonderzahlungen, Boni, wenn sie für den Rest der Anteile doch noch Kunden finden könnte.[3]

Am 15. März 2007 wurde der *Gemstone-VII*-Deal geschlossen. Die *Deutsche Bank* hatte nur Anteile für 700 Millionen Dollar verkauft – statt wie geplant für 1.100 Millionen Dollar.[4]

Nur 16 Monate später, im Juli 2008, hatten die Ratingagenturen das gesamte Paket auf Ramsch-Status heruntergestuft. Die Investoren, die Anteile an *Gemstone VII* gekauft hatten, verloren fast ihr gesamtes Geld.[5] Es sind unter anderem die *Commerzbank*

---

[1] Vgl. Hesse, Pauly, Schulz, Seith: »USA against Deutsche Bank«, Der Spiegel, 05/2012, S. 68.

[2] *Senatskommission, Footnote Exhibits*, S. 1428 ff., S. 1435. Bezogen auf den Wert der *Tranches*.

[3] *Senatskommission*, S. 367: »Deutsche Bank attempted to motivate its employees to sell Gemstone 7 by providing special incentives to its sales force for selling the deal.«

[4] *Senatskommission*, S. 369–370.

[5] *Senatskommission*, S. 332. Definition von Ramsch (*junk*): Rating unterhalb von BBB-/Baa3 (S. 27).

und die *Industriekreditbank*, letztere hatte 87 Millionen Dollar in den gefährlichen Deal investiert.[1]

Die offizielle Untersuchungskommission des US-Senats zur Finanzkrise erhebt schwere Vorwürfe gegen die *Deutsche Bank*: Sie habe sehr viele Informationen vor den Käufern von *Gemstone VII* verborgen, unter anderem, dass Chefhändler Greg Lippmann »extrem negative Ansichten über ein Drittel« des Paketes gehabt habe. Zudem hätten die Kunden nicht erfahren, dass das Paket bereits Verluste von 19 Millionen Dollar machte, noch während es bei der *Deutschen Bank* zwischengelagert wurde.[2]

Seitenlang listet der Bericht der Senatskommission weitere schwerwiegende Vorwürfe auf und belegt sie durch Zeugenaussagen und E-Mails. So habe die *Deutsche Bank* auch Kreditpakete aus ihrem eigenen Bestand an *Gemstone VII* verschoben, und dafür 27 Millionen Dollar kassiert.[3] Die Kommission präsentiert E-Mails von Chefhändler Greg Lippmann, in denen er die meisten dieser Kreditpakete aus dem Bestand der *Deutschen Bank* als gefährlich kritisiert. Über eines davon schreibt er beispielsweise: »WAS IST DAS NUR FÜR EIN SCHEISSDEAL«.[4] Noch im gleichen Monat verkauft einer von Lippmanns Händlern genau dieses Kreditpaket an *Gemstone VII*. Allein dieser Verkauf hat

---

[1]   Hesse, Pauly, Schulz, Seith: »USA against Deutsche Bank«, Der *Spiegel*, 05/2012, S. 68.

[2]   *Senatskommission*, S. 11, 332, 368. Wertverlust laut internen Schätzungen der *Deutschen Bank*. Mehrere Kunden, die sich nach dem aktuellen Wert erkundigten, erhielten nicht die alarmierende Zahl der *Deutschen Bank*, sondern eine weit positivere Schätzung des Hedgefonds HBK aus Dallas.

[3]   *Senatskommission*, S. 361–363. Bei den »Kreditpaketen« handelte es sich um so genannte RMBS. Die Auswahl der Pakete traf offiziell der Hedgefonds HBK, aber in Absprache mit der *Deutschen Bank*, die ein Vetorecht hatte (*Senatskommission*, S. 354).

[4]   *Senatskommission*, S. 361. »DOESNT THIS DEAL BLOW«. »It Blows«: Slang, etwa: »Das ist Scheiße«.

einen Umfang von 10 Millionen Dollar. Das Fazit der Senatskommission:»Die *Deutsche Bank* hat es also zugelassen, dass *Gemstone VII* ein Kreditpaket von 10 Millionen Dollar kauft, das die Händler der Bank als minderwertig einstufen. Die Bank hat ihr eigenes finanzielles Risiko an ihre Kunden abgeschoben.«[1]

Die Untersuchungskommission des Senats durchleuchtet noch viele weitere fragwürdige Geschäfte der *Deutschen Bank*, nicht nur mit *Gemstone VII*. Die Senatoren stellen die *Deutsche Bank* als warnendes Beispiel heraus, neben der umstrittenen US-Investmentbank *Goldman Sachs*.

Die Senatoren kritisieren beide Banken scharf:»Die beiden Fallstudien [...] offenbaren eine Vielzahl von beunruhigenden und manchmal missbräuchlichen Praktiken.«[2] Unter anderem kritisiert der Abschlussbericht folgende Praktiken:»*Goldman Sachs* und *Deutsche Bank* verkauften Pakete mit Krediten, die von *Subprime*-Kreditgebern stammten, die für ihre leichtsinnige und riskante Kreditvergabepraxis bekannt waren. [...] Sie halfen den Kreditgebern auch, an frisches Kapital zu kommen, sodass diese Kreditgeber noch mehr hoch riskante und mangelhafte Kredite erzeugen konnten.«[3]

Die Investmentbanker, so der Senatsbericht, kassierten für bestimmte Kreditpakete Gebühren von fünf bis zehn Millionen Dollar, daher hatten sie »starke finanzielle Anreize, weiter [solche Kreditpakete] herauszugeben, auch bei nachlassendem Interesse der Investoren und bei mangelhaften Krediten.« Denn ein Rückgang des Geschäfts, so der Bericht weiter, hätte »niedrigere Boni für die Manager« bedeutet.[4]

---

[1]   *Senatskommission*, S. 361. Der Name des Kreditpakets:»ACE 2006-HE1 M10«.

[2]   *Senatskommission*, S. 319.

[3]   *Senatskommission*, S. 11.

[4]   *Senatskommission*, S. 332. Es geht hier um sogenannte CDO-Kreditpakete, Details folgen.

Ich halte die Schlussfolgerungen der Untersuchungskommission für überzeugend. Die Kommissionsmitglieder haben sehr gründlich gearbeitet: Sie haben sich – wie ein guter Staatsanwalt – Hunderte von vertraulichen Dokumenten besorgt, sie haben Zeugen befragt, Mitschnitte von Telefonaten und interne E-Mails ausgewertet, und alle Ergebnisse in einem 650 Seiten langen Bericht mit 2849 Fußnoten dokumentiert. Allein für die Untersuchungen zur *Deutschen Bank* haben die Kommissionsmitglieder Tausende Dokumentenseiten gesichtet, bei Anhörungen und Hintergrundgesprächen viele Beteiligte befragt, und darüber hinaus Experten von Forschungseinrichtungen, Banken und Aufsichtsbehörden zu Rate gezogen.[1]

~

Was geschieht wirklich hinter den Kulissen der *Deutschen Bank* und anderer Banken? Wie gefährlich sind die Konstruktionsfehler des Bankensystems für uns alle? Und was müssen wir jetzt tun, um das Schlimmste noch zu verhindern? Dieses Buch wird Indizien zusammentragen, um Antworten auf diese Fragen zu finden.

Die Berichte von Untersuchungskommissionen, Staatsanwälten, investigativen Journalisten, Wissenschaftlern und Bankeninsidern werden sich zu einem erschreckenden Bild zusammenfügen. Das Bild einer Finanzindustrie, die in den letzten 30 Jahren die Spielregeln der Wirtschaft auf absurde Art verzerrt hat; die einen bedrohlichen Berg aus faulen Krediten geschaffen hat; und die weiterhin den kurzfristigen Profit über alles andere stellt.

Mehr noch: Dieses Buch wird aufzeigen, dass eine kleine Gruppe von Mächtigen in den Großbanken die Marktwirtschaft

---

[1] *Senatskommission*, S. 333.

de facto abgeschafft hat. Bis heute vermitteln manche Berichte in der Wirtschaftpresse das Bild, die Finanzmanager seien Leistungsträger, die mit innovativen Finanzprodukten die Wirtschaft voranbringen. Doch in Wirklichkeit belohnen die neuen Spielregeln der Banken nicht Leistung, sondern Versagen. Der Alltag in der neuen Bankenwelt sind Gewinne auf Kosten der Kunden und Geschäfte, die dem Einzelnen Profit bringen, aber für die Gesamtwirtschaft schädlich, ja lebensbedrohlich sind.

Ich kann die Empörung von Altkanzler Helmut Schmidt verstehen, wenn er in der *ZEIT* schreibt, das Wort Investmentbanker sei »nur ein Synonym für den Typus Finanzmanager, der uns alle, fast die ganze Welt, in die Scheiße geritten hat und jetzt schon wieder dabei ist, alles wieder genauso zu machen, wie er es bis zum Jahre 2007 gemacht hat.«[1]

Die folgenden 28 Seiten werden zunächst einen Überblick darüber geben, wie gefährlich die aktuelle Lage ist und wie sehr bis heute schädliche Geschäftsmodelle das Bankensystem verseuchen. Dieser Überblick wird dann später durch detailliertere Schilderungen und Indizien ergänzt.

Der bedrohliche Berg aus notleidenden Krediten

Nie zuvor hat die Menschheit so hohe Schuldenberge aufgetürmt wie heute.[2] Als es im Oktober 2008 in den USA zum Börsencrash kam, hatten Firmen und Privathaushalte Schulden von 293 Prozent der Wirtschaftsleistung angehäuft. Seit der Nachkriegszeit haben sich also in den USA die Schulden des Privatsektors ver-

---

[1] Helmut Schmidt: »Das Geldhaus«, *ZEIT Online*, 14.07.2011.

[2] Jedem Schuldner steht ein Gläubiger gegenüber. Unter dem Strich gleichen sich Schulden und Guthaben der Weltbevölkerung daher aus. »Schuldenberg« bedeutet also: Einige Akteure verschulden sich immer stärker gegenüber anderen. Warum das gefährlich ist, wird später im Detail erläutert.

fünffacht. Der Verschuldungsgrad ist sogar deutlich höher als Ende der zwanziger Jahre, kurz vor dem Beginn der Weltwirtschaftskrise: Als am 24. Oktober 1929, dem »schwarzen Donnerstag«, die Börsen einbrachen, betrugen die privaten Schulden in den USA 172 Prozent der Wirtschaftsleistung.[1] Bis heute ist der Schuldenberg größer als je zuvor seit Beginn der Aufzeichnungen.

Gewaltiger Anstieg der privaten Schulden – Beispiel USA

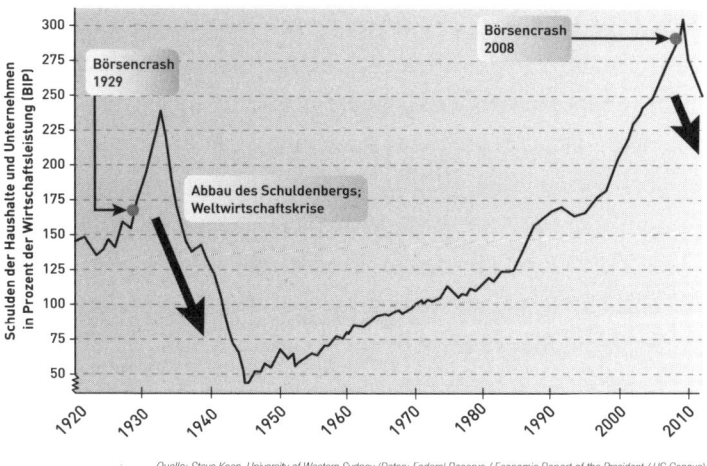

Quelle: Steve Keen, University of Western Sydney (Daten: Federal Reserve / Economic Report of the President / US Census)

Genau wie in den dreißiger Jahren wird der Abbau des Schuldenberges schmerzlich werden. Damals führte er zur Weltwirtschaftskrise mit Bankenzusammenbrüchen, Firmenpleiten und Staatsinsolvenzen.[2]

---

[1] Steve Keen (*University of Western Sydney*). Vgl. a. *Credit Suisse, zit. n. Blodget/ Businessinsider.com, 06.02.2009* (Datenquelle. *Federal Reserve Flow of Funds/ Economic Report of the President*).

[2] Nicht nur die damalige Reaktion auf die Krise war falsch, auch die heutige ist es. Siehe Seite 272 ff.

Der heutige Schuldenberg ist nicht nur gewaltig, sondern auch rissig. Noch nie gab es so viele *notleidende* Kredite: Immer leichtfertiger sind seit den neunziger Jahren Kredite vergeben worden, egal wie schwach die Kreditnehmer wirtschaftlich waren. Eine wahre Schuldenorgie: Banken, Finanzmanager und Spekulanten haben sich geradezu darum gerissen, schlecht verdienenden Hauskäufern in den USA Geld zu leihen, oder dem maroden griechischen Staat, um nur zwei Beispiele zu nennen.

Dieses Spiel ging so lange gut, wie sich immer neue Kreditgeber fanden, die den schlechten Schuldnern weiteres Geld überwiesen. Denn auch der schlechteste Schuldner bleibt zahlungsfähig, wenn er immer wieder Spekulanten findet, die ihm frisches Geld leihen. Der Trick funktionierte jahrelang, obwohl immer offensichtlicher wurde, dass weltweit viele Schuldner gar nicht in der Lage sind, ihre Schulden aus eigener Kraft zu bezahlen.

Das weltweite Kreditwesen ähnelte also immer mehr einem kriminellen Schneeballsystem: Bei solchen Systemen werden nur scheinbar Gewinne erwirtschaftet. In Wirklichkeit erhalten die Altanleger ihre »Rendite« nur, weil ständig neue Anleger frisches Geld in das System schleusen. Solche Schneeballsysteme gehen so lange gut, wie immer weitere Investoren hinzukommen. So lange verdienen die Altanleger Geld: Sie erhalten es von den Neuen. Doch ist das Vertrauen einmal gekippt, kommt die Pleite rasend schnell.

Genau an diesem Punkt sind wir jetzt. Plötzlich wird immer mehr Anlegern klar, dass beispielsweise der griechische Staat oder viele amerikanische Hauseigentümer schlechte Schuldner sind, ja, es schon seit vielen Jahren waren: Sie sind nicht einmal annähernd in der Lage, aus eigener Kraft genug Überschüsse zu erwirtschaften, um Zins und Tilgung zu zahlen. Lange Zeit ist das niemandem aufgefallen, da immer neues Geld nach Griechenland oder in den US-Häusermarkt floss. Es sind zwei Schneeballsysteme, zwei von vielen weltweit.

Weil sich jahrelang immer neue Geldgeber fanden, konnte Griechenland einfach die alten Schulden mit neuen bezahlen.[1] Die Leistungsfähigkeit dieses Landes hat niemand so genau unter die Lupe genommen, obwohl die Fakten haarsträubend waren: ein Land, das seit mehr als zehn Jahren viel mehr importiert, als es exportiert. Ein Land, dessen Ausgaben vollkommen außer Kontrolle geraten sind. Nur ein Beispiel: Die Rentenkasse überweist jeden Monat Geld an Tausende von Rentnern, die längst verstorben sind. Das Geld stecken betrügerische Angehörige ein.[2] Ein Land, das auch jegliche Kontrolle über seine *Einnahmen* verloren hat, weil die Steuerverwaltung marode ist. So marode, dass viele Griechen, vom Tavernenwirt bis zum Millionär, nur einen Bruchteil der vorgeschriebenen Steuern zahlen. Die Steuergerichte sind überlastet, Steuerbetrüger kommen oft ganz davon oder erhalten nur eine lächerliche Strafe. Kurzum: ein gescheiterter Staat.

All das hat lange niemanden interessiert. Jahrelang konnte Griechenland sich Geld fast so billig leihen wie Deutschland: Die Regierung musste pro Jahr nur 3,5 Prozent Zinsen für einen zehnjährigen Kredit zahlen. Sogar Ende 2009 lag der Zins immer noch bei unter 5 Prozent. Andere Schuldner wurden zu dieser Zeit schon längst mit Misstrauen beäugt, bei Griechenland waren die Finanzmärkte nach wie vor sorglos. Doch dann innerhalb von einigen Monaten die Kehrtwende: Bis Anfang 2012 schnellt der Zins für

---

[1] Viele Firmen und Staaten machen es ähnlich: Sie zahlen alte Schulden ab, indem sie neue aufnehmen. Das ist wirtschaftlich vertretbar, solange der Schuldner noch fähig ist, die Schulden *aus eigener Kraft* zurückzuzahlen. Genau dies ist jedoch bei Griechenland schon seit Jahren nicht mehr der Fall.

[2] Kai Beller: »So hart trifft die Sparpolitik die Griechen«, *Financial Times Deutschland online*, 10.02.2012.

Griechenland auf über 35 Prozent hoch, während Deutschland jetzt weniger als 2 Prozent zahlt.[1] Und im März 2012 geschieht das Unvermeidliche: Ein Teil der Schulden wird Griechenland erlassen.

Der Fall Griechenland ist eines von vielen Beispielen für ein gravierendes Versagen der Finanzbranche: Erstens hat sie die drohende Zahlungsunfähigkeit Griechenlands zu lange nicht erkannt. Zweitens hat sie, als die Probleme schließlich unübersehbar waren, die Krise verschärft durch Spekulationsgeschäfte auf eine Pleite Griechenlands und durch verspätete und hektische Herabstufungen der Ratingnoten. Drittens hat sie sich am Ende so viele Verluste wie möglich von Staaten und Zentralbanken erstatten lassen. Viertens ist schon jetzt erkennbar, dass Griechenland bald wieder in Zahlungsschwierigkeiten gerät. Denn der größte Teil der Hilfsmilliarden bleibt nur wenige Tage in Griechenland, um dann sogleich an die Gläubiger des Landes zu fließen.[2]

Ein eklatantes Versagen der Finanzfirmen auch am US-Immobilienmarkt: Hauskäufern wurden Kredite geradezu aufgedrängt. Ob sie kreditwürdig waren, wurde von Jahr zu Jahr weniger geprüft.

Der Gipfel waren so genannte *No Doc Loans*, bei denen der Empfänger keinerlei Dokumente über sein Einkommen oder Vermögen vorlegen musste.[3] Auf diese Weise konnte sogar ein mexikanischer Erdbeerpflücker in Kalifornien einen Kredit über 724.000 Dollar erhalten, obwohl er monatlich nur 1.150 Dollar verdiente.[4]

---

[1]   Renditen 02/12, vor Schuldenschnitt (Quelle: *Bloomberg.com*). »Kredit« meint hier »Staatsanleihe«.

[2]   Details ab Seite 295 (Spekulationsgeschäfte) und Seite 289 (Griechenland weiterhin überschuldet).

[3]   »›Liar Loans‹ Contribute to Mortgage Problems«, *NPR online*, 17.03.2007.

[4]   Michael Lewis: »The big short« (dt. Ausgabe), Goldmann-Verlag, München, 12/2011, S. 133.

Immer mehr Menschen kamen an Kredite für einen Hauskauf. Die Folge: Die Nachfrage nach Häusern stieg immer weiter. Das trieb die Preise nach oben und damit den Wert der bestehenden Immobilien. Die gigantischen Kredite waren also scheinbar durch noch gigantischere Immobilienwerte abgesichert. Bis die Blase platzte: Der

Werbung eines Kreditvermittlers in Großbritannien: Auch in Europa wurden Kredite ohne Einkommensnachweis und bei schlechter Bonität vergeben.

Wert von US-Immobilien ist inzwischen um fast die Hälfte eingebrochen. Damit hat sich auch die Hälfte der Kreditsicherheiten in Luft aufgelöst. Plötzlich stellten die Kreditgeber eine ganz simple Frage: Ist mein Kreditnehmer überhaupt in der Lage, den Kredit *aus eigener Kraft* zurückzuzahlen?

Wie war es möglich, dass Investoren überall auf der Welt diese entscheidende Frage seit Jahren ausgeblendet haben?

Sie werden dafür bezahlt, diese Frage nicht zu stellen.

Versagen wird belohnt: die neuen Geschäftsmodelle der Banken

In den letzten Jahren hat die mächtige Finanzbranche die Spielregeln der Wirtschaft dramatisch verändert. Das Ergebnis: ein Bankensystem voller gravierender Konstruktionsfehler. Konstruktionsfehler, die dazu führen, dass Einzelne gewaltige finanzielle Vorteile aus dem System ziehen können, ohne für ihre Entscheidungen Verantwortung übernehmen zu müssen. Und die dafür sorgen, dass in vielen Fällen sogar Versagen belohnt wird: Manager kassieren nach schwerwiegenden Fehlentscheidungen weiterhin Millionengehälter. Händler treiben ihre Bonuszahlungen in die Höhe, indem sie mit gefährlichen oder schädlichen Geschäften hohe Gewinne erwirtschaften.

Die heutige Finanzbranche unterscheidet sich radikal von der Finanzbranche der neunziger Jahre. Immer stärker hat die Politik die Vorschriften für die Branche aufgeweicht. Neue Geschäftsmodelle haben sich ausgebreitet, die hohe Gewinne versprechen und gleichzeitig enorme Risiken produzieren.

• Das weltweite Weiterverschieben von Kreditrisiken durch *Verbriefungen*: Banken vergeben Kredite, wälzen aber das Risiko des Zahlungsausfalls auf andere ab, die es oft nicht einschätzen können.	➔ Von 2000 bis 2007 **versechsfacht** sich in Europa der Wert der Kredite, die durch Verbriefung verschoben werden.[1]
• *Hedgefonds*: Firmen, die bei reichen Investoren Geld einsammeln, um damit zu spekulieren. Meist nehmen sie zusätzlich noch Kredite auf. So vervielfachen sie Profite und Risiko. Hedgefonds sind kaum reguliert und wenig transparent. Viele verheimlichen sogar vor ihren eigenen Anlegern, mit welchen Geschäften sie ihre Gewinne erzielen.	➔ Von 1998 bis 2009 **versiebenfacht** sich das Kapital, das den Hedgefonds der Welt zur Verfügung steht.[2]
• *Synthetische Finanzprodukte*, so genannte Derivate, mit denen man Geld nicht in die Realwirtschaft investiert, sondern es stattdessen in eine Wette	➔ Von 2001 bis 2011 **versiebenfacht** sich die Summe, die weltweit in Derivaten investiert ist.[33]

---

[1]   Georg Erber: »Verbriefungen: Eine Finanzinnovation und ihre fatalen Folgen«, *Wochenbericht des DIW Berlin*, 43/2008, S. 671. Die Zahl bezieht sich auf die Neuemissionen, nicht den Bestand.

[2]   Thomas DiNapoli, *New York State Comptroller*: »The securities industry in New York City«, *report 7-2009*, S. 14 und *report 10-2011*, S. 6. Hier ist das Gesamtkapital gemeint, nicht die Mittelzuflüsse.

[3]   Thomas DiNapoli, a. a. O., *report 7-2009*, S. 6 und *report 10-2011*, S. 6.

steckt. Die Gewinne entstehen also nicht aus dem Mehrwert, den eine Investition schafft, sondern aus den Verlusten des Wettgegners.

- Sogenannte *fremdfinanzierte Übernahmen*, bei denen Investoren mit geringem Kapitaleinsatz Firmen aufkaufen. Den Großteil des Kaufpreises leihen sie sich, dadurch vermindern sie ihren eigenen Kapitaleinsatz und damit ihr Risiko. Nach dem Kauf werden die Schulden oft der übernommenen Firma aufgebürdet. Vor allem diese Investoren sind es, die von einigen Politikern als »Heuschrecken« bezeichnet werden.

➔ Von 2002 bis 2007 **vervierfacht** sich der Wert der Kredite, die weltweit im Jahr für *fremdfinanzierte Übernahmen* vergeben werden.[1]

In dieser neuen Bankenwelt gelten neue, gefährliche Spielregeln. Ein Beispiel: Früher haben Bankmanager noch manchen schnellen Gewinn abgelehnt, weil ihnen die Risiken zu hoch erschienen. Heute dagegen werden sie systematisch dafür belohnt, für immense Gewinne unkalkulierbare Risiken einzugehen. Zwei Faktoren spielen dabei zusammen: Einerseits kann man heute mit »innovativen Finanzprodukten« Risiken verschleiern und weltweit verschieben. Deshalb wird oft erst nach Jahren klar, wie gefährlich ein Deal wirklich war. Andererseits kassieren die Manager und Händler ihren Bonus meist schon nach wenigen Monaten. Dadurch entsteht ein enormer Anreiz, nicht so genau hinzuschauen, zumal ein einzelner Akteur Boni von mehreren Millionen Euro pro Jahr kassieren kann.

---

[1] Thomas Meyer: »Chancen in stürmischem Umfeld«, *Deutsche Bank research*, 14.09.2011, S. 5. Ab 2008 ist der Kreditmarkt für fremdfinanzierte Übernahmen durch die Krise stark eingebrochen.

Bei der Vergabe von Immobilienkrediten in den USA, Spanien, Großbritannien und weiteren Ländern waren die Verfehlungen der Finanzmanager besonders groß. Um es bildlich auszudrücken: Sie sind nicht nur sorglos durch gefährliche Gewässer gekreuzt – sie haben direkt auf den Eisberg zugehalten. Es war seit Jahren vorhersehbar, dass die Immobilienpreise in diesen Ländern eines Tages dramatisch einbrechen würden. Doch zu viele verdienten ihr Geld damit, die Blasen weiter aufzupumpen.

Dieses Buch wird viele Beispiele von Finanzmanagern schildern, die Millionen kassierten, obwohl sie Verluste in Milliardenhöhe zu verantworten hatten. Sogar dann, wenn jemand durch gefährliche Deals seinen Arbeitgeber oder die gesamte Wirtschaft an den Abgrund bringt, darf er die Millionenboni behalten, die ihm jahrelang überwiesen worden sind. Das gilt bis heute.

Andrew Cuomo, Generalstaatsanwalt des Bundesstaates New York, hat es in einem Untersuchungsbericht so zusammengefasst: »Als die Banken gut abgeschnitten haben, wurden ihre Angestellten gut bezahlt. Als die Banken schlecht abgeschnitten haben, wurden ihre Angestellten gut bezahlt. Und als die Banken sehr schlecht abgeschnitten haben, wurden sie von den Steuerzahlern gerettet, und ihre Angestellten wurden immer noch gut bezahlt.« Sein Bericht trägt den Titel »Die Bonuskultur der Banken: Bei Kopf gewinne ich – bei Zahl verlierst du.«[1]

Die Konstruktionsfehler des Bankensystems ermöglichen es den Finanzmanagern immer wieder, Risiken und Verluste anderen unterzuschieben: manchmal dem Staat, manchmal ihren Nachfolgern in der Firma, manchmal ihren Handelspartnern oder Kunden. Banken und Hedgefonds verdienen gut mit ihren trickreichen Ge-

---

[1] Andrew M. Cuomo, *Attorney General, State of New York*: »No Rhyme or Reason – The ›Heads I Win, Tails You Lose‹ Bank Bonus Culture«, New York, 07/09.

schäften: Sie stecken einen immer größeren Teil der Profite ein, die in der Wirtschaft insgesamt erzielt werden. Beispiel USA: Seit den siebziger Jahren haben die Finanzunternehmen ihren Anteil an den Gewinnen aller Unternehmen verdreifacht. Von 10 auf 30 Prozent, zeitweise sogar auf 45 Prozent.[1]

Die Finanzindustrie hat vor allem eine Aufgabe: knappes Kapital in die richtigen Kanäle zu lenken. Dadurch dass sie die Regeln des Spiels umgeschrieben hat, behält sie heute gleich selbst 30 bis 45 Prozent aller Gewinne ein, die mit diesem Kapital gemacht werden. Der ehemalige Investmentbanker Sony Kapoor kritisiert: »Wenn die Branche bis zu 40 Prozent aller Unternehmensgewinne kassiert [...] ist das Wahnsinn! Angemessen wären vielleicht fünf Prozent.«[2]

Bankchefs wie Josef Ackermann haben immer wieder behauptet, die hohen Gewinne und die Milliardenboni der Finanzbranche seien die Belohnung für außergewöhnliche Leistungen. Doch die »Leistung« der Finanzmanager in den letzten Jahren war es, Profite mit Geschäften zu machen, die zum Zusammenbruch des Bankensystems geführt haben. Nur durch die immer neuen Milliarden aus den Staatkassen konnte der Kollaps bisher verhindert werden.

Die wahren Gründe für die explodierenden Bonuszahlungen

Warum sind die Bonuszahlungen im Bankgewerbe in den letzten Jahren in die Höhe geschnellt? Die folgende Grafik weist ein verdächtiges Muster auf: Die Boni sind ausgerechnet ab Anfang der neunziger Jahre massiv angestiegen, also seit die Banken ange-

---

[1] Quelle: Moody's Economy.com, zitiert nach: Whitney Tilson, Glenn Tongue: »More Mortgage Meltdown«, *John Wiley & Sons*, New Jersey, 2009, S. 37.

[2] Sony Kapoor (Interview): »Man könnte einen Affen an einen Computer setzen«, *Tagesspiegel.de*, 25.06.2010.

fangen haben, Kredite immer leichtsinniger zu vergeben. Und Extremwerte erreichten die Boni immer dann, wenn die Finanzmärkte völlig verrücktspielten: Während der Börsenblase der Technologie-Aktien von 1995 bis 2000, und während der Blase am US-Immobilienmarkt von 2002 bis 2006.[1]

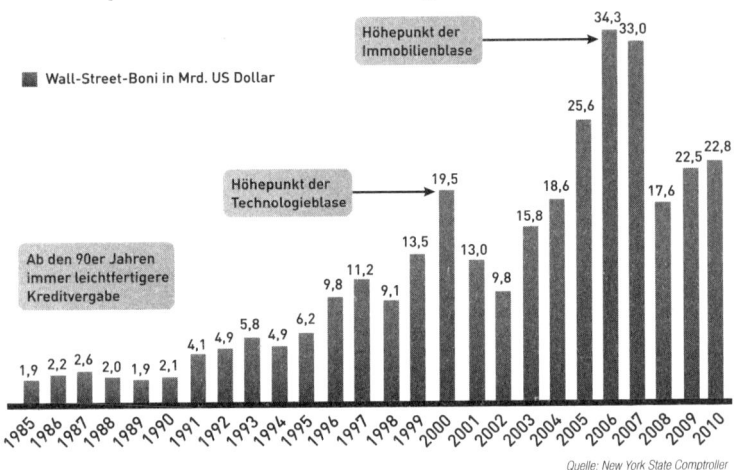

Die Explosion der Bonuszahlungen an der Wall-Street

Höhepunkt der Immobilienblase

Wall-Street-Boni in Mrd. US Dollar

Höhepunkt der Technologieblase

Ab den 90er Jahren immer leichtfertigere Kreditvergabe

1,9 2,2 2,6 2,0 1,9 2,1 4,1 4,9 5,8 4,9 6,2 9,8 11,2 9,1 13,5 13,0 9,8 15,8 18,6 25,6 34,3 33,0 17,6 22,5 22,8 19,5

1985 1986 1987 1988 1989 1990 1991 1992 1993 1994 1995 1996 1997 1998 1999 2000 2001 2002 2003 2004 2005 2006 2007 2008 2009 2010

Quelle: New York State Comptroller

Das ist kein Zufall: Die waghalsige Kreditvergabe und die Blasen an den Finanzmärkten sind die entscheidenden Ursachen für die gestiegenen Boni.

Erstens: Hohe Boni durch lockere Kreditvergabe. Anfang der achtziger Jahre waren die Zinsen in den USA auf einem Rekordhoch. Das schränkte die Kreditvergabe der Banken stark ein. Doch dann begannen die Zinsen rapide zu sinken, fast kontinuierlich, bis

---

[1]   *NY State Comptroller*: »New York City Securities Industry Bonus Pool«, 02/12. Für 2010 geschätzt.

heute. Die Langfristzinsen sanken von 14,6 Prozent im Jahr 1982 auf 3,39 Prozent im Jahr 2011.[1] Man nehme eine derartig extreme Zinssenkung, füge eine starke Aufweichung der Bankvorschriften hinzu, und man erhält: einen künstlichen Kreditboom.

Die Banken vergaben immer mehr Kredite, an immer schlechtere Schuldner. Die Kreditvergabemaschinerie wurde zusätzlich durch die Verbriefungen angeheizt, also das Weiterverschieben von Kreditrisiken in alle Welt. Seit den neunziger Jahren wurde so in den USA und vielen weiteren Ländern ein künstlicher Boom erzeugt: Konsumiere heute – zahle morgen. Nein, nimm morgen einen noch höheren Kredit auf – zahle übermorgen. Das frische Geld aus den immer neuen Krediten wurde verschleudert. Es wurde oft in sinnlose Projekte investiert, für den Kauf überteuerter Immobilien verwendet oder für Konsum ausgegeben.

Je schneller sich das Schuldenkarussell drehte, desto mehr Einnahmen erzielten die Finanzfirmen mit der Kreditvergabe. Das trieb die Boni in die Höhe. Zusätzlich wurden die Einnahmen der Banken, und damit die Boni, durch den künstlichen Wirtschaftsboom aufgebläht, den die Kreditschwemme geschaffen hatte. Die Folge: Die Bonuszahlungen an der Wall Street verdoppelten, verdreifachten, verzehnfachten sich. Sie stiegen auf über 30 Milliarden Dollar, nachdem sie von 1985 bis 1990 immer deutlich unter drei Milliarden US-Dollar gelegen hatten.[2]

Zweitens: Hohe Boni durch Finanzblasen. Einen zusätzlichen Schub erreichten die Boni in zwei Zeiträumen: Immer dann, wenn sich an den Finanzmärkten Blasen bildeten – wenn also die Preise von Aktien und Immobilien künstlich aufgebläht wurden. Ab

---

[1] Quelle: Robert J. Shiller, *Yale University*, www.econ.yale.edu/~shiller/data.htm.

[2] Siehe Zahlen in oben stehender Grafik.

1995 begann die irre Begeisterung für die Internet- und Biotechnologie-Aktien und im Jahr 2000 erreichte dieses Börsenfieber seinen Höhepunkt. Das zog die Kurse anderer Aktien mit in die Höhe: Der Index der 500 größten börsennotierten US-Unternehmen (*S&P 500*), erreichte im Jahr 2000 ein Rekordhoch.

Die Bonuszahlungen der Banker stiegen parallel zu den Aktienkursen, und fielen beim Platzen der Blase genauso schnell wieder zurück.

Wall-Street-Boni und Aktienkurse

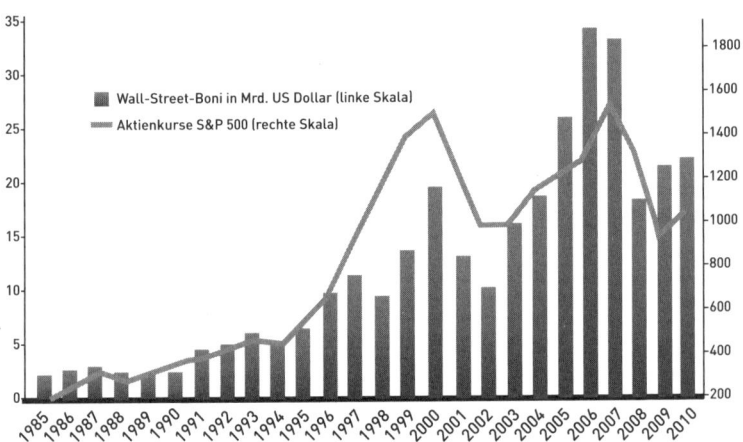

Quelle: New York State Comptroller / Comdirect.de (S&P 500-Kurse zur Jahresmitte)

Nach dem Platzen der Börsenblase im Jahr 2000 senkte US-Notenbankchef Alan Greenspan die Zinsen besonders kräftig. Das sollte die Kreditvergabe und damit die Wirtschaft ankurbeln. Das immer höhere Kapitalangebot pumpte jedoch gleich wieder die nächste Blase auf. Nein, sogar zwei Blasen: eine bei den Börsenkursen, die andere bei den Immobilienpreisen. Auch diesmal stiegen die Boni der Wall Street mit, und sobald beide Blasen platzten, fielen die Boni sofort wieder zurück.

Diese parallele Entwicklung ist kein Zufall. Wenn bei einer Börsenblase die Kurse absurde Höhen erreichen, steigen automatisch die Gewinne der Großbanken. Denn die Einnahmen der Banken für eine Reihe von Deals schnellen mit den Kursen in die Höhe: Unter anderem gilt dies bei der Abwicklung von Börsengängen, bei Firmenübernahmen, bei Kapitalerhöhungen und beim Börsenhandel.

Der absolute Bonusrekord an der Wall Street wurde bezeichnenderweise 2006 erreicht, als Börsenblase, Immobilienblase und ausschweifende Kreditvergabe zusammentrafen. Während 1989 nur Boni von 1,9 Milliarden Dollar überwiesen worden waren, erreichten die Zahlungen 2006 mehr als 34 Milliarden Dollar. Die hohen Boni haben also wenig mit besonderen Leistungen zu tun und viel mit besonders unsoliden Geschäftspraktiken.

Noch etwas fällt auf: Seit 2008 pendeln die Boni um die 20 Milliarden Dollar – sie sind also nominal immer noch zehnmal so hoch wie in den achtziger Jahren. Zum Vergleich: Der höchste Wolkenkratzer der Welt, der Burj Khalifa in Dubai, hat 1,5 Milliarden Dollar gekostet.[1] Allein die Banker in den USA kassieren also immer noch so hohe Boni, dass sie damit in New York jedes Jahr 13 solcher Wolkenkratzer errichten könnten. Und das, obwohl heute das Bankensystem nur durch immer neue staatliche Finanzspritzen am Leben gehalten wird.

Zudem muss man zu den 20 Milliarden wohl noch einige Milliarden hinzuaddieren, denn die Händler und Manager der Wall Street lassen sich inzwischen einen höheren Anteil ihrer Bezüge nicht mehr als Bonus auszahlen, sondern als Fixgehalt. Statt auf

---

[1] »Dubai eröffnet Rekordturm mit Namens-Coup«, *Spiegel Online*, 04.01.2010.

unberechenbare Boni zu hoffen, setzen sie lieber gleich auf garantiertes Einkommen.[1]

Fazit: Die Boni sind immer dann in die Höhe geschnellt, wenn die Wall Street besonders gravierend versagt hat, wenn also Finanzfirmen massenhaft Kredite an schlechte Schuldner vergaben, oder wenn sie mithalfen, gefährliche Finanzblasen aufzupumpen. Man könnte es ironisch als Naturgesetz der Wall Street bezeichnen: Je absurder die Fehlinvestitionen, je gefährlicher der drohende Crash, desto höher die Boni.

Trügerische Ruhe – warum die »Hilfspakete« das Problem nicht lösen

Die Fehlinvestitionen der Finanzindustrie rächen sich nun. Jahrelang haben die leichtfertig vergebenen Kredite die Weltwirtschaft angetrieben. Insbesondere Privathaushalte haben sich immer mehr Geld geliehen, um damit Hausbau oder Konsum zu finanzieren. Das Kreditkarussell drehte sich schneller und schneller. Aber das Spiel konnte nicht ewig weitergehen: Inzwischen sind die Gläubiger aufgewacht. Überall werden Schuldner jetzt genauer unter die Lupe genommen, vom griechischen Staat über die US-amerikanische Kommune bis zum chinesischen Wohnungseigentümer. Immer klarer wird, dass viele Kreditnehmer nicht genug Überschüsse erwirtschaften können, um Zins und Tilgung zu zahlen. Weltweit stehen Kreditpyramiden kurz vor dem Zusammenbruch. Dieser Zusammenbruch bedroht das gesamte Bankensystem.

In diesem Augenblick treten Politiker und Zentralbanker auf die Bühne und präsentieren einen erstaunlichen Plan. Was hilft

---

[1]   Thomas DiNapoli: »The securities industry in New York City«, *report 10-2011*, S. 10.

gegen Bankenkrise, Staatspleiten, den drohenden Zusammenbruch des Euro? Die Antwort: viel Geld. Milliarden aus den Steuertöpfen, Milliarden von den Zentralbanken. Seit 2008 werden weltweit fast im Monatsrhythmus neue Milliarden bereitgestellt, werden »Hilfspakete« geschnürt, »Sicherungsfonds« aufgestockt, »Rettungsschirme« gespannt.

Bei meinen Recherchen für dieses Buch bin ich auf immer mehr Indizien dafür gestoßen, dass der Kurs der Regierungen und Zentralbanken falsch, ja gefährlich ist. Erfolgreiche Bankenrettungen, beispielsweise in Schweden ab 1990, zeigen, wie entschiedenes Handeln aussehen sollte: Zwar können Regierungen nicht vermeiden, gewaltige Summen bereitzustellen, doch wenn sie das tun, müssen sie den Banken strenge Auflagen machen.[1] Heute dagegen versickern viele der Hilfsmilliarden in den Tiefen des maroden Bankensystems, weil die Politiker es versäumt haben, *drei grundlegende Probleme* anzugehen.

Erstens müssen dringend die gravierenden Konstruktionsfehler des Bankensystems beseitigt werden. Denn sie führen immer wieder dazu, dass Manager und Händler Profite auf Kosten der restlichen Wirtschaft machen oder Deals abschließen, die das gesamte System in Gefahr bringen.

Zweitens müssen die Bilanzen der Banken gründlich durchleuchtet werden, um notleidende Kredite zu erkennen und konsequent aus dem System zu entfernen. Diese Kredite werden sonst jahrelang das Bankensystem destabilisieren.

---

[1]   Weitere Informationen ab S. 276. Vgl. Borio, Vale, von Peter: »Resolving the financial crisis: are we heeding the lessons from the Nordics?« *Bank for International Settlements*, 06/2010.

Drittens muss der gigantische Schuldenberg verkleinert werden, der in vielen Industrieländern aufgehäuft worden ist. Verkleinert durch Rückzahlung von Schulden, aber auch durch deren Streichung. Denn im Moment sind viele Schuldner wirtschaftlich einfach zu schwach, um ihre Kredite zu tilgen. In solchen Fällen gibt es nur zwei Möglichkeiten: Entweder es gelingt, die *langfristige* wirtschaftliche Leistungsfähigkeit eines Schuldners zu stärken, oder man muss ihm einen Teil seiner Schulden erlassen. Wer Kredite leichtfertig vergeben hat, muss Verluste in Kauf nehmen. Das ist eine ganz normale Spielregel der Marktwirtschaft, die die Banken heute plötzlich nicht mehr akzeptieren wollen.

Die Politik hat diese drei grundlegenden Probleme bisher nicht angepackt. Stattdessen haben die Banken viele Milliarden fast ohne Auflagen erhalten.[1] Ein erstaunliches Vorgehen: Kein Privatinvestor stellt einem strauchelnden Unternehmen frisches Geld zur Verfügung, ohne gleichzeitig eine konsequente Sanierung durchzusetzen. Das Vorgehen der Regierungen und Zentralbanken erinnert an jemanden, der Wasser in löchrige Fässer schüttet, ohne die Fässer vorher zu reparieren. Je größer die Löcher eines Fasses, desto mehr Wasser gießt er hinein.

Oft haben die Banken beteuert, dass die jeweils aktuelle Aufstockung der Hilfsmilliarden nun wirklich die letzte sei. Doch das hat sich immer wieder als falsch herausgestellt. Schon beim Crash von 2007 und 2008, als reihenweise Banken zusammenbrachen, hieß es, das System werde bald wieder stabil sein, wenn Regierungen und Zentralbanken schnell viele Milliarden bereitstellen. Angeblich handelte es sich nur um einen vorübergehenden Ein-

---

[1] Details zu den Versäumnissen der Politik schildern unter anderem die Kapitel ab S. 272.

bruch der Kurse, eine »Marktstörung«, eine sich selbst verstärkende Panik. Die Milliarden flossen, doch das Bankensystem wurde nicht stabil. Immer neue Verluste tauchten in den Bankbilanzen auf. Nicht nur in den USA wurden zunehmend Schuldner zahlungsunfähig, sondern auch in Dubai, Irland, Australien, Spanien, Großbritannien und vielen weiteren Ländern.

Dann trat 2010 eine weitere Gefahr ans Licht: die drohende Zahlungsunfähigkeit einiger Euro-Regierungen. Auch da hieß es immer wieder, das Ende der Krise sei nah, sozusagen nur noch wenige Hilfsmilliarden entfernt. Im Juli 2010 beispielsweise wurden die großen Banken in Europa einem Stresstest unterzogen. Ergebnis: Nur 7 von 91 Banken bräuchten zusätzliches Kapital; insgesamt würden 3,5 Milliarden Euro ausreichen, um diese Banken sicher zu machen. Nur zwei irische Banken waren geprüft worden, beide bestanden.[1] Die irischen Banken hatten zu diesem Zeitpunkt schon mehrere Milliarden an Staatshilfen erhalten. Einen Monat nach dem Stresstest muss plötzlich die *Anglo Irish Bank* von der irischen Regierung mit acht Milliarden Euro gestützt werden.[2] Noch einen Monat später teilt die irische Zentralbank mit, dass die *Allied Irish Banks* drei Milliarden Euro benötige.[3] Außerdem brauche auch die *Anglo Irish Bank* weiteres Kapital, bis zu 5 Milliarden Euro, genauso wie *Irish Nationwide*, die zusätzliche 2,7 Milliarden Euro benötige.[4] Weitere zwei Monate später:

[1] *Committee of European Banking Supervisors:* »Aggregate outcome of the 2010 EU wide stress test exercise coordinated by CEBS in cooperation with the ECB«, 23.07.2010, S. 2–8, S. 36 ff.

[2] Landon Thomas Jr.: »Support of Anglo Irish Bank Strains Ireland«, *NY Times Online*, 31.08.2010.

[3] Kollewe / McDonald: »Anglo Irish Bank bailout could total €34bn«, *The Guardian online*, 30.09.2010.

[4] »Ireland faces €34bn bill for Anglo Irish Bank«, *The Telegraph Online*, 30.11.2010.

Die EU-Staaten beschließen ein 85-Milliarden-Euro-Hilfspaket für Irland und seine Banken.[1]

Und im Juli 2011 veröffentlichte die EU-Bankenaufsicht EBA wieder die Ergebnisse eines Stresstests. Die französisch-belgische Großbank Dexia hatte den Test bestanden. Doch keine drei Monate später drohte *Dexia* zusammenzubrechen. Mit Milliardengarantien mussten Frankreich und Belgien den Konzern stützen, der bereits 2008 mehrere Milliarden Euro erhalten hatte.[2]

Einige Staaten, die ihren überschuldeten Banken massiv geholfen haben, stehen inzwischen selbst mit dem Rücken zur Wand. Viele Euro-Regierungen haben vor der Bankenkrise noch solide gewirtschaftet, dann Milliarden in die Finanzmärkte gepumpt, und werden jetzt von eben diesen Märkten ins Visier genommen – wegen zu hoher Staatsschulden.

Irland, Spanien und Belgien haben vor der Bankenkrise ihre Staatsschulden sogar stark gesenkt. Beispiel Spanien: Jahrelang drückte die Regierung ihren Schuldenstand, bis hinunter auf 36 Prozent der Wirtschaftsleistung (2007). Zum Vergleich: Deutschland hatte im gleichen Jahr Schulden in Höhe von 65 Prozent der Wirtschaftsleistung. Doch durch die Milliardenhilfen für Banken und Wirtschaft haben sich nun die spanischen Staatsschulden in nur fünf Jahren verdoppelt. Nach einer Prognose der Europäischen Kommission werden sie 2012 bis auf 74 Prozent der Wirtschaftsleistung steigen. Beispiel Irland: Vor dem Bankencrash hatte der Staat Schulden in Höhe von lediglich 25 Prozent der Wirtschaftsleistung (2007). Doch 2012 werden die Schulden 118 Prozent er-

---

[1]   »Irish Republic 85bn euro bail-out agreed«, *BBC News Online*, 28.11.2010.

[2]   Jill Treanor: »How did Europe's bank stress tests give Dexia a clean bill of health?«, *The Guardian Online*, 05.10.2011 Jill Treanor: »France and Belgium try to calm fears«, *The Guardian Online*, 03.10.2011.

reichen, fast gleichauf mit Italien.[1] Zugespitzt könnte man sagen: Als Dank für die Milliarden, die Spanien, Irland und Belgien in die Finanzmärkte gepumpt haben, veranstalten diese jetzt eine Treibjagd auf die drei Länder.

Es gibt eine Legende, die von Vertretern der Finanzbranche gern erzählt wird. Sie handelt von der US-Investmentbank *Lehman Brothers*. Die hat sich ja bekanntlich selbst in die Pleite spekuliert. Die Legende dazu lautet: Es sei ein großer Fehler gewesen, dass der Staat *Lehman Brothers* pleitegehen ließ. Dadurch sei Panik in die Märkte gekommen, weil sie nun gewusst hätten, dass nicht jede Großbank automatisch gerettet wird.

In Wirklichkeit ist es der riesige Berg aus maroden Krediten, der Panik in die Märkte bringt. Mit einer Rettung von *Lehman Brothers* hätte man zwar Zeit gewonnen, aber nicht das Problem gelöst. Die Finanzbranche ist zurzeit nicht übertrieben panisch, im Gegenteil: Sie registriert endlich, dass sie einen Berg aus faulen Krediten geschaffen hat und dass daher irgendwer gewaltige Verluste machen wird. Die Panik entsteht, weil die Finanzmärkte bezweifeln, dass das Bankensystem stabil genug ist, um die Verluste zu verkraften.

Es ist der falsche Weg, den Banken weiter Milliarden zuzuschieben, ohne sie gleichzeitig radikal zu reformieren. Unter anderem aus drei Gründen:

Erstens fließen ständig Boni und Dividenden in Milliardenhöhe wieder aus dem Bankensystem heraus.[2] Das bedeutet: Während Staaten und Zentralbanken Kapital in das Bankensystem hinein-

---

[1] Klaus Busch: »Scheitert der Euro?«, Studie für die *Friedrich-Ebert-Stiftung*, Februar 2012, S. 9. Datenquelle: *Directorate-General for Economic and Financial Affairs of the European Commission.*

[2] Details dazu ab S. 272.

pumpen, um es sicherer zu machen, ziehen Private gleichzeitig Kapital wieder aus dem System ab.

Zweitens wird sich die Verschuldung Spaniens, Irlands und vieler anderer Staaten weiter dramatisch erhöhen. Schon jetzt müssen viele der ehemaligen Retter selbst gerettet werden, zum Beispiel durch Garantien von Staaten wie Deutschland. Es bleiben also immer weniger Länder übrig, die sich überhaupt noch an Rettungsaktionen beteiligen können, ohne selbst zum Freiwild der Finanzmärkte zu werden.

Drittens sitzen die Banken weltweit auch nach fünf Jahren massiver Staatshilfe immer noch auf vielen faulen Krediten, die sie tief in ihren Bilanzen verstecken. Die Folgen von zwei Jahrzehnten zügelloser Kreditvergabe sind noch längst nicht beseitigt, auch wenn Vertreter der Banken nach fast jedem Hilfspaket so getan haben, als sei nun das Schlimmste überstanden, nur um dann wenige Monate später – angeblich überrascht – die nächsten Milliarden zu fordern. Weitere »überraschende« Milliardenlöcher in den Bankbilanzen werden folgen.

Manche Banken behaupten, sie hätten die Hilfsmilliarden bereits zurückerstattet, die der Staat ihnen geliehen hat. Doch in Wirklichkeit wurden nur *offiziell* gewährte Hilfen zurückgezahlt, während gleichzeitig Staaten und Zentralbanken *über Hintertüren* weit größere Summen in das Bankensystem schleusen. Wenn Banken Hilfskredite zurückzahlen, tun sie das also mit Geld, das sie wiederum vom Staat erhalten haben. Denn viele wacklige Banken wären längst in den Abgrund gestürzt, wenn Regierungen und Zentralbanken nicht zu immer extremeren Rettungsmaßnahmen greifen würden, beispielsweise folgende:

1. Regierungen springen für schlechte Schuldner ein. Ein Beispiel: Wenn Griechenland neue Hilfskredite erhält, dann dient dieses Geld vorrangig dazu, die Gläubiger des Landes auszuzahlen. Ohne die Hilfe aus Deutschland und anderen Euroländern wäre Griechenland längst pleite, und seine Gläubiger würden noch größere Verluste machen als bisher. De facto übernimmt Deutschland also einen Teil des griechischen Schuldendienstes.[1]

2. Den Banken wird erlaubt, faule Kredite und toxische Papiere zu Phantasiepreisen in ihren Büchern zu behalten, beispielsweise indem sie den Wert ansetzen, den ein Papier in besseren Zeiten einmal gehabt hat.

3. Viele zweifelhafte Wertpapiere haben Banken an die Zentralbanken verschieben können. Letztlich haftet so die Allgemeinheit für Verluste.

4. Zentralbanken helfen schlechten Schuldnern durch Niedrigzinsen. In den USA hält die Zentralbank den Leitzins bei 0,25 Prozent, in Europa beträgt er 1,0 Prozent. Das macht nicht nur *neue* Kredite billiger, sondern auch viele bestehende: Die monatlichen Raten sehr vieler Schuldner sind an den aktuellen Zins gekoppelt.[2] Durch die extrem niedrigen Zinsen werden viele Problemschuldner also noch eine Weile über Wasser gehalten. Außerdem sind die niedrigen Zinsen auch eine direkte Subvention für die Banken: Ein Prozent Zins bei einer Inflationsrate von mehr als zwei Prozent – das bedeutet, die Banken werden dafür *bezahlt*, sich Geld bei der Zentralbank zu leihen.[3]

---

[1] Details zu den vier genannten Punkten folgen später, unter anderem in den Kapiteln ab Seite 272.

[2] Spanien/Portugal: ca. 95 % der Immobilienkredite sind variabel verzinst, Italien/Irland: ca. 75 %. Andreas Scheuerle: »Abschied vom historischen Niedrigzinsumfeld?«, *Makro Research DekaBank*, 11.05.2011.

[3] Zieht man nämlich die Inflation ab, dann zahlt die Bank weniger zurück, als sie sich geliehen hat.

Der ehemalige Investmentbanker Sony Kapoor kritisiert dieses »Geschäftsmodell«: »Derzeit können die Banken bei den Notenbanken für ein Prozent Geld leihen und es für fünf bis zehn Prozent verleihen. Das kann jeder Trottel.«[1]

Die Banken erhalten also immer häufiger indirekte Hilfe statt direkter. Das hat aus ihrer Sicht einen entscheidenden Vorteil: Man wird offiziell nicht vom Staat unterstützt, macht angeblich weiter Gewinne und kann daher Boni an Mitarbeiter und Dividenden an Aktionäre auszahlen.

Die Politiker leiten immer wieder frisches Geld in ein marodes System und retten es dadurch wieder für einige weitere Monate über die Runden. Sie kaufen sich dadurch Zeit, nutzen diese aber nicht für entschiedene Reformen. Die Frage ist nun: Wie lange lässt sich diese Politik überhaupt noch durchhalten? In den USA beispielsweise haben sich die Staatsschulden in den letzten fünf Jahren verdoppelt. Zurzeit steigen sie *jedes Jahr* um zirka 1.500 Milliarden US-Dollar, das sind rund zehn Prozent der US-Wirtschaftsleistung.[2] Auch andere große Industrienationen haben ihre Verschuldung stark erhöht, in dem Versuch, Banken und Wirtschaft zu stützen: Deutschland hat von 2008 bis 2010 zusätzliche Staatsschulden in Höhe von 17 Prozent der Wirtschaftsleistung gemacht, Frankreich in Höhe von 14 Prozent, Großbritannien in Höhe von 25 Prozent, Japan in Höhe von 23 Prozent.[3] Diese fünf

---

[1]   Sony Kapoor (Interview): »Man könnte einen Affen an den Computer setzen«, *Tagesspiegel.de*, 25.06.2010.

[2]   *U. S. Department of Commerce, Bureau of Economic Analysis*: »Table 3.1. Government Current Receipts and Expenditures«, www.bea.gov. 2009–11 liegt das Defizit bei zirka 1.500 Mrd. US-$/Jahr.

[3]   Summe der Jahre 2008–2010 (für 2011 nur Schätzungen verfügbar). Europa: *Directorate-General for Economic and Financial Affairs of the European Commission*, zit. nach Busch, 2012, S. 9. Japan: IMF.

Länder, die größten Industrieländer der Welt, stehen zusammen für fast die Hälfte der Weltwirtschaftsleistung. Trotz der massiven Staatshilfen geht es immer noch abwärts: In jedem dieser Länder ist von 2007 bis 2010 die Wirtschaft unter dem Strich geschrumpft.[1]

Sogar einige Finanzmarkt-Insider bemängeln das bedingungslose Verteilen von Milliarden an die Banken, beispielsweise Bob Janjuah, früher Analyst bei der *Royal Bank of Scotland*, heute bei der japanischen Bank *Nomura*. Er kritisiert auch, dass die Politiker zunehmend demokratische Regeln aushebeln, um Maßnahmen durchzusetzen, die zwar kurzfristig den Banken helfen, am Ende aber dennoch zum Scheitern verurteilt sind: »Die Entscheidungsträger der Eurozone scheinen bereit zu sein, noch mehr Steuergeld in das schwarze Loch namens Griechenland zu schütten, vor allem um den Banken in Europa zu helfen. [...] Das bedeutet: Das *Endgame* wird letztlich nur noch verheerender für uns alle, je länger wir gezwungen werden, es hinauszuschieben. Ich kann es nicht glauben, wie leicht die Ideen von Demokratie und Rechtsstaat – zwei Eckpfeiler der modernen Welt – beiseitegewischt worden sind im Interesse der politischen Zweckdienlichkeit. [...] Persönlich bin ich absolut sicher, dass diese Art von Totalitarismus, die uns von unseren Führern aufgezwungen wird, [schrecklich] [...] endet, wenn wir sie weiter ausufern lassen. [...] Ich bin einfach fassungslos, dass unsere Entscheidungsträger so eindimensional zu sein scheinen, so kurzsichtig, so vollkommen ohne Mut oder Visionen.«[2]

---

[1] Das reale Bruttoinlandsprodukt lag also 2010 niedriger als 2007. Die Länder erwirtschaften zusammen 45 % des Welt-BIP in US-$, siehe: IMF, *World Economic Outlook Database*, Sept. 2011.

[2] Bob Janjuah: »Monetary Anarchy«, zitiert nach »Tyler Durden«, *Zerohedge. com* (Blog), 20.02.2012.

Die meisten Vertreter der Banken behaupten jedoch, es sei alternativlos, schnell und ohne große Umstände viele Milliarden in die Finanzmärkte zu pumpen. Nur so könne man einen Zusammenbruch des Schuldenbergs verhindern, eine so genannte Schuldendeflation. Dieses Buch wird aufzeigen, dass der unkontrollierte Zusammenbruch des Schuldenbergs weiterhin droht – die Politik hat die Katastrophe nur aufgeschoben. Der Berg ist weitaus brüchiger und gefährlicher, als die Banken uns weismachen wollen. Er muss dringend verkleinert und stabilisiert werden. Doch das wird nicht funktionieren, wenn man auf jene hört, die den maroden Berg selbst errichtet haben, wie den ehemaligen Deutsche-Bank-Chef Josef Ackermann. Zu ihm hatte Bundeskanzlerin Angela Merkel seit Beginn der Finanzkrise »stets einen ganz engen Draht«, wie unter anderem die *Frankfurter Rundschau* berichtete: »Zusammen mit Bundesbankpräsident Axel Weber, Martin Blessing und Klaus-Peter Müller von der Commerzbank sowie Paul Achleitner von der Allianz gehörte Ackermann zu den wichtigsten externen Beratern der Kanzlerin.«[1]

Um zu erkennen, wie nah die Welt am Abgrund steht, muss man eines über die heutigen Banken wissen: Sie machen ihre Deals immer weniger mit eigenem Kapital, stattdessen immer mehr mit geliehenem Geld. Damit haben sie den Profit erhöht. Aber noch mehr das Risiko. Die Banken sind in ständiger Gefahr zu kentern – wie ein Segelschiff, dessen Mannschaft im Sturm zu viele Segel setzt, um noch das letzte bisschen an Geschwindigkeit herauszuholen.

Beispiel *Deutsche Bank* Ende 2011: Sie hat eine Bilanzsumme von rund 2164 Milliarden Euro, aber nur rund 55 Milliarden Euro

---

[1] Karl Doemens: »Ein Malus von Merkel«, *FR Online*, 21.10.2008. vgl. auch: »Party im Kanzleramt – Ackermann feierte auf Staatskosten«, *Spiegel Online*, 24.08.2009.

Eigenkapital, das sind nur 2,5 Prozent der Bilanzsumme. Im Klartext: Die Vermögenswerte der *Deutschen Bank*, sind zu 97,5 Prozent durch Schulden finanziert, und nur zu 2,5 Prozent durch Eigenkapital.[1] Angenommen, die Vermögenswerte in der Bilanz der *Deutschen Bank* erleiden im Durchschnitt einen Verlust von nur 2,5 Prozent: Dann wäre die Bank bereits insolvent, umgangssprachlich »pleite«. Denn die Summe ihrer Schulden wäre höher als die Summe ihres Vermögens. Privatinvestoren müssten Kapital nachschießen. Sollten sie sich weigern, könnte nur noch der Staat die Bank vor der Pleite retten.

Verluste, die das Eigenkapital aufzehren – das ist kein theoretisches Szenario: Genau das ist bei Banken wie der *Industriekreditbank* (IKB) passiert. Die IKB hatte nur ein Eigenkapital von 1,7 Milliarden Euro, doch sie kaufte zweifelhafte Wertpapiere für mehr als 18 Milliarden Euro, unter anderem von der *Deutschen Bank*. Die IKB tätigte diese Milliardenkäufe vor allem mit geliehenem Geld. Niemand hat Alarm geschlagen: nicht die Aktionäre, nicht der Aufsichtsrat, nicht die Bankaufseher und auch nicht die Kreditgeber, zu denen die *Deutsche Bank* gehörte. Die Finanzmärkte, die angeblich so gut darin sind, Risiken rechtzeitig zu erkennen, haben hier wieder einmal versagt.

Auch die *Commerzbank* musste durch Milliarden aus der Staatskasse gestützt werden, weil offenbar private Geldgeber nicht mehr bereit waren, dem Institut genügend Kapital zur Ver-

---

[1] *Deutsche Bank*: »Finanzbericht 2011«, S. 126, 341 (Stand 31.12.2011).
Die 2,5 % entsprechen der *Leverage Ratio* von 40 gemäß *IFRS*, die von der *Deutschen Bank* selbst ausgewiesen wird. Die offizielle »Kernkapitalquote« beträgt allerdings rund 10 %. Der Grund: Bei der Berechnung des Eigenkapitalbedarfs werden einige Vermögenswerte ganz oder teilweise ausgeblendet. Das ist bei manchen Aktiva – z. B. Einlagen bei der Zentralbank – sinnvoll, bei anderen dagegen gefährlich. Details siehe S. 319.

fügung zu stellen. Für die 16 Milliarden, die der Staat als »stille Einlage« in das Institut einbrachte, hat die Commerzbank keine Zinsen überwiesen. Das Geld ist immer noch nicht vollständig zurückgezahlt.[1] Niemand kann heute mit Sicherheit sagen, wie viel die Vermögenswerte der Banken noch wert sind. Wirklich so viel, wie in der offiziellen Bilanz steht?

Durch eine Reihe von Bilanztricks können Banken Risiken in ihren Büchern verstecken. Ein Beispiel: Wenn Banken griechische Staatsanleihen besitzen, drohen ihnen gewaltige Verluste, weil Griechenland seine Schulden nicht zurückzahlen kann. Das gilt bis heute. An der Börse will daher schon lange fast niemand mehr griechische Staatsanleihen kaufen. Die Folge: Der Preis ist bereits seit 2010 wie ein Stein gefallen. Viele Banken haben diesen Preisverfall monatelang ignoriert. Sie halten nämlich einen großen Teil ihrer Staatsanleihen im sogenannten »Bankbuch«. Dort gelagerte Wertpapiere müssen sie nicht zu aktuellen Börsenpreisen bewerten.[2] Sie orientieren sich stattdessen am Anschaffungspreis, und vermeiden es so lang wie möglich, Verluste offen auszuweisen.[3] Kurz vor dem Teil-Schuldenerlass für Griechenland Anfang 2012 hatte die Commerzbank ihre Griechenland-Anleihen immer noch mit 48 Prozent des Nennwerts verbucht, obwohl bereits offensichtlich war, dass eine Abwertung

---

[1] »Commerzbank verspricht Zinsen für Staatshilfe«, *Focus Money Online*, 23.05.2012.

[2] Dagegen orientiert sich die Bilanzierung von Wertpapieren im »Handelsbuch« an Börsenkursen.

[3] Karsten Röbisch: »Wirtschaftsprüfer bringen Banken in Not«, *FTD.de*, 19.07.2011. Erst Mitte 2011, als der Kurs der Griechenland-Anleihen schon dramatisch gefallen war, diskutierten Wirtschaftsprüfer, ob Banken ihre Griechenland-Anleihen im Bankbuch um 30 bis 50 Prozent abwerten müssten.

auf 30 Prozent nötig sein würde.[1] Wenig später teilte die Bank mit, dass sie ihre Griechenland-Anleihen sogar auf 26 Prozent abwerten muss.[2]

Viele Banken häufen zurzeit in ihren Bilanzen sogar *zusätzliche* Risiken an, ermuntert durch die Niedrigzinspolitik der Zentralbanken: Je niedriger die Zinsen, desto mehr lohnt es sich, mit geliehenem Geld weitere riskante Geschäfte zu machen. Simon Johnson, ehemaliger Chefvolkswirt des *Internationalen Währungsfonds*, warnt: »Ich weiß nicht, was für eine Krise kommt – nur, dass sie kommt. Die Banken gehen noch immer waghalsige Risiken ein, indem sie enorme Kredite aufnehmen, denen kaum Eigenkapital entgegensteht. Geht die Wette auf, kassieren einige Investmentbanker riesige Profite. Platzt die Wette, wird die Rechnung von den Steuerzahlern übernommen. Dies ist das klassische Rezept für eine neue Krise.«[3]

Die Politik muss endlich anfangen, die Hilfsmilliarden mit strengen Auflagen zu verbinden und die Aktionäre und Kreditgeber der Banken konsequent an den Kosten der Sanierung zu beteiligen. Fünf Krisenjahre sind ins Land gegangen, ohne dass die Regierungen die Probleme an der Wurzel gepackt hätten. Viele Banken weltweit sind weiterhin »Zombie-Banken«, halb tot, halb lebendig. Sie bleiben nur deshalb am Leben, weil die Politik ihnen hilft, drohende Milliardenverluste zu kaschieren. Und die entscheidenden Konstruktionsfehler des Bankensystems bestehen

---

[1] Karsten Röbisch: »Kapitalaufstockung: Commerzbank – Alles ist möglich«, *FTD.de*, 19.01.2012.

[2] »Commerzbank enttäuscht Staat und Anleger«, *Handelsblatt.com*, 23.02.2012. *Commerzbank-Geschäftsbericht 2011*, Abschnitt »Auswirkungen der europäischen Staatsschuldenkrise«.

[3] Simon Johnson (interviewt von Ulrike Herrmann): »Ackermann ist gefährlich«, *taz.de*, 13.04.2011.

weiter: Es ist vollkommen überdimensioniert und verseucht mit Geschäftsmodellen, die Profite auf Kosten anderer ermöglichen und gewaltige Risiken schaffen.

Noch ist Zeit, die verbliebenen Milliarden der Regierungen sinnvoll einzusetzen. Der nächste Akt der Schuldenkrise wird kommen. Wenn wir nicht gegensteuern, werden die Regierungen in diesem Moment machtlos sein. Weil sie ihre Milliarden bereits verschleudert haben.

BANKEN 2.0: GEWINNE AUF KOSTEN DER WIRTSCHAFT

Wie Joe Cassano die Weltwirtschaft in Grund und Boden spekulierte

Der Mann, der die Weltwirtschaft in den Abgrund stoßen sollte, wohnt hinter der Backsteinfassade eines sechs Millionen Euro teuren historischen *Townhouses* im vornehmen Londoner Stadtteil Knightsbridge.[1]

Montpelier Square im Londoner Stadtteil Knightsbridge – die vornehme Wohngegend von Joe Cassano.

---

[1]   Gretchen Morgenson: »Behind Insurer's Crisis, Blind Eye to a Web of Risk«, *New York Times*, 27.09.2008. Preis siehe Michael Daly: »Pin AIG woes on Brooklyn boy«, *NYDailyNews.com*, 17.03.2009.

Joe Cassano 2008 vor seinem Haus.

Joe Cassano leitete in London eine Abteilung des Versicherungskonzerns AIG (*American International Group*). Er und sein Team glaubten, dass sie eine Art Gelddruckmaschine betrieben: Ein ums andere Jahr erzielten sie gigantische Gewinne mit ihrer Abteilung »AIG Financial Products«. Einen Großteil davon steckten Cassano und seine Mitarbeiter gleich selbst ein: In seiner Zeit bei *AIG Financial Products* hat Cassano mehr als 300 Millionen Dollar verdient.[1] Das *niedrigste* Jahresgehalt, das er sich als Chef der Abteilung auszahlte, belief sich auf 38 Millionen US-Dollar.[2]

Möglicherweise war eine entscheidende Ursache der späteren Katastrophe, dass Joe Cassano, Sohn eines Polizisten, keinen Widerspruch duldete. Ehemalige Mitarbeiter beschreiben ihn als angriffslustig und arrogant.[3] Der investigative Journalist Michael Lewis, der früher selbst für die *Wall Street* gearbeitet hat, zitiert die Kritik ehemaliger Cassano-Mitarbeiter. Einer sagt: »*AIG Fi-*

[1] Michael Daly: »Pin AIG woes on Brooklyn boy«, *NY Daily News*, 17.03.2009, Brady Dennis: »Former AIG Financial Products leader Joe Cassano to testify on Capitol Hill«, *Washingtonpost.com*, 30.06.2010.

[2] vgl. *United States of America, Financial Crisis Inquiry Commission* (im Folgenden nur »Inquiry Commission«)*,* »Final Report«, Januar 2011, mit Korrekturen vom 25.02.2011, S. 141.

[3] Brady Dennis: »Former AIG Financial Products leader Joe Cassano to testify on Capitol Hill«, *The Washington Post Online*, 30.06.2010.

nancial Products wurde zur Diktatur«, ein anderer:»Die Angst war so groß, dass wir auf diesen morgendlichen Meetings möglichst alles so präsentierten, dass er sich nicht aufregte. Und wenn man Kritik an der Organisation äußerte, war der Teufel los.«[1] Die Entscheidungen des Chefs durften also nicht infrage gestellt werden – auch wenn sie falsch waren.

Es waren komplizierte Finanzdeals, von denen Cassanos Gelddruckmaschine angetrieben wurde. Und einige dieser Deals sollten AIG später zum Verhängnis werden, sogenannte Credit Default Swaps, abgekürzt CDS.[2] Ein CDS ist quasi eine Versicherung gegen die Pleite eines bestimmten Schuldners. Das heißt: Man musste AIG nur regelmäßig eine kleine Versicherungsprämie zahlen, würde aber von der Versicherung eine hohe Summe ausgezahlt bekommen, falls ein bestimmter Schuldner in die Pleite rutschte. Es war wie eine Wette auf eine Zahlungsunfähigkeit: Ging ein Schuldner bankrott, dann konnte jeder, der einen CDS auf diesen Schuldner besaß, viel Geld einstreichen. AIG würde dagegen viel Geld verlieren. Viele Firmen wollten mit Cassano wetten: Im Jahr 2007, also fünf Jahre nach seinem Antritt als Chef von *AIG Financial Products*, versicherte Cassano Kredite im Wert von 527 Milliarden Dollar.[3] Zum Vergleich: Müsste man diese Kredite bei einem Ausfall komplett ersetzen, bräuchte man dafür die gesamten Steuereinnahmen der Bundesregierung von eineinhalb Jahren.[4]

---

[1] Zit. nach: Michael Lewis:»The Big Short«, *Goldmann-Verlag*, München 12/2011, S. 119–120.

[2] Es war nur ein kleiner Teil dieser Deals, der letztlich AIG zum Verhängnis wurde.

[3] *Congressional Oversight Panel*:»June Oversight Report«, 10.06.2010, S. 29. *Der Spiegel,* 29/2009, S. 44.

[4] 2011 und 2012 jeweils knapp 250 Milliarden Euro, *bundesfinanzministerium.de* 21.03.2012.

Cassano hatte auch sehr komplizierte Versicherungen gegen den Ausfall von Krediten im Angebot: Bei ihm konnte man sich nicht nur gegen die Pleite einer einzelnen Firma versichern, sondern auch gegen die Pleite eines ganzen Pools von Krediten. Der Pool bestand beispielsweise aus vielen einzelnen Immobilienkrediten, die Hauseigentümer aufgenommen hatten. Man musste nicht einmal selbst Gläubiger dieser Hauseigentümer sein, um bei Cassano eine solche Versicherung zu erwerben.[1]

Die CDS von Cassano waren ein fantastisches Geschäft für beide Seiten.

AIG kassierte Millionenprämien für die Versicherungen, musste dafür aber zunächst keine Gegenleistung erbringen. Denn Zahlungen wurden erst fällig, wenn die Kredite faul werden sollten. Solange die Wirtschaft brummte, und die Schuldner weiterzahlten, brauchte AIG nur zu kassieren. Lange schien alles gut zu gehen. Cassano musste noch nicht einmal Geld für den Notfall zurücklegen, denn die Gesetzgeber hatten beschlossen, den Markt für CDS nur minimal zu regulieren. Kapitalreserven für schlechte Zeiten waren nicht vorgeschrieben.[2] Cassano legte tatsächlich in den meisten Fällen keinerlei Reserven zurück.[3] So konnte er einen Großteil der Prämien sofort als Gewinn einstreichen. Er brüstet sich noch im August 2007, ein Jahr vor dem Zusammenbruch des AIG-Konzerns: »Es ist schwierig, […] sich ein Szenario auch nur vorzustellen, bei dem wir mit einem dieser Deals einen einzigen Dollar verlieren.«[4]

---

[1]   *Inquiry Commission* (a. a. O.), S. 140.

[2]   Auch die Käufer der Versicherungen haben von AIG anfangs keine Sicherheiten verlangt. Die waren erst vorgesehen, wenn sich Ausfälle abzeichneten. *Inquiry Commission,* S. XXV, 50, 141. Michael J. Burry: »I saw the crisis coming. Why didn't the FED?« *New York Times Online,* 04.04.2010.

[3]   *Inquiry Commission*, S. 140. *Der Spiegel,* 29/2009, S. 52.

[4]   Zit. nach: Morgenson: »Behind Insurer's Crisis«, *New York Times,* 27.09.2008.

Das Verblüffende: Auch die Käufer der CDS machten viel Geld mit dem Deal. Zu den Kunden gehörten die *Commerzbank* und viele weitere Banken.[1] Sie versicherten bei AIG Kredite,[2] bei denen sie der Gläubiger waren. Einfacher gesagt: Irgendjemand schuldete der Bank Geld. Wenn dieser jemand nicht mehr zahlen konnte, würde stattdessen AIG zahlen.[3] Diese Absicherung bedeutete für die Banken bares Geld. Der Grund: Wenn eine Bank Gläubiger ist, hat sie zwar einen Anspruch, dass der Schuldner zahlt, aber jeder Schuldner kann zahlungsunfähig werden. Deshalb muss die Bank für Kredite oft Eigenkapital bereitstellen. Das dient als Puffer, falls der Schuldner nicht zahlen kann. Doch sobald ein Kredit von AIG versichert war, musste die Bank für ihn viel weniger Eigenkapital aufbringen.[4] Die Aufsichtsbehörden erlaubten das. Mit dem frei werdenden Eigenkapital konnte die Bank zusätzliche Geschäfte machen: Sie konnte weitere Risiken eingehen, die ihr Extraprofite einbrachten.

Außerdem verwendeten Banken die Versicherungen von AIG gewissermaßen als Schmiermittel für ein noch profitableres Geschäft. Dieses Geschäft bestand darin, dass Banken ihre Kreditrisiken einfach an jemand anderen abschoben. Es handelt sich um die bereits erwähnte »Verbriefung«. Das Geschäft funktioniert so: Wenn ein Schuldner einer Bank in den nächsten Jahren 500.000 Euro zurückzahlen muss, dann kann die Bank diesen Zahlungsan-

[1]   Balzli, Brinkbäumer, Fichtner et al: »Im Hauptquartier der Gier«, *Der Spiegel*, 29/09, S. 50.

[2]   Wenn in diesem Buch von »Krediten« die Rede ist, sind oft auch solche Kreditforderungen gemeint, die als Wertpapier verkauft werden, zum Beispiel als Anleihe. Wenn man Staatsanleihen oder Unternehmensanleihen kauft, wird man zum Gläubiger eines Staates oder Unternehmens.

[3]   AIG hat sogar Kredite versichert, die zu undurchschaubaren CDO-Paketen (s. u.) gebündelt waren. vgl. *Inquiry Commission (a. a. O.)*, S. 132.

[4]   *Inquiry Commission*, S. 140.

spruch weiterverkaufen. Sie macht aus den 500.000 Euro einfach ein Wertpapier. Der Käufer des Wertpapiers erwirbt das Recht, vom Schuldner Zins und Tilgung zu kassieren. Der Käufer trägt jedoch auch das Risiko, dass der Schuldner nicht zahlen kann.

Immer stärker haben Banken in den Jahren vor dem Crash versucht, dubiose Kredite als »Wertpapier« zu verkaufen. Also Kredite, bei denen zu befürchten ist, dass der Schuldner zahlungsunfähig wird. Die Finanzindustrie hat sogar begonnen, faule Kredite systematisch zu erzeugen: Sie hat Geld an Menschen verliehen, bei denen von vornherein absehbar war, dass sie den Kredit nicht zurückzahlen können. Zum Beispiel finanzschwache US-Bürger, die sich ein Haus kaufen wollten. Die sogenannten *Subprime*-Kreditnehmer.[1]

AIG half bei diesem Geschäft. Wenn Banken Kreditrisiken loswerden wollten, war der Versicherungsriese zur Stelle: Die Banken machten aus ihren Kreditforderungen Wertpapiere und boten diese zum Kauf an. AIG versicherte einige der Wertpapiere gegen Zahlungsausfälle, auch Wertpapiere, hinter denen *Subprime*-Kredite standen. Das Geschäft lief wie geschmiert, denn die Käufer der Wertpapiere glaubten, mit der Versicherung von AIG sei die Rückzahlung der Kredite in jedem Fall garantiert.[2]

Doch am 16. September 2008 endet der Traum von der Gelddruckmaschine jäh. AIG, dem Versicherungs-Weltkonzern mit rund 76 Millionen Kunden in 130 Ländern, droht die Pleite. Cassanos Team, lediglich 377 Angestellte, hat den gesamten Konzern praktisch im Alleingang in den Abgrund gestürzt.[3] Die Geschäfte

---

[1] Details dazu ab Seite 110.

[2] Inquiry Commission, S. XXIV. Robert O'Harrow Jr., Brady Dennis: »Downgrades and Downfall«, *Washington Post Online*, 31.12.2008. *Der Spiegel,* 29/2009, S. 52.

[3] Vgl. Morgenson: »Behind Insurer's Crisis«, *New York Times*, 27.09.2008. *Congressional Oversight Panel*: »June Oversight Report«, 10.06.2010, S. 7, S. 25.

seiner Abteilung waren so gefährlich, dass »sie allein wohl schon ausgereicht hätten, um den Konzern zusammenbrechen zu lassen«, resümiert später ein Untersuchungsbericht des US-Kongresses.[1] Cassano hatte mit dem Geld seines Arbeitgebers unter anderem eine milliardenschwere Wette auf den US-Immobilienmarkt abgeschlossen – und sie verloren. Er hatte darauf gewettet, dass die Immobilienschuldner in den USA weiterhin ihre Raten zahlen können. Fatalerweise gab es in einer anderen AIG-Abteilung noch einen weiteren Manager, der Milliarden darauf verwettet hatte, dass Immobilienkredite in den USA keine großen Schwierigkeiten machen.[2]

Die US-Zentralbank (*Federal Reserve*) stellt AIG am 16. September 2008 eilig einen Notfallkredit bereit: 85 Milliarden Dollar. Abgesichert durch eine Garantie des US-Steuerzahlers.[3] Doch noch nicht einmal diese Summe reicht: Später legen Zentralbank und US-Regierung weitere Milliarden nach. Insgesamt 182 Milliarden US-Dollar an Kapitalspritzen und Krediten sind nötig, um das Unternehmen vor dem Exitus zu bewahren.[4]

Was war passiert? AIG musste für die CDS – die Kreditausfallversicherungen – plötzlich Geld herausrücken, statt nur zu kassieren. Denn in den USA kriselten die Wirtschaft und der Wohnungsmarkt, und immer mehr Schuldner wurden zahlungsunfähig. Es zeichnete sich ab, dass AIG bald für Kreditausfälle in Milliardenhöhe geradestehen musste. Daher verlangten die

[1] *Congressional Oversight Panel*: »June Oversight Report«, 10.06.2010, S. 24.

[2] *Congressional Oversight Panel*: »June Oversight Report«, 10.06.2010, S. 42 ff.

[3] *Congressional Oversight Panel*: »June Oversight Report«, 10.06.2010, S. 7, S. 71 und Tabelle S. 14

[4] *Inquiry Commission*, S. XXV. Robert O'Harrow Jr., Brady Dennis: »Downgrades and Downfall«, *Washington Post Online*, 31.12.2008. *Congressional Oversight Panel*, a.a.O., 10.06.2010, S. 7, S. 14.

Käufer der Kreditausfallversicherungen nun Sicherheiten: AIG sollte viele Milliarden Cash überweisen. Als Gewähr dafür, dass der Konzern zahlungsfähig ist, sobald die Versicherung tatsächlich fällig werden würde. Das bedeutet: Es waren nicht einmal die endgültigen Versicherungssummen, die AIG nun überweisen musste, sondern nur eine Anzahlung. Schon damit war AIG überfordert.[1]

Milliarden für die Banken – was heißt das?

Bei den Rettungsaktionen für die Banken werden immer wieder Milliarden bereitgestellt. Für manche klingt das ähnlich wie »Millionen« – einfach eine große Zahl. Was bedeutet »Milliardenverluste«?

Ein Beispiel: Bis Ende 2011 hat allein der deutsche Bankenrettungsfonds *Soffin* Verluste von 22 Milliarden Euro gemacht. Jedenfalls offiziell. Überprüfen kann man das nicht, weil der *Soffin* seine Bilanzen geheim hält. Für die Verluste haftet der Steuerzahler.

Angenommen, der Staat könnte keine Schulden machen und müsste die *Soffin*-Verluste sofort begleichen. Das hieße zum Beispiel: Ein Jahr lang müssten wir ein Viertel der Schulen, Kindergärten und Universitäten schließen. Die Lehrer, Erzieher und Professoren müssten ohne Gehalt nach Hause geschickt werden. Denn 22 Milliarden Euro sind zirka ein Viertel der Bildungsausgaben von Bund, Ländern und Gemeinden.

Doch inzwischen geht es bei der Bankenrettung nicht mehr um Milliarden, sondern um Billionen (1 Billion = 1.000 Milliarden): Die Euro-Regierungen haben fast eine Billion Euro an Krediten und Garantien für die »Rettungsfonds« bereitgestellt. Die Nationalbank der USA hat für rund eine Billion Dollar verbriefte Immobilienkredite gekauft.

Eine Billion Euro sind die gesamten deutschen Bildungsausgaben von 10 Jahren.

---

[1]   *Congressional Oversight Panel*: »June Oversight Report«, 10.06.2010, S. 7, 36.

Genau in dem Moment, in dem die Kreditausfallversicherungen gebraucht wurden, stellte sich also heraus, dass sie wertlos waren. AIG hatte nicht genug Kapital, um für die gewaltigen Verluste aufzukommen, die das Unternehmen versichert hatte.

Es war, als hätte jemand jahrelang einen Feuerwehrmann bezahlt, damit dieser im Notfall einen Hausbrand bekämpft, doch dieser Feuerwehrmann verfügte über kein Löschfahrzeug, sondern nur über einige Eimer Wasser. Und jetzt brannte nicht nur das Haus, sondern die ganze Stadt. Denn im Vertrauen auf den Feuerwehrmann namens AIG hatten die Banken ihre Häuser immer weniger gegen Brände geschützt. Die Banken waren stark feuergefährdet.

Die CDS, die Kreditausfallversicherungen, hatten es den Banken erlaubt, immer größere Risiken einzugehen, und so auch immer größere Gewinne zu machen. Die Risiken waren ja scheinbar abgesichert. Doch nun drohten großen Banken auf der ganzen Welt plötzlich Milliardenverluste, die ihnen AIG erstatten sollte.

Die 182 Milliarden Dollar von US-Regierung und Federal Reserve sollten nicht nur AIG retten, sondern das gesamte Bankensystem. »Für dieses Geld wurde ein maroder Weltkonzern [...] verstaatlicht, um ihn jetzt einigermaßen geordnet abzuwickeln, und zwar ohne dass dabei die ganze Weltwirtschaft mit in den Abgrund gerissen wird«, so beschrieben später die Autoren einer *Spiegel*-Titelgeschichte die dramatische Lage.[1]

Gerade die Tausenden Wetten, die in der Abteilung von Joe Cassano abgeschlossen worden waren, machten AIG zur Gefahr für das gesamte Finanzsystem und damit für die Weltwirtschaft. Denn AIG schuldete Hunderten Geschäftspartnern Geld. Wäre der Konzern pleitegegangen, hätte das Milliardenlöcher in die Bilan-

---

[1]   Balzli, Brinkbäumer, Fichtner, et al.: »Im Hauptquartier der Gier«, *Der Spiegel*, 29/09, S. 44.

zen von Banken auf der ganzen Welt gerissen, und Panik auf den Finanzmärkten verursacht. Es drohte eine Kettenreaktion. Besonders gefährlich: Niemand wusste, wem AIG überhaupt wie viel Geld schuldete. Denn viele der Finanzdeals von Joe Cassanos Abteilung wurden nicht behördlich überwacht. Sie waren sogenannte *Over the Counter*-Geschäfte, das sind Verträge, die hinter verschlossenen Türen ausgehandelt werden und deren Inhalt nur den Vertragspartnern bekannt ist.

AIG war jetzt ein Konzern, für den die Gesetze der Marktwirtschaft nicht mehr galten: Die Firma durfte, so meinten die Politiker, auf keinen Fall pleitegehen. Für die Risiken, die AIG und seine Geschäftspartner eingegangen waren, standen nicht die Verantwortlichen gerade, sondern der Staat. AIG war »too big to fail« – zu groß, um zu scheitern. Ein Riese, der nicht fallen sollte, weil er zu viel unter sich begraben würde.

Nur Tage, nachdem die Hilfsgelder geflossen waren, überwies AIG die ersten Milliarden weiter an einige Großbanken, die Kreditausfall-Versicherungen bei AIG abgeschlossen hatten: Die französische *Société Générale* erhielt 4,1 Milliarden, die *Deutsche Bank* 2,6 Milliarden, die US-Bank *Goldman Sachs* 2,5 Milliarden. AIG überwies die Milliarden von Regierung und Notenbank noch an viele weitere Banken. Die US-Bürger kamen für die enormen Risiken auf, die AIG eingegangen war. Für die Versprechungen, die der Konzern gemacht hatte, und die er nicht halten konnte.[1]

Einige Monate bevor AIG vom Staat gerettet wurde, hatte Joe Cassano das Unternehmen bereits verlassen. Bereits da war offensichtlich, dass er viel zu hohe Risiken eingegangen war. Man hat nichts davon gelesen, dass Cassano auch nur einen Cent seines Einkommens von 300 Millionen Dollar zurückzahlen musste.

---

[1]   Congressional Oversight Panel: »June Oversight Report«, 10.06.2010, S. 71.

Im Gegenteil: AIG schloss mit ihm einen neuen Vertrag: In den neun Monaten nach seinem Ausscheiden bei AIG sollte er weiterhin ein Gehalt von AIG beziehen. Eine Million Dollar. Pro Monat. Für »Beratungsdienstleistungen«. Die Zahl steht doppelt im Vertrag, in Worten und in Ziffern: »one million dollars ($ 1,000,000.00) per month«.[1]

Wer den Fall AIG kennt, der versteht, was faul ist an der modernen Finanzindustrie: enorme Gewinne für Einzelne, ein massiver Schaden für die Gesamtwirtschaft.

Das gefährliche Räderwerk, das die Weltwirtschaft damals fast zermalmt hätte, dreht sich weiter. Denn die absurden Regeln, von denen es angetrieben wird, sind größtenteils noch in Kraft.

Die Finanzbranche ist in den letzten 30 Jahren zu einer Gefahr für die Marktwirtschaft geworden. Das sagen nicht nur Linke, sondern auch Konservative, wie zum Beispiel FAZ-Herausgeber Frank Schirrmacher, Bosch-Chef Franz Fehrenbach, der Gouverneur der *Bank of England* Mervyn King, oder Charles Moore, der offizielle Biograph Margaret Thatchers.[2] Sie alle kritisieren: Viele Geschäftsmodelle der Finanzbranche haben mit Marktwirtschaft nichts mehr zu tun. Nicht Leistung wird belohnt, sondern Versagen.

Notenbankchef King beklagt, seit den achtziger Jahren hätten zu viele Akteure in der Finanzindustrie gedacht, es sei nicht verwerflich, »leichtgläubigen oder vertrauensseligen Kunden Geld aus der Tasche zu ziehen.« King: »Wir haben zugelassen, dass ein Bankensystem entstand, dass die Saat seiner eigenen Zerstörung

---

[1]   Brief an *Mr. Joseph J. Cassano, AIG Financial Products, 1 Curzon Street, 5th floor, London*, 11.03.2008.

[2]   Siehe die folgenden Fußnoten sowie: Frank Schirrmacher: »Bürgerliche Werte – ›Ich beginne zu glauben, dass die Linke recht hat.‹« *FAZ*, 15.08.2011; Charles Moore: »I'm starting to think that the Left may actually be right.« *The Telegraph*, 22.07.2011.

in sich trägt. Die Banker hatten Anreize, sich so zu verhalten, wie sie es taten. [...] Dieses Problem ist immer noch da. Die Suche nach höheren Erträgen läuft weiter. Die Ungleichgewichte fangen wieder an zu wachsen.«[1]

Und der konservative Publizist Moore warnt: »Wenn die Banken nicht für ihre Risiken geradestehen müssen, dann werden wir alle untergehen. Menschen, die hohe Summen einsammeln, halten sich oft für brillant. Wenn sie nicht brillant sind, bekommen sie in einer richtigen Marktwirtschaft ihre verdiente Strafe.« Doch heute, so Moore, kommt der Staat für die Verluste auf, und die Finanzmanager »werden einfach weiter reich, bezahlt von allen anderen, die immer ärmer werden. Ich bin, genau wie [Zentralbankgouverneur] Mr King, überrascht, dass die Menschen nicht viel ärgerlicher sind.«[2]

Und Bosch-Chef Fehrenbach kritisiert: »Seit 2008 reden wir darüber, die Finanzmärkte zu regulieren. Aber bisher ist viel zu wenig geschehen, um Hedgefonds und andere Großspekulanten in die Schranken zu weisen.«[3]

Die Todeswetten der Deutschen Bank

Der Fall Cassano zeigt, wie die Banken mit unseriösen Geschäftsmodellen Milliarden verdienen: Sie kassieren die Gewinne sofort, die Risiken dagegen verschieben sie in die Zukunft oder wälzen sie heimlich auf andere ab. Die folgenden Kapitel werden viele Beispiele dafür nennen, dass dieses Geschäftsmodell für die Ban-

---

[1] Charles Moore: »Mervyn King interview: We prevented a Great Depression... but people have the right to be angry.« *The Telegraph*, 04.03.2011.

[2] Charles Moore: »Mervyn King is right. If the banks face no risk, we shall all go down.« *The Telegraph*, 04.03.2011.

[3] Dietmar H. Lamparter: »Bosch-Chef Franz Fehrenbach: ›Mir dreht sich der Magen um.‹« *DIE ZEIT*, 22.09.2011.

ken Alltag ist, und dass zu den Geschädigten auch Millionen von Privatkunden gehören. Beginnen wir mit einer Wette, die Kleinanleger von der *Deutschen Bank* angeboten worden ist. Eine Wette auf den Tod von US-Bürgern.

Der Prospekt der *Deutschen Bank* klang nach Aufbruch zu verlockenden neuen Ufern. Auf dem Titelblatt prangt das Foto eines historischen Segelschiffs in voller Fahrt. Und im Vorwort heißt es: »Entdecken Sie Vertrautes neu! Das Zeitalter der Entdeckungen eröffnete einen völlig neuen Blick auf die Welt. Wagnisse wurden eingegangen, Risiken akzeptiert. Der Lohn ist die Welt, wie wir sie heute kennen. Ebenso gibt es Entwicklungen und Innovationen an den Finanzmärkten, die ein immer größeres Potential an Investitionsmöglichkeiten eröffnen. [...] Die Erträge aus dem db Kompass Life Fonds werden voraussichtlich weitgehend unabhängig von Wind und Wetter und dem Wechsel von Sonne und Regen an den Aktien-, Immobilien- oder Rohstoffmärkten sein.«[1]

Eine ruhige Reise also, sollte man meinen. Es würde anders kommen. Das *Handelsblatt* brachte es schon 2010 auf den Punkt: »Die Fonds sind aus Anlegersicht untergegangen. Kompass Life ist ein Fonds, der auf den Tod wettet. Die Wette allerdings ist nicht aufgegangen.«[2] Was das *Handelsblatt* damals noch nicht wusste: Die Wette ist doch aufgegangen – allerdings nur für die *Deutsche Bank*.

Die Idee der Bank klang überzeugend: Viele Anleger sollten in einen Fonds einzahlen, und mit diesem Geld wollte die *Deutsche Bank* in den USA gebrauchte Lebensversicherungen kaufen. Das Geschäft funktioniert so: Wenn Menschen ihre Lebensversiche-

---

[1] *Deutsche Bank AG*, Zweigniederlassung London: »db Kompass Life Fonds«, 06.07.2005 (Kompass Life 1).

[2] Oliver Stock: »Die Deutsche Bank wettet auf den Tod«, *Handelsblatt*, 08.06.2010.

rung vorzeitig kündigen müssen, machen sie oft hohe Verluste. Denn die Versicherungsgesellschaften gestalten die Kündigungsbedingungen absichtlich ungünstig. Statt eine Lebensversicherung zu kündigen, ist es daher oft besser, sie an jemand anderen zu verkaufen. Der Käufer übernimmt alle Rechte und Pflichten: Er zahlt weiter die Raten an die Versicherungsgesellschaft, und kassiert am Ende die volle Versicherungssumme. Ein Geschäft, von dem im Idealfall beide Seiten profitieren: Der Versicherungskunde erhält mehr als bei einer Kündigung, und der Käufer wartet einfach ab, bis ihm die Versicherungsgesellschaft am Ende alles vertragsgemäß auszahlen muss.[1]

Viele Kunden der *Deutschen Bank* wollen bei diesem scheinbar sicheren Geschäft dabei sein. Die Nachfrage ist so groß, dass die *Deutsche Bank* gleich einen zweiten Fonds auflegt, *Kompass Life 2*. Damit wird sie in den USA zum Marktführer:[2] Für beide Fonds zusammen sammelt sie bei 25.000 Kunden insgesamt 535 Millionen Euro ein. Es klingt nach einem guten und sicheren Geschäft: Solide Versicherungskonzerne aus den USA zahlen Jahr für Jahr Geld aus. Die prognostizierte Rendite liegt bei rund sieben Prozent, unabhängig von Schwankungen der Börsen.[3]

Doch die Fonds wurden für die Anleger zum Desaster. Beide mussten, berichtet der *Spiegel*, »frühzeitig aufgelöst werden. Die *Deutsche Bank* zahlte Hunderte Millionen Euro an Entschädigung, Anleger verloren trotzdem viel Geld.«[4]

---

[1] Man beachte, dass der Handel mit gebrauchten Versicherungen vor allem deswegen lukrativ ist, weil die Versicherer so ungünstige Kündigungsbedingungen bieten.

[2] Christoph Rottwilm: »Geldanlage – Wenn Banken Tote sehen wollen.« *Manager Magazin*, 11.05.2009.

[3] Bernd Mikosch: »Deutsche Bank auf Irrfahrt«, *Financial Times Deutschland*, 24.11.2009.

[4] Anne Seith: »Fatale Wette auf Leben und Tod«, *Spiegel Online*, 08.09.2010.

Was war passiert? Beispiel *Kompass Life 1*: Die *Deutsche Bank* hatte für den Deal eine komplizierte Konstruktion errichtet. In diese waren offenbar von vornherein mehrere Stellschrauben eingebaut, an denen die Bank später unauffällig drehen konnte, und zwar mit dem Ergebnis, dass am Ende viele Gewinne aus dem Deal an die Bank fließen würden statt an die Anleger.

Der entscheidende Konstruktionsfehler: Der Fonds, in den die Gelder der Anleger flossen, kaufte die gebrauchten Lebensversicherungen nicht selbst auf. Die Anleger hatten also keine direkten Ansprüche auf Zahlungen aus den Versicherungen. Stattdessen sollte die *Deutsche Bank London* die Verträge aufkaufen, und dann die Gewinne aus diesen Geschäften an die Anleger weiterreichen. Jedoch erst, nachdem sie Gebühren in Millionenhöhe für ihre Dienstleistungen kassiert hatte.[1] Die hohen Gebühren waren nur der eine Nachteil. Es gab noch einen viel gravierenderen: Die Bank musste die Gewinne nur zehn Jahre lang an die Anleger weiterreichen, bis zum November 2015. Danach sollte der Fonds aufgelöst werden. Alle Gewinne, die nach diesem Zeitpunkt anfielen, konnte die *Deutsche Bank London* in die eigene Tasche stecken.[2]

Man ließ die Anleger also darauf wetten, dass die Versicherten in den USA früh starben.[3] Je später die Versicherungsleistungen ausgezahlt wurden, desto mehr Geld floss an die *Deutsche Bank*

---

[1] Die *Deutsche Bank London* konnte die Verträge sogar indirekt erwerben. (*Fondsprospekt*, s. u., S. 13).

[2] Als Ausgleich musste die *Deutsche Bank* den Anlegern lediglich 80 Prozent der *Anschaffungskosten* der Policen zahlen, also ohne Berücksichtigung der zu erwartenden Gewinne. Die Bank konnte also de facto Geschäfte, die Millionengewinne versprachen, mit einem gewaltigen Abschlag erwerben, siehe Fondsprospekt, S. 14, S. 70.

[3] Der Fonds sollte auch auf Versicherungen wetten, die nicht nur im Todesfall zahlten. Das im Folgenden Gesagte gilt in diesem Fall ähnlich, siehe Fondsprospekt, S. 34.

statt an die Anleger. Was das bedeutete, haben die meisten wohl erst viel zu spät verstanden, so kompliziert war das Geschäft.

Es gab bei *Kompass Life 1* eine entscheidende Stellschraube, an der die *Deutsche Bank* drehen konnte: Welche Versicherungspolicen angekauft wurden, entschieden nicht die Anleger und auch nicht der Fonds, in den die Anleger einzahlten. Die Entscheidung traf letztlich die *Deutsche Bank* in London. Sie musste sich dabei nur an bestimmte Kriterien halten. Das öffnete der Manipulation Tür und Tor: Wenn die *Deutsche Bank* einfach verhältnismäßig *jungen* Versicherten ihre Policen abkaufte, würden die Versicherungen mit hoher Wahrscheinlichkeit erst nach 2015 zahlen, wenn der Fonds bereits aufgelöst war. Die Auszahlung würde dann an die *Deutsche Bank London* fließen. Die Konstruktion des Fonds erlaubte das ausdrücklich. Die *Financial Times Deutschland* kritisiert: »Theoretisch hätten die Banker alle Policen von Versicherten erwerben können, deren Lebenserwartung zwölf Jahre beträgt – die also wahrscheinlich erst sterben, wenn die Fondsgesellschaft längst aufgelöst ist.«[1]

In einem Zwischenbericht des Fonds konnte man später nachlesen, was passiert war: Sogar nach offiziellen Angaben hatten mindestens 39 Prozent der Policen, die von der *Deutschen Bank* in London erworben worden waren, eine erwartete Laufzeit von mindestens zehn Jahren – würden also voraussichtlich erst ausgezahlt werden, wenn der Fonds schon längst geschlossen war.[2]

---

[1] Bernd Mikosch: »Deutsche Bank auf Irrfahrt«, *Financial Times Deutschland*, 25.11.2009. Der Verkaufsprospekt erlaubt ausdrücklich, Policen von Personen zu kaufen, deren verbleibende Lebensdauer auf 12 Jahre geschätzt wird. Die Vorauswahl der Policen trifft die *Deutsche Bank London* allein.

[2] ZELAS Beteiligungsgesellschaft: »Jahresbericht und Dokumentation zum schriftlichen Abstimmungsverfahren 2006 – db Kompass Life Fonds«, Juni 2007. Welchen Anteil diese Verträge an der *Gesamtsumme in Euro* haben, ist im Zwischenbericht nicht klar ausgewiesen.

Außerdem hatte die *Deutsche Bank* bereits zu Beginn des Deals weitere Millionen für sich auf die Seite geschafft: Von den 250 Millionen Euro der Anleger wurden gleich rund 33 Millionen für »Anlaufkosten« abgezweigt. Das Geld ging praktisch ausschließlich an die *Deutsche Bank*. Allein rund 24 Millionen, also fast zehn Prozent für die »Eigenkapitalvermittlung«. Im Klartext: Zehn Prozent des Geldes, das die Kleinanleger eingezahlt hatten, kassierte die *Deutsche Bank* gleich dafür, dass sie genau diese Anleger zum Einstieg in den Fonds überredet hatte.[1]

Im Oktober 2007 treibt die *Deutsche Bank* ihre Geschäftsidee dann auf die Spitze, mit dem Fonds »Kompass Life 3«. Er ist nur noch eine reine Wette – eine Wette auf den frühen Tod von 500 US-Amerikanern: Für *Kompass Life 3* erwirbt die *Deutsche Bank* überhaupt keine gebrauchten Lebensversicherungen mehr. Sie werden stattdessen von der *Deutschen Bank London* künstlich nachgebildet.[2] Die Banken nennen solch ein synthetisches Produkt »Derivat«. Auch die Kreditausfallversicherungen von Joe Cassano waren Derivate.

Bei einem Derivat kommt fast kein Euro mehr in der Realwirtschaft an: Es wird nichts investiert. Es gibt im Wesentlichen nur noch einen Vertrag zwischen der Bank und den Anlegern. Das Geld, das die Anleger für *Kompass Life 3* investieren, bleibt fast vollständig innerhalb der *Deutschen Bank*, oder fließt an Berater, Rechtsanwälte und Gutachter. Bei *Kompass Life 3* gibt es keine Versicherungsverträge, keine Versicherten, keine Versicherungsgesellschaft. Es wird also auch keinerlei wirtschaftlicher Mehr-

---

[1]   *Deutsche Bank*, Zweigniederlassung London: »db Kompass Life Fonds« (Prospekt), 06.07.2005, S. 42.

[2]   Pressemitteilung der *Deutschen Bank*: »Deutsche Bank enables investors to withdraw from the db Kompass Life 3 fund«, 22.02.2012.

wert geschaffen: Kein Versicherungskunde kann hier davon profitieren, dass ihm sein Vertrag abgekauft wird.

Das Einzige, was real ist: eine Gruppe von 500 US-Amerikanern. Sie werden im Auftrag der Deutschen Bank ständig überwacht. Zuerst wird ihr Gesundheitszustand ermittelt. Dann lässt die *Deutsche Bank* Gutachter schätzen, wann diese Personen sterben werden. Und schließlich lässt die Bank regelmäßig überprüfen, ob die Personen noch leben. Anleger können sich zu Beginn entscheiden, ob sie gegen die Bank wetten wollen: Je länger die 500 Amerikaner leben, desto mehr Profit macht die *Deutsche Bank*.[1]

Rechtsanwalt Tilman Langer, der Anleger gegen die *Deutsche Bank* vertritt, ist überzeugt, dass diese Wette nur die Bank gewinnen kann: »Diese hat als Anbieter der Wette gleichzeitig auch die Referenzpersonen ausgewählt, die Sterbetafeln für die Lebenserwartungsschätzungen festgelegt (die übrigens schon damals veraltet waren) und das Rechenmodell entwickelt, das angeblich die Sterberaten in dem Referenzportfolio in entsprechende Renditen für die Anleger ›umrechnet‹. Wie das funktioniert, weiß nur eine – die *Deutsche Bank*. Und das wird auch am Ende des Fonds so sein, denn die *Deutsche Bank* muss und wird keine ihrer Berechnungen offenlegen. Hat noch irgendjemand Zweifel, wer diese Wette gewinnen wird?«[2]

Zudem hatte die *Deutsche Bank* auch hier wieder vorab viel Geld kassiert: 13,5 Prozent der angelegten Gelder waren gleich zu Beginn an die Bank geflossen. Bei den 200 Millionen Euro,

---

[1]   Anne Seith: »Fatale Wette auf Leben und Tod«, *Spiegel Online*, 08.09.2010, Harald Freiberger: »Deutsche Bank in der Kritik – Geld verdienen mit dem Tod«, *Süddeutsche.de*, 07.02.2012.

[2]   Internetseite der Kanzlei von Ferber & Langer: www.kvf-law.de/db-kompass-life, 07.02.2012 um 11:57.

die die Bank für *Kompass Life 3* einsammeln wollte, ergeben sich allein daraus Einnahmen von 27 Millionen Euro. Weitere Gebühren in Millionenhöhe sollten später hinzukommen.[1]

Gegenüber ihren Aktionären prahlte die *Deutsche Bank* mit den Gewinnen, die sie aus dem »Kompass Life Fonds« ziehen will. Im *Finanzbericht 2005* verkündet sie millionenschwere »Ertragszuwächse« im »Unternehmensbereich Private & Business Clients«: »Hier profitierten wir von erfolgreichen Platzierungen von Anlageprodukten wie dem Kompass Life Fonds und anderen innovativen Produkten [...].«[2]

Nachdem Anleger mit Klagen gedroht haben und Schlagzeilen wie »Schlechte Geschäfte mit dem Tod« erschienen sind, hat die *Deutsche Bank* versucht, die Sache geräuschlos aus der Welt zu schaffen. Sie bot den Anlegern an, die Anteile zurückzukaufen. Bei *Kompass Life 1* und 2 gegen Zahlung von 80 Prozent des eingezahlten Betrags. Bei *Kompass Life 3* gegen Zahlung von 100 Prozent, allerdings mussten die Anleger gleichzeitig die Auszahlungen zurücküberweisen, die bereits an sie geflossen waren.[3] Die *Deutsche Bank* ist also weder bereit, für ihr Fehlverhalten eine Entschädigung zu zahlen, noch dafür, dass sie mit dem Geld der Anleger Gewinne erwirtschaften konnte.

---

[1] *Deutsche Bank:* »db Kompass Life 3 Fonds« (Verkaufsprospekt), 29.10.2007, S. 19.

[2] *Deutsche Bank*: »Lagebericht«, Finanzbericht 2005, S. 23. Gemeint sind wohl Kompass Life 1 und 2.

[3] Oliver Stock: »Die Deutsche Bank wettet auf den Tod«, *Handelsblatt Online*, 08.06.2010 und Markus Frühauf: »Deutsche Bank Anleger können aus »Todeswette« aussteigen«, *FAZ Online*, 22.02.2012.

Der Siegeszug der gefährlichen synthetischen Finanzprodukte

Derivate – also synthetische Finanzprodukte – sind eine Gewinnmaschine für die Finanzbranche. Die Banken bauen den Derivatemarkt aggressiv aus: Er ist von 2001 bis 2011 um fast 600 Prozent gewachsen.[1] Zu den Derivaten gehören die synthetische Todeswette der *Deutschen Bank*, die von Joe Cassano verkauften *Credit Default Swaps*, aber auch *Optionsscheine* – und *Zertifikate*, mit denen deutsche Kleinanleger Millionen verloren haben, als die Großbank *Lehman Brothers* pleiteging. Ende 2011 waren weltweit Derivate für schätzungsweise 700.000 Milliarden US-Dollar im Umlauf (700.000.000.000.000 Dollar).[2] Das ist das Zehnfache aller Güter und Dienstleistungen, die auf der Welt produziert werden.[3]

Es ist kein Stammtischgerede, wenn es heißt, dass Banken heute »zum Wettbüro« geworden seien: Ein Derivat ist per Definition ein Wettvertrag zwischen zwei Parteien. Man kann die Wette auf den Kurs einer bestimmten Aktie abschließen, den Preis von Schweinebäuchen, die Pleite Griechenlands oder – wie bei den Todeswetten der *Deutschen Bank* – auf das Sterbedatum von 500 US-Bürgern. Die eine Seite macht nur dann Gewinn, wenn die andere Verlust macht. Die Gewinne entstehen also nicht aus jenem Mehrwert, den eine Investition schafft, beispielsweise in Fabriken oder in Forschungslabore. Die Gewinne entstehen allein aus Verlusten. Auch ich habe bei Banken Zertifikate gekauft, sie

---

[1]   *Deutsche Bank Research*/Michael Chlistalla: »OTC-Derivate«, 25.05.2010, S. 3 und aktuelle Daten der *Bank for International Settlements*.

[2]   Schätzung der *BIS: Quarterly Review*, für börsengehandelte und OTC-Derivate, März/Juni 2012.

[3]   Welt-BSP: 69.659 Mrd. US-$ (2011), zu Devisenkursen umgerechnet. Quelle: *IMF WEO Database*.

jedoch abgestoßen, nachdem ich durch die Recherchen für dieses Buch erkannt habe, wie häufig Banken versuchen, ihre Kunden auszutricksen, und wie gefährlich Derivate für die Stabilität der Wirtschaft sind.

Einer der schärfsten Kritiker der Derivate ist Investor Warren Buffett, Jahrgang 1930, der drittreichste Mensch der Welt.[1] Er wird von den Medien als »Orakel von Omaha« bezeichnet, weil er mit seinen Voraussagen zur Wirtschaftslage oft richtig gelegen hat und bei seinen Anlageentscheidungen langfristig denkt – mit Erfolg: Als Buffet die Firma »Berkshire Hathaway« 1965 übernahm, kostete die Aktie nur 19 Dollar, heute dagegen rund 120.000 Dollar.[2]

Buffett hat schon Anfang 2003 gewarnt, Derivate seien »Zeitbomben, sowohl für die Parteien, die mit ihnen handeln, als auch für die gesamte Wirtschaft.« Er bezeichnete Derivate damals sogar als »finanzielle Massenvernichtungswaffen.«[3] Buffet hat einen Fall wie Joe Cassano vorhergesehen. Er hat sogar eine Art Drehbuch für viele dramatische Geschehnisse skizziert, die beim Crash von 2008 genauso eingetreten sind: Kettenreaktionen und Abwärtsspiralen, die plötzlich und heftig einsetzen.[4]

Schon Jahre vor dem Crash von 2008 waren Politiker und Bankenaufseher also gewarnt worden, dass Derivate bei einer Krise zu Brandbeschleunigern werden. Die Warnungen waren – unter anderem – Buffetts Analyse und der Zusammenbruch des US-Energiekonzerns *Enron*, der 2001 durch betrügerischen Deri-

[1] AFP-Meldung: »40 US-Milliardäre«, *Abendblatt.de*, 05.08.2010.

[2] Nikolaus Hammerschmidt: »Die teuersten Aktien der Welt«, *FTD.de*, 15.03.2012.

[3] Warren E. Buffett: »To the Shareholders of Berkshire Hathaway Inc.«, 21.02.2003, S. 13–15.

[4] Warren E. Buffett: »To the Shareholders of Berkshire Hathaway Inc.«, 21.02.2003, S. 13–15.

vatehandel und Bilanzfälschungen ruiniert worden war.[1] Doch die Politik hat damals die notwendigen Konsequenzen nicht gezogen – ähnlich wie heute: Der Derivatemarkt läuft auch fünf Jahre nach Beginn der Krise praktisch ungehindert weiter,[2] ja er wächst sogar noch: Im Jahr 2011 hat das Gesamtvolumen der ausstehenden Derivate einen neuen Rekord verzeichnet, und damit den bisherigen Höchststand übertroffen, der kurz vor dem Ausbruch der Finanzkrise erreicht worden war.[3]

Die Banken machen gewaltige Gewinne mit Derivaten, darum ist der Druck der Bankenlobby enorm, damit die Politik diese Geschäfte nicht eindämmt. Die Investmentbank *Goldman Sachs* erzielt bis zu einem Drittel ihrer jährlichen Einnahmen durch Derivate.[4] Die Journalisten Anne Seith und Andreas Wassermann erklären, warum Derivate für die Banken so lukrativ sind: »Finanzprodukte funktionieren nach der Faustregel: Je komplizierter, desto höher die Gewinne für die Bank. Das macht die Investmentbanker der Institute kreativ – und ihre Produkte oft gefährlich.«[5] Dieser Kreativität sind kaum Grenzen gesetzt, weil die Politiker den Markt für Derivate praktisch nicht reguliert haben. Den Inhalt jeder Wette kann die Bank daher frei festsetzen. Ein Derivat ist lediglich ein Vertrag, den sie quasi mit einem Federstrich schafft.

---

[1] *Testimony of Frank Partnoy*, Professor of Law, University of San Diego School of Law, Hearings before the *United States Senate, Committee on Governmental Affairs*, 24.01.2002

[2] Für Ende 2012 sind Reformen geplant, wie die Einführung einer zentralen Gegenpartei, jedoch sind sie keineswegs einschneidend, und sehen viele Ausnahmen vor. Vgl. *CMS Hasche Sigle Rechtsanwälte*: »Neue Regulierung der OTC-Derivate in der EU und den USA«, Mai 2012.

[3] *BIS: Quarterly Review*, a. a. O. und *Deutsche Bank Research* / Michael Chlistalla, a. a. O., S. 3.

[4] Sogar nach eigenen Angaben, vgl. *Inquiry Commission*, S. 50–51.

[5] Anne Seith, Andreas Wassermann: »Zocker vom Amt«, *Der Spiegel*, 12/2011.

Doch dieser Federstrich kann eines Tages dramatische Auswirkungen haben, weil Derivate es ermöglichen, mit kleinem Einsatz auf große Summen zu wetten: Beim Verkauf eines Derivats fließt häufig nur eine geringe Gebühr, aber sobald sich herausstellt, dass jemand die Wette gewonnen hat, kann die hundert- oder tausendfach höhere Summe fällig werden. Das passiert bei manchen Verträgen im Laufe von Monaten, bei anderen aber innerhalb von Stunden. So entstehen gigantische Schulden aus dem Nichts: Ein Wettgegner schuldet dem anderen sehr viel Geld. Es können mehrere Milliarden Dollar sein.

Diese Situation wird dadurch verschärft, dass der Derivate-markt vollkommen undurchsichtig ist: Fast 90 Prozent der Derivate-Verkäufe finden nicht an Börsen statt, sondern hinter verschlossenen Türen.[1] Bei diesen 90 Prozent handelt es sich um die bereits erwähnten *Over the Counter*-Geschäfte (OTC), wörtlich »Tresengeschäfte«. Gemeint ist: Nur die beiden Vertragsparteien kennen die komplizierten Klauseln ihrer Wette. Mehr noch, oft wissen andere nicht einmal, dass der Vertrag existiert. Daher ist sogar die Gesamtsumme der ausstehenden Derivate unbekannt – es gibt lediglich Schätzungen.[2]

Ein Beispiel für die Gefahren der Derivate: Kreditausfallversicherungen (CDS) darf auch jemand kaufen, der überhaupt nichts zu versichern hat. Selbst wenn man beispielsweise keine Spanien-Anleihen besitzt, also kein Gläubiger des Landes ist, darf man sich mit CDS gegen einen Zahlungsausfall Spaniens »versichern«. Das ist so, als wenn man eine Feuerversicherung nicht auf sein eigenes Haus abschließt, sondern auf das Haus seines Nachbarn.

---

[1] Schätzung der *BIS. Quarterly Review*, für börsengehandelte und OTC-Derivate, März/Juni 2012.

[2] *Deutsche Bank Research*/Christian Weistroffer: »Credit Default Swaps«, 08.03.2010, S. 5.

Mehr noch: Man darf sogar hundert Feuerversicherungen auf sein Nachbarhaus abschließen. Falls man es unbemerkt anzünden kann, macht man also einen riesigen Profit.

Genau diese Strategie verfolgen manche Spekulanten: Sie kaufen sich beispielsweise Anleihen eines Unternehmens, das gerade in Schwierigkeiten ist. Gleichzeitig erwerben sie in viel höherem Umfang CDS gegen einen Ausfall dieser Anleihen. Am meisten gewinnen sie also dann, wenn das Unternehmen zahlungsunfähig wird – nicht dann, wenn es die Anleihen zurückzahlen kann. Daher versuchen die Spekulanten nun, die Zahlungsunfähigkeit herbeizuführen. Ihr wirkungsvollster Trick ist folgender: Da sie Anleihen gekauft haben, sitzen sie mit am Tisch, wenn die Gläubiger mit dem Unternehmen verhandeln. Sie versuchen nun bei diesen Verhandlungen, sinnvolle Lösungen zu blockieren.

Solche Tricks sind schwer aufzudecken, weil Derivate ja im Verborgenen gehandelt werden. Dennoch sind mehrere Fälle bekannt geworden: Gläubiger haben versucht, eine Firma in die Insolvenz zu treiben, statt einen geordneten Weiterbetrieb zu ermöglichen. Eine Pleite der Firma war für diese Gläubiger schlicht am lukrativsten. Die Existenz solcher Fälle bestätigt sogar eine Studie der *Deutschen Bank*, die einer der größten Derivatehändler der Welt ist.[1]

Berichte über Finanztricks mit CDS kamen zuletzt Anfang 2012 an die Öffentlichkeit, als ein Teil der griechischen Schulden gestrichen werden sollte. Die meisten Gläubiger Griechenlands wollten damals folgende Lösung erreichen: Griechenland sollte nicht offiziell seine Pleite erklären – die Gläubiger würden stattdessen *freiwillig* auf einen Teil ihrer Forderungen verzichten.

---

[1] *Deutsche Bank Research* / Christian Weistroffer: »Credit Default Swaps«, 08.03.2010, S. 20.

Einige Hedgefonds jedoch, so hieß es, würden alle freiwilligen Lösungen blockieren. Der Grund: Sie hatten Griechenland-Anleihen gekauft und diese Anleihen mit CDS gegen einen Zahlungsausfall versichern lassen. Eine freiwillige Lösung wollten diese Hedgefonds keinesfalls. Dann nämlich hätte Griechenland ihnen die Anleihen nur zum Teil zurückgezahlt, gleichzeitig jedoch wären die CDS nicht fällig geworden, weil es nicht als Versicherungsfall gilt, wenn jemand *freiwillig* auf seine Forderungen verzichtet. Die Hedgefonds verfolgten nun eine Strategie, bei der sie nur gewinnen konnten. Sie beharrten einfach darauf, dass Griechenland seine Schulden in voller Höhe begleicht. Es gab jetzt nur zwei Möglichkeiten: Entweder Griechenland würde sich weigern zu zahlen – dann wären die Ausfallversicherungen fällig. Oder Griechenland würde die Hedgefonds vollständig auszahlen. Sie würden also den vollen Nennwert der Anleihen erhalten, obwohl sie die Papiere weit unter Nennwert gekauft hatten.[1]

Politiker haben damals gewarnt, es könnten Schockwellen durch die Finanzmärkte gehen, wenn plötzlich alle CDS auf Griechenland-Anleihen fällig werden. Denn niemand wusste, wer die Versicherungssummen in Milliardenhöhe begleichen musste. Man fürchtete einen zweiten Fall AIG, also einen Versicherungsverkäufer, der pleitegeht, sobald der Schadensfall eintritt. Doch dann die Überraschung: Die CDS wurden im März 2012 tatsächlich fällig – aber nichts passierte. Keine Panik an den Märkten, keine Schockwellen. Warum?

---

[1] Vgl. u. a. Jesse Westbrook, Julie Cruz: »Hedge Funds Try to Profit From Greece Debt Swap«, *Bloomberg.com*, 12.01.2012, Nicolai Kwasniewski: »Das fiese Spiel der Hedgefonds«, *Spiegel Online, 14.01.2012*.

Die obskuren Wetten der Hedgefonds gab es tatsächlich[1] – doch das eigentliche Problem ging offenbar von ganz anderen, viel mächtigeren Akteuren aus. Christian Rickens, Leiter des Wirtschaftsressorts bei *Spiegel Online* ist überzeugt: Die Finanzlobby hat die Gefahr der CDS in diesem Fall bewusst übertrieben, um den europäischen Regierungen Angst zu machen. Angst vor einer Pleite Griechenlands.[2] Offenbar mit Erfolg: So warnte der Chef der Euro-Gruppe, Jean-Claude Juncker: »Ein Kreditausfall muss unbedingt vermieden werden.«[3] Die Folge: Monatelang bediente Griechenland alle ausstehenden Forderungen – mit Hilfe der Notfallkredite aus Deutschland und anderen Euroländern. Währenddessen wurde um eine »freiwillige Lösung« gerungen. Diese »Lösung« war dann unzureichend: Die Reduzierung der Schulden kam zu spät und war zu zaghaft. Griechenland ist weiterhin überschuldet, das Land hat also in den nächsten Jahren keine Chance, seine Schulden ohne immer neue Milliarden aus Deutschland zu bedienen.[4] Rickens kritisiert die Taktik der Gläubiger: »Die Steuerzahler sollten für alles aufkommen, die Gläubiger für nichts. Das Schauermärchen von den CDS ist jetzt endlich auserzählt.«[5]

Doch man kann jedes Mal erst hinterher beurteilen, ob es ein Schauermärchen war oder ob tatsächlich eine Gefahr drohte: Die Undurchsichtigkeit des CDS-Markts macht es praktisch unmöglich, Übertreibungen zu entlarven. Sogar die Finanzbranche selbst

---

[1] Vgl. Westbrook, Cruz, a. a. O, Kwasniewski, a. a. O. und »Hedge-Fonds werden für Schuldenschnitt entschädigt«, *Handelsblatt*, 09.03.2011.

[2] Christian Rickens: »Auf zum nächsten Debakel«, *Spiegel Online*, 14.03.2012.

[3] »Ein Kreditausfall muss unbedingt vermieden werden«, *Neue Zürcher Zeitung Online*, 26.10.2011.

[4] Warum Griechenland weiterhin auf einen Bankrott zusteuert, wird ab S. 289 erläutert.

[5] Christian Rickens: »Auf zum nächsten Debakel«, *Spiegel Online*, 14.03.2012.

gerät wegen der versteckten Risiken der CDS oft in Panik: Kein Akteur will dem anderen dann noch Geld leihen – aus Angst, dass der Schuldner morgen pleite sein könnte. Gestorben an einer Überdosis von Zahlungsverpflichtungen aus Derivaten.[1]

Der Umfang des Derivatemarkts hat längst jedes vernünftige Maß überschritten. Ein Beispiel: Anfang 2009 gab es Kreditausfallversicherungen auf *General Motors* (GM) in Höhe von 65 Milliarden US-Dollar. Gleichzeitig waren aber nur GM-Anleihen im Nennwert von 45 Milliarden US-Dollar im Umlauf.[2] Damit war bewiesen: Viele Akteure hatten die CDS nicht gekauft, um Anleihen in ihren Büchern abzusichern, sondern um zu spekulieren.

Schon die bloße Menge der Kreditausfallversicherungen schafft Risiken. Man kann es sich vorstellen, wie Bergsteiger, die behaupten, sich alle gegenseitig zu sichern. Sie sind mit Seilen untereinander verbunden. Wenn einer fällt, so die Idee, fängt dieses Sicherheitsnetz ihn auf. Doch leider stehen die Bergsteiger alle sehr nah am Abgrund. Wenn einer fällt, reißt er die anderen mit. Christopher Cox, der damalige Chef der US-Börsenaufsicht SEC, hat die Situation Ende 2008 so geschildert: »Der Markt für Kreditausfallversicherungen hat die großen Finanzfirmen der Welt in ein verknäueltes Netz verwandelt, sodass der Sturz irgendeiner Firma das gesamte Finanzsystem in Gefahr bringt. Das ist eine inakzeptable Situation für eine freie Marktwirtschaft.«[3]

---

[1] Vgl. Jörg Hackhausen: »Die unbekannte Gefahr für die Banken«, *Handelsblatt. com*, 17.10.2011.

[2] Vgl.: *Deutsche Bank Research*/Weistroffer, a. a. O., 08.03.2010, S. 19.

[3] Die Banken verweisen oft darauf, dass sich manche Derivatgeschäfte gegenseitig aufheben: Eine Bank verkauft beispielsweise gleichzeitig Wetten auf fallende und steigende Kurse. Doch dieses angeblich feintarierte Gleichgewicht gerät sofort ins Wanken, wenn ein Marktteilnehmer pleitegeht. Cristopher Cox, *SEC-Chairman*: »Opening Remarks at SEC Roundtable«, Washington, 08.10.2008.

Die Banken behaupten, dass Derivate Risiken vermindern. Mit diesen Papieren sei es möglich, sich gegen Gefahren zu versichern. Eine Fluglinie kann sich vor steigenden Ölpreisen schützen, der Besitzer einer Griechenland-Anleihe vor einer Pleite des Landes. Aus Sicht eines einzelnen Akteurs können Derivate tatsächlich vorteilhaft sein. Sogar Warren Buffet, der die Gesamtwirtschaft vor den Gefahren der Derivate schützen will, schließt selbst solche Verträge ab, wenn es um die Interessen seiner Firma geht. Viele Unternehmen der Realwirtschaft halten Absicherungen für sinnvoll. Allerdings kann ein Derivat nur vor kurzfristigen Preisschwankungen schützen, nie vor langfristig steigenden Preisen. Denn eine Absicherung über mehrere Jahre ist meist viel zu teuer. Die Lufthansa beispielsweise sichert sich nur für einige Monate gegen steigende Rohölpreise ab. Sie kauft dafür börsengehandelte Optionen, die einen ähnlichen Effekt haben wie langfristige Lieferverträge.[1]

In Wirklichkeit werden Risiken durch Derivate nicht vermindert, sondern nur weiterverschoben. Gleichzeitig entstehen aus dem Nichts gewaltige neue Risiken: das weltweite Netz der Abhängigkeiten; die Spekulanten, die auf den Brand im Haus des Nachbarn setzen; Akteure, die sich viel zu hohe Risiken aufladen wie Joe Cassano bei AIG; und Banken, die die Undurchschaubarkeit von Derivaten nutzen, um Anleger über den Tisch zu ziehen oder um Risiken zu verschleiern, statt sie zu minimieren. Gerade der undurchsichtige *Over-the-Counter*-Markt bringt unter dem Strich mehr Schaden als Nutzen. Das zeigen Hunderte von Beispielen:

---

[1] Deutsche Lufthansa AG: »Finanzierung und Creditor Relations – Hedging«, *Lufthansa.com*, 02/11.

- Am 10. Mai 2012 beruft die US-Großbank *JPMorgan* eilig eine Pressekonferenz ein. Ein Händler hat zwei Milliarden Dollar verzockt. Mit Kreditausfallversicherungen. Wenige Tage später kursieren Schätzungen, dass die Verluste in Wahrheit im Bereich von sieben Milliarden Dollar liegen.[1] Das *Chief Investment Office* der Bank, wo die Verluste entstanden sind, hat nach der Finanzkrise Risiken offenbar bewusst in die Höhe getrieben, um die Gewinne zu erhöhen. Das berichten fünf Ex-Manager der Bank laut Recherchen der renommierten *Bloomberg Businessweek*.[2]

- Im Januar 2008 hatte bereits die französische Großbank *Société Générale* fast fünf Milliarden Euro verloren, ebenfalls durch Fehlspekulationen eines Händlers mit Derivaten. Und im September 2011 tauchten bei der Schweizer Großbank UBS Verluste von mehr als zwei Milliarden Dollar auf. Entstanden im sogenannten »Delta One«-Team, das mit Derivaten handelt. Die *International Business Times* kommentierte: »Nach all den Skandalen der Vergangenheit scheinen die Banken auch heute nicht in der Lage zu sein, ihre Mitarbeiter ausreichend zu kontrollieren. Und es geht hier nicht um falsch abgerechnete Spesen, sondern um die Kernaufgabe eines modernen Kreditinstituts: den Umgang mit dem Risiko in einer unsicheren Welt.«[3]

---

[1] Maureen Farrell: »JPMorgan Chase loss only going to get worse«, *CNN Money*, 20.05.2012.

[2] Roben Farzad: »How JPMorgan Lost $2 Billion Without Really Trying«, *Bloomberg Businessweek*, 17.05.2012. Christopher Whittall: »Fed data expose $100 billion JP Morgan position«, *Reuters*, 23.05.2012.

[3] »UBS-Trader-Skandal wird Konsequenzen für Banken haben«, *ibtimes.com*, 15.09.2011. Burkhard Birke, Michael Braun, »Täter oder Opfer eines maroden Bankensystems?«, *Deutschlandfunk*, 04.10.2010. Murphy, Burgess, Jones, Simonian: »UBS trader held over $2bn loss«, *FT.com*, 15.09.2011.

- Am 22. März 2011 verkündet der Bundesgerichtshof ein aufsehenerregendes Urteil gegen die *Deutsche Bank*: Sie muss 541.074 Euro Schadensersatz an den mittelständischen Betrieb Ille aus Hessen zahlen. Die *Deutsche Bank* hatte der Firma ein kompliziertes Derivat verkauft, mit dem man darauf wetten konnte, dass sich der Unterschied zwischen kurz- und langfristigen Zinsen ausweitet. Die Bank hatte die komplizierte Formel selbst entwickelt. Fast zwei Seiten der Urteilsbegründung benötigen die Richter allein, um diese Formel zu erklären. Der Ille-Chef sagt, er habe seinem Kundenberater der *Deutschen Bank* vertraut: »Wir hatten jahrelang ein freundschaftliches Vertrauensverhältnis. [...] Sogar Geburtstage haben wir zusammen gefeiert.«[1]

Der Bundesgerichtshof stellt fest: Die *Deutsche Bank* war verpflichtet, die Firma Ille zu beraten, und dabei »eine allein am Kundeninteresse ausgerichtete Empfehlung abzugeben.« Doch stattdessen hat die Bank das Risiko der Wette »bewusst zu Lasten des Anlegers gestaltet«. Die Richter kritisieren: »Während das Risiko des Kunden unbegrenzt ist, ist das der Bank [...] von vornherein [...] eng begrenzt«.[2] Die Wette war so gefährlich für den Kunden, dass der Vertrag schon zu Beginn einen »negativen Marktwert« von 80.000 Euro hatte. Das bedeutet: So hoch schätzten die Finanzmärkte bereits zu Beginn der Wette die erwarteten Verluste von Ille ein. Diese 80.000 Euro waren versteckte Einnahmen der Deutschen Bank, die den Wettvertrag gleich an den Finanzmärkten weiterverkauft hat.[3]

---

[1] Bundesgerichtshof: Urteil zum Az XI ZR 33/10, mit Urteilsbegründung, verkündet am 22.03.2011. Andreas Wassermann: »Wie am Roulettetisch«, *Der Spiegel*, 06/11, S. 39.

[2] Siehe Fußnote 1.

[3] Siehe Fußnote 1.

Viele weitere Firmen und Kommunen in Deutschland, England und Italien sind Opfer ähnlicher Geschäfte geworden. Allein der Schaden, der deutschen Gemeinden durch komplizierte Zins-Derivate entstanden ist, wird auf eine Milliarde Euro geschätzt.[1] Die Banken haben geschickt auf Seminaren und Tagungen für diese Produkte »zur Zinsoptimierung« geworben. *Der Spiegel* berichtet, dass sogar eine Fachtagung des *Deutschen Städtetages* mit dem Titel »Kommunales Schuldenmanagement« eine Art getarnter Werbeverkaufsveranstaltung war: »Über 150 Vertreter der öffentlichen Hand waren ins Hasso-Plattner-Institut nach Potsdam gereist – und wurden dort bearbeitet von über 80 Bankern, darunter allein 14 Mitarbeitern der Deutschen Bank. Welcher Beamte wollte da unter lauter Städtetagskollegen schon als zögerlich und unmodern gelten?«[2]

Das Hauptargument der Banken für den Einsatz von Derivaten ist, dass Finanzmärkte »effizient« seien. Alle Marktteilnehmer seien gut informiert und handelten rational, daher werde das Risiko am Ende zu demjenigen verschoben, der es am besten tragen könne. Ein ungehinderter Handel mit Derivaten erleichtere dieses Verschieben des Risikos. Doch die Modellvorstellung von den effizienten Märkten ist schlichtweg falsch.[3] Mehr noch: Sie ist ein gefährlicher Irrglaube, der die Finanzkrise überhaupt erst möglich gemacht hat. Denn genau dieser Irrglaube führte dazu, dass Politiker den Banken jahrelang immer mehr freie Hand gelassen haben.

---

[1]   Andreas Wassermann: »Wie am Roulettetisch«, *Der Spiegel*, 06/11, S. 39–40.

[2]   Matthias Brendel, Udo Ludwig: »Regelrecht angefixt«, *Der Spiegel*, 36/2010, S. 48, »Gericht verdonnert Deutsche Bank zu Schadensersatz«, Spiegel Online, 03.03.2010.

[3]   In fast jedem Kapitel dieses Buches werden Indizien gegen die »*efficient market hypothesis*« genannt.

Wie Deregulierung die Gewinne der Banken steigen lässt

Einige Finanzmanager behaupten, die Katastrophe der letzten Jahre sei von außen über sie hereingebrochen wie ein seltenes Naturereignis, wie ein »finanzieller Tsunami«.[1] Doch die Krise kam nicht von außen, sondern von innen. Die Finanzmärkte haben den Zusammenbruch selbst erzeugt. Die Ursache der Katastrophe sind schwerwiegende Konstruktionsfehler tief im Inneren des Finanzsystems.

Die Banken glaubten, es sei für sie ein Glückstag, jener 27. Oktober 1986. In London rief die britische Premierministerin Maggie Thatcher dem Parlament zu: »Lasst uns die Regeln wegwerfen, die den Erfolg bremsen.«[2] Thatchers Forderung: Das Geschäft der Banker in der Londoner City sollte dereguliert werden. – Mehr Freiheit für die Banken. Man nannte es den »Big Bang«, den »Urknall«. Niemand ahnte damals, dass dieser »Urknall« und seine Nachläufer 30 Jahre später die Banken der Welt in Trümmer legen würden.

Der »Big Bang« war Teil einer weltweiten Deregulierung des Bankwesens: Nicht nur Thatcher hat die Vorschriften für Banken stark aufgeweicht, sondern auch viele andere Regierungschefs der westlichen Industrieländer wie US-Präsident Ronald Reagan und alle deutschen Bundeskanzler seit Helmut Kohl. In den USA hat es sogar schon in den siebziger Jahren erste Schritte zur Deregulierung gegeben. Interessanterweise ist dabei gar nicht die Zahl der Vorschriften gesunken. Die Vorschriften waren teilweise

---

[1]   z. B. Martin Sullivan, Ex-AIG-Chef, vor dem *Committee on Oversight and Government Reform*, 07.10.2008. Vgl. a. Mathias Ohanian: »Neue Denker der Ökonomie (11)«, *FTD Online*, 02.06.2010.

[2]   Michael Maisch: »Wenn Du einen Freund brauchst…«, *Handelsblatt*, 21.10.2011.

immer noch zahlreich und kompliziert, aber sie waren lasch und boten den Banken viele Schlupflöcher.

Die Folge der Deregulierung: Weltweit wurde ein gigantisches Kreditkarussell in Gang gesetzt – dabei sind die Gewinne der Banken explodiert. Beispiel USA:

Die Schulden explodieren –
die Gewinne der Finanzbranche auch

Quelle: GMO LLC (Datenquelle: Federal Reserve, BEA)

Ab Mitte der achtziger Jahre steigen in den USA die Gewinne der Finanzfirmen und die Schulden gleichzeitig an: Sie wachsen weit schneller als das Bruttoinlandsprodukt, also die Wirtschaftsleistung. In der obigen Kurve bedeutet ein Anstieg nicht bloß Wachstum, sondern: ein Wachstum, das noch über das Wirtschaftswachstum hinausgeht. Von den fünfziger bis zu den siebziger Jahren pendelten die Gewinne der Finanzfirmen immer um 0,75 Prozent des Bruttoinlandsprodukts. In der Hochzinsphase der achtziger Jahren brachen sie stark ein, nur um danach in die Höhe zu schnellen: auf 2,5 Prozent – mehr als das Dreifache der vorher üblichen Gewinne. Gleichzeitig explodierten die Schulden.

Das gleiche Bild in den meisten westlichen Industrieländern: ein stark wachsender Schuldenberg, gleichzeitig stark steigende Gewinne der Finanzindustrie. Eine Ausnahme bildet übrigens Deutschland, wo die Verschuldung niedrig geblieben ist. Die Gewinne und die Risiken der deutschen Banken sind dennoch angestiegen, weil die deutschen Banken beim Geschäft mit der wachsenden Verschuldung im Ausland mitgemischt haben.

Eigentlich hätte die Politik in den achtziger Jahren den Banken besonders genau auf die Finger schauen müssen. Denn exakt in dieser Zeit geschah eine Revolution, die das Bankgeschäft schneller, kurzfristiger und instabiler machte: die Entwicklung leistungsfähiger Computer. Nicolas Bär, Präsident der Zürcher Börse wunderte sich schon 1986: »Wir befinden uns in einer hektischen Zeit. Es brodelt an allen großen Finanzmärkten: Deregulierung, Liberalisierung, Internationalisierung, Konkurrenz bis aufs Messer, 24-Stunden-Handel, Inflation der Handelsinstrumente, die EDV [der Computer] greift stürmisch um sich. In dieser Hexenküche mitzuhalten, ist nicht einfach.«[1]

Der Computer hat auch die Konstruktion komplizierter Finanzprodukte erst möglich gemacht: Manche Derivate basieren auf Formeln, die nur von sehr leistungsfähigen Prozessoren geknackt werden können und die daher für viele Bankkunden undurchschaubar sind.

In den Jahren der Deregulierung haben die Banken sich immer aggressiver auf die Jagd nach dem schnellen Profit gemacht. Immer mehr haben sie sich dabei von ihrem traditionellen Geschäft entfernt. Die wichtigste Aufgabe der Banken ist es, Kapital in die richtigen Kanäle zu leiten, zum Beispiel über Kreditvergabe.

---

[1] Zit. n.: Lukas Egli et al: »Die Finanzkrise: Teil 3 – Wie konnte das nur passieren?«, *NZZ Folio*, 01/09.

Doch die traditionelle Kreditvergabe ist ein mühsames Geschäft für die Banken: Erst wenn nach Jahren alle Raten zurückgezahlt sind, zeigt sich, ob die Bank den richtigen Kreditnehmer ausgewählt hat. Deshalb wird sie jede Kreditvergabe vorher gründlich prüfen. Genau diese mühsame Prüfung erfüllt eine entscheidende volkswirtschaftliche Aufgabe: Das Kapital wird genau dorthin gelenkt, wo es den größten Nutzen stiftet, es wird klug investiert. Wissenschaftler nennen das »Allokation von Kapital«. Durch jede sinnvolle Investition, zum Beispiel in eine Fabrik oder ein Kraftwerk, entsteht ein Mehrwert. Nicht nur Kredite sorgen für Kapitalallokation, sondern auch die Ausgabe von neuen Aktien oder Anleihen, weil dabei ein Unternehmen ebenfalls frisches Kapital bekommt.

Damit Geld in wirtschaftlich sinnvolle Projekte strömt, müssen zwei Bedingungen erfüllt sein: Erstens muss jeder Investor langfristig denken. Da ein Kredit oft erst nach Jahrzehnten zurückgezahlt wird, heißt »langfristig« in diesem Fall tatsächlich, »in Jahrzehnten«. Zweitens muss jeder Investor für die Folgen seiner Entscheidung selbst verantwortlich sein. Nur wenn beide Bedingungen erfüllt sind, wird er gründlich prüfen, ob das ausgewählte Projekt solide und langfristig erfolgversprechend ist.

Erstaunlicherweise hat die Finanzindustrie in den letzten 30 Jahren diese beiden zentralen Prinzipien mehr und mehr aufgegeben. Die Manager der Banken, Versicherungen und Investmentfonds haben also immer weniger geprüft, ob sie das Kapital in langfristig sinnvolle Projekte lenken. Es geht dabei nicht um einzelne Fehlinvestitionen: Es geht um Tausende Milliarden Euro weltweit. Eine massive Fehlallokation von Kapital, mit der sehr viele Akteure sehr viel Geld verdient haben. Diese jahrzehntelangen Fehlinvestitionen sind der eigentliche Grund dafür, dass die Banken heute am Abgrund stehen.

Jahrelang haben die Banken Lobbyarbeit für die Deregulierung gemacht. Die Behauptung ihrer Lobbyisten: Freiere Finanzmärkte würden für eine bessere Allokation von Kapital sorgen. Wenn also staatliche Regeln reduziert würden, lenke der Markt die Investitionen automatisch in die sinnvollsten Projekte. Peter Bofinger, derzeit einer der fünf deutschen Wirtschaftsweisen, beklagt, dass dieses Denken inzwischen auch in der Wirtschaftsforschung dominiert: »Steuern senken, Löhne runter, sparen, privatisieren, deregulieren, die Märkte werden es richten – das sind die gängigen Empfehlungen.«[1] Doch sobald die Politik den Banken das gegeben hatte, was sie verlangten, hat das Bankensystem sich selbst zerstört. Nicht zum ersten Mal.

Deregulierte Finanzmärkte führen immer wieder zur Katastrophe

Fasziniert starrt die Welt Ende der achtziger Jahre auf Japan: Das *Land der aufgehenden Sonne*, so scheint es, hat eine neue Wirtschaftsform entwickelt, die dem westlichen Modell vollkommen überlegen ist.[2] Eine Reihe von Bestsellerbüchern behauptet, Japan könne man mit westlichen Maßstäben einfach nicht mehr messen. Eines der Bücher trägt den Titel *Japan als Nummer Eins.*«[3]

Die Bewunderung schlägt sogar in Angst um: Japan greife nach der Weltherrschaft, so die Befürchtung. Die modernen Managementmethoden der japanischen Industrie scheinen unbesieg-

---

[1] Peter Bofinger: »Warum die NachDenkSeiten wichtig sind«, in: *Nachdenken über Deutschland*, Westend-Verlag, Frankfurt, 2011, S. 7.

[2] Siehe unter anderem Dylan Grice: »Popular Delusions – The lesson from Japan? China will be the biggest bubble the world has seen«, *Société Générale, Cross Asset Research*, 15.09 2009.

[3] laut Edward Chancellor: »China's Red Flags«, *GMO White Paper*, March 2010. Der Autor kritisiert, dass es heute eine ähnlich blinde Bewunderung für die chinesische Wirtschaftspolitik gebe.

bar. Die Zeitschrift *Fortune* staunt: Der Autokonzern Ford »schätzt, dass seine Fabriken in Europa 50 bis 60 Prozent weniger produktiv sind als die in Japan.«[1] Und eine Schlagzeile des *Time Magazine* warnt: »Wir werden Manhattan einnehmen«. Mit »wir« sind die Japaner gemeint. Die Eroberung hat offenbar schon begonnen: Gerade hat die »Mitsubishi Estate Co« die wirtschaftliche Kontrolle über das Rockefeller Center übernommen, ein symbolträchtiger Gebäudekomplex aus den dreißiger Jahren.[2]

Die Investoren der Welt glauben an Japan: Allein in den fünf Jahren bis Ende 1989 vervierfachen sich die Kurse der japanischen Aktien. Wer Mitte 1984 für 10.000 Yen Aktien gekauft hat, dessen Vermögen ist Ende 1989 auf fast 40.000 Yen gestiegen. Auch der Immobilienmarkt boomt: Vor allem in der Hauptstadt Tokio explodieren die Preise; sie steigen um bis zu 50 Prozent im Jahr.[3] Zwei Quadratkilometer Land in Tokio sind 1991 so teuer wie alle Grundstücke in Kanada zusammen (Kanada hat eine Fläche von fast 10 Millionen Quadratkilometern).[4]

Auf dem Höhepunkt des Booms werden die Aktien der japanischen Firmen an der Börse so hoch gehandelt, dass sie 42 Prozent des gesamten Welt-Börsenwerts ausmachen.[5] Einfacher gesagt: Um die Aktien aller japanischen Firmen vollständig aufzukaufen, hätte

---

[1] Shawn Tully: »Now Japan's Autos push into Europe«, *Fortune*, 29.01.1990.

[2] Greenwald, Kanise, Mehta: »Sure, We'll Take Manhattan«, *Time Magazine*, 13.11.1989.

[3] Stephan Finsterbusch: »Börsenkrach im Zeichen der orakelnden Kröte«, *Frankfurter Allgemeine Zeitung*, Ressort Finanzen, 07.07.2008.

[4] Douglas Stone, William T. Ziemba: »Land and Stock Prices in Japan«, *The Journal of Economic Perspectives*, Volume 7, Issue 3 (summer 1993), S. 149–165.

[5] Stephan Finsterbusch: »Börsenkrach im Zeichen der orakelnden Kröte«, *Frankfurter Allgemeine Zeitung*, Ressort Finanzen, 07.07.2008. Gemeint ist die so genannte »Börsenkapitalisierung«: Dieser Wert gibt an, wie teuer es wäre, die Aktien einer Firma komplett zu übernehmen. Um das zu berechnen, wird einfach der aktuelle Kurs einer Aktie mit der Gesamtzahl Aktien multipliziert.

man fast so viel Geld zahlen müssen, wie für die Aktien *aller* anderen Firmen in *allen* anderen Ländern weltweit. Dabei produziert Japan nur 14 Prozent aller Güter und Dienstleistungen der Welt.

Für die Aktien einer durchschnittlichen japanischen Firma zahlt man 1990 das 80-fache ihres Jahresgewinns.[1] An westlichen Aktienmärkten gilt es schon als teuer, wenn man den 20-fachen Jahresgewinn zahlen muss. Doch das Gros der Investoren verkauft seine Japan-Aktien nicht; bis zuletzt greifen die Spekulanten weiter zu. Weder Profis noch Privatanleger stoppen den Wahnsinn.

Plötzlich, im Januar 1990, beginnt der Crash. In nur vier Monaten bricht der Nikkei-Index um fast 30 Prozent ein. Jetzt kommen vielen Experten plötzlich Zweifel. *Der Spiegel* schreibt im April 1990: »Selbst Broker, die immer Stärke zu demonstrieren verstanden, sind nach dem Börsen-Menetekel vorsichtiger geworden. Noch im vergangenen Jahr waren sie um den Globus gereist und hatten Anleger mit der Voraussage gelockt, der Nikkei-Index werde 1990 auf 43.000 Punkte steigen. ›Jetzt schicken die gleichen Leute Telefaxe‹, spottet der Schweizer Bankmanager Felix W. Zulauf, ›in denen sie 24.000 Punkte für den Index prophezeien.‹«[2]

Doch auch die eilig erstellten neuen Prognosen sind schnell Makulatur: Bereits ein halbes Jahr später fällt der Nikkei-Index auf 20.000 Punkte. Der Wert der Japan-Aktien hat sich halbiert. Und es geht weiter nach unten: Nächste Zwischenstation sind 14.000 Punkte im Sommer 1992. *Der Spiegel* berichtet ungläubig: »Wer vor drei Jahren 100 Mark in japanischen Aktien angelegt hat, besitzt heute, im Schnitt, noch 30 Mark.«[3]

---

[1] Dylan Grice: »Popular Delusions – The lesson from Japan? China will be the biggest bubble the world has seen«, *Société Générale, Cross Asset Research*, 15.09.2009.

[2] »Japan – Stimmung gedrückt«, *Der Spiegel*, 09.04.1990.

[3] »Immer zwischen Angst und Gier«, *Der Spiegel*, 27.07.1992.

In den Jahren darauf immer wieder das gleiche Muster: Die japanische Börse scheint sich zu erholen, nur um danach noch tiefer zu fallen. Das geht bis heute so, 22 Jahre nach dem Beginn des Crashs: Mitte 2012 steht der Nikkei-Index bei rund 8.600 Punkten. Weniger als ein Viertel seines Höchststandes.

Die Irrationalität der Finanzmärkte: Beispiel Japan-Crash

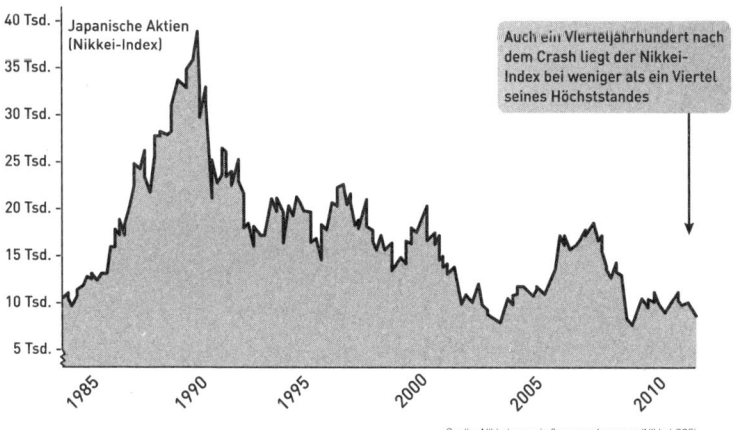

Quelle: Nikkei.com via finance.yahoo.com (Nikkei-225)

Die japanische Wirtschaft leidet bis heute an den Folgen der Börsenblase. Das Platzen dieser Blase, so beschreibt es die FAZ, »zog noch Jahre später den Zusammenbruch mehrerer Großbanken wie LTCB nach sich; Brokerhäuser wie Yamaichi gingen unter; Kreditgenossenschaften und Hypothekenfinanzierer machten gleich reihenweise Pleite. Über das Kaiserreich im Fernen Osten zogen Depression und Deflation. Wohlhabende Japaner brachten Teile ihrer Vermögen ins Ausland.«[1]

---

[1] Stephan Finsterbusch: »Börsenkrach im Zeichen der orakelnden Kröte«, *Frankfurter Allgemeine Zeitung*, Ressort Finanzen, 07.07.2008.

20 Jahre lang haben Regierung und Notenbank in Japan verzweifelt versucht, die Wirtschaft anzukurbeln: Die *Bank of Japan* hat 1995 den Leitzins auf null Prozent gedrückt und flutet den Markt immer wieder mit frisch gedrucktem Geld. Und die Regierung gibt ein ums andere Mal gigantische Beträge für Konjunkturprogramme aus. Die Folge: Um den Titel »höchstverschuldetes Land der Welt« kämpft Japan mit Griechenland. Im Jahr 2011 betrugen Japans Brutto-Staatschulden 233 Prozent seiner Jahreswirtschaftsleistung. Ein unrühmlicher Weltrekord. Mit großem Abstand folgte Griechenland, dessen Schulden 165 Prozent der Wirtschaftsleistung betrugen.[1]

Auf den ersten Blick wirken die Folgen des Japan-Crashs gar nicht so dramatisch. Immerhin ist Japan heute immer noch ein wohlhabendes Land. Gibt uns das Hoffnung für die aktuelle Situation der Weltwirtschaft? Werden wir uns jetzt, im Jahre 2012, langsam aus der Krise herausarbeiten können, mit viel Billiggeld von der Zentralbank und mit Konjunkturprogrammen der Regierungen? So wie Japan es mehr als 20 Jahre lang versucht hat?

Leider gibt es viele Indizien dafür, dass der Zustand der Weltwirtschaft heute viel dramatischer ist als der Zustand der japanischen Wirtschaft 1990. Der Grund: Japan war damals praktisch allein in der Krise und konnte sich durch Exporte gesundstoßen. Heute dagegen stehen viele Länder am Abgrund. Es können nicht alle gleichzeitig ihre Exporte nach oben schrauben, denn irgendwer muss die Waren auch abnehmen. Zudem sind viele Länder heute in einer schwierigeren Lage als Japan seinerzeit.

---

[1] Wirtschaftsleistung = BIP. Da der japanische Staat recht viel Vermögen besitzt, sieht es bei den Netto-Staatsschulden besser aus: Wenn man das Vermögen von den Schulden abzieht, ist Japan mit 130 Prozent seiner Wirtschaftsleistung verschuldet. Das ist jedoch immer noch der zweithöchste Schuldenstand der Welt, hinter Griechenland (153 Prozent). Daten: Schätzungen des IWF für 2011.

Beispielsweise die USA. Der ehemalige Chefvolkswirt der *Bank für Internationalen Zahlungsausgleich*, William White, nennt die Gründe: »Der Vergleich zwischen Japan 1990 und den USA heute hinkt gewaltig. Japan hatte und hat bis heute stabile Außenhandelsüberschüsse – die USA haben hohe Defizite. Japan hatte ein sehr großes Nettoauslandsvermögen – die USA sind heute die größte Schuldnernation, die es je gegeben hat. Die Japaner sind patriotische Anleger, die bereit sind, Anleihen ihres Staates zu sehr niedrigen Zinsen zu halten. Amerikanische Anleger hingegen sind »footloose« – sie bringen ihr Geld dorthin, wo es die höchsten Renditen verspricht. Aus all diesen Gründen konnte sich der japanische Staat hoch verschulden, ohne auf den Zustrom ausländischen Kapitals angewiesen zu sein. Für die USA gilt das nicht.«[1]

Außer den USA stehen heute viele weitere Industrieländer mit dem Rücken zur Wand, riesige Finanzblasen werden in diesen Ländern noch platzen, und das Bankensystem ist in höchster Gefahr. Die Länder sind unter anderem Großbritannien, Frankreich, Spanien, Irland, Italien, Griechenland, Australien und auch Japan selbst.

Die Banken fordern heute: Macht es noch drastischer als die Japaner. Druckt noch mehr Geld, druckt es schneller, nehmt Staatsschulden auf und flutet die Wirtschaft mit vielen Milliarden. Kanzlerin Angela Merkel, US-Präsident Barack Obama und die Notenbankchefs Mario Draghi und Ben Bernanke verfolgen genau dieses Rezept. Warum es meines Erachtens das falsche Rezept ist, werde ich später erläutern.

Jeder Politiker, Manager und Wirtschaftsforscher sollte die Jahre vor dem Crash in Japan studieren. Ein kurzer Blick auf die

---

[1] William White (Interview): »Dann kommt es zum globalen Beben«, *manager magazin online*, 26.08.2010.

damaligen Ereignisse genügt, um die zentralen Glaubenssätze vieler Wirtschaftsexperten zu widerlegen. Sie lauten: Märkte, egal ob für Aktien, Rohstoffe oder Arbeitskräfte, finden immer den idealen Preis. So sorgen sie automatisch dafür, dass jeder Euro Kapital, jeder Barrel Erdöl und jeder Chemieingenieur genau an den optimalen Platz gelangt, nämlich dorthin, wo das Kapital, das Erdöl oder der Ingenieur den höchsten Preis erzielt und somit den größten Nutzen stiftet.

Der Fall Japan beweist: Märkte können sich jahrelang irren. Die Börsen spielen oft vollkommen verrückt. Immer wieder werden Anleger euphorisch, und kaufen zu Mondpreisen dubiose »Geldanlagen«. Japan hat vieles vorweggenommen, was sich später auf dem US-Immobilienmarkt wiederholt hat. Mehr noch: Die gigantische Blase in Japan ist der Prototyp für etwas, das immer wieder an den Finanzmärkten passiert. Das Drehbuch des Japan-Crashs ähnelt verblüffend dem Drehbuch der Weltwirtschaftskrise in den zwanziger Jahren, dem Drehbuch beim weltweiten Crash der Technologieaktien im Jahr 2000 oder dem Drehbuch beim Zusammenbruch des *Subprime*-Immobilienmarkts in den USA ab 2007. Das sind nur die bekanntesten Beispiele.

Der Internationale Währungsfonds (IWF) hat alle schwerwiegenden Bankenkrisen seit 1970 in einer Datenbank erfasst. Ergebnis: Es gab allein in dieser Zeit 124 Bankenkrisen, bei denen zuerst Berge von Schulden aufgehäuft wurden und bei denen am Ende viele Banken pleite waren.[1]

Wer das Drehbuch des Japan-Crashs kennt, der weiß, dass deregulierte Bankensysteme nicht zum Gleichgewicht tendieren, sondern zu einem Crash. In Kurzfassung lautet dieses Drehbuch:

---

[1] Zit. nach »Worse than Japan?«, *The Economist Online & Print Edition*, 12.02.2009.

Die Finanzindustrie hat von Jahr zu Jahr mehr billiges Geld zum Investieren zur Verfügung. Gleichzeitig lässt man den Akteuren weitgehend freie Hand. Man dereguliert also im Vertrauen darauf, dass »die Märkte« das zusätzliche Geld in die richtigen Projekte lenken. Erst scheint alles gut zu gehen: Die Akteure finden »faszinierende« neue Investitionsmöglichkeiten. – Doch dann folgt der Kollaps.[1]

Weltwirtschaftskrise ab 1930, Japancrash ab 1990, Asienkrise ab 1997, Crash der Technologieaktien ab 2000, Zusammenbruch des US-Immobilienmarkts ab 2007.

Das »Drehbuch zum Crash« ist immer gleich:

1. Die Banken lassen die Kapitalmenge dramatisch ansteigen: Von Jahr zu Jahr ist mehr Geld vorhanden, das investiert werden kann.

2. Doch es gibt nicht von Jahr zu Jahr mehr solide Projekte, in die man investieren kann.

3. Die Anleger werden immer euphorischer. Fehlinvestitionen nehmen zu.

4. Die Politik lässt den Spekulanten freie Hand. Die Banken verdienen gut an der Spekulation. Sie fachen die Euphorie weiter an.

5. Zweifel kommen auf. Plötzlich wollen alle gleichzeitig zum Notausgang. Folge: der Crash.[2]

[1] Vgl. Dylan Grice: »The lesson from Japan?«, *Société Générale, Cross Asset Research*, 15.09.2009, S. 7.

[2] Vgl. auch die Liste von Edward Chancellor: »China's Red Flags«, *GMO White Paper*, März 2010.

1. Die Banken lassen die Kapitalmenge dramatisch ansteigen: Von Jahr zu Jahr ist mehr Geld vorhanden, das investiert werden kann.

Das Grundproblem: ein jahrelanges Anwachsen des Kapitals, das nach Anlagemöglichkeiten sucht. Schon in den zwanziger Jahren haben die Banken durch lockere Kreditvergabe die Kapitalmenge dramatisch steigen lassen. Mit den billigen Krediten wurde exzessiv spekuliert. Es endete in der Weltwirtschaftskrise.[1] Man kann aber noch weiter zurückgehen: Um das Jahr 1630 herum wurden in Holland Tulpenzwiebeln immer stärker zum Spekulationsobjekt. Manche Zwiebeln erzielten Preise, die dem Jahreseinkommen eines Kaufmanns entsprachen. Später stiegen die Preise noch höher, bis dann im Jahr 1637 die Blase platzte. Auch bei dieser Blase wurde auf Kredit spekuliert. Beispielsweise beliehen Bauern ihren Immobilienbesitz, um an Spekulationskapital zu kommen.[2]

Das Verhalten der Banken verschärft sowohl die Blase als auch den dann folgenden Crash: Während der Euphorie vergeben die Banken zu leichtfertig Kredite, im Crash haben sie dann keine Nachsicht mit den Schuldnern.

Das erkannte schon ein Kleinanleger, der während der Weltwirtschaftskrise Tagebuch führte. 1931 notierte er: »Es ist wirklich schrecklich, wie die Banken mit aller Macht ausstehende Zahlungen für Immobilienkredite und Schuldscheine einfordern.

---

[1] Vgl. Andrew Wilson: »Five Myths about the Great Depression«, *Wall Street Journal Online*, 04.11.2008.

[2] Mark Frankel: »When the Tulip Bubble Burst«, *Bloomberg Businessweek*, 24.04.2000, und Edward Chancellor: »China's Red Flags«, *GMO White Paper*, March 2010.

Es ist die alte Geschichte, dass jemand Dir einen Regenschirm leiht, wenn die Sonne scheint, und ihn zurückfordert, wenn es regnet.«[1] In den Jahren vor einem Crash wächst die Kapitalmenge nicht bloß um zehn oder zwanzig Prozent: Sie verdoppelt oder verdreifacht sich. Das heißt: Milliarden suchen plötzlich in einem bestimmten Land oder Markt nach Anlagemöglichkeiten.

Das Kapitalwachstum kann verschiedene Ursachen haben. Meist spielt die immer sorglosere Vergabe von Krediten eine große Rolle, oft gefördert von Zinssenkungen der Zentralbank und Deregulierung. Manchmal strömt auch aus dem Ausland Kapital in ein Land hinein, oder das Geld konzentriert sich immer mehr in einem *bestimmten* Markt (zum Beispiel Technologieaktien). Heute jedoch geht es nicht mehr nur um *bestimmte Länder oder Märkte*: In fast allen westlichen Industrieländern ist in den letzten Jahrzehnten die Geldmenge dramatisch gewachsen, deutlich schneller als die Wirtschaftsleistung.

2. *Doch es gibt nicht von Jahr zu Jahr mehr solide Projekte, in die man investieren kann.*

Das zusätzliche Kapital ist auf der Jagd nach lukrativen Anlagemöglichkeiten. Aber die gibt es nicht: Denn die Zahl der gewinnbringenden Projekte, die sich für eine Investition anbieten, wächst nicht automatisch von Jahr zu Jahr.

Entscheidend bei der Suche nach einer guten Geldanlage ist eine einfache Frage, die während einer Investitionsblase in Vergessenheit gerät: Kann der Empfänger des Kapitals die Summe

---

[1]   Zitiert in: Joe Nocera: »The View from inside a Depression«, *The New York Times online*, 16.10.2009.

nach vielen Monaten oder Jahren zurückzahlen? Und kann er zusätzlich einen Aufpreis überweisen, die Rendite? Quasi als Gebühr dafür, dass er jahrelang mit fremdem Kapital wirtschaftet? Das heißt, der Empfänger des Geldes muss entweder über ein gesichertes Einkommen verfügen, oder er muss sich mit dem Geld eine Einkommensquelle schaffen. Ein Beispiel: Wenn eine Firma von Investoren Kapital erhält, dann nutzt sie das Kapital meist, um ihr Geschäft auszuweiten. Sie schafft so einen Mehrwert. Auch Staaten, die klug wirtschaften, können einen Mehrwert schaffen. Sie investieren das Geld beispielsweise in Universitäten, deren Absolventen die Wirtschaft voranbringen. Das führt langfristig zu höheren Steuereinnahmen.

Das Problem jeder Finanzmarktblase besteht darin, dass bereits vor der Blase Kapital vorhanden war, das nach lukrativen Anlagemöglichkeiten suchte. Die wirklich soliden Projekte sind also bereits finanziert. Wenn nun innerhalb weniger Jahre die Kapitalmenge dramatisch ansteigt, dann muss das überschüssige Kapital immer stärker in dubiose Projekte drängen.

3. *Die Anleger werden immer euphorischer. Fehlinvestitionen nehmen zu.*

Am Beginn des Unheils steht eine spannende »Story«. Die Investoren glauben, dass ganz neue Zeiten angebrochen sind. In den zwanziger Jahren war es die Story vom Siegeszug neuer Erfindungen wie dem Radio, später die von den faszinierenden asiatischen »Tigerstaaten«, dann die von der »Revolution« der Wirtschaft durch Internet und Biotechnologie und schließlich die Story vom »dynamischen« US-Immobilienmarkt, auf dem die Preise angeblich nur nach oben gehen konnten.

Die neueste Story ist übrigens die von den Erfolgen Chinas: Das Land macht ohne Zweifel eine erstaunliche wirtschaftliche Entwicklung durch, doch die enormen Risiken werden von vielen Investoren ausgeblendet: zunehmende soziale Spannungen, Korruption, Willkür der lokalen Parteikader, staatliche Kommandowirtschaft, Zerstörung von Naturressourcen. China hat wirtschaftliche Freiräume geschaffen, ist aber in mancher Hinsicht noch eine gigantische Version der DDR: Entscheidungen für 1,3 Milliarden Menschen werden zentral vom »demokratisch gewählten« Politbüro gefällt. Die Kolumne *Das Kapital* der *Financial Times Deutschland* merkt an, dass es auf Dauer wohl kaum ein Erfolgsmodell ist, wenn »ein kleiner Kreis Greiser die Stellschrauben Zins, Devisenkurs, Energiepreise und weitere festsetzt«.[1] Auch in China wächst die Menge des verfügbaren Kapitals gerade dramatisch. Das alles führt zu massiven Fehlinvestitionen.

Die Story hat oft einen wahren Kern. Zu Beginn des Booms mag es noch rational sein, auf Japan, Tigerstaaten oder Biotechnologie zu setzen. Doch dann entwickelt sich eine gefährliche Rückkopplung: Da immer mehr Geld in einen Markt strömt, steigen die Kurse. Über die steigenden Kurse berichten die Medien euphorisch. Das macht die Story immer bekannter und lockt weitere Anleger in den Markt. Es fließt noch mehr Geld, aber die Projekte, in die investiert wird, werden immer windiger.

Das Problem: Es fliegt zunächst nicht auf, dass viele der Projekte gar keinen Gewinn abwerfen. Solange immer weiter frisches Geld in den Markt strömt, überleben auch die Verlustprojekte. Der Boom nährt sich selbst. Beispiel: Manche der »faszinierenden« Technologiefirmen am Neuen Markt in Deutschland haben nie

---

[1] »Zum Glück gibt es ja China«, *Financial Times Deutschland*, 05.01.2012.

Gewinne gemacht. Sie haben nur Geld verbrannt.[1] Normalerweise wären sie bald pleite gewesen. Doch ihre Aktienkurse stiegen immer weiter. So konnten sie sich über Kapitalerhöhungen einfach neues Geld an der Börse abholen. *Kapitalerhöhung* bedeutet: Ein Unternehmen, das bereits an der Börse ist, gibt zusätzliche Aktien aus, die von Anlegern gekauft werden.[2] Auch über den Verkauf von Anleihen können Firmen sich frisches Kapital besorgen.

Später erinnern sich die meisten nur noch an den dramatischen Crash, der dem Spuk ein Ende setzte. Doch das eigentliche Problem sind die Jahre vor dem Crash, denn in dieser Zeit kommt es zu einer massiven Fehlallokation von Kapital: Die Anleger stecken Milliarden in sinnlose Projekte. Eine gigantische Verschwendung von wirtschaftlichen Ressourcen. Die USA hatten beispielsweise längst ein Überangebot von Häusern, doch immer neues Geld floss in den Immobilienmarkt, und immer neue Wohnstätten wurden gebaut.

Die Experten der Banken, die Journalisten und sogar Wissenschaftler jubeln während einer Blase den Markt hoch. Nur wenige haben den Mut, die Rolle des Mahners zu übernehmen. Die Mehrheit der Marktbeobachter behauptet, die hohen Kurse seien gar nicht übertrieben. »Japan«, »Technologieaktien« oder »US-Immobilien« seien eben etwas ganz anderes. Alte Kapitalmarktregeln würden jetzt nicht mehr gelten. Noch kurz vor dem Crash von 1929 hatte Yale-Professor Irving Fisher verkündet, die Aktienkurse hätten nun ein »permanent hohes Plateau« erreicht. Fisher

---

[1] Im Falle der Firma *Comroad* stellte sich später sogar heraus, dass nicht einmal nennenswerte *Umsätze* vorhanden waren. Vgl. »Sieben Jahre Haft für Bodo Schnabel«, *Manager Magazin*, 21.11.2002.

[2] Wenn jemand eine Aktie an der Börse erwirbt, kauft er sie einem anderen Aktionär ab. Es fließt dabei nichts an das jeweilige Unternehmen. Das ist nur bei Börsengängen und Kapitalerhöhungen der Fall oder wenn das Unternehmen eigene Aktien zurückgekauft hat und sie später wieder verkauft.

hatte selbst viele Aktien erworben und verlor beim Crash, der bald nach seiner Prognose folgte, mehrere Millionen Dollar.[1]

Die Wissenschaftler Carmen Reinhart und Kenneth Rogoff haben sich über den immer wiederkehrenden Irrglauben der Experten lustig gemacht. Reinhardt und Rogoff haben in einer Studie die Finanzkrisen der letzten 800 Jahre untersucht. Die Studie trägt den Titel »This time is different«, also: »Dieses Mal ist (garantiert alles) anders«.[2] Eine ironische Anspielung darauf, dass jedes Mal viele Experten behaupten, die jeweils aktuelle Blase sei gar keine Blase.

4. Die Politik lässt den Spekulanten freie Hand. Die Banken verdienen gut an der Spekulation. Sie fachen die Euphorie weiter an.

Bereits die zwanziger Jahre haben gezeigt, dass die Kapitalmärkte irgendwann Amok laufen, wenn man ihnen zu viele Freiheiten lässt. Damals wucherte die Spekulation, und die Parallelen zu heute sind verblüffend: Es gab sogenannte *Investment Trusts,* denen ein Anleger blind vertrauen musste, genau wie heute manchen Hedgefonds. Die Trusts machten nämlich nicht öffentlich, in welche Aktien sie investierten. Viele Hedgefonds halten es heute genauso. Angeblich, damit niemand ihre geniale Strategie kopieren kann. Einer der dubiosesten Trusts war übrigens von der Bank Goldman Sachs gegründet worden. Die Trusts spekulierten auf Kredit – genau wie Banken und Hedgefonds heute. Und auch

---

[1] Vgl. John Kenneth Galbraith: »The 1929 parallel«, *The Atlantic*, January 1987.

[2] Carmen M. Reinhart, Kenneth S. Rogoff: »This Time is Different: A Panoramic View of Eight Centuries of Financial Crises.«, *NBER Working Paper No. 13882*, März 2008.

Kleinanleger konnten damals auf Kredit spekulieren. Indem man es ihnen ermöglichte, mehr Aktien zu kaufen, als sie sich eigentlich leisten konnten. Genau das machen manche Kleinanleger heute auch, unter anderem mit Hilfe von sogenannten »Hebelzertifikaten«.[1]

Börsenblasen sind goldene Zeiten für die Banken. Aus verschiedenen Gründen explodieren ihre Einnahmen, wenn die Preise für Aktien, Immobilien oder Anleihen boomen. Vereinfacht gesagt: Während einer Finanzblase steigt die Verschuldung, gleichzeitig steigen Kurse und Umsätze – und die Provisionen und Gebühren der Banken steigen automatisch mit.

Am Beispiel einer Aktienblase lässt sich am einfachsten aufzeigen, wie die Banken profitieren:

- Die Investmentbanken nehmen mehr Geld durch Börsengänge von Firmen ein: Gegen Provision organisieren sie diese Börsengänge. Während einer Blase gibt es besonders viele Börsengänge, und durch die übertrieben hohen Aktienkurse bringen sie den Banken mehr ein als zu normalen Zeiten.
- Investmentbanken fädeln in Zeiten der Euphorie auch mehr große Fusionen und Übernahmen ein. Dafür kassieren sie Provisionen. Im Jahr 2007 haben allein die fünf größten Wall-Street-Banken rund 11 Milliarden Dollar für die Mitwirkung und Beratung bei Firmenübernahmen eingenommen.[2]
- Die Banken machen höhere Gewinne damit, dass sie im Auftrag von Anlegern das Management von Aktiendepots und Aktienfonds übernehmen.

---

[1] Hanno Mußler: »Der Börsenkrach von 1929 beendet abrupt die goldenen Zwanziger«, *FAZ online*, 27.03.2008, und John Kenneth Galbraith: »The 1929 parallel«, *The Atlantic*, January 1987.

[2] Thomas P. DiNapoli, *New York State Comptroller*: »The Securities Industrie in New York City«, Report 10-2011, S. 5.

- Und Banken und Börsenmakler verdienen während der Blase mehr mit dem Aktienhandel, denn bei hohen Börsenkursen sind auch die Gebühren höher.

Die Banken haben also ein wirtschaftliches Interesse an möglichst hohen Kursen von Aktien, Immobilien oder Anleihen. Und sie tun einiges dafür, die Kurse nach oben zu treiben: Die »Analysten«, die Aktienexperten der Banken, sind mit ihren Vorhersagen eindeutig zu euphorisch. Die Unternehmensberatung *McKinsey* hat über einen Zeitraum von 25 Jahren die realen Gewinne der Aktiengesellschaften mit den Schätzungen verglichen, die Analysten vorher abgegeben hatten. Das Ergebnis dieser Auswertung: Das Gewinnwachstum, das die Analysten vorhergesagt hatten, lag im Durchschnitt fast doppelt so hoch wie das tatsächliche Ergebnis.[1]

Sehr viele Analysten reden sogar kurz vor einem Absturz noch die Kurse hoch. Nur ein Beispiel von vielen: Im März 2008, ein halbes Jahr vor der Pleite von *Lehman Brothers*, schreibt das Analystenteam der Großbank *Citigroup*, man solle *Lehman-Brothers*-Aktien kaufen: »Das Management-Team von Lehman Brothers hat eine exzellente Erfolgsbilanz, was das Schaffen von Werten und das Steuern von Risiken angeht.«[2]

Erstaunlicherweise werden Analysten und andere Interessenvertreter der Finanzindustrie in der Wirtschaftspresse immer wieder als neutrale Experten zitiert oder sogar als »Börsengurus«, »Marktstrategen« und »Investmentprofis«. Zu Unrecht, kritisiert der Ökonom Max Otte, bekannt für seine Vorhersage des Crashs

[1] Vgl. Cardiff Garcia: »Too bullish, too bearish, whatever«, *ft.com/alphaville*, 31.08.2010.

[2] Cardiff Garcia: »About that Lehman call…«, *ft.com/alphaville*, 05.08.2010.

von 2008 und seine Kritik an den Euro-Rettungsschirmen: »Analysten werden nicht für das Analysieren bezahlt, sondern dafür, das Interesse an bestimmten Aktien wachzuhalten. [...] Das gilt vor allem für die Analysten der großen Banken.«[1]

5. Zweifel kommen auf. Plötzlich wollen alle gleichzeitig zum Notausgang. Folge: der Crash.

Das Tückische an einer Blase: Alle Anleger glauben, dass sie zu den Gewinnern gehören. Solange die Preise von Aktien oder Wohnungen steigen, gewinnen ja scheinbar alle gleichzeitig. Doch das ist natürlich eine Illusion. Denn irgendwann platzt die Blase.

Der österreichische Ökonom Stephan Schulmeister weist darauf hin, dass eine Finanzblase unter dem Strich ein Nullsummenspiel ist: Das Geld wird in den Jahren vor und nach dem Crash nur umverteilt. Eine Ausnahme macht natürlich das wenige Kapital, das während der Blase *sinnvoll* investiert wurde. Denn es hat einen Mehrwert geschaffen, der allen Parteien zugutekommen konnte. Die Fehlinvestitionen dagegen führen nur zu Umverteilung und Geldvernichtung.

Doch von wem zu wem wird das Geld umverteilt? »In der Regel von den Amateuren zu den professionellen Akteuren«, schreibt Schulmeister.[2] Der Münchner Vermögensverwalter Gottfried Heller sagte es in Bezug auf den *Neuen Markt* deutlicher: »Die Kleinanleger sind nichts als Kanonenfutter.«[3] Die Profis

---

[1] Max Otte im Interview: »Ich freue mich auf Inflation«, *Handelsblatt*, 25.08.2011.

[2] Stephan Schulmeister: »Die neue Weltwirtschaftskrise«, *Materialien zu Wirtschaft und Gesellschaft*, Nr. 106, Wien, Mai 2009.

[3] Clemens von Frentz: »Die Kleinanleger sind nichts als Kanonenfutter«, *Manager Magazin*, 02.03.2001.

steigen früher in den Markt ein und gehen beim Platzen der Blase auch schneller wieder raus. Und sie sind natürlich auch diejenigen, die während der Blase hohe Boni, Provisionen, Managergehälter und Aktienoptionen kassieren.

Schon 1929 waren es die einfachen Anleger, die am stärksten getroffen wurden. Man nannte sie die »600.000 Witwen und Waisen«. Nur drei Tage nach dem »schwarzen Donnerstag«, nach dem Crash von 1929, war in New York ein englischer Bischof zu Gast. Er predigte an jenem Sonntag in der Grace Protestant Episcopal Church am Broadway, nicht weit von der Wall Street entfernt. Er hoffte, dass der Crash die Menschen zur Besinnung bringen würde: »Mir soll es nicht leidtun, dass es so gekommen ist, wenn damit ein schwerer Schlag gegen jenen Spielergeist gelungen ist, der etwas bekommen will, ohne etwas zu leisten, der große Profite aus dem Ruin anderer schlagen will.«[1]

Eigentlich ist der Crash nicht so irrational, wie er zunächst scheint. Denn im Crash finden die Kurse wieder zu ihrem gesunden Niveau zurück. Das beendet die jahrelangen Fehlinvestitionen.

Gefährlich ist aber die Blitzartigkeit des Ereignisses: Innerhalb weniger Wochen, ja binnen weniger Stunden, können Kurse drastisch einbrechen: Einmal hat der Dow-Jones-Index an einem einzigen Tag 22,6 Prozent seines Wertes verloren: Es war der »schwarze Montag«, der 19. Oktober 1987. Die Heftigkeit des Einbruchs hat negative Folgen für die Realwirtschaft. Blitzartig wird Geld aus Unternehmen, Märkten oder ganzen Ländern abgezogen, wodurch auch die gesunden Teile der Wirtschaft in Gefahr geraten. Doch die eigentliche Ursache für den Crash sind nicht »Marktstörungen« oder »Spekulanten«, die auf fallende Kurse setzen: Es ist die Blase,

---

[1] Zitiert nach: Harold James: »Das amerikanische Trauma«, *Zeit Online*, 03.04.2008.

die sich vorher jahrelang aufgebaut hat. Diese Blase hat zu starken Fehlinvestitionen geführt, und muss irgendwann platzen.

Märkte laufen manchmal auch über einen langen Zeitraum Amok. Die Akteure lernen dabei nicht einmal aus dem jeweils letzten Crash. Sie glauben jedes Mal wieder, dass die hohen Kurse an den Märkten gerechtfertigt seien. Mehr noch: Sie halten die hohen Kurse sogar für ein Zeichen, mit dem der Markt goldene Zeiten ankündige. Albert Edwards von der französischen Großbank *Société Générale* – einer derjenigen, die vor dem Crash von 2008 gewarnt haben[1] – bringt es auf den Punkt: »Die Vorstellung, dass der Aktienmarkt irgendetwas vorhersagt, ist mir immer vollkommen lächerlich vorgekommen.«[2]

Einige Fachleute haben regelmäßig gewarnt, dass der Glaube an die Weisheit der Märkte ein gefährlicher Irrglaube ist. Einer dieser Warner ist George Soros, Jahrgang 1930, der als Spekulant selbst Milliarden machte, aber dennoch dafür streitet, dass die Politik den Spekulanten das Handwerk legt. Soros ist überzeugt: Die jahrelange Deregulierung der Finanzmärkte hat dazu geführt, dass sich eine »Superblase« bilden konnte. Die aktuelle Blase, so Soros, sei 25 Jahre lang angewachsen.[3] Es gab immer wieder kleinere Crashs in diesen Jahren, doch jedes Mal folgte eine neue Welle von Niedrigzinsen und Deregulierung. So floss stets aufs Neue zusätzliches Kapital in das System. Die Folge: Die jeweilige Blase konnte nicht vollständig platzen, sie wurde sofort durch die nächste, noch größere ersetzt.

---

[1] Vgl. Bernd Mikosch: »Albert Edwards – Wahrsager im Wollpulli«, *FTD online*, 30.09.2010.

[2] Zit. nach Tyler Durden (Pseudonym): »Albert Edwards: ›Equity Investors are in a Vulcan Death grip‹.« *Zerohedge* (Blog), 08.09.2010.

[3] »Soros: Financial Crisis Stems from ›Super-Bubble‹«, *npr books online*, 12.05.2008. Und George Soros: »Anatomy of a Crisis«, 09.04.2010, www.georgesoros.com.

William White, der ehemalige Chefvolkswirt der *Bank für Internationalen Zahlungsausgleich*, bestätigt die Sicht von Soros: »Es gibt eine Reihe von großen Finanzmarktkrisen – beginnend mit der Asien-Krise 1997 über den Dotcom-Crash 2000 bis hin zur jetzigen Krise –, und die Notenbanken reagieren immer wieder auf die gleiche Art: Sie senken die Zinsen gegen null, fluten das System mit Geld und pumpen damit die nächste Blase auf.«[1] Der australische Wirtschaftsforscher Steve Keen meint, dass das Unglück sogar schon 1987 begonnen habe: »Hätte Alan Greenspan im Jahr 1987 nicht ›rettend‹ auf den damaligen Aktiencrash reagiert, so hätten wir damals eine reinigende Minidepression gehabt, die vergleichsweise leicht zu überwinden gewesen wäre.«[2]

Und dann endete alles im gewaltigen Crash ab 2007, der so heftig war, dass auch Jahre nach seinem Beginn das Bankensystem der Welt noch immer am Abgrund steht. Und wieder wenden die Entscheidungsträger das gleiche Rezept an: Wieder werden die Zinsen gesenkt, wieder wird frisches Geld in das marode System geschleust, ohne das Bankensystem grundlegend zu reformieren.

Michael Sauga, einer der Leiter des *Spiegel*-Wirtschaftsressorts, kritisiert, dass Politik und Zentralbanken stets die gleichen Fehler machen. Fehler, von denen die Banken profitieren: »Asienkrise, Internetblase, *Subprime*-Crash: was Experten inzwischen als Blasenökonomie schmähen, war für Banken und Fonds stets eine sichere Wette. Im Boom strichen sie exorbitante Profite ein, die nach dem Crash von den Steuerzahlern abgesichert wurden.«[3]

---

[1] William White (Interview mit Henrik Müller): »Dann kommt es zum globalen Beben«, *manager magazine online*, 26.08.2010.

[2] Zit. nach Christoph Leisinger: »Wir sind in der größten Finanzblase aller Zeiten«, *FAZ.net*, 08.01.2010.

[3] Michael Sauga: »Der neue Herr der Blasen«, *Spiegel Online*, 13.03.2012.

Die Milliarden der Zentralbanken und Regierungen haben die gleiche Wirkung wie Amphetamine bei einem Sportler: Sie steigern zunächst die Leistung, doch der Körper wird abhängig. Setzt man die Mittel ab, hat der Sportler Entzugserscheinungen. Also greift er weiter nach Aufputschmitteln, erhöht sogar die Dosis. Wenn man ihn nicht entwöhnt, versagen irgendwann seine Organe. Die Probleme des Bankensystems werden gerade mit sehr hohen Dosen von Geld betäubt. Gleichzeitig unternehmen die Regierungen und Zentralbanken wenig, um die Abhängigkeit des Bankensystems von den Geldspritzen zu beseitigen.

Die größte Spekulationsblase der Menschheit: der US-Immobilienmarkt

Charles Ponzi, 1920

»Innerhalb von drei Monaten verdoppelt er das Geld« – so lautete die Schlagzeile auf der Titelseite der *Boston Post* am 24. Juli 1920. Die Rede war von einem gewissen Charles Ponzi, der ein unglaubliches System der Geldvermehrung entdeckt hatte: Er

hatte herausgefunden, dass man bei Postfilialen im Ausland sogenannte *Internationale Antwortscheine* kaufen konnte. Eigentlich
waren die für Firmen im Ausland gedacht, die ihren Kunden in
den USA ermöglichen wollten, kostenlos auf Werbesendungen zu
antworten: Die ausländische Firma legte der Werbesendung den
Antwortschein bei, damit der Kunde in den USA ihn bei seiner
Postfiliale gegen Briefmarken eintauschen konnte. Ponzi hatten
einen Fehler in diesem System entdeckt: Die Antwortscheine
wurden in einigen Ländern zu billig verkauft. Man bezahlte also
im Ausland weniger, als die Briefmarken in den USA wert waren.

Ponzi lieh sich bei Tausenden von Investoren Geld. Seine Geschäftsidee: Mit diesem Geld im Ausland tausende *Internationa-
ler Antwortscheine* kaufen, um sie sofort bei US-Postfilialen mit
Gewinn einzutauschen. Dann die US-Briefmarken gleich wieder
verkaufen, mit dem vermehrten Geld wiederum *Internationale
Antwortscheine* kaufen, und so weiter. Mit diesem scheinbar risi-
kolosen Geschäftsmodell versprach er einen Gewinn von 50 Prozent in nur 90 Tagen. Zum Vergleich: Beim Bankkonto bekamen
Anleger damals fünf Prozent Zinsen – natürlich pro Jahr. Später
erhöhte Ponzi sein Versprechen sogar auf 50 Prozent in nur 45 Tagen. Oder anders gesagt: Wenn man seine Gewinne gleich wieder
bei Ponzi anlegte, könnte man nach einem Jahr einen Profit von
2.500 Prozent einstreichen.

Als der Artikel auf der Titelseite der *Boston Post* erschien, hatten schon Tausende von Investoren ihr Geld Ponzi anvertraut. Dadurch hatte er es zu immensem Reichtum gebracht. Der italienische Einwanderer, der 1903 als armer Mann mit dem Schiff in
Amerika angekommen war, residierte nunmehr in einer Villa mit
zwölf Zimmern und besaß mehrere Autos, darunter eine speziell
für ihn angefertigte Limousine. Durch die Story in der renommierten Tageszeitung strömten noch mehr Anleger zu ihm. Als er

am übernächsten Tag von seinem Chauffeur zur Arbeit gefahren wurde, war Ponzi selbst überrascht. Er beschrieb die Szene später so: »Eine lange Schlange von Investoren erstreckte sich vom Anbau des Rathauses, über die City Hall Avenue und School Street, bis zum Eingang des Niles Building, das Treppenhaus hoch, durch Korridore, genau bis zu meinem Büro.«[1]

Wenige Woche später platzte die Bombe: Ponzi wurde als Schwindler enttarnt. Seine Firma hatte in Wahrheit nur Verluste gemacht. Zwar hatte er tatsächlich vielen Investoren ihren eingezahlten Betrag plus den versprochenen Zins ausgezahlt – doch mit *Internationalen Antwortscheinen* hatte er das Geld nicht verdient. Wenn ein Investor sein Geld zurückforderte, benutzte er für die Auszahlung einfach die Einzahlungen der neuen Anleger, die täglich zu ihm strömten.

Mit dieser Masche arbeiten viele Anlagebetrüger, Ponzi war nicht einmal der erste. Doch nach ihm wurde diese Form von Betrug benannt, denn Ponzi nahm damit als Erster mehrere Millionen Dollar ein. Im Englischen spricht man seitdem von *ponzi scheme* (Schneeballsystem).

Die Merkmale eines *ponzi scheme*: 1.) Den Anlegern werden fantastische Renditen versprochen. 2.) Doch das angeblich todsichere Geschäftsmodell existiert entweder gar nicht – oder kann zumindest nicht dauerhaft die versprochenen Profite erwirtschaften. 3.) Die Altanleger erhalten ihre »Erträge« einfach aus den Einzahlungen der Neuanleger. 4.) Das System funktioniert so lange, wie genügend frisches Geld in das System strömt. Sobald eine größere Zahl von Anlegern ihr Geld abzieht, kippt es in sehr kurzer Zeit. Die Mehrzahl der Anleger macht am Ende riesige Verluste.

---

[1] Quelle: Mary Darby: »In Ponzi We Trust«, *Smithsonian Magazine*, Dezember 1998.

Damit sind wir in der Gegenwart: Bei den US-Immobilienkrediten. Genauer: Kredite, die in den USA an private Hauseigentümer vergeben worden sind. Es ist der größte Kreditmarkt der Welt. Mit solchen privaten Immobilienkrediten haben Institute wie die *Deutsche Bank* in den USA das große Geschäft gemacht, nicht etwa mit Krediten an Firmen oder an *kommerzielle* Immobilienprojekte.

Dieser riesige Kreditmarkt trägt alle wichtigen Merkmale eines Schneeballsystems: 1. Fantastische Renditen für die Banken. 2. Das System kann die versprochenen Erträge gar nicht erwirtschaften, weil die wirtschaftliche Leistungsfähigkeit der Kreditnehmer vollkommen unzureichend ist. 3. Dennoch geht es jahrelang gut. Die Altanleger erhalten ihre Erträge, weil immer wieder neues Geld in das System strömt. 4. Doch dann ziehen viele Anleger ihr Geld ab. Das System kippt in kurzer Zeit – die Mehrzahl der Anleger macht riesige Verluste. Besonders deutsche Banken gehören zu den Geschädigten, unter anderem *Industriekreditbank*, *Commerzbank*, und viele Landesbanken.[1]

Nur eines hat das System jahrelang vor dem Zusammenbruch bewahrt, genau wie bei Charles Ponzi: Auf gutgläubige Anleger folgten noch gutgläubigere Anleger. Der Kollaps des maroden Systems wurde jahrelang nur dadurch verhindert, dass auf jeden, der Geld hineinsteckte, jemand folgte, der neues Geld bereitstellte. Und wie bei Ponzi gab es Menschen, die das System am Laufen hielten, weil sie sehr gut daran verdienten.

In Spanien, Großbritannien, Irland, Australien und vielen weiteren westlichen Industrieländern hat die Kreditvergabe nach einem ähnlichen Muster funktioniert. Überall sind Kreditblasen entstanden. Das Platzen dieser Blasen hat in vielen Ländern ge-

---

[1] »Commerzbank härter getroffen«, *manager magazine online*, 22.10.2007.

rade erst begonnen, beispielsweise in Spanien, und wird weitere Banken in den Abgrund stoßen.[1]

Schauen wir uns am Beispiel der USA einmal genau an, zu welchen Auswüchsen es bei der Kreditvergabe gekommen ist.

Ernesto Santiago hatte immer davon geträumt, ein eigenes Haus zu besitzen, mit einem kleinen Stück Land, auf dem er Mais anbauen kann, so wie damals in seiner Heimat Mexiko. Er war daher sehr glücklich, als ein Kreditvermittler ihm sagte, er könne einen Kredit über 615.000 Dollar aufnehmen, für den Kauf eines großen Einfamilienhauses mit drei Schlafzimmern, südlich von Los Angeles. Das Haus lag in einer ruhigen, von Bäumen gesäumten Straße mit lauter Einfamilienhäusern, in deren Vorgärten Palmen wuchsen. Die Bank wollte ihm den gesamten Kaufpreis des Hauses leihen, sodass er kein eigenes Geld einbringen musste – allerdings war der Zinssatz ziemlich hoch.[2]

Nach Angabe von Ernesto Santiago hat der Kreditvermittler ihm damals erzählt, dass er monatlich 3.600 Dollar für den Kredit zahlen müsse. Für einen Glasschneider, der 9 Dollar pro Stunde verdient, ein ziemlich hoher Betrag, doch Santiago hatte sich ausgerechnet, dass es geradeso reichen würde, wenn er, seine Frau und seine Töchter die Einnahmen aus allen Jobs zusammenlegten.

Santiago sagt, dass er wie viele mexikanische Einwanderer nur Spanisch spreche und dass der Kreditantrag, den er im Februar 2006 unterschrieb, auf Englisch verfasst gewesen sei. Er habe den Angaben des Kreditvermittlers vertraut.

---

[1]　Siehe das Kapitel »*Immobilienblasen rund um den Globus: Überall droht der Crash*«, ab Seite 253.

[2]　Quelle für diesen Absatz und die folgenden: Jennifer Delson, Christopher Goffard: »When dream homes become nightmares«, *Los Angeles Times*, 08.10.2007. Name des Betroffenen geändert.

Am Ende musste Santiago monatlich 4.800 Dollar für den Kredit zahlen. Dadurch war er gezwungen, Teile des Hauses zu vermieten, nämlich die geschlossene Veranda, die Garage und sogar Schlafzimmer, während er und seine Frau auf der Couch schliefen. Trotzdem war er eineinhalb Jahre später von Zwangsversteigerung bedroht. Für einen Arbeiter mit seinem Einkommen waren die Zahlungen an die Bank einfach viel zu hoch. Im Kreditantrag, den er unterschrieben hatte, hieß es, dass er der Inhaber einer Firma für Landschaftsbau sei und dass seine Tochter, die in Wirklichkeit in einer Nudelfabrik arbeitete, 5.700 Dollar im Monat als Inhaberin einer Reinigungsfirma verdiene.

Offensichtlich hatte die Bank diese Angaben zu Job und Einkommen auf dem Antrag überhaupt nicht überprüft. Es ist wahrscheinlich, dass der Vermittler des Kredits von sich aus die übertriebenen Angaben in den Antrag eingetragen hat, denn im Gegensatz zu Santiago hat er am Ende von dem Deal profitiert: Er erhält seine Provision, wenn der Kredit bewilligt wird, unabhängig davon, ob das Geld später tatsächlich zurückgezahlt wird.[1]

Die renommierte *Los Angeles Times* hat diesen Fall aufgedeckt. Er steht stellvertretend für viele weitere. Die Zeitung zitiert Kerstin Arusha, die Rechtsanwältin einer gemeinnützigen Hilfsorganisation: Die Opfer, sagt sie, »glaubten, dass für sie das Versprechen des *amerikanischen Traums* Wirklichkeit würde, doch stattdessen endete es für sie in einem Albtraum.«[2]

Bereits ab Ende der neunziger Jahre geschehen in den USA merkwürdige Dinge bei der Vergabe von Krediten für Hauskäufer. Die Summe der ausstehenden Kredite steigt von Jahr zu Jahr dra-

---

[1] Zu den Provisionen der Kreditvermittler siehe: *The Financial Crisis Inquiry Commission*, a. a. O, S. 90.

[2] Jennifer Delson, Christopher Goffard, a. a. O.

matisch an. Das ist nur möglich, weil die Banken immer mehr Menschen als kreditwürdig einstufen. Daher der Begriff »subprime« – er bezeichnet Kreditnehmer, deren Finanzkraft nicht erstklassig (»prime«) ist, sondern darunter liegt (»sub«). Kurzum: Die Banken vergeben die Kredite immer leichtfertiger und trickreicher.

Bei einer konservativen Kreditvergabe prüft die Bank genau die regelmäßigen Einkünfte des Kunden. Außerdem vereinbart sie mit dem Kunden oft einen festen Zinssatz – so weiß er von vornherein, was er jeden Monat zahlen muss. Und er zahlt nicht nur Zinsen, sondern auch Tilgung, er trägt also den Kredit Monat für Monat ab. Normalerweise bekommt er auch nicht den vollen Kaufpreis einer Immobilie geliehen, sondern beispielsweise nur 70 Prozent. 30 Prozent muss er selbst einbringen. So geht die Bank sicher, dass er nicht vollkommen mittellos ist, und hat einen weiteren Vorteil: Wenn jemand einen Kredit für einen Immobilienkauf erhält, dann lässt sich seine Bank normalerweise im Grundbuch eintragen. Sollte der Kreditnehmer seine Zinsen nicht zahlen können, wird das Haus zwangsversteigert. Wenn dabei nur ein niedriger Preis erzielt wird, macht die Bank trotzdem keinen Verlust, weil sie ja nur einen Teil des ursprünglichen Kaufpreises als Kredit bewilligt hat.

Solche konservativen Überlegungen gehören in den USA bald der Vergangenheit an. Die Banken werden ständig erfindungsreicher bei der Kreditvergabe:

- Immer häufiger dürfen Kreditnehmer jetzt einfach ihre Einkommenshöhe behaupten. Die Bank fordert keinerlei Dokumente an. Solche Kredite heißen *No Doc Loans*. Manche in der Immobilienbranche nennen sie einfach »liar loans«, also Lügnerkredite.[1] Besonders bei *Subprime*-Krediten wurden immer seltener

[1]   Mark Gimein: »Inside the Liar's Loan«, *Slate.com*, 24.04.2008.

Dokumente verlangt: Nach offiziellen Angaben hat sich von 2000 bis 2006 die Zahl der *Subprime*-Kredite, bei denen keine Dokumente vorgelegt werden mussten, fast verdoppelt.[1]

- Immer mehr US-Bürger bekommen Kredite, ohne dass sie eigenes Geld einbringen müssen. Wer 1989 zum ersten Mal ein Haus kaufte, musste im Durchschnitt noch zehn Prozent des Hauspreises selbst zahlen. Schon das war im Vergleich zu Deutschland extrem wenig.[2] Doch acht Jahre später müssen in den USA die Erstkäufer im Durchschnitt nur noch zwei Prozent des Hauspreises aus eigenen Ersparnissen zahlen.[3] Die Bank leiht ihnen also fast die gesamte Summe.

- Immer mehr sogenannte »interest only«-Kredite werden ausgegeben. Das sind Kredite, bei denen der Kunde monatelang den Kredit nicht abzahlt: Er kann gerade mal die Zinsen aufbringen, aber keine Tilgung. Solche Kredite basieren also meist auf dem Prinzip Hoffnung: Im Moment kann der Kunde nur die Zinsen zahlen, irgendwann dann hoffentlich auch die Tilgung. 2001 haben nur 1 Prozent der neuen Kreditkunden in den USA keine Tilgung gezahlt, vier Jahre später waren es schon 29 Prozent.[4]

- Es kommt sogar immer öfter zu Betrug mit Immobilienkrediten. In Ohio beispielsweise erhalten 23 Personen, die bereits verstorben sind, Kredite.[5] Das FBI schlägt bereits 2004 Alarm,

---

[1] *U. S. Government Accountability Office*, zitiert nach *Senatskommission*, a. a. O., S. 23–24.

[2] Heinz-Peter Arndt: »Ohne Eigenkapital ins Eigenheim«, *Focus Online*, 15.01.2008.

[3] Investmentberatungsfirma *T2 Partners LLC*: »An overview of the housing crisis«, New York, 03.07.2009. Siehe auch Lon Witter: »The-No-Money-Down Disaster«, Barron's 21.08.2006.

[4] *T2 Partners LLC*: »An overview of the housing crisis«, New York, 03.07.2009.

[5] Blumberg, Davidson, Glass: »Die Finanzkrise: Teil 1 – Der globale Geldtopf«, *NZZ Folio*, 01/2009.

dass Betrugsfälle bei der Vergabe von Immobilienkrediten extrem zugenommen haben. Die Fahnder sprechen von einer »Epidemie« der Finanzverbrechen, und warnen, dass es zu einer Bankenkrise kommen könne, wenn man nichts unternehme.[1]

Journalisten decken auf, dass auch die legalen Deals immer dubioser werden. Die auf Bankenthemen spezialisierte Redakteurin der *Businessweek* schildert 2006 einige typische Fälle. Einer davon: Ein früherer Computertechniker namens Harold (er hat nur der Veröffentlichung seines Vornamens zugestimmt) lebt von 1.600 Dollar, die er monatlich aus der Sozialkasse bekommt, weil er behindert ist. Im September 2005 geht er auf ein scheinbar unwiderstehliches Angebot seiner Bank ein: Er könne Geld sparen, wenn er den Kredit umwandle, der auf seinem Haus lastet. Bisher habe er einen unnötig teuren Kredit mit festem Zins. Man könne ihm etwas Flexibleres anbieten. Dabei müsse er zunächst nur 899 Dollar monatlich zahlen, weniger als vorher. Harold unterschreibt.

Doch Harold hat das Kleingedruckte nicht beachtet und ist dadurch gleich zweimal in die Falle getappt. Er wurde Opfer einer Erfindung namens »option ARM«. Diese Kreditform, warnt George McCarthy, Immobilienexperte der *Ford-Stiftung* in New York, »ist wie eine Neutronenbombe: Sie wird alle Menschen töten und nur die Häuser stehen lassen.«[2] Die erste Falle: ARM steht für »adjustable rate mortgage«, also ein Kredit mit variablem Zinssatz. Das ist anfangs billiger, doch wenn auf den Finanz-

---

[1]   CNN-Bericht von 2004, zitiert nach *United States Senate*, *Permanent Subcommittee on Investigations*: »Wall Street and the Financial Crisis«, 13. April 2011, S. 310.

[2]   Zitiert nach Mara Der Hovanesian: »Nightmare Mortgages«, *(Bloomberg) Businessweek Magazine online*, Cover Story, 11.09.2006. (Der Artikel ist die Quelle für alle Textpassagen über den Fall »Harold«).

märkten der Zins in die Höhe geht, dann muss auch Harold plötzlich viel mehr zahlen. Die entscheidende Falle jedoch verbirgt sich hinter dem Wort *option*: Harold hat eine von mehreren Optionen gewählt. Die scheinbar günstigste, in Wirklichkeit jedoch die teuerste. Er zahlt anfangs nur eine sehr niedrige *Teaser*-Rate. Doch *Teaser*-Raten sind eine Zeitbombe: Die Kunden zahlen am Anfang so wenig, dass die geliehene Summe von Monat zu Monat automatisch höher wird. Man spricht auch von »negativer Tilgung«. Die Kunden tilgen den Kredit nicht, sie tragen ihn also nicht ab. Sie zahlen noch nicht einmal die vollen Zinsen. Als Ausgleich dafür erhöht die Bank jeden Monat die Kreditsumme: Der geschuldete Betrag wird immer höher.

Bei Harold sieht die Rechnung so aus: Mit den 899 Dollar zahlt er überhaupt keine Tilgung – und auch nur einen Teil der Zinsen. Um wenigstens die Zinsen voll zu zahlen, müsste er pro Monat 1.329 Dollar an die Bank überweisen. Damit würde dann zumindest die Kreditsumme nicht mehr Monat für Monat ansteigen. Doch bereits diese 1.329 Dollar übersteigen seine finanziellen Möglichkeiten. Um den Kredit langsam abzutragen, müsste Harold sogar 1.454 Dollar im Monat aufbringen, obwohl er nur 1.600 pro Monat an Sozialhilfe bekommt. Schon der ursprüngliche Kredit hat Harold also wahrscheinlich finanziell überfordert. Deswegen hätte die Bank ihm bereits diesen Kredit nicht verkaufen sollen. Mit dem neuen Deal hat Harold es scheinbar leichter – in Wirklichkeit ist er nun in eine Negativspirale geraten. Ein gutes Geschäft nur für die Vermittler solcher Kredite: Sie bekommen für jeden neuen Abschluss eine Provision, und üblicherweise für »Option ARM«-Kredite eine besonders hohe.[1]

---

[1] Mara Der Hovanesian, a. a. O. und *The Financial Crisis Inquiry Commission*, S. 90–91.

Harold ist ungewollt zum kleinen Rad in einer gigantischen Krediterzeugungsmaschine geworden. Mit immer trickreicheren Deals haben die Banken in den USA die Summe der Immobilienkredite immer weiter erhöht. Wer bisher noch nicht als kreditwürdig gegolten hatte, bekam erstmalig einen Kredit. Wer schon einen hatte, bekam einen neuen Vertrag, möglichst mit höherer Kreditsumme. Oder er bekam zusätzlich einen zweiten oder dritten Kredit. Harold ist ein typisches Beispiel. Es war keine Hinterhofwechselstube, die ihm das Geld geliehen hatte, sondern die sechstgrößte Bank der USA: *Washington Mutual.*

Es gibt wohl nur wenige Menschen auf der Welt, die die Finanzkrise so genau untersucht haben, wie die Mitglieder des *Permanent Subcommittee on Investigations*, eine Untersuchungskommission des US-Senats. Die Mitglieder haben zehntausende Seiten von Akten gewälzt, Zeugen ins Kreuzverhör genommen und interne E-Mails der Finanzfirmen ausgewertet. In ihrem 650 Seiten langen Abschlussbericht nehmen sie *Washington Mutual* als Fallstudie, um die typischen Exzesse der Immobilienkredit-Blase aufzuzeigen.

Im Abschlussbericht stellen die Senatoren fest, dass die Chefs von *Washington Mutual* über die betrügerischen Kreditvergaben informiert waren: Die Bank »war in eine ganze Reihe von schäbigen Kreditpraktiken verwickelt […]. Das Management von *Washington Mutual* hat zwingende Beweise über mangelhafte Kreditpraktiken erhalten, durch interne E-Mails, Bilanzprüfungsdokumente und Lageberichte. Bei internen Untersuchungen von zwei großen Kreditvergabezentren von *Washington Mutual* wurde zum Beispiel festgestellt, dass Angestellte ›umfangreichen Betrug‹ begingen. […].«[1]

---

[1]   United States Senate, *Permanent Subcommittee on Investigations*: »Wall Street and the Financial Crisis«, 13. April 2011. Im Original »WaMu« statt »Washington Mutual«.

Die Untersuchungskommission sieht *Washington Mutual* als Beispiel, das für viele andere steht: »[Unsere] Untersuchungen zeigen, dass unakzeptable Kreditvergabe-Praktiken sich nicht auf *Washington Mutual* beschränken, sondern bei vielen Finanzinstitutionen zu finden waren. [...] Diese Kreditgeber waren nicht die Opfer der Finanzkrise: Die hochgefährlichen Kredite, die sie ausgegeben haben, waren der Brennstoff, der die Finanzkrise entzündet hat.«

Dass es irgendwann brennen würde, war leicht zu erkennen. Von 1996 bis 2006, also in nur zehn Jahren, sind die Preise für Häuser und Wohnungen in den USA explodiert: Sogar nach Abzug der Inflation stiegen sie fast auf das Doppelte. Die bestehenden Häuser verdoppelten also ihren Wert. Niemals zuvor seit 1890 sind die Immobilienpreise so extrem gestiegen (siehe Grafik).[1]

Die US-Immobilienblase

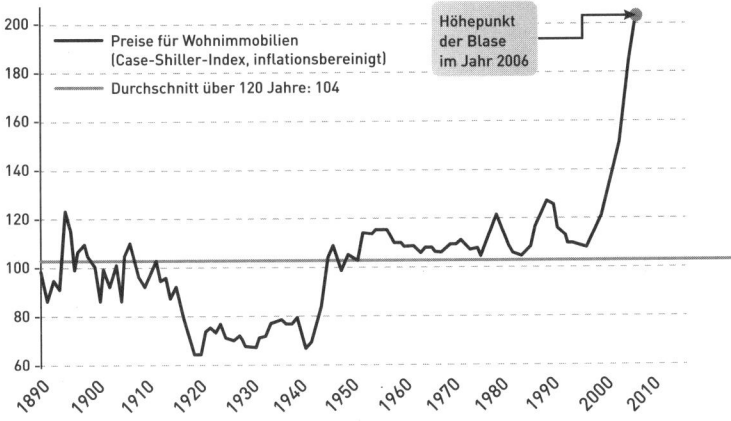

Quelle: Robert J. Shiller (www.econ.yale.edu/~shiller), Idee: Housingstory.net

---

[1] Originaldaten von Prof. Shiller: www.econ.yale.edu/~shiller/data.htm.

Noch im Jahr 1994 waren die Hauspreise inflationsbereinigt *niedriger* als hundert Jahre vorher, im Jahr 1894. Anders gesagt: Die Hauspreise sind langfristig nur so stark gestiegen wie die sonstigen Lebenshaltungskosten.

Dieser Trend hätte sich eigentlich fortsetzen müssen, denn Häuser sind kein knappes Gut, zumal im Flächenstaat USA. Man kann, außer in hochverdichteten Stadtzentren, jederzeit neue bauen. Wenn also die Nachfrage nach Häusern steigen sollte, kann sie durch Neubauten gedeckt werden. Und genau das ist in den USA auch massiv geschehen, wovon ich mich selbst überzeugen konnte: Mitte 2008 war ich als Fernsehautor für Dreharbeiten in Kalifornien und habe dabei auch in einigen Neubausiedlungen und in einer Fertighausfabrik recherchiert. Obwohl die Immobilienpreise damals bereits im Sinkflug waren, wurden immer noch endlose Einfamilienhaus-Siedlungen aus dem Boden gestampft. Ausgerechnet in Kalifornien, wo die Immobilienblase besonders stark aufgepumpt worden war.

Hinzu kommt: Es wurde viel gebaut – aber es gab in Wirklichkeit gar keine stark erhöhte Nachfrage nach Wohnraum. Man erkennt es an der Entwicklung der Mieten: Sie haben kaum zugelegt. Nur die Nachfrage nach Kauf-Immobilien ist also explodiert, nicht die Nachfrage nach Wohnraum insgesamt.[1] Der einfache Grund: Kredite für einen Hauskauf wurden immer leichtfertiger vergeben, daher konnten sich immer mehr Menschen ein Haus leisten. Und weil die Bauindustrie die steigende Nachfrage zunächst nicht vollständig befriedigen konnte, stiegen die Immobilienpreise explosionsartig. Die folgende Grafik zeigt: Die Immobilienpreise sind parallel zur Kreditvergabe angestiegen.

---

[1] Vgl. Glenn Schultz, *Senior Analyst*: »2008 Housing Outlook«, *Wachovia ABS Research*, 22.10.2008, S. 6.

Ursache der Immobilienblase: Immer höhere Kredite

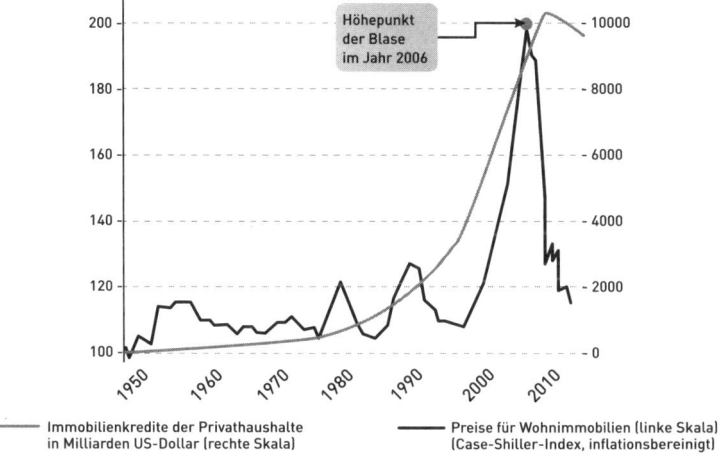

Quelle: Robert J. Shiller (www.econ.yale.edu/~shiller), Federal Reserve

In der Grafik sieht man auch, wie ab 2006 die Immobilienpreise genauso schnell wieder zusammengebrochen sind.

Die Schulden der US-Bürger haben mit einer atemberaubenden Geschwindigkeit zugenommen: Von 1996 bis 2007, also in nur elf Jahren, haben sich die Immobilienschulden der US-Privathaushalte verdreifacht.[1]

Noch atemberaubender: Allein von 1999 bis 2007 häuften die Hauseigentümer neue Immobilienschulden von 6124 Milliarden Dollar an. Das ist eine unglaublich hohe Summe: mehr als der Wert aller US-Wohnimmobilien im Jahr 1990, von der Holzhütte bis zum Wolkenkratzer.[2] Man bedenke: Ein Immobilienbestand

---

[1] *Federal Reserve Statistical Release: »Flow of Funds Accounts of the United States«*, Tabelle L. 218 (1–4 family homes), Zeile 2 (Household Sector).

[2] IREM Foundation und Arthur Anderson, zit. nach: DiPasquale und Wheaton: »The Markets for Real Estate Assets and Space«, *Journal of the American Real Estate and Urban Economics Association,* 1992, V20, 1, pp. 181–197.

wächst über Jahrzehnte und Jahrhunderte. Alles, was die USA also seit ihrer Unabhängigkeit im Jahr 1776 an bleibenden Wohnimmobilien-Werten geschaffen hatten, wurde plötzlich übertroffen von den Schulden, die allein die Privathaushalte in nur acht Jahren auf ihre Häuser neu aufgenommen haben.[1] Es geht hierbei nur um private Hauseigentümer, denn die Schulden auf Häuser mit mehr als vier Familien sind nicht einmal mitgezählt; ebenso wenig wie die weiteren Schulden der Privathaushalte, also Kreditkartenschulden, Ratenkaufschulden, und so weiter.[2]

Der Crash war aus zwei Gründen unvermeidlich: Erstens hat der Immobilienboom auch die Bautätigkeit angeheizt. Es wurde also immer mehr gebaut, und dadurch wäre die gestiegene Nachfrage nach Kauf-Immobilien irgendwann gedeckt worden. Zweitens war der Boom nur künstlich, weil er auf einer gefährlichen Kreditblase beruhte. Die Kreditvergabepraxis wurde von Jahr zu Jahr lascher. Immer mehr Menschen wurde ein Kredit angeboten, den sie sich eigentlich nicht leisten konnten. Ein typischer Kreditnehmer konnte im Januar 2000 das 3,3-fache seines Bruttojahreseinkommens als Kredit aufnehmen, sechs Jahre später aber schon das 9,2 fache.[3] Dieses Kartenhaus musste irgendwann zusammenstürzen.

Doch kurioserweise waren es gerade die steigenden Immobilienpreise, die das Kartenhaus jahrelang vor dem Einsturz bewahrt haben. Das System schraubte sich von allein immer weiter in die Höhe: Steigende Immobilienpreise zogen zusätzliche Kreditver-

---

[1]   Nach einer Idee von Matt Taibbi, der allerdings noch extremere Zahlen anführt, für die ich keine Bestätigung finden konnte.

[2]   *Federal Reserve Statistical Release*, a. a. O.

[3]   Investmentberatungsfirma *T2 Partners LLC*: »An overview of the housing crisis«, New York, 03.07.2009.

gabe nach sich – und die zusätzlichen Kredite führten wiederum zu steigenden Immobilienpreisen. Wie funktionierte diese gefährliche Rückkopplung?

Da immer neue Schichten Zugang zu Immobilienkrediten bekamen, stieg die Nachfrage nach neuen Häusern, und damit auch deren Preise. Dieser Preisanstieg erzeugte die Illusion von Wohlstand; die Hauseigentümer fühlten sich reich. Wer Ende der neunziger Jahre ein Haus im Wert von 125.000 Dollar besessen hatte, der besaß einige Jahre später eines im Wert von 250.000 Dollar. Auch die Banken ließen sich von diesem scheinbaren Wohlstand täuschen: Der aufgeblasene »Wert« der Häuser diente ihnen als Sicherheit bei der Kreditvergabe.[1] Wenn jemand also ein Haus kaufen wollte, dessen Wert sich in den Jahren zuvor auf 250.000 Dollar verdoppelt hatte, dann wurden die vollen 250.000 Dollar als Sicherheit akzeptiert. Falls der Kreditkunde eines Tages zahlungsunfähig würde, so die Überlegung der Bank, könnte man ja immer noch das Haus für 250.000 Dollar zwangsversteigern lassen.

Das System entwickelte also eine gefährliche Eigendynamik: Steigende Hauspreise bedeuteten steigende Sicherheiten bei der Kreditvergabe. Diese Sicherheiten waren die Grundlage, um Kredite auch an immer mehr finanzschwache Kunden zu geben. Durch die zusätzlichen Kredite erhöhte sich die Nachfrage nach Häusern, was wiederum die Hauspreise steigen ließ.

Es gab noch eine weitere gefährliche Rückkopplung: Der künstliche Immobilienboom entfachte in der Wirtschaft ein Strohfeuer. Das schuf zusätzliche Arbeitsplätze – und auch dadurch konnten sich plötzlich viel mehr Menschen einen Kredit leisten.

---

[1] Dieter Wermuth: »Basel III leider ohne Biss«, *Zeit online, Herdentrieb*-Blog, 17.09.2010.

Der *Stern* schildert am Beispiel eines Ehepaars, wie der Immobilienboom die US-Wirtschaft künstlich anheizte. Ted und Barbara Watson[1] aus Oklahoma City kauften im Jahr 2002 ein Haus auf Kredit. Weil danach jahrelang die Immobilienpreise stiegen, war ihr Haus auf dem Papier viel mehr wert. Sie konnten es als Sicherheit für einen zweiten Kredit benutzen. Die Bank lieh ihnen 16.000 Dollar zusätzlich. Sie brauchten das Geld dringend, um alte Kreditkartenschulden zurückzuzahlen, für die ihnen besonders hohe Zinsen berechnet worden waren. Doch sie gingen sofort wieder auf Einkaufstour und machten neue Schulden: 5.200 Dollar für einen Swimmingpool, 2.800 Dollar für einen Großbildfernseher. 6.500 Dollar für eine edle HiFi-Anlage im Auto, mit der Ted Watson auf Wettbewerben antrat.[2]

Familie Watson hat es wie viele andere in den USA gemacht: Sie nutzten ihr Haus quasi als Geldautomat: Sobald der Wert des Hauses wieder gestiegen war, beliehen sie es erneut bis zum Maximum. Allein durch solche *nachträglich* aufgenommenen Immobilienkredite haben sich die US-Bürger von 2000 bis 2007 rund 2.000 Milliarden Dollar geliehen.[3] Sie konnten die zusätzlichen Kredite frei verwenden. Oft haben sie das Geld für Konsum ausgegeben.

Die gesamte US-Wirtschaft hat also ähnlich funktioniert wie das betrügerische System von Mr Ponzi: Solange immer neues Geld hinzuströmt, wird ein künstlicher Boom in Gang gehalten. Das System muss gar keine echten Überschüsse erwirtschaften,

---

[1] Namen geändert.

[2] Karsten Lemm: »Die gefährliche Pleite von Mr und Mrs W[...]«, *Stern Online*, 29.03.2008.

[3] *Financial Crisis Inquiry Commission*, a. a. O., S. 5. Eine *McKinsey*-Studie gibt noch höhere Zahlen an.

denn die neuen Anleger erhalten das System mit frischem Kapital am Leben. Die Altanleger bekommen ihr Geld letztlich aus den Einzahlungen der neuen Anleger. Auf dem US-Immobilienmarkt kam das frische Kapital von den Banken, die immer neue Kredite vergeben haben.

Doch die entscheidende Frage ist: Warum waren die Banken bereit, Geld in dieses marode System zu schleusen? Warum haben sie immer mehr Menschen Kredit gegeben, bei denen von vornherein absehbar war, dass sie ihn nicht zurückzahlen können? Welches Interesse kann eine Bank haben, einem unsoliden Schuldner Geld zu leihen?

Die wohl treffendste Erklärung hat eine kleine Finanzfirma aus New York geliefert: »*Das erste unabänderliche Gesetz des Universums:* Wenn man Menschen eine Menge Geld dafür bietet, etwas zu tun, das sehr dumm, unethisch oder illegal ist, dann wird eine große Zahl von ihnen es tun. Ergänzung Nummer 1: Je mehr Geld damit zu machen ist, desto mehr übles Verhalten wird auftreten. Ergänzung Nummer 2: Die Menschen, die mitmachen, werden ihr Verhalten vor sich selbst rechtfertigen, so dass sie am Ende ernsthaft glauben, es sei nicht dumm, unethisch oder illegal. *Das zweite unabänderliche Gesetz des Universums:* Übles Verhalten führt zu üblen Konsequenzen.«[1]

Tatsächlich haben die Banken mit dummen und unethischen Deals Milliarden verdient. Denn durch mehrere Konstruktionsfehler des Bankensystems wurde es zu einem profitablen Geschäft, immer höhere Kredite an immer unsolidere Schuldner zu vergeben. Die zwei schwerwiegendsten Konstruktionsfehler sind: Verbriefungen und willfährige Rating-Agenturen.

---

[1] *T2 Partners LLC*: »An overview of the housing crisis«, New York, 03.07.2009.

Verbriefungen – wie giftige Kredite nach Düsseldorf verschoben wurden

Wenn eine Privatperson einen Kredit aufnehmen will, um ein Haus zu finanzieren, gibt es dafür einen soliden Weg: Die Hausbank leiht der Person das Geld und kassiert danach monatlich die Rückzahlungen. Sie kennt den Kreditnehmer, und wird gründlich prüfen, ob er in der Lage ist, den Kredit jahrelang abzuzahlen. Schließlich vergibt sie den Kredit auf eigenes Risiko. Wenn der Schuldner in Schwierigkeiten gerät, wird die Bank vielleicht eine Lösung finden, wie er auf lange Sicht die Schulden abstottern kann. Denn die Hausbank hat ein langfristiges Interesse. Zum Vorteil beider Seiten. Bei dieser traditionellen Form der Kreditvergabe verdient die Bank 0,5 bis 1,5 Prozent der Kreditsumme. Es gibt jedoch noch eine andere Möglichkeit, einer Privatperson einen Kredit für einen Hauskauf zu verschaffen. Bei dieser Variante sind sehr viele Akteure beteiligt, und zusammen verdienen sie bis zu 9 Prozent.[1]

Die zweite Variante ist die bereits erwähnte Verbriefung (*securitization*). Etwas zugespitzt könnte man die Betriebsanleitung für Verbriefungen so formulieren: Vergib einen Kredit, verdiene damit viel Geld, aber übernimm auf keinen Fall die Verantwortung dafür, dass der von dir ausgewählte Schuldner den Kredit auch zurückzahlen kann. Das Risiko, dass er zahlungsunfähig wird, ist zu hoch. Verschiebe dieses Risiko einfach weiter, möglichst über viele Zwischenhändler, am besten an einen unwissenden Gläubiger im Ausland. Sorge dafür, dass auch die Zwischenhändler gut verdienen. Vergib so viele Kredite wie möglich, egal an wen. Mit jedem verdienst du Geld, ohne dass du das Risiko tragen musst.

---

[1] Lukas Egli et al: »Die Finanzkrise: Teil 3 – Wie konnte das nur passieren?«, *NZZ Folio*, 01/2009.

Banken behaupten bis heute, Verbriefungen seien *modern, dynamisch* und *innovativ*. Kein Wunder, denn einige Bankmanager haben damit Millionen verdient, und zwar fast ohne persönliches Risiko. Die *Deutsche Bank* war einer der Hauptakteure beim Antreiben der Verbriefungsmaschinerie. Genau diese »moderne« Form der Kreditvergabe ist die Hauptursache dafür, dass die Welt heute am Abgrund steht, dass immer wieder Banken zusammenbrechen und vom Staat mit Milliarden gerettet werden müssen.

Ohne die Verbriefungen hätten die Schulden ärmerer US-Haushalte niemals so stark in die Höhe schießen können: Im Jahr 2000 wurden in den USA *Subprime*-Kredite in Höhe von 130 Milliarden Dollar vergeben, und 55 Milliarden davon wurden durch Verbriefungen irgendwohin verschoben. Im Jahr 2005 wurden dann *Subprime*-Kredite in Höhe von 635 Milliarden Dollar vergeben, davon wurden 507 Milliarden durch Verbriefungen weitergereicht.[1]

Die Verbriefungsmaschinerie hat drei entscheidende Konstruktionsfehler:

Erstens gibt es bei der Verbriefung niemanden mehr, der gründlich prüft, ob der Kreditnehmer den Kredit vollständig zurückzahlen kann. Es gibt im Gegenteil viele Akteure, die ein starkes finanzielles Interesse daran haben, dass möglichst viele Kredite vergeben werden, egal an wen.

Zweitens ist die Maschinerie so komplex, dass unüberschaubare neue Risiken entstehen. Bei der traditionellen Kreditvergabe gibt es praktisch nur ein einziges Risiko, nämlich dass der Schuldner

---

[1] *Inquiry Commission,* Grafik S. 70. Michael Lewis: *The Big Short* (dt. Ausgabe), a. a. O.

seiner Bank das Geld nicht zurückzahlen kann. Durch Verbriefungen dagegen entstehen neue, komplexe, weltumspannende Abhängigkeiten und Risiken. Dutzende Akteure sind beteiligt, von denen einige auch noch in Steuerschlupflöchern wie den Cayman-Inseln ansässig sind. In tausenden Vertragsseiten ist geregelt, wer unter welchen Bedingungen wem Garantien gibt, Bericht erstattet oder Geld zahlt.

Drittens landet das Risiko, dass der Schuldner sein Geld nicht zurückzahlen kann, am Ende oft bei jemandem, der dieses Risiko kaum einschätzen kann: Bei einer Bank, die weit weg vom Schuldner ist. Oft sogar eine Bank im Ausland. Im Fall der amerikanischen Immobilienkredite waren es beispielsweise *Commerzbank* und *Industriekreditbank* (IKB).

Schon eine kurze Reise durch das Innere der Maschinerie zeigt, wie sie auf jeder Stufe Akteure zu schädlichem Verhalten antreibt und kaum einschätzbare Risiken erzeugt – aber dabei gleichzeitig sehr viel Geld ausspuckt. Die Reise wird am Ende zu einem gewissen Stefan Ortseifen führen, der mithilfe von in seiner Amtszeit erfolgten Verbriefungen zum Ruin der Düsseldorfer IKB beigetragen hat, eine solide Mittelstandsbank von 1924. Das hinderte ihn aber nicht daran, noch einen Bonus von einer Million Euro zu kassieren und weiter in der vornehmen Dienstvilla der IKB zu wohnen.

Wo beginnt die Reise? Wer fädelt die Kreditvergabe ein? Es ist nicht etwa eine Bank, sondern meist ein Kreditvermittler, denn zunehmend haben in den USA dubiose Vermittlungsbüros den direkten Kundenkontakt übernommen, besonders bei *Subprime*-Krediten.[1]

---

[1] Vor dem Crash wurden zei Drittel aller Subprime-Kredite über Kreditvermittler vergeben. Vgl. Berndt, Hollifield, Sanders: »The Role of the Mortgage Brokers in the Subprime Crisis«, Pittsburgh, 12/09.

Das heißt: Der Geldgeber im Hintergrund kannte den Kreditnehmer überhaupt nicht, konnte also nur nach Aktenlage entscheiden. Der Kreditvermittler hatte außerdem starke Anreize, zu teure Kredite an zu schlechte Schuldner zu vergeben. Denn meist erhielt er die höchste Provision für Kredite mit hohen Zinsen und gefährlichen *Teaser*-Raten – und er erhielt seine Provision sofort. Es war für ihn also kein Nachteil, wenn der Schuldner seine Raten auf Dauer nicht zahlen konnte.[1] Die Finanzjournalistin Mara Der Hovanesian hat schon 2006 vor den Folgen gewarnt: »Das Problem ist natürlich, dass viele Kreditvermittler mehr an den Provisionen interessiert sind als an den Kunden. Sie benutzen aggressive Verkaufstaktiken, sie reden viel von den niedrigen anfänglichen *Teaser*-Raten und unterlassen es, die zukünftigen Folgekosten zu erwähnen. Manche tun sogar so, als seien die anfänglichen *Teaser*-Raten von ein oder zwei Prozent dauerhaft, obwohl es im Kleingedruckten anders steht.«[2]

Die Auftraggeber der Kreditvermittler waren oft ebenfalls dubios: Es waren häufig keine regulären Banken, sondern aggressive Finanzfirmen wie *New Century*, die kaum staatlich überwacht wurden.[3] Und genau wie die Kreditvermittler hatten sie häufig die falschen finanziellen Anreize: Bei den Verbriefungen kassierten sie oft auch dann viel Geld, wenn der Kredit am Ende nicht zurückgezahlt wurde. Eine Mitarbeiterin von *New Century* sagte es später offen: »Die Definition eines guten Kredits hatte sich verän-

---

[1] *Inquiry Commission*, S. 90. Matt Taibbi: »Griftopia«, *Random House*, New York 2011, S. 82.

[2] Mara Der Hovanesian: »Nightmare Mortgages«, *Businessweek*, 11.09.06.

[3] Eine Verbriefung kann sehr unterschiedliche Formen annehmen. Hier wird ein typisches Modell geschildert, in Anlehnung an: *Inquiry Commission*, S. 71–99 und *Senatskommission*, S. 231 ff. & 48 ff. S. a.: »Bayerische Landesbank, New York Branch vs Deutsche Bank AG et al« (Klageschrift), 18.04.2012.

dert: Es war nicht mehr ›ein Kredit, der zurückgezahlt wird‹, sondern ›ein Kredit, den man weiterverkaufen konnte.‹«[1] Denn Firmen wie *New Century* verschoben viele Kredite gleich weiter – zum Beispiel an die *Deutsche Bank* oder eine andere Großbank an der Wall Street. Auch die reichte das Risiko meist weiter wie eine heiße Kartoffel, und verdiente ebenfalls eine schnelle Provision.[2]

Zur Erinnerung: Das entscheidende Merkmal einer Verbriefung ist, dass Kredite wie der an Ernesto Santiago zu einer Handelsware werden. Santiago muss im Laufe der Jahre den Kredit zurückzahlen, und das Anrecht auf diese Zahlungen wird weiterverkauft. Derjenige, der das Anrecht kauft, trägt auch das Risiko eines Zahlungsausfalls. Es ist ähnlich, als hätte er selbst den Kredit an Santiago vergeben: Der Käufer zahlt heute reales Geld im Tausch gegen Santiagos zukünftige Zahlungen. Wenn es gutgeht, erhält der Käufer jahrelang Zinsen und Tilgung. Wenn es schiefläuft, macht er einen riesigen Verlust, weil Santiago eines Tages pleitegeht und das Haus zum Schleuderpreis zwangsversteigert wird.

Die Investmentbanken verschoben die Kredite aber nicht einzeln, sondern im ganz großen Stil: Sie bündelten *Tausende* Kredite zu einem Paket.[3] Ein typisches Paket aus Immobilienkrediten war eine Milliarde Dollar groß.[4] Das sind beispielsweise 4.000 Hauseigentümer aus den USA, die jeweils 250.000 Dollar Schulden haben. Für das Schnüren eines solchen Pakets berech-

---

[1] Aussage vor der FCIC, zitiert nach: *Inquiry Commission, a. a. O.*, S. 105.

[2] Es gab, wie erwähnt, Verbriefungen mit unterschiedlichen Formen und Akteuren. Manchmal verblieb ein Teil des Risikos in den Zwischenstufen. Das änderte wenig an den geschilderten Problemen.

[3] *The Financial Crisis Inquiry Commission, a. a. O.*, S. 100.

[4] *Senatskommission*, a. a. O., S. 381 (unten, Beispiel Goldman Sachs).

nete die Investmentbank eine Provision zwischen einer und acht Millionen Dollar.[1] Ein großer Teil davon ging gleich als Bonus an die beteiligten Mitarbeiter.

Die Wall-Street-Banken priesen die Bündelung von Krediten zu einem Paket als großen Vorteil: Der Käufer des Pakets erhalte dadurch eine höhere Sicherheit. Es sei nämlich sehr unwahrscheinlich, dass viele dieser Schuldner gleichzeitig bankrottgehen. Ein 40-jähriger Wohnungseigentümer in Las Vegas und ein 70-jähriger in Miami hätten einfach nicht viele Gemeinsamkeiten, behaupteten die Banken. Das klingt überzeugend, ist jedoch irreführend. Denn Millionen unterschiedlicher Wohnungseigentümer in den USA, aber auch in England, Irland, Australien und Spanien hatten eben doch *eine* auffällige Gemeinsamkeit: Sie waren bis über die Halskrause verschuldet.

Der Weg des Kredits wurde gegen Ende noch komplizierter: Die Investmentbank verkaufte das Kreditpaket nicht etwa direkt an einen Investor. Die Kredite gingen stattdessen an eine Art Verwahrstelle, die sogenannte *Zweckgesellschaft,* die meist »offshore« ansässig ist, also an einem Ort, wo die Finanzindustrie besonders wenig überwacht wird. Die Zweckgesellschaft gibt nun mehrere Wertpapiere aus, die von Großinvestoren gekauft werden, zum Beispiel von der *Industriekreditbank.* Wer für mehrere Millionen Euro solch ein Wertpapier erwirbt, dem wird eine regelmäßige Rendite versprochen: ein Teil der Raten, die jeden Monat von den Hauseigentümern in den USA überwiesen werden. Das Wertpapier trägt übrigens den komplizierten Namen *RMBS* oder *Residential Mortgage Backed Security,* auf Deutsch etwa: Wertpapier, das durch private Immobilienkredite abgesichert ist. Die Wall Street hat aber aus allen möglichen Arten von

---

[1] *Senatskommission*, S. 318.

Krediten Wertpapiere gebastelt, also zum Beispiel aus Studentenkrediten, Autofinanzierungskrediten oder Kreditkartenschulden.

Der Käufer eines RMBS-Papiers trägt nicht nur das Risiko, dass die Schuldner in den USA nicht zahlen können, sondern noch ein weiteres: dass die komplizierten Vertragswerke ihn benachteiligen. Viele Details müssen vertraglich geregelt werden. Wer soll zuständig sein für die schwierigen Aufgaben rund um die Tausenden Kredite im Paket? Irgendjemand muss die fälligen Raten bei den Schuldnern einkassieren, bei Zahlungsrückstand mit den Schuldnern verhandeln, im Extremfall eine Zwangsversteigerung einleiten und eventuell sogar rechtliche Auseinandersetzungen führen. Doch es wird noch komplizierter: Jede Zweckgesellschaft verkauft nämlich ganz unterschiedlich gestaltete RMBS-Papiere. Man nennt das *Tranchen*. Wenn nur wenige Schuldner ausfallen, erhalten zunächst nur die Käufer der niedrigsten Tranche keine Zahlungen mehr. Wer dagegen eine höhere Tranche kauft, macht erst dann Verluste, wenn *viele* Schuldner ausfallen. Die niedrigen Tranchen hatten natürlich nicht nur Nachteile: Solange alles gut lief, brachten sie mehr Ertrag als die höheren Tranchen.

In der Theorie konnte sich so jeder Investor die RMBS-Tranche aussuchen, die seiner Risikobereitschaft entsprach.[1] In der Praxis jedoch konnten die Käufer der Tranchen die Risiken *überhaupt nicht* beurteilen. Sie saßen in Japan, Italien oder Deutschland, weit weg von den Schuldnern – und weit weg von den Kreditvermittlern, die diesen Schuldnern oft überhöhte und überteuerte Kredite aufgedrängt hatten. Die Banken im Ausland verließen sich weitgehend auf das Urteil der Ratingagenturen.[2]

---

[1] Ingo Fender, Janet Mitchell: »Strukturierte Finanzierungen: Komplexität, Risiken und die Rolle von Ratings«, *BIZ-Quartalsbericht*, Juni 2005.

[2] Siehe entsprechende Fußnote weiter unten im Kapitel über die Ratingagenturen.

Die Ratingagenturen wiederum haben für die meisten Tranchen der RMBS-Kreditpakete sehr gute Noten vergeben, und zwar am Fließband.[1] Auch sie hatten ein Interesse daran, dass die Kreditvergabemaschine immer schneller lief, denn sie kassierten hohe Provisionen, ohne dass sie für die Solidität der Kredite garantieren mussten. Ratingnoten gelten als reine Meinungsäußerung, für die man nicht juristisch belangt werden kann.[2] Eine teure Meinungsäußerung, denn die Bewertung eines einzigen Kreditpakets kostete 40.000 bis 750.000 US-Dollar.[3] Dieses Geld erhielten die Ratingagenturen direkt von den Produzenten der RMBS-Kreditpakete, also beispielsweise Investmentbanken.[4] Das ist so, als wenn die Lebensmittelkontrolleure von den Hackfleischfabrikanten ausgesucht und bezahlt würden.

Das Verschieben des Risikos in alle Welt priesen die Investmentbanken ebenfalls als Vorteil der Verbriefungen: Das Risiko werde so auf viele Schultern verteilt. Doch leider haben die Wall-Street-Banken so viele toxische Kredite erzeugt, dass sie ausgereicht haben, die halbe Welt zu vergiften.[5] Nur durch mas-

---

[1]   *The Financial Crisis Inquiry Commission, a. a. O.* 25.02.2011, S. XXV und S. 8.

[2]   *The Financial Crisis Inquiry Commission, a. a. O.,* 25.02.2011, S. 120.

[3]   *Senatskommission,* a. a. O., 13.04.2011, S. 30. Die Zahlen beziehen sich auf RMBSs und CDOs (s. u.).

[4]   Der sogenannte *issuer* konnte z. B. eine Finanzfirma unter dem Einfluss oder der Kontrolle einer Investmentbank sein oder eine Bank wie *Washington Mutual*, vgl. *Senatskommission,* S. 38, 51 ff., 338.

[5]   Vergabe und Verbriefung von Immobilienkrediten wurden in den USA auch massiv staatlich gefördert. Unter anderem erhielten die privaten Banken *Fannie Mae* und *Freddie Mac* staatliche Kreditgarantien. Eine Tochter der *Deutschen Bank* ließ Kredite in Milliardenhöhe bei der *Federal Housing Administration* gegen Zahlungsausfälle versichern. Private Gewinne wurden also staatlich abgesichert.

sive staatliche Interventionen konnte das Weltbankensystem vor dem Zusammenbruch bewahrt werden. Interventionen, die auch dazu geführt haben, viele der Verluste aus den Verbriefungen zu verstecken.[1]

Oberflächlich betrachtet scheinen Verbriefungen nichts Neues zu sein: Sie haben Ähnlichkeit mit Anleihen (*Bonds*), und die existieren schon seit Jahrhunderten. Wenn Staaten oder Unternehmen Geld brauchen, geben sie Anleihen heraus, und irgendjemand auf der Welt kauft diese. Der Käufer leiht dem Staat oder dem Unternehmen also Geld, und erwirbt dafür das Recht, über lange Zeit Zinsen und Tilgung zu kassieren. Das ist bei den RMBS-Papieren (den Verbriefungen) ähnlich. Doch es gibt einen gewaltigen Unterschied: Bei einer Anleihe gibt es nur einen einzigen Schuldner, dessen Solidität man überprüfen muss – bei den RMBS-Paketen sind es Tausende von privaten Hauseigentümern. Außerdem kann sich normalerweise *jeder* über ein Unternehmen informieren, das Anleihen herausgibt, denn es muss meist einen genauen Einblick in seine Geschäftszahlen gewähren.[2] Über die einzelnen Immobilienschuldner in den Paketen waren dagegen noch nicht einmal für Insider die entscheidenden Informationen verfügbar.

Auch der sogenannte *Pfandbrief* hat scheinbar Ähnlichkeit mit den verbrieften Immobilienkrediten aus den USA. Pfandbriefe kennen viele Buchleser in Deutschland, denn früher tauchte in manchen Büchern überraschend eine Seite mit Werbung auf: »Pfandbrief und Kommunalobligation – meistgekaufte deutsche

---

[1] Die Interventionen lassen faule Kredite eine Zeit lang gesund aussehen, Details: Seite 285 bis 326.

[2] *PricewaterhouseCoopers Deutschland*: »Fremdkapitalinstrumente sind Alternativen zu Bankkredit und Börsengang«, www.pwc.de, abgerufen am 25.02.2012, 01:49 Uhr.

Wertpapiere.« Auf den ersten Blick ähnelt der solide deutsche Pfandbrief sehr stark einem RMBS-Paket: Wer einen Pfandbrief kauft, verleiht ebenfalls Geld und erhält dafür in den folgenden Jahren Zinsen und Tilgung. Und falls der Schuldner nicht zahlen kann, hat der Investor eine Sicherheit in der Hinterhand: Immobilien, die verkauft werden können. Genau wie beim Pfandbrief gebe es auch bei RMBS-Paketen eine doppelte Sicherheit, haben die Wall-Street-Banken argumentiert.

Doch der Pfandbrief hat einen gewaltigen Vorteil gegenüber den giftigen RMBS-Immobilienkrediten aus den USA: Beim Pfandbrief gibt es niemanden, der mit unsolider Kreditvergabe hohe Provisionen verdienen kann. Diesen Vorteil erreichen die Pfandbriefe durch einen Kunstgriff: Die Bank, die die Immobilienkredite vergeben hat, behält sie auch in ihrer Bilanz. Sie ist also voll verantwortlich, wenn der Schuldner Zins oder Tilgung nicht zahlen kann. Sie wird daher die Kreditvergabe sorgfältig prüfen.

Und der Käufer eines Pfandbriefs bekommt seine Zinsen auch nicht von den einzelnen Schuldnern der Immobilienkredite – sondern direkt von der Bank. Er muss also nur die Kreditwürdigkeit der Bank prüfen. Sollte die Bank pleitegehen, dann hat er zusätzlich noch Zugriff auf die Immobilien, für die die Bank Kredite vergeben hat. Eine geniale Konstruktion, bei der ausnahmsweise einmal der Kunde gewinnt und die Bank verliert: Sie muss die Immobilien als Sicherheit quasi »herausrücken«, ist aber trotzdem dafür verantwortlich, wenn Zinsen und Tilgung für diese Immobilien nicht gezahlt werden. Die Bank macht hier also nur Profit, wenn sie ihre Kreditnehmer sorgfältig ausgewählt hat. Die Verbriefungen dagegen ermöglichen es vielen Finanzfirmen, auch bei schlechter Auswahl der Kreditnehmer Profit zu machen.

Die angeblich »modernen« Versionen der Verbriefungen[1] haben also die schlechtesten Eigenschaften der Anleihen und Pfandbriefe kombiniert. Das Desaster war vorprogrammiert. Erstaunlich, dass die Banken den Politikern und Aufsichtsbehörden einreden konnten, sie hätten mit der Verbriefung die perfekte Form der Kreditvergabe gefunden. Bis heute, Mitte 2012, ist die Verbriefungsmaschinerie nicht stillgelegt worden, sie läuft nur langsamer. Der Grund: Viele Akteure am Ende der Kette haben sich die Finger verbrannt, diejenigen also, die letztlich das Risiko tragen. Neue Verbriefungen sind deshalb zeitweilig stark zurückgegangen. Doch das weltweite Weiterverschieben von undurchschaubaren Kreditrisiken läuft weiter, nicht nur über Verbriefungen, sondern auch mit anderen »modernen« Finanzprodukten, zum Beispiel den Kreditausfallversicherungen. Um im Bild zu bleiben: Die Anleger haben sich die Finger verbrannt, aber die Herdplatte ist weiter in Betrieb.

Ratingagenturen – Millionengewinne mit Gefälligkeitsgutachten

Die Ratingagenturen lieferten gewissermaßen das Schmieröl für die Verbriefungsmaschine. Nur durch die meist positiven *Ratings* fanden die RMBS-Pakete so reißenden Absatz. Die Käufer konnten nicht selbst beurteilen, ob sie eine solide Investition tätigten, weil die Deals zu komplex waren. Die Käufer der Tranchen verließen sich deshalb auf das Urteil der Agenturen.[2] Und dieses Ur-

---

[1] Wenn in diesem Buch von »Verbriefung« oder »Kreditpaket« die Rede ist, dann bezieht sich das nicht nur auf RMBS (Residential Mortgage Backed Securities), sondern auch auf CDOs (Collateralized Debt Obligations). Es wurden noch weitere Arten von Krediten verbrieft, beispielsweise Studenten- oder Konsumentenkredite. Der Oberbegriff für alle Varianten ist ABS (Asset Backed Securities).

[2] Michael Lewis: »The Big Short – Inside the Doomsday Machine«, New York / London, 2010, S. 86, *The Financial Crisis Inquiry Commission, a. a. O.*, 25.02.2011, S. XVII, XVIII und XXV.

teil war fast immer das gleiche: Die meisten Tranchen der verbrieften US-Immobilienkredite beurteilten die Ratingagenturen mit der Bestnote AAA.[1]

Mit ihren Positivnoten verdienten sie viel Geld. Drei US-Ratingagenturen dominieren mit 94 Prozent Marktanteil den gesamten Weltmarkt: Die beiden größten sind *Moody's* und *Standard & Poor's,* dahinter folgt mit deutlichem Abstand *Fitch*.[2] Die Gewinne der drei verdoppelten sich zwischen 2002 und 2007, also genau in der Zeit der Immobilienblase. Auf dem Höhepunkt der Blase verdienten sie zusammen 6 Milliarden Dollar pro Jahr.[3]

Die Urteile der Ratingagenturen waren oft reine Gefälligkeitsgutachten. Das wurde im Juli 2007 schlagartig klar. Plötzlich wurden immer mehr Kreditpakete toxisch, das heißt: Immer mehr Schuldner in den USA waren pleite, dadurch floss immer weniger Geld an die Käufer der Kreditpakete. Bis zuletzt hatten die Ratingagenturen die offensichtlichen Probleme ignoriert, doch jetzt begannen sie panisch, ihre vorher vergebenen Noten massenhaft herabzustufen. Manchmal wurden an einem einzigen Tag Hunderte von Ratingnoten korrigiert. Teilweise waren es Noten, die nur wenige Monate vorher erteilt worden waren.[4]

Das unglaubliche Ergebnis der hektischen Aktion: Die Kreditpakete, denen die Ratingagenturen seit 2004 die Bestnote gegeben hatten, wurden jetzt *mehrheitlich* auf Ramsch-Status (*junk*) herabgestuft. Besonders extrem waren die Herabstufungen der Kredite, die 2006 und 2007 vergeben worden waren: Mehr als 90 Prozent

[1]   *Senatskommission*, S. 31. Zahlen für die Jahre 2004–2007. Bei Moody's lautet die Bestnote Aaa.

[2]   Europäische Kommission, zit. n. Karel Lannoo: »Rate the Rating Agencies!«, *Intereconomics* 05/2011, S. 246.

[3]   *Senatskommission*, a.a.O., 13.04.2011, S. 31.

[4]   *Senatskommission*, a.a.O., 13.04.2011, S. 263–267.

der Kreditpakete aus diesen Jahren, die die Bestnote AAA bekommen hatten, wurden später auf Ramsch-Status herabgestuft.[1]

Wie ist es zu den Jubelgutachten gekommen? Der Untersuchungsausschuss des US-Senats zeigt minutiös auf, was hinter den Kulissen geschah. Die Mauschelei lief immer nach dem gleichen Schema ab: Die Ratingagenturen wurden von denjenigen bezahlt, deren Produkte sie bewerten sollten, also beispielweise von den Investmentbanken. Und die Banken drohten immer wieder, dass sie zu einer anderen Ratingagentur wechseln würden, falls die Note für ein Kreditpaket zu schlecht ausfallen sollte. Für diese Drohung gibt es sogar einen Fachbegriff: »ratings shopping«, auf Deutsch könnte man sagen: »Schnäppchenjagd nach dem besten Rating.«[2]

Der Druck der Investmentbanken war massiv. Ein Investmentbanker von UBS beispielsweise, der ein Rating für ein Kreditpaket bekommen wollte, drohte einem Manager bei *Standard & Poor's*: »Ich habe gehört, dass eure Ratings fünf Stufen schlechter ausfallen könnten als die von *Moody's*. Ich werde euer *business* zerstören.«[3]

Solche Drohungen wirkten. Die Ratingagenturen ließen sich manipulieren. Das wird durch viele Zeugenaussagen und interne E-Mails belegt. Ein Beispiel: In einer Mail beklagen sich Mitarbeiter von *Standard & Poor's*, dass sie einen Deal zu streng beurteilt hätten und der Auftrag deshalb an die Konkurrenz gegangen sei. Weiter heißt es, das Problem mit den zu strengen Kriterien »ist so schwerwiegend, dass es auch unsere zukünftigen Deals

---

[1]   *Senatskommission*, a. a. O., 13. April 2011, S. 31 und S. 267.

[2]   *Senatskommission*, a. a. O., S. 31, 254, 272–273 und 278. *Inquiry Commission*, S. 210.

[3]   *Senatskommission*, a. a. O., 13. April 2011, S. 278.

beeinträchtigen könnte. Es gibt keine Möglichkeit, den aktuellen Auftrag zurückzuholen, aber wir müssen das Problem jetzt angehen, in Vorbereitung auf die zukünftigen Deals.«[1]

Es ist geradezu amüsant, sich anzuschauen, auf welche Art die Ratingnoten zustande kamen. Die Methoden der Ratingagenturen wirken auf den ersten Blick wissenschaftlich, sind jedoch bei genauerem Hinsehen absurd. Eigentlich hätten die Manager der Ratingagenturen nur einige Schuldner anrufen müssen, um sie zu fragen, unter welchen Bedingungen sie ihren Kredit bekommen haben. Wenn die Manager mit dem mexikanischen Immigranten Ernesto Santiago gesprochen hätten, mit dem Computertechniker Harold oder mit Familie Watson, dann wäre ihnen schnell klar geworden, dass diese Menschen gar nicht in der Lage waren, ihre enormen Schulden zurückzuzahlen.

Doch das war nicht die Methode der Ratingagenturen. Man hatte ja schließlich Computer, Risikomodelle und Analysten. Die Ratingagenturen behaupteten, es sei Wissenschaft, wenn man von sehr weit oben und sehr weit weg auf die Dinge schaut. Die Vogelperspektive. Sie behaupteten, von ihren Glastürmen aus das Risiko beurteilen zu können. Sie behaupteten, sie hätten den Überblick über Ausfallrisiken von Krediten überall in den USA.

Doch die Risikomodelle der Ratingagenturen waren Pseudowissenschaft. Die Agenturen fütterten ihre Computer mit Millionen von Daten über die Kreditpakete: Wo in den USA leben die Schuldner? Haben sie andere Kredite immer pünktlich zurückgezahlt? Welche Art von Immobilienkredit haben sie bekommen? Mithilfe eines komplizierten Rechenmodells sollte der Computer dann ein Ergebnis ausspucken: Wie wahrscheinlich ist es, dass die Schuldner ihnen Kredit wirklich zurückzahlen?

---

[1] Zit. nach *Senatskommission*, a. a. O., 13. April 2011, S. 279.

Die Rechenmodelle der Ratingagenturen basierten auf einer sehr simplen und vollkommen falschen Idee: Die Agenturen wollten die Zukunft vorhersagen, indem sie einfach Erfahrungswerte der Vergangenheit heranzogen.

Vereinfacht gesagt, funktionierte diese Methode so: Angenommen, in einem Kreditpaket waren viele männliche Wohnungseigentümer aus Nevada, die einen Kredit über durchschnittlich 500.000 Dollar aufgenommen haben. Dann fragten sich die Ratingagenturen: »Haben in der Vergangenheit männliche Wohnungseigentümer in Nevada, die einen Kredit von 500.000 Dollar aufgenommen haben, ihre Schulden immer brav zurückgezahlt?« Sie fütterten also ihre Computer mit alten Daten, und der Computer spuckte dann aufs Komma genau aus, wie hoch die Wahrscheinlichkeit ist, dass Männer in Nevada in Zukunft ihre Kredite zurückzahlen.

Nur: Die Daten der Vergangenheit waren vollkommen ungeeignet, um die damals aktuelle Situation in den USA zu erkennen. Es war, als marschiere jemand auf einer Ebene, die plötzlich in einer Klippe endet. Er marschiert direkt auf die Klippe zu, es sind nur noch fünf Schritte bis zum Absturz, aber er sieht die Gefahr nicht, weil er die ganze Zeit nach hinten schaut. Dabei sagt er: »Es gibt keine Gefahr. Die Erfahrungswerte der Vergangenheit sagen, dass es niemals stark abwärts gehen wird. Ich gehe schon seit einiger Zeit, und keiner meiner Schritte hat mehr als zehn Zentimeter abwärts geführt.«

Genau das haben die Ratingagenturen gemacht. Sie haben zurückgeschaut auf eine beruhigende Ebene. Denn die Daten, mit denen sie ihre Modelle fütterten, stammten nur aus wenigen Jahren, und es waren Jahre, in denen die Immobilienpreise in den USA stabil waren oder sogar stiegen.[1] Ihre Aussage war also im

---

[1]   *Senatskommission*: »Wall Street and the Financial Crisis«, 13.04.2011, S. 289.

Grunde etwas ganz Banales: »In dem von uns ausgewählten kurzen Zeitraum haben die männlichen Wohnungseigentümer in Nevada ihre 500.000-Dollar-Immobilienkredite immer brav zurückgezahlt. Deshalb werden sie es auch in Zukunft tun.« Doch die neuen Eigentümer der 500.000-Dollar-Villen in Nevada waren eben jetzt keine Reichen mehr, sondern arme Schlucker, und die Villen auch keine Villen, sondern einfache Häuser, die durch den Boom vollkommen überteuert waren.

Die Ratingagenturen handelten nicht naiv, sondern heuchlerisch. In Wahrheit kannten sie die Dramatik der Lage. Das beweisen viele interne E-Mails. Die Untersuchungskommission des US-Senats fasst zusammen: »Die Kommission hat Beweise dafür zusammengetragen, dass die Ratingagenturen die Probleme auf dem Hypothekenmarkt kannten: den maßlosen Anstieg der Hauspreise, die hohen Risiken der Kredite, die laschen Vergabestandards der Kreditgeber und den um sich greifenden Betrug mit Immobilienkrediten.«[1]

Die Agenturen wussten sogar vom behinderten Techniker Harold – auch wenn sie nicht mit ihm telefoniert hatten: Als im September 2006 die *Businessweek* den Artikel *Alptraum-Hypotheken* veröffentlichte, in dem unter anderem der Fall von Harold geschildert worden war, diskutierten viele Mitarbeiter von *Standard & Poor's* über diese Geschichte. Einer schrieb in einer Mail: »Das macht einem Angst. Es klingt nach Gier, unkontrollierten Maklern, und ›nicht so vorsichtigen‹ Kreditnehmern.« Ein anderer warnte in seiner E-Mail: »Das ist wie eine weitere Bankenkrise, die möglicherweise heraufzieht.« Viele weitere interne Mails der Ratingagenturen zeigen, dass die Mit-

---

[1] *Senatskommission (a. a. O.)*: »Wall Street and the Financial Crisis«, 13. April 2011, S. 244.

arbeiter über die dramatische Lage bei den Immobilienkrediten informiert waren.[1]

Schon ein Jahr vorher, im Juni 2005, hatte eine Kreditmaklerin die Ratingagentur *Standard & Poor's* gewarnt. Die Maklerin schrieb eine Mail mit dem Titel »Die Saat der Zerstörung« an eine Abteilungsleiterin der Agentur: »Ich vermittle seit 13 Jahren Immobilienkredite, und noch nie wurden die Kreditrisiken so wenig beachtet. […] Wir müssen diesen Wahnsinn stoppen!!!« Sie habe Fälle gesehen, wo eine Bank Kredite vergab, bei denen allein die *Zinsen* das *Brutto*einkommen des Schuldners überstiegen. In ihrer E-Mail betonte sie noch, dass »die gegenwärtige Immobilienblase« nicht durch steigende Nachfrage nach Häusern verursacht werde, sondern allein durch das steigende Kapitalangebot.[2]

Der Grund, warum die Manager der Ratingagenturen all diese Warnungen überhört haben, lässt sich in einem Satz zusammenfassen: Sie haben Millionen damit verdient, sie zu überhören. Der Chef von *Moody's*, Raymond McDaniel, verdiente 2006 beispielsweise mehr als acht Millionen Dollar. Und der Leiter der Abteilung, die für das Rating von Verbriefungen zuständig war, steckte im gleichen Jahr rund vier Millionen Dollar ein. Auch das obere und mittlere Management verdiente gut. Ein *managing director* bei *Moody's* erhielt im Jahr zwischen 700.000 und 930.000 Dollar.[3]

Diese Vergütungen waren während der Immobilienblase in die Höhe geschossen. Das Geschäft mit den Verbriefungen boomte,

---

[1]   zit. nach: *Senatskommission*: »Wall Street and the Financial Crisis«, 13.04.2011, S. 269.

[2]   zit. nach: *Senatskommission*: »Wall Street and the Financial Crisis«, 13.04.2011, S. 269.

[3]   *Senatskommission*, 13.04.2011, S. 258–259. Die Zahlen schließen Aktienoptionen ein.

davon profitierten die Ratingagenturen, und davon profitierten auch deren Manager. Viele von ihnen waren direkt am Erfolg des eigenen Unternehmens beteiligt.[1] Das wirkt auf den ersten Blick sinnvoll, war aber in Wirklichkeit das Rezept für die Katastrophe.

Die Vorgänge in den Ratingagenturen sind ein weiteres Beispiel dafür, was mit jemandem passiert, der mit seinen Deals Hunderttausende oder Millionen verdient. Die Finanzbranche behauptet, das Geld motiviere ihn zu Höchstleistungen. Doch oft sind es nur Höchstleistungen im Ausblenden von Risiken. Und in manchen Fällen drehen diese Menschen einfach durch.

So wie die Manager der Ratingagenturen im Schicksalsjahr 2007.

Dass die Immobilienblase in den USA *irgendwann* platzen musste, war schon lange offensichtlich. Anfang 2007 wurde aber immer klarer, dass sie *sehr bald* platzen würde. Zehn Prozent aller *Subprime*-Kredite hatten jetzt massive Probleme: Die Schuldner zahlten nicht mehr regelmäßig oder überhaupt nicht mehr. Gegenüber Januar 2006 war die Zahl solcher Problemkredite um 68 Prozent angestiegen, eine dramatische Entwicklung. Und nach dem Zusammenbruch zweier großer Finanzfirmen im Dezember 2006 hatte das *Wall Street Journal* gewarnt, dass »Schockwellen« durch den Kreditmarkt gingen. Anfang 2007 folgten weitere Firmenzusammenbrüche.[2]

Die Reaktion der Ratingagenturen: Sie warnten nicht vor der unmittelbar heraufziehenden Katastrophe, sondern taten das Gegenteil. Sie verdoppelten ihre Anstrengungen, möglichst viele

---

[1] Beispielsweise bei Moody's durch Aktienoptionen. Der Aktienkurs von Moodys schoss während der Immobilienblase in die Höhe: Von 2001 bis 2006 verfünffachte er sich. Vgl. *Senatskommission*, S. 258.

[2] *Senatskommission*, S. 263. Vgl auch Michael Lewis, (a. a. O.), unter anderem S. 225 ff.

Verbriefungen fertigzustellen, und mit einem positiven Rating zu versehen. Noch unglaublicher: Genau im Juli 2007 kam es zu einer regelrechten Welle von neuen Ratings – kurz bevor das Verhängnis endgültig seinen Lauf nahm. Allein in der ersten Juliwoche 2007 vergab *Standard & Poor's* mehr als 1.500 neue Ratings für Pakete von Immobilienkrediten, fast so viel wie zuvor in einem ganzen Monat. Und Konkurrent Moody's vergab allein vom 5. bis 11. Juli ungefähr 675 neue Ratings für Verbriefungen, doppelt so viel wie in einer durchschnittlichen Woche des Vormonats.[1]

Ab dem 10. Juli 2007 begannen die Ratingagenturen mit der massenhaften Herabstufung der bisherigen Ratings für die verbrieften US-Immobilienkredite. Die Untersuchungskommission des US-Senats kritisiert:»Der Zeitpunkt, zu dem die Zahl der neuen Ratings anschwoll, ist beunruhigend: Es geschah direkt vor den Massen-Herabstufungen. Das wirft die unangenehme Frage auf, ob *Standard & Poor's* und *Moody's* diese Ratings noch schnell durchgedrückt haben, um ihre Einnahmen kurz vor dem Beginn der Massen-Herabstufungen nicht zu verlieren.«[2] Genau geklärt konnte dies nie werden.

Offenbar haben die Ratingagenturen bei dieser überstürzten Aktion mit den Investmentbanken zusammengearbeitet. Das zeigt die E-Mail eines Mitarbeiters der Bank UBS, die durch ein Gerichtsverfahren bekannt wurde. Die Mail wurde am 5. Juli abgeschickt, also wenige Tage, bevor die Welle der Herabstufungen begann. Der UBS-Mitarbeiter schrieb an einen Kollegen:»Ich habe gerade mit David O. telefoniert. [...] Offensichtlich treffen sie sich mit Mitarbeitern von *Moody's*, um die Auswirkungen der Herabstufungen von verbrieften *Subprime*-Krediten etc. zu disku-

---

[1]   *Senatskommission*, a. a. O., S. 263–264.

[2]   *Senatskommission*, a. a. O., 13.04.2011, S. 263–264.

tieren. Hat er Kontakt mit den Zuständigen [bei UBS] aufgenommen? Es hört sich an, als ob Moody's herausfinden will, wann sie mit den Herabstufungen anfangen sollten und wie viel Schaden sie damit anrichten. – Sie treffen sich mit diversen Investmentbanken.«[1]

Man ahnt, was im ersten Halbjahr 2007 passiert ist: Wahrscheinlich dämmerte den Ratingagenturen, dass sie nicht mehr länger Bewertungen an der Grenze zum Gefälligkeitsgutachten ausstellen konnten, und dass es bald zu massenhaften Herabstufungen der Ratings kommen musste. Ohne dass dies je zu beweisen wäre, erweckt es doch den Eindruck, als hätten die Ratingagenturen versucht, gemeinsam mit den Investmentbanken noch so viele Verbriefungen von US-Immobilienkrediten auf den Weg zu bringen wie möglich. Denn eines war klar: Die Investmentbanken und die Ratingagenturen haben jeden Monat mit der Erzeugung von faulen Krediten Millionen verdient.

Selbst die Untersuchungskommission des US-Senats hat es nicht geschafft, ein genaues Bild zu erhalten, was im Juli 2007 hinter den Türen der Investmentbanken und Ratingagenturen geschah. Die Kommission kritisiert: »Als der Chef von Moody's, Raymond McDaniel, über die Herabstufungen im Juli befragt wurde, gab er zu verstehen, dass er sich an keinen einzigen Aspekt des Entscheidungsprozesses erinnern könne. Er sagte der Kommission, dass er lediglich informiert worden sei, dass die Herabstufungen stattfinden würden. Er sei jedoch persönlich nicht an der Entscheidung beteiligt gewesen.«[2]

Bis heute hat sich an dem Geschäftsmodell der Ratingagenturen nichts Grundlegendes geändert: Genau das Unternehmen, das an einer guten Ratingnote ein starkes finanzielles Interesse hat,

---

[1] Zitiert nach: *Senatskommission*, a. a. O., 13.04.2011, S. 263–264.

[2] *Senatskomission*, 13.04.2011, S. 264.

bezahlt auch dafür. Es kann also weiterhin auf die Ratingagentur Druck ausüben, ein Gefälligkeitsgutachten zu verfassen. Die einzige Ausnahme sind seit jeher Ratingnoten für größere Staaten: Hier fließt kein Geld, die Agenturen arbeiten auf eigene Rechnung.[1] In der EU werden zurzeit strengere Vorschriften für Ratingagenturen diskutiert, doch es ist unklar, was nach der Lobbyarbeit von Banken und Versicherungen davon übrig bleibt. Eine grundsätzliche Änderung des Bezahlmodells ist von vornherein nicht vorgesehen: Es soll lediglich verboten werden, dass Ratingagenturen für ein Unternehmen, dem sie eine Ratingnote geben, noch zusätzliche Beratungsaufträge ausführen. Für die Ratingnote selbst sollen die Agenturen allerdings weiterhin vom Unternehmen bezahlt werden.[2]

Eigentlich sollten Ratingagenturen als Frühwarnsystem dienen, aber das Gegenteil tritt ein: Sie verschärfen Krisen, weil sie im Boom euphorisch werden, und in der folgenden Krise hektisch die Ratings herabstufen, und zwar ausgerechnet dann, wenn die Märkte ohnehin schon im Panikmodus sind. So geschieht es gegenwärtig wieder bei der Krise der Eurostaaten.[3] Lucas Zeise, Kolumnist der *Financial Times Deutschland*, fällt Anfang 2012 ein vernichtendes Urteil: »Wirklich alle, die sich nur ein ganz klein wenig mit dem Thema Ratingagenturen befassen, wissen, dass ihre Urteile ein nachlaufender Indikator sind. Der Fall Frankreich ist die geradezu klassische Illustration dieser Feststellung.

---

[1]   Karel Lannoo: »Rate the Rating Agencies!«, *Intereconomics* 05/2011, S. 247. Valerie Bösch: »Ratings in der Krise«, *AK Wien, Materialien für Wirtschaft und Gesellschaft* Nr. 10, 11/2011, S. 10.

[2]   Vgl. z. B. Gesamtverband der Deutschen Versicherungswirtschaf e. V.: »Stellungnahme zum Vorschlag für eine Verordnung des Europäischen Parlaments und des Rates zur Änderung der Verordnung (EG) Nr. 1060/2009 über Ratingagenturen«, 05.01.2012.

[3]   Vgl. Karel Lannoo: »Rate the Rating Agencies!«, *Intereconomics* 05/2011, S. 238–247.

Erst fallen die Kurse der französischen Staatsanleihen (OATs), und die [deutschen] Bundesanleihen steigen. Dann passiert erst lange nichts. Das geht ein ganzes Jahr so. [...] Und nun, nach Monaten der OAT-Schwäche, folgt endlich S&P *[Standard & Poor's]* mit der kleinen Herabstufung.«[1]

Obwohl die Politik gern auf die Ratingagenturen schimpft, werden sie vor allem in Europa von den Entscheidungsträgern massiv gestärkt. Sie haben weiterhin eine Art halbamtlichen Status. Denn nur Papiere mit einer guten Note von den Ratingagenturen sind für bestimmte Zwecke zugelassen: Banken dürfen nur Wertpapiere ab einer bestimmten Ratingnote bei der Europäischen Zentralbank als Sicherheit hinterlegen. Bestimmte Großinvestoren wie Versicherungen dürfen nur Wertpapiere mit einer bestimmten Ratingnote erwerben.[2] Das Problem dabei: Sobald die Ratingagenturen ein Papier stark herabstufen, beispielsweise spanische Staatsanleihen, kommt es zu massenhaften Verkäufen – gewissermaßen staatlich vorgeschrieben. Das verschärft die Probleme: Spanien hat es dann noch schwerer, neue Staatsanleihen herauszugeben und so an frische Kredite zu kommen.

Stefan Ortseifen aus Düsseldorf, Großimporteur toxischer Kredite

Am 27. Juli 2007 steht die IKB, die *Industriekreditbank* aus Düsseldorf, vor dem Exitus. Die Steuerzahler müssen einspringen.[3]

Bis heute, Mitte 2012, ist immer noch nicht absehbar, wie viele Milliarden an Steuergeldern die IKB-Rettung verschlingen

---

[1]   Lucas Zeise: »Unterwerfungsgesten«, *FTD*.de, 16.01.2012.

[2]   Heike Buchter, Arne Storn: »Allein gegen die großen drei«, *ZEIT Online*, 08.03.2012.

[3]   *IKB AG: »Geänderter Jahresabschluss und Lagebericht der IKB Deutsche Industriebank AG 2006/2007«*, S. 11 »1. Nachtragsbericht«.

wird. Allein der größte Aktionär der *Industriekreditbank*, die staatliche Bank KfW, hat wegen der IKB mehrere Milliarden Euro Verlust gemacht, die am Ende in der Staatskasse fehlen. Hinzu kommen immer wieder staatliche Garantien in Milliardenhöhe, die sich bei abermaligen Schwierigkeiten der IKB jederzeit in zusätzliche Milliardenverluste verwandeln können.[1]

Die IKB war – wie viele andere deutsche Banken – gewissermaßen ein Endlager für Pakete aus toxischen Krediten. Das Risiko – der drohende Zahlungsausfall der Schuldner in den USA – war vom einen zum anderen weitergeschoben worden und landete am Ende bei der IKB. Die toxischen Kreditpakete, die der IKB zum Verhängnis wurden, kamen unter anderem von der *Deutschen Bank* und *Goldman Sachs*. Dazu später mehr.

Für insgesamt 18,2 Milliarden Euro hatte die IKB verbriefte Kredite aufgekauft, einige davon ganz offen, die meisten jedoch heimlich über Schattenbanken, die offiziell nicht zur IKB gehörten. Den 18,2 Milliarden stand aber nur ein Eigenkapital von 1,7 Milliarden Euro gegenüber, mit dem IKB Verluste auffangen konnte.[2]

Als das brüchige Gebäude zusammenstürzte, das IKB-Vorstandssprecher Stefan Ortseifen und die anderen Vorstände errichtet hatten, da kassierte der Vorstand Millionen, genau wie in den Jahren zuvor. Im Geschäftsjahr 2006/2007 erhielten die IKB-Vorstände zusammen rund 7,5 Millionen Euro.[3]

---

[1]   *KfW-Bankengruppe*: Geschäftsbericht 2010, S. 116. »KfW stopft Löcher bei der Krisenbank IKB«, *Welt Online*, 21.03.2008. »IKB-Rettung kostet Milliarden«, *Focus Online*, 21.08.2008. Brief von EU-Kommissarin Neelie Kroes, 17.08.2009: »Garantiemaßnahme für die IKB zur Liquiditätsbeschaffung«.

[2]   IKB AG: »Geänderter Jahresabschluss [...] 2006/2007«, a. a. O., S. 12. Über Kreditzusagen war die IKB stark an den Risiken der Schattenbanken beteiligt, s. u. Verbriefte Kredite = ABS, CDOs, etc.

[3]   *IKB Deutsche Industriebank:* »Geschäftsbericht 2006/2007«, S. 22 und S. 209.

Für Stefan Ortseifen sah die Rechnung so aus: Grundgehalt 504.000 Euro. Bonus 1.000.000 Euro. Nebenleistungen 93.000 Euro. Zuführung zur Pensionsrückstellung 232.000 Euro. Zusätzlich hatte Ortseifen in den eineinhalb Jahren zuvor mehr als zwei Millionen Euro erhalten.[1]

Es lohnt sich, den Fall IKB genau zu studieren. Er zeigt zwei weitere erstaunliche Konstruktionsfehler des Bankensystems.

Konstruktionsfehler 1: Auch die IKB machte bei dem abgekarteten Spiel jahrelang scheinbar riesige Profite. Es gab also angeblich nur Gewinner. Kreditmakler, Investmentbanken, Ratingagenturen – alle zweigten Millionen aus dem System ab. Auch die Akteure, die am Ende der Verbriefungskette standen, wie die IKB. Doch die Provisionen, Boni und Profite standen nur auf dem Papier. Das System produzierte Pseudogewinne. Aus den jahrelangen Millionenüberschüssen sollten irgendwann *Milliarden*verluste werden.[2]

Konstruktionsfehler 2: Es war nicht der IKB-Vorstand, der am Ende den Kürzeren zog. Geschädigt wurde die IKB als Institution – und damit der Steuerzahler. Das Problem: Der Bonus war ausschließlich vom Unternehmensgewinn des aktuellen Geschäftsjahres abhängig und wurde sofort ausgezahlt. Der IKB-Vorstand kassierte also jahrelang hohe Boni, als er mit den brandgefährlichen Geschäften den Jahresgewinn in die Höhe trieb. Und als 2007 der Brand ausbrach, erhielt jeder Vorstand weiterhin sein

---

[1] IKB Deutsche Industriebank: »Annual Report 2005/2006«, S. 18, »Geschäftsbericht 2004/2005«, S. 149 und »Geänderter Jahresabschluss und Lagebericht 2006/2007«, S. 60, 61, 209. Einen kleinen Teil der Vorstandsvergütung des letzten Jahres hat die IKB später zurückerhalten, siehe unten.

[2] »IKB-Rettung kostet Milliarden«, *Focus Money Online*, 21.08.2008.

Grundgehalt und sogar einen Teil der Bonuszahlung (die sogenannte »Mindesttantieme«).[1] Ähnliche Bonusregelungen gelten
bei den Banken bis heute.[2]

Die »modernen« Finanzinstrumente, mit denen die IKB ihre
Profite in die Höhe trieb und mit denen sie sich gleichzeitig ihr
eigenes Grab schaufelte, gehören bis heute zum Standardreper-
toire der Banken. Der Fall IKB zeigt, was sich hinter Begriffen
wie *Hebelung*, *Schattenbanken* oder *Investments in internationale
Kreditportfolien* verbirgt: Instrumente, mit denen man die Gewinne in der Gegenwart erhöht, indem man die Zukunft opfert.

Im Jahr 2002 gründete die IKB über Strohmänner eine Stiftung namens »Rhineland Funding« im US-Bundesstaat Dela-
ware, der als Steuerschlupfloch bekannt ist. *Rhineland Funding*
ist eine *Schattenbank*: Eine versteckte Bank hinter der eigentlichen Bank. Die Geschäfte dieser Schattenbank tauchten nicht
in der Bilanz der IKB auf.[3] Noch im Jahresbericht 2006/2007, der
genau einen Monat vor dem Zusammenbruch veröffentlicht wurde, behauptete die IKB, es handele sich bei *Rhineland Funding*
um eine eigenständige Gesellschaft, die von der IKB lediglich
beraten wird: »Wir nutzen unsere große Expertise [...] aber auch,
um auf Provisionsbasis externe Gesellschaften bei deren Investments in internationale Kreditportfolien zu beraten. Dies bezieht
sich insbesondere auf das Conduit [= die Schattenbank] ›Rhineland Funding Capital Corporation‹ in den USA.«

---

[1] IKB AG: »Geänderter Jahresabschluss und Lagebericht der IKB Deutsche
   Industriebank AG 2006/2007«, S. 60 und 61.

[2] Manche Banken verteilen die Bonuszahlung auf drei Jahre und stellen das als
   »langfristige Orientierung« dar. Doch die Verteilung über drei Jahre ändert so
   gut wie nichts, wie später noch gezeigt wird.

[3] »Die Krise (5) – Rhineland Funding«, *FAZ Online*, 02.08.2007.

Stefan Ortseifen

Rhineland Funding war für die IKB scheinbar eine geniale Gewinnmaschine: Die Schattenbank überwies allein im Jahr vor dem Zusammenbruch 59 Millionen Euro »Beratungsgebühr« an die IKB. So schöpfte die IKB die Gewinne ab, die *Rhineland Funding* erzielte.[1] Doch wie entstanden diese Gewinne?

Rhineland Funding kaufte verbriefte Kredite auf. Das war mit der verklausulierten Formulierung »Investments in internationale Kreditportfolien« gemeint. Die IKB und ihre Schattenbank verwetteten Milliarden darauf, dass zehntausende von Schuldnern jahrelang in der Lage sein würden, ihre Raten zu bezahlen. Fast 90 Prozent der Papiere in der Bilanz von *Rhineland Funding* enthielten *Subprime*-Kredite, also Kredite, für deren Rückzahlung finanzschwache Schuldner verantwortlich waren.[2] *Rhineland Funding* und die IKB wetteten auf die Rückzahlung von Immobilienkrediten, aber auch von Autofinanzierungskrediten, Kreditkartenschulden und Unternehmenskrediten; in den USA und anderen Ländern.[3]

---

[1] »Die Krise (5) – Rhineland Funding«, *FAZ Online*, 02.08.2007. »Sold down the river Rhine«, *The Economist Online*, 09.08.2007. *IKB Dt. Industriebank:* »Geschäftsbericht 2006/2007«, S. 66 & 167.

[2] IKB AG: »Geänderter Jahresabschluss und Lagebericht der IKB Deutsche Industriebank AG 2006/2007«, S. 48. Diese Papiere enthielten Subprime-*Anteile*. Der Bericht nennt keine Details.

[3] IKB AG: »Geänderter Jahresabschluss [...] 2006/2007«, S. 12–17.

Das Erstaunliche: *Rhineland Funding* tätigte diese Käufe mit geliehenem Geld. Die Schattenbank kaufte die milliardenschweren Kreditpakete also, ohne dass die IKB nennenswertes Kapital einbringen musste. Die Geldgeber von *Rhineland Funding* saßen in den USA. Es waren Institutionen, die ihr überschüssiges Kapitel anlegen wollten, zum Beispiel die Stadt Oakland in Kalifornien, oder der *Robbinsdale Area School District* am Stadtrand von Minneapolis.[1]

Ein merkwürdiges Geschäft: Wie konnte es profitabel sein, sich im Ausland beim einen Geld zu borgen, um es dort gleich wieder einem anderen zu leihen?

Der Trick war simpel. Die Schuldner, deren Zinsen und Tilgung *Rhineland Funding* erhielt, hatten langfristige Kredite aufgenommen. Immobilienkredite beispielsweise zahlt man im Laufe von vielen Jahren ab, und je länger die Laufzeit, desto höher der Zins. *Rhineland Funding* kassierte deshalb hohe Zinserträge. Dagegen borgte sich die Schattenbank das Geld von ihren eigenen Gläubigern nur kurzfristig, für einige Monate. Für solche kurzfristigen Kredite war ein geringerer Zins fällig. Das war also das Geschäft der Schattenbank: Beim einen zum niedrigen Zinssatz borgen, und es dem anderen teurer verleihen. Das Problem dabei war natürlich: Alle paar Monate musste sich *Rhineland Funding* wieder neues Geld borgen, weil die kurzfristigen Kredite ausliefen.[2]

Das Geschäftsmodell von *Rhineland Funding* war aus Sicht der IKB wie schwarze Magie: Erstens brauchte die IKB der *Rhine-*

---

[1] *USA Financial Crisis Inquiry Commission,* »Final Report«, 01/11, (Korr. 25.02.2011), S. 247.

[2] Christian Schröder: »Der IKB Prozess führt nicht zum Kern der Krise«, *Legal Tribune Online,* 14.07.2010. IKB AG: »Geänderter Jahresabschluss [...] 2006/2007«, S. 13.

land Funding fast kein Kapital zur Verfügung stellen, denn die schöne Schattenbank finanzierte fast alles mit den Krediten, die sie selbst aufgenommen hatte. Zweitens erzielten die Deals von *Rhineland Funding* überdurchschnittliche Renditen bei angeblich kleinstem Risiko. Die verbrieften Kredite, die *Rhineland* unter anderem von *Goldman Sachs* und der *Deutschen Bank* erworben hatte, warfen hohe Zinsen ab. Dennoch waren 85 Prozent von den Ratingagenturen mit AA oder AAA bewertet worden, also sozusagen mit den Schulnoten »gut« oder »sehr gut«.[1]

Rhineland Funding konnte offenbar Gewinne aus dem Nichts generieren, und das angeblich bei geringstem Risiko. Der IKB-Vorstand ließ von Jahr zu Jahr mehr Kreditpakete im Ausland einkaufen. Am Ende hatten sie zumindest nach den in der Bilanz ausgewiesenen Kreditvergaben ein größeres Volumen als das Kerngeschäft der IKB: Die eigentliche Aufgabe der Bank war die Förderung von mittelständischen Unternehmen. Doch zum Stichtag 31. März 2007 hatten die IKB und ihre Schattenbanken 18,2 Milliarden Euro in Pakete aus verbrieften Krediten investiert, aber nur 16,8 Milliarden Euro direkt an Firmenkunden verliehen.[2]

Die wundersame Geldvermehrung bei *Rhineland Funding* hatte einen Haken: Niemand leiht einer obskuren Schattenbank Milliarden. Rhineland Funding hatte nur 500 Dollar Eigenkapital. Deswegen musste die IKB für *Rhineland Funding* Kreditgarantien bereitstellen: Sollte die Schattenbank eines Tages nichts mehr in der Kasse haben, würden die Gläubiger ihr Geld dennoch zurückbekommen. Die Schattenbank funktionierte also nur, weil die

---

[1] *IKB AG: »Geänderter Jahresabschluss* [...] 2006/2007«, S. 48. Stichtag 31.03.2007.

[2] *IKB AG: »Geänderter Jahresabschluss* [...] 2006/2007«, S. 12, 33, 48. *Firmenkunden* schließt nicht die *Immobilienfinanzierungen* der IKB ein. Die IKB verbriefte ihrerseits Kredite (aus der eigenen Bilanz).

IKB jederzeit bereitstand, um sie rauszupauken. Zuletzt stellte die IKB ihren Schattenbanken insgesamt 11,8 Milliarden Euro an *Liquiditätslinien*, also Kreditgarantien, zur Verfügung.[1]

Die Kreditgarantien schienen für den IKB-Vorstand nur ein kleines Übel zu sein. Denn die IKB musste dafür keinerlei Eigenkapital aufbringen. Weil die Kreditzusagen offiziell nur für maximal 360 Tage galten, wurden sie im Jahresbericht zwar erwähnt, mussten aber nicht in die Bilanz eingerechnet werden. Das war vollkommen legal. Aus Sicht des Vorstands ein gutes Geschäft: Ohne zusätzliches Eigenkapital konnte die IKB zusätzliche Gewinne erwirtschaften.[2]

Mehr Geschäftsvolumen und mehr Gewinn, ohne dass die Aktionäre zusätzliches Eigenkapital aufbringen müssen: Dieser Trick ist bei Banken bis heute sehr beliebt. Man nennt es »Hebelung«: Für jeden Euro, den die Aktionäre einbringen, leiht man sich möglichst billig weiteres Geld, beispielsweise zehn Euro. Statt einem Euro kann man also elf investieren. Jeder Euro der Aktionäre wird »gehebelt«. Das Geschäft lohnt sich für die Aktionäre immer dann, wenn die Bank sich die zehn Euro zu niedrigen Zinsen leihen kann und dieses Geld dann zu höheren Zinsen anlegt.

Ohne Hebelung hätte Josef Ackermann niemals die hohen Eigenkapitalrenditen der *Deutschen Bank* erreichen können. Als Ziel hat er immer wieder eine Eigenkapitalrendite von 25 Prozent vorgegeben. Das heißt: Pro 1.000 Euro, die ein Aktionär in die Bank einbringt, macht sie jedes Jahr 250 Euro Gewinn. Doch natürlich steigt durch die Hebelung nicht nur die Rendite der Aktio-

---

[1]   8,1 Milliarden für *Rhineland Funding*. IKB AG: »Geänderter Jahresabschluss [...] 2006/2007«, S. 48.

[2]   Vgl. Olaf Storbeck: »Banken zähmen – aber wie?«, *Handelsblatt Online*, 10.08.2009.

näre, sondern auch das Risiko. Die IKB hatte vor dem Crash eine Eigenkapitalrendite von 20,6 Prozent. Dank Hebelung.[1] Aber die Hebelung machte die IKB doppelt verwundbar: Erstens konnten jederzeit die Kreditgeber abspringen. Zweitens vervielfacht der Hebel nicht nur die Gewinne, sondern auch die Verluste. Wenn man statt einem Euro elf investiert, hat man die elffachen Einnahmen, wenn alles gutgeht. Aber auch den elffachen Verlust, wenn es schiefläuft.

Das gilt natürlich auch für die *Deutsche Bank*. Wie später noch erläutert wird, hat Exbankchef Josef Ackermann Glück gehabt, dass er trotz seiner riskanten Strategie nur ein paar Schrammen abbekam. Genauer: Dass die *Deutsche Bank* »Glück« gehabt hat, trifft es nicht ganz. Sie hat einige drohende Verluste einfach anderen aufgeladen. Kurz vor dem Crash ist es ihr gelungen, Risiken an andere Akteure zu verschieben, unter anderem an die IKB. Und nach dem Crash hat die *Deutsche Bank* indirekt viele Milliarden von Staaten und Zentralbanken erhalten. Bis heute setzt die *Deutsche Bank* auf Risiko. Mit sehr wenig Eigenkapital viel Umsatz und Gewinn generieren – das ist immer noch ihre Strategie.[2]

Genau die hat auch die IKB vor ihrem Zusammenbruch in Extremform verfolgt. Mit *Rhineland Funding* klappte das hervorragend: Die Schattenbank wickelte Milliardendeals ab, ohne dass die IKB dafür Eigenkapital bereitstellen musste.

Doch das reichte dem IKB-Vorstand nicht. Er wollte seine Geschäfte noch stärker hebeln. Also mit dem vorhandenen Eigenkapital noch mehr Deals machen. Mehr Deals bedeuteten mehr Profit, und das wiederum bedeutete höhere Bonuszahlungen für die

---

[1] *IKB Deutsche Industriebank:* »Geschäftsbericht 2006/2007«, S. 1.

[2] Vergleiche Seite 319 ff.

Vorstände. Der Vorstand hatte schnell erkannt, wo er einen weiteren Hebel ansetzen konnte: Beim Kerngeschäft der IKB.

Wenn die IKB einen Kredit an ein Industrieunternehmen vergeben hatte, benötigte sie Eigenkapital in Höhe von acht Prozent der Kreditsumme. Als Sicherheit, falls der Kredit ausfällt. So schrieben es die internationalen Bankregeln namens »Basel 1« vor. Aus Sicht der Bankaufseher war es ein Sicherheitspuffer für Notfälle. Aus Sicht des IKB-Vorstands war es blockiertes Kapital. Er wollte es freisetzen, um damit zusätzliche Geschäfte einzugehen. Geschäfte, die mehr Rendite brachten als das traditionelle Geschäft der IKB. Die aber auch risikoreicher waren, was der IKB-Vorstand entweder nicht verstand oder in Kauf nahm.

Um das Kapital freizusetzen, sollte noch einmal schwarze Magie helfen: Es waren wieder die Verbriefungen, doch sie sollten jetzt in die andere Richtung laufen. Die IKB wollte diesmal keine Kreditpakete ankaufen, sondern welche verkaufen. Kredite, die sie selbst vergeben hatte. Anders gesagt: Die IKB hatte vielen Firmenkunden Geld geliehen und wollte das Anrecht auf die Rückzahlungen dieser Kredite weiterverkaufen. Damit war sie auch das Risiko los, dass der Schuldner zahlungsunfähig wird. Ab Ende der neunziger Jahre verschob die IKB insgesamt Risiken von 18 Milliarden Euro an andere. So konnte sie Eigenkapital, das sie für diese Risiken vorgesehen hatte, für neue, profitablere Geschäfte verwenden.[1]

Die IKB lud also jene Kredite bei anderen ab, deren Risiko sie gut beurteilen konnte: Kredite, die sie selbst vergeben hatte und bei denen sie die Kunden gut kannte. Stattdessen holte die IKB sich immer mehr Kreditrisiken ins Haus, die sie nicht beurteilen

---

[1] *IKB Deutsche Industriebank:* »Geschäftsbericht 2006/2007«, S. 58 & S. 129. Die IKB benutzte dafür eine sogenannte »synthetische Verbriefung«, also Derivate, ähnlich wie die CDS von Joe Cassano.

konnte: Zum Beispiel *Subprime*-Kredite, die von Banken in den USA an schwache Schuldner vergeben worden waren.

Der Zweck des Kreditverschiebebahnhofs: Die Profite der Bank in die Höhe zu treiben, und damit auch die Vergütungen der Vorstände. IKB-Chef Stefan Ortseifen beschreibt die Strategie offen im seinem letzten »Brief des Vorstandssprechers«, einen Monat vor dem Zusammenbruch des IKB-Kartenhauses. Die Formulierungen sind verklausuliert, doch der Inhalt eindeutig:

»Etwa ein Drittel unseres [Kredit-]Neugeschäfts werden wir – wie in den Jahren zuvor – verbriefen. [Das heißt, von der IKB vergebene Kredite an andere abschieben.] Zum anderen planen wir, auch unsere Investments in internationale Kreditportfolien zu erhöhen [also verbriefte Krediten aus dem Ausland anzukaufen] und darüber hinaus zusätzliche Beratungserträge zu realisieren [also Gewinne bei den Schattenbanken abzuschöpfen]. [...] Es ist unser Ziel, damit die Rentabilität der Bank weiter zu steigern [also höhere Vorstandsboni zu kassieren].«[1]

Der Fall IKB zeigt: Die kurzfristigen finanziellen Interessen der Finanzmanager und die langfristigen Interessen ihrer Firma klaffen oft weit auseinander. Ähnlich offensichtlich war es bei Joe Cassano, den Managern der Ratingagenturen, der *Deutschen Bank*, und weiteren Fällen, die später noch beschrieben werden.

Die IKB ist kein Einzelfall. Fast alle Banken machen mit beim weltweiten Verschieben von Kreditrisiken. Heute stehen verbriefte Kredite in Höhe von mehreren tausend Milliarden Dollar in den Büchern der Banken. Vor den neunziger Jahren spielten Verbriefungen praktisch keine Rolle.[2] Noch 1994 haben

---

[1] *IKB Deutsche Industriebank:* »Geschäftsbericht 2006/2007«, S. 6.

[2] Vgl. z. B. *USA Financial Crisis Inquiry Commission,* »Final Report«, 01/11, (Korr. 25.02.2011), S. 45.

die Banken 70 Prozent der Kredite selbst in ihren Büchern behalten, im Jahr 2006 war dieser Anteil auf 20 Prozent gesunken.[1] Möglich gemacht wurde das enorme Wachstum durch die Deregulierung des Bankensystems, in Deutschland unter anderem gefördert von Jörg Asmussen, früher Staatssekretär im *Bundesfinanzministerium*, heute im Direktorium der *Europäischen Zentralbank*.[2]

Noch im Oktober 2006, zehn Monate vor dem Zusammenbruch der IKB, lobte Asmussen in einer Fachzeitschrift, dass sein Ministerium das Geschäft mit den Verbriefungen vorangebracht habe: »Allmählich scheinen [...] die gemeinsamen Bemühungen der Politik und der Kreditwirtschaft die erwarteten Früchte zu tragen.« In Zukunft, so Asmussen, werde man es den Banken weiter erleichtern, verbriefte Kredite zu kaufen. »Seitens des BMF [= Bundesfinanzministeriums] wird [...] vor allem auch darauf geachtet werden, dass den Instituten keine unnötigen Prüf- und Dokumentationspflichten entstehen werden, wenn sie in ›gängige‹ ABS-Produkte [= verbriefte Kredite] mit gutem Rating investieren.«[3] Im Klartext: Wenn eine Bank Kreditpakete mit gutem Rating kauft (genau das hat die IKB getan), dann soll sie nicht allzu viel Arbeit damit haben, diese Kreditpakete eigenständig zu prüfen. Asmussen saß seit April 2003 auch im Aufsichtsrat der IKB, also genau in den Jahren, als die IKB Milliarden in verbriefte Kredite aus den USA und anderen Ländern investierte.[4]

---

[1]   *UBS Global CDO Group*: »Presentation on Product Series«, Januar 2007, S. 15.

[2]   Christoph Schwennicke: »Ikarus in Not«, *Spiegel Online*, 15.06.2009.

[3]   Jörg Asmussen: »Verbriefungen aus Sicht des Bundesfinanzministeriums«, *Zeitschrift für das gesamte Kreditwesen*, Nr. 19 vom 01.10.2006, S. 10–12.

[4]   *Bundesministerium der Finanzen*: »Betreff Kleine Anfrage des Abgeordneten Frank Schäffler u. a.«, 10.10.2007, S. 3.

Bis heute behaupten die Banken, Verbriefungen seien ein »innovatives Finanzmarktinstrument.« Die Begründung: Wenn man Kreditrisiken weltweit frei verschieben könne, übernehme am Ende derjenige das Risiko, der es am besten tragen könne. Denn, so die Theorie, Finanzmärkte seien rational und effizient, und alle Akteure seien gleich gut informiert.

Doch wären diese Beteuerungen der Bankenlobby wahr, hätte es einen Fall IKB gar nicht geben dürfen: Der IKB-Vorstand hätte die Risiken erkennen müssen. Und selbst wenn ein einzelner Akteur mal versagt, hätten »die Märkte«, Alarm schlagen müssen. Die IKB-Aktie wäre gefallen, Ratingagenturen hätten der IKB schlechtere Noten gegeben, die Geldgeber der IKB hätten ihre Kredite zurückgezogen.

Wann fiel jedoch der Aktienkurs, wann stuften die Ratingagenturen die IKB herab, wann kündigten die Banken ihre Kreditlinien? Mitte 2007, als der Zusammenbruch der IKB in vollem Gange war. Die »Profis« der Finanzmärkte sind erst aufgewacht, als alles zu spät war.[1]

Noch am 28. Juni 2007, genau einen Monat vor ihrem Zusammenbruch, veröffentlicht die IKB ihren Jahresbericht. Darin kündigt sie an, dass sie weitere eigene Kredite an andere verschieben wird, und gleichzeitig noch mehr verbriefte Kredite von fremden Banken ankaufen will: »Eine zunehmende Bedeutung wird in den nächsten Jahren das Verbriefungsgeschäft einnehmen. [...] Für das Conduit *Rhineland Funding* erwarten wir innerhalb von drei Jahren ein Investmentvolumen von 20 Mrd. € (derzeit 12,7 Mrd. €).«[2]

Dann geht es Schlag auf Schlag:

---

[1]   IKB AG: »Geänderter Jahresabschluss und Lagebericht 2006/2007«, S. 11, 19.

[2]   *IKB Deutsche Industriebank:* »Geschäftsbericht 2006/2007«, S. 93.

Um den *28. Juni 2007* herum überweist die IKB an ihre Vorstände die Boni für das aktuelle Geschäftsjahr. Vorstandssprecher Stefan Ortseifen erhält eine Million Euro, zusätzlich zu seinem Festgehalt.[1]

Am *20. Juli* behauptet die IKB in einer Pressemitteilung, der vorausgesagte Jahresgewinn von 280 Millionen Euro sei nicht in Gefahr.[2] Längst gibt es in den USA massive Probleme bei den *Subprime*-Immobilienkrediten, und zehn Tage zuvor haben die Ratingagenturen mit ihrer massenhaften Herabstufung von verbrieften Krediten begonnen.

Wenige Tage nach dem *20. Juli 2007* stellt die Investmentbank *Goldman Sachs* die Zusammenarbeit mit *Rhineland Funding* ein. Goldman Sachs hatte bisher geholfen, immer wieder Kreditgeber zu finden, die *Rhineland Funding* jeweils neue Kurzzeitkredite gewährten. Die scheinbar geniale Geschäftsidee von *Rhineland Funding* bricht zusammen: Gewinne für die IKB generieren, mit Geld, das man sich immer wieder neu für einige Tage leiht. Jetzt zeichnet sich ab: *Rhineland Funding* muss seine bisherigen Kreditgeber auszahlen, braucht aber dafür wieder neue Kredite, die es nicht bekommen wird. Kein Wunder: Nun wird klar, dass *Rhineland Funding* nur zweifelhafte Sicherheiten für die Kreditgeber zu bieten hat. Nämlich die verbrieften Kreditpakete, die *Rhineland Funding* gekauft hat. Und die werden von Tag zu Tag maroder. Damit ist auch die IKB erledigt: Sie muss *Rhineland Funding* bei Problemen raushauen, denn sie hat Kreditzusagen von mehreren Milliarden Euro gegeben.[3]

---

[1] IKB AG: »Geänderter Jahresabschluss [...] 2006/2007«, S. 60. Die Überweisung erfolgte laut dieser Quelle »unmittelbar« nach dem 27. Juni.

[2] Pressemitteilung *IKB Deutsche Industriebank*: »Preliminary results for the first quarter«, 20.07.2007.

[3] *USA, Financial Crisis Inquiry Commission*, S. 247.

Am *27. Juli* friert die *Deutsche Bank* ihre Kreditlinien für die IKB ein.[1] Das ist der endgültige Todesstoß für die IKB. Bis dahin hatte die *Deutsche Bank* eng mit der IKB zusammengearbeitet.

29. Juli: Deutschlands oberster Bankaufseher Jochen Sanio beschreibt, so schildert es später die *Süddeutsche Zeitung* »schonungslos die Lage: ›Die IKB ist klinisch tot.‹ Ohne Rettungsaktion müsse die Bank am nächsten Tag geschlossen werden.«[2]

Am *30. Juli* setzt die IKB ihren Vorstandssprecher Stefan Ortseifen vor die Tür.

Später verklagte sie ihn auf Rückzahlung von 805.000 Euro, denn die von ihm ausgewiesenen Gewinne waren ja Scheingewinne.[3] Allerdings: Selbst wenn die Klage durchgeht, würde Ortseifen nicht einmal die Hälfte seines letzten Jahreseinkommens verlieren. Und die Einkünfte aus der Zeit davor darf er in jedem Fall behalten, das waren mehr als zwei Millionen Euro.[4] Was für Ortseifen galt, gilt bis heute für die anderen Bankvorstände: Sie haben gigantische Gewinnchancen, aber fast kein Verlustrisiko.

Und auch vor Staatsanwälten oder geschädigten Aktionären und Geschäftspartnern brauchen die Vorstände keine Angst haben, wie der Fall IKB zeigt. Im Juli 2010 wird Ortseifen vom Landgericht Düsseldorf zur Zahlung einer Geldauflage von 100.000 Euro und einer Haftstrafe von zehn Monaten auf Bewährung verurteilt. Das sind gerade einmal fünf Prozent seines letzten Jahresgehalts.

---

[1] *USA, Financial Crisis Inquiry Commission*, S. 247.

[2] Hans Leyendecker, Klaus Ott: »Das Milliardendesaster«, *Süddeutsche.de*, 25.03.2009.

[3] »IKB verklagt früheren Chef Ortseifen«, *FAZ Online*, 31.10.2008 und IKB AG (2006/2007). Auch von den anderen Vorstandsmitgliedern hat die IKB *einen Teil* der Bonuszahlungen zurückgefordert.

[4] IKB: »Annual Report 2005/2006«, S. 18 und »Geschäftsbericht 2004/2005«, S. 149.

Und diese Verurteilung erfolgte nicht etwa, weil während Ortseifens Amtszeit die IKB in eine dramatische Schieflage geraten war. Der Staatsanwalt klagte ihn nur deshalb an, weil Ortseifen die dramatische Situation am Ende verheimlichen wollte: Durch die positive Pressemitteilung im Juli 2007 hatte Ortseifen den Börsenkurs der IKB nach oben manipuliert. Außerdem ging es im Prozess noch darum, ob Ortseifen seine Dienstvilla ungenehmigt für 120.000 Euro habe umbauen lassen, auf Kosten der Bank.[1] Das Verfahren bezüglich dieses Vorwurfs wurde vom Gericht eingestellt.

Der prominente Hamburger Strafrechtsanwalt Gerhard Strate kritisiert: »Die wesentlichen Vorwürfe, die man im Zusammenhang mit der IKB machen kann, werden nicht verfolgt.«[2]

Die Frankfurter Finanzjournalistin Anne Seith erklärt, warum Staatsanwälte sich so schwertun, Vorstände zur Rechenschaft zu ziehen: Der Staatsanwalt muss dem Vorstand nachweisen, dass er *vorsätzlich* handelte. Das sei oft nicht zu leisten. Hinzu komme: »Solche Bankgeschäfte [sind] hochkomplexe Transaktionen, die die Staatsanwaltschaften an den Rand ihrer Kapazitäten bringen. Bei ihren Recherchen müssen sich die Ermittler durch Unmengen an kompliziertem Beweismittel wühlen. Bei der IKB etwa waren fünf Terabyte an elektronischen Daten sichergestellt worden. Ausgedruckt entspricht das etwa 375 Kilometern an Aktenordnern«.[3]

Von Reue bei Stefan Ortseifen keine Spur. Die *Wirtschaftswoche* berichtet aus dem Gerichtssaal: »Unrechtsbewusstsein hatte Ortseifen während der Verhandlung nicht gezeigt. Dass die Be-

---

[1]   »Dienst ist Dienst, Villa ist Villa«, *Süddeutsche Zeitung Online*, 22.07.2009.

[2]   Zitiert nach Anne Seith: »Kursmanipulation im Wintergarten«, *Spiegel Online*, 16.03.2010.

[3]   Anne Seith: »Kursmanipulation im Wintergarten«, *Spiegel Online*, 16.03.2010.

wertung der Ramschpapiere eine ›kollektive Fehleinschätzung‹ gewesen sei, habe er damals nicht wissen können. Zu dieser Zeit aber lachten in New York bereits Investmentbanker über die Ahnungslosen in Düsseldorf, die sich ›Giftmüll‹ andrehen ließen.«[1] Was die *Wirtschaftswoche* nicht erwähnt: Lachende Investmentbanker saßen auch im Handelsraum der *Deutschen Bank* – und sie drehten dem Herrn Ortseifen aus Düsseldorf auch noch einige besonders gefährliche Papiere an.

Sogar gegen das milde Urteil des Düsseldorfer Gerichts ging Stefan Ortseifen noch in Revision, verlor aber im Juli 2011 schließlich vor dem Bundesgerichtshof.[2] Außerdem reichte der Vorstandssprecher Klage gegen seine Entlassung ein und wohnte noch über zwei Jahre nach seinem Rauswurf in einer teuren Dienstvilla der IKB in Düsseldorf-Meerbusch, ohne Miete zu zahlen.[3]

Geschädigte Investoren und Aktionäre haben versucht, gegen Ortseifen gerichtlich vorzugehen.[4] Zudem ließ der IKB-Aufsichtsrat von einer Anwaltskanzlei prüfen, ob er von Ortseifen und einigen Kollegen Schadensersatz fordern kann. Beides ohne Erfolg. Die Ex-IKB-Vorstände konnten solchen Klagen ohnehin gelassen entgegensehen, meint *ZEIT*-Journalist Rüdiger Jungbluth: »Ob es den Exvorständen am Ende wirklich ans Geld geht, ist [...] zweifelhaft. Sie sind nämlich durch eine spezielle Haftpflichtversicherung für Manager gut geschützt. Die Police, von

---

[1] Andreas Toller: »Abrechnung mit dem IKB-Chef«, *Wirtschaftswoche Online*, 14.07.2010.

[2] »Urteil gegen Ex-IKB-Chef rechtskräftig«, *Wirtschaftswoche Online*, 01.08.2011.

[3] David Mailänder: »Ein Banker erteilt dem Gericht Finanznachhilfe«, *ZEIT Online*, 16.03.2010, »Dienst ist Dienst, Villa ist Villa«, *Süddeutsche Zeitung Online*, 22.07.2009.

[4] Siehe u. a. »IKB kommt nicht an US-Prozess vorbei«, *manager magazin online*, 05.05.2010.

der auch die Mitglieder des Aufsichtsrats profitieren, sieht keinerlei Selbstbeteiligung vor. Die Damen und Herren hatten sich für eine Vollkaskoversicherung entschieden – auf Kosten der Bank.«[1]

Seit Jahren behaupten die Banken, die magischen Kräfte der Finanzmärkte würden wie ein Kompass die Wirtschaft auf den richtigen Kurs bringen. Bei der IKB hatten nach dieser Theorie die Aktionäre rechtzeitig die Probleme erkennen müssen, denn ihr Geld stand schließlich auf dem Spiel. Auf den Aktienmärkten, so die Theorie der Banken, seien ja viele professionelle Berater, Händler und Analysten aktiv, die jedes Unternehmen mit geballtem Expertenwissen beobachten. Die dramatische Entwicklung des IKB-Aktienkurses beweist das vollständige Versagen dieser »Finanzexperten«. Der Kurs hat sich in den Jahren vor dem Zusammenbruch fast verdreifacht. Anfang 2006, und dann noch einmal Anfang 2007, erreichte er mit rund 33 Euro den höchsten Stand der Unternehmensgeschichte. Erst Mitte 2007 stürzte er dramatisch ab. Er sollte bis auf 70 Cent fallen, das sind gerade einmal zwei Prozent des Höchstkurses.[2]

Versagt haben bei der IKB sogar jene Experten, die Einblick in interne Geschäftsunterlagen bekommen: die Wirtschaftsprüfer und die Mitglieder des Aufsichtsrats, dessen Hauptaufgabe es ist, den Unternehmensvorstand zu überwachen. Vorsitzender des IKB-Aufsichtsrats war Ulrich Hartmann, der langjährige Chef der E.ON AG. Er schreibt am 27. Juni 2007, also genau einen Monat, bevor das IKB-Kartenhaus zusammenbricht: »Der Vorstand unterrichtete uns anhand ausführlicher schriftlicher und mündlicher Berichte regelmäßig, zeitnah und umfassend [...] über die Lage und Entwick-

---

[1]   Rüdiger Jungbluth: »Rundum sorglose Bank-Manager«, *DIE ZEIT* Nr. 15, 03.04.2008.

[2]   Quelle: *comdirect.de.*

lung des Konzerns. [...] Darüber hinaus hat der Vorsitzende des Aufsichtsrats mit dem Sprecher des Vorstands auch außerhalb der Sitzungen [...] in regelmäßigen Arbeitsgesprächen alle Themen und Fragen von wesentlicher Bedeutung eingehend behandelt.« [1]

Hartmann erwähnt sogar explizit, dass er über den Ankauf der verbrieften Kreditpakete Bescheid wusste, er bezeichnet sie als »Internationale Kreditportfolien«, das Codewort der IKB für diese Deals. Die »Risikoentwicklung und das aktive Risikomanagement zur Verbesserung der Bonitätsstruktur wurden eingehend diskutiert. In diesem Zusammenhang haben wir uns auch mit [...] den Investments in internationale Kreditportfolien befasst.« [2]

Wer in den Jahresberichten der IKB blättert, dem kommt ein Verdacht: Vielleicht hat der Aufsichtsrat gar nicht alles über mögliche Risiken erfahren wollen. Denn ähnlich wie der Vorstand erhält er einen Bonus, wenn das Unternehmen besonders hohe Gewinne macht. Das ist inzwischen bei vielen Unternehmen so üblich, und soll angeblich den Aufsichtsrat zu besserer Arbeit motivieren. Im IKB-Jahresbericht hieß es: »Die Mitglieder des Aufsichtsrat[s] erhalten neben einer festen [Vergütung] auch zwei variable, erfolgsorientierte Vergütungskomponenten.« [3]

Das bedeutet jedoch: Wenn die IKB dubiose Deals machte, die einige Zeit lang viel Geld abwarfen, aber vielleicht langfristig gefährlich waren, profitierte nicht nur der Vorstand finanziell, sondern auch der Aufsichtsrat. Der Bonus der Aufsichtsräte enthielt zwar eine sogenannte »langfristige Komponente«, doch die war ein Etikettenschwindel: Sie orientierte sich am Durchschnitt der

---

[1] Dr. h.c. Ulrich Hartmann: »Bericht des Aufsichtsrats«, 27.06.2007, in *IKB: »Geschäftsbericht 2006/2007«*, S. 12.

[2] Dr. h.c. Ulrich Hartmann: »Bericht des Aufsichtsrats«, 27.06.2007, a.a.O., S. 12.

[3] *IKB Deutsche Industriebank:* »Geschäftsbericht 2006/2007«, S. 22.

letzten drei Jahre. Das als »langfristig« zu bezeichnen ist ein schlechter Witz, vor allem im Bankgeschäft, wo sich oft erst nach Jahrzehnten zeigt, ob eine Kreditvergabe klug war, weil der Kredit erst dann vollständig zurückgezahlt ist.

Im Krisenjahr 2006/2007 sah die Rechnung so aus: Aufsichtsratschef Ulrich Hartmann erhielt 55.000 Euro, alle anderen Vollzeitmitglieder des Aufsichtsrats mindestens 20.000 Euro. Der Erfolgsbonus wurde in jenem Jahr gestrichen, weil die IKB keine Dividende zahlen konnte. In den Jahren zuvor hatten die Aufsichtsratsmitglieder jedoch einen Bonus bekommen, der deutlich über der festen Vergütung lag. So strich allein der Vorsitzende Ulrich Hartmann im Geschäftsjahr vor dem Crash 116.000 Euro ein.[1] Wohlgemerkt für eine Nebentätigkeit: Viele Aufsichtsräte haben Mandate in mehreren Unternehmen, oder sind sogar selbst im Vorstand einer anderen AG.

IKB-Aufsichtsratschef Ulrich Hartmann beispielsweise war gleichzeitig noch Aufsichtsratsmitglied bei *Henkel, Hochtief,* der *Deutschen Lufthansa,* der *Münchner Rückversicherungsgesellschaft* und der *E.ON AG* (dort war er ebenfalls Chef des Aufsichtsrats). Und schließlich saß er noch im Aufsichtsrat der *Deutschen Bank,* also bei dem Unternehmen, das der IKB und ihren Schattenbanken einen Teil der toxischen Kredite verkauft hatte.[2] Für seine Tätigkeit als Aufsichtsrat der *Deutschen Bank* erhielt Ulrich Hartmann im Jahr 2007 exakt 329.333 Euro, davon waren 200.333 Euro Erfolgsbonus.[3]

---

[1] IKB Deutsche Industriebank: »Annual Report 2005/2006«, S. 20, »Geänderter Jahresabschluss 2006/2007, S. 63 und »Geschäftsbericht 2004/2005«, S. 149.

[2] IKB AG: »Geänderter Jahresabschluss und Lagebericht der IKB Deutsche Industriebank AG 2006/2007«, S. 92. Bei der Hochtief AG endete sein Mandat am 26.07.2007.

[3] *Deutsche Bank: »Finanzbericht 2007«,* S. 50. Das Geschäftsjahr entspricht dem Kalenderjahr 2007.

WAS GESCHAH WIRKLICH HINTER DEN KULISSEN DER DEUTSCHEN BANK?

Am 5. Oktober 2011 wird am *Supreme Court*, dem Obersten Gerichtshof des Bundesstaates New York, eine Klage gegen die *Deutsche Bank* eingereicht. Das Institut von Josef Ackermann soll mindestens 438.750.000 Dollar Schadensersatz zahlen. In der Klageschrift heißt es, die *Deutsche Bank* habe betrogen: Sie habe Papiere verkauft, die von vornherein »dazu verurteilt – und sogar dafür konstruiert – waren zu scheitern.«[1] Wer ist der Kläger, der die *Deutsche Bank* herausfordert? Man könnte sagen: Eigentlich sind es die deutschen Steuerzahler, denn vor allem sie würden von den rund 439 Millionen Dollar Schadensersatz profitieren.

Doch nicht etwa die Bundesregierung hat geklagt, sondern mehrere obskure Gesellschaften namens »Loreley Financing«, die auf der Kanalinsel Jersey ansässig sind, ein von Banken gern genutztes Steuerschlupfloch.

Ein merkwürdiger Seitenaspekt der neuen Bankenwelt: Diese *Loreley-Financing*-Gesellschaften vertreten nun die Interessen des deutschen Steuerzahlers, denn sie gehören zu *Rhineland Funding*, der Schattenbank der *Industriekreditbank*. Sie haben Mil-

---

[1] Klage der *Loreley Financing No 3* et al gegen die *Deutsche Bank* et al, eingereicht beim *Supreme Court of the State of New York*, 05.10.2011, S. 2, S. 70.

liarden verloren mit Investitionen in verbriefte Kredite. Für diese Verluste musste der deutsche Steuerzahler geradestehen, und einen Teil davon wollen die *Loreley*-Gesellschaften sich nun mit der Klage gegen die *Deutsche Bank* zurückholen. Hat die Klage Erfolg, dann fließt das Geld zunächst an *Rhineland Funding*, von dort vor allem an die Staatsbank KfW, und damit letztlich an den deutschen Staat.[1]

In ihrer 79-seitigen Klageschrift werfen die *Loreley*-Gesellschaften der *Deutschen Bank* und ihren Geschäftspartnern »Betrug«, »Beihilfe zum Betrug«, und »unrechtmäßige Bereicherung« vor. Die Bank habe gewusst oder wissen müssen, dass der Markt für *Subprime*-Kredite »einem Kartenhaus kurz vor dem Zusammenbruch ähnelte« und dass es bei vielen Kreditvergaben Betrug gegeben habe. Greg Lippmann, ein Chefhändler der *Deutschen Bank*, habe die *Industriekreditbank* sogar dafür verlacht, dass sie Pakete aus *Subprime*-Krediten aufkaufte: Das seien »dumme Deutsche«, die »an die Regeln glauben« und »Ratingagenturen ernstnehmen.«[2]

Die *Deutsche Bank* habe ein enormes Insiderwissen über *Subprime*-Kredite gehabt. Sie habe dieses Wissen genutzt, um Profite auf Kosten anderer zu erzielen. Die *Deutsche Bank* und ihre Geschäftspartner hätten Pakete verkauft, in die sie »Müll stopften«, also besonders gefährliche Kreditrisiken, die sie selbst loswerden wollten. Die *Deutsche Bank* habe darüber hinaus sogar heimlich ausgewählte Kunden dazu angehalten, direkt gegen die *Loreley*-Gesellschaften *zu* wetten: Während die Bank den *Loreley*-Gesellschaften also bestimmte *Subprime*-

---

[1] »US-Aufseher ermitteln gegen Deutsche Bank«, *manager magazin online*, 29.01.2012.

[2] Klage der *Loreley Financing No 3* [...] gegen Deutsche Bank [...], a.a.O., S. 6, 23, 24, 31, 35, 53, 55.

Kreditpakete verkaufte, hätten die bevorzugten Kunden der *Deutschen Bank* gleichzeitig auf den Zahlungsausfall genau dieser Pakete gewettet.[1]

Die Klage gegen die *Deutsche Bank* wird von den deutschen Medien zunächst nicht beachtet, doch am 30. Januar 2012 berichtet der *Spiegel* in einer Titelgeschichte darüber, sowie über weitere Prozesse, die in den USA gegen die *Deutsche Bank* geführt werden: Die amerikanische Regierung fordert eine Milliarde Dollar, weil sich die *Deutsche Bank* staatliche Zuschüsse in Millionenhöhe erschlichen habe; die US-Baufinanzierungsbehörde FHFA fordert Schadensersatz, weil die *Deutsche Bank* beim Verkauf verbriefter Immobilienkredite betrogen habe; außerdem klagen die Pensionskasse der amerikanischen Lehrer, die Gewerkschaft der Eisenarbeiter und die Genossenschaftsbank von San Francisco. Auch mehrere Staatsanwaltschaften ermitteln.[2]

Die Beweisaufnahmen zu diesen Verfahren könnten wichtige Einblicke in das Innenleben der Geldmaschine *Deutsche Bank* ermöglichen. Doch zumindest in einem Fall wird es dazu nicht kommen: Nur einen Monat nach der *Spiegel*-Titelstory einigen sich die *Deutsche Bank* und die *Loreley-Financing*-Gesellschaften außergerichtlich. Die *Deutsche Bank* zahlt eine geheim gehaltene Summe als Entschädigung.[3] Einigung ohne Gerichtsverfah-

---

[1] Klage der *Loreley Financing No 3* […] gegen Deutsche Bank […], a. a. O., S. 1–6, S. 23, S. 65–66. Es geht hier um Bestandteile von CDOs, Details siehe unten.

[2] Hesse, Pauly, Schulz, Seith: »USA against Deutsche Bank«, Der Spiegel, 05/12, S. 61, 62, 68. Die Klage der Lehrerpensionskasse ist später abgewiesen worden. Im Verfahren der US-Regierung hat die *Deutsche Bank* 200 Millionen US-Dollar gezahlt. Das FHFA-Verfahren beginnt erst ab 2013.

[3] Jörg Eigendorf, Andrea Rexer: »Einigung im Loreley-Streit«, Welt Online, 02.03.2012.

ren ist eine beliebte Strategie der Banken. Unter anderem deshalb beliebt, weil man auf diese Weise Vorwürfe geräuschlos aus der Welt schaffen kann.[1]

Es lohnt sich jedoch, die Vorwürfe gegen die *Deutsche Bank* genauer zu untersuchen. Immerhin geht es um einen sehr schwerwiegenden Verdacht: Ist die *Deutsche Bank* mitverantwortlich für den Crash, also auch dafür, dass seit fünf Jahren die Steuerzahler immer wieder Milliarden aufbringen, um das Bankensystem zu stützen? Und es geht um die Rolle von Anshu Jain. Der Investmentbanker ist »seit Jahren der ›Geldmacher‹ der Deutschen Bank«[2] und hat im Mai 2012 zusammen mit Jürgen Fitschen den Vorstandsvorsitz übernommen. Insider vermuten jedoch, dass der 63-jährige Fitschen nur eine Übergangslösung ist und Jain demnächst die Führung allein übernehmen wird.[3]

Die *ZEIT* schreibt über Jains Vergangenheit: »Unter seiner Führung wird die Deutsche Bank zu einem der aggressivsten Investmenthäuser auf dem Globus. Mit geringem Kapitaleinsatz dreht sie ein großes Rad. Mit aller Macht drängt sie in das Geschäft mit amerikanischen Schrotthypotheken.«[4]

Was geschah wirklich hinter den Kulissen der *Deutschen Bank?*

---

[1]   Siehe »*Das dubiose Geschäft mit den Provisionen – Beispiel Lebensversicherungen*«, Seite 164 ff.

[2]   »Ein Investmentbanker für die Zahlen«, *manager magazin online*, 26.07.2011.

[3]   »Deutsche Bank: Auf Ackermann folgt Doppelspitze«, *Der Tagesspiegel*, 25.07.2011.

[4]   Schieritz, Storn, Blume, jungclaussen: »Der unfassbare« *Zeit Online*, 01.09.2011.

Die Deutsche Bank verdient viel Geld mit dem Aufpumpen der Blase

Dean Baker aus Washington D.C. war kein Marktinsider wie Anshu Jain. Und sein Gehalt liegt bis heute schätzungsweise bei einem Hundertstel dessen, was Jain verdient. Dean Baker ist Wirtschaftswissenschaftler und kein Bankmanager. Doch dieser Dean Baker legte schon 2002 überzeugend dar, was Anshu Jain auch Jahre später noch nicht erkannte: Dass sich auf dem US-Immobilienmarkt eine gefährliche Blase gebildet hatte, die von Jahr zu Jahr anwuchs. Baker gelang es, dies auf nur 22 Seiten schlüssig zu beweisen, in einer Studie, die er im August 2002 veröffentlichte.[1]

Schon seit 1995, so stellte er in der Studie fest, waren in den USA die Kaufpreise von Häusern und Wohnungen in die Höhe geschossen. Sie hatten sich in nur sieben Jahren um fast 50 Prozent erhöht. Dieser plötzliche Anstieg an sich war schon ein Warnzeichen, doch Baker entdeckte noch etwas Unglaublicheres: Es gab gar keinen Mangel an Wohnraum; darauf deuteten viele Indizien hin. Die Bauindustrie hatte in den Jahren zuvor im Eiltempo neue Wohnungen errichtet, die Leerstände von Mietwohnungen waren auf einem Rekordhoch, und die Kaufpreise von Wohnungen hatten viel schneller zugelegt als die Mietpreise.

Baker entdeckte weitere Merkwürdigkeiten, beispielsweise dass sich die Immobilienpreise von der Inflation abgekoppelt hatten. Sie waren von 1995 bis 2002 fast doppelt so schnell gestiegen wie die sonstigen Lebenshaltungskosten. Noch viele Jahre später wunderte sich Baker in einem Interview, wie irrational das war:

---

[1] Dean Baker: »*The Run-up in Home Prices: Is It Real or Is It Another Bubble?*«, *Center for Economic and Policy Research*, Washington D.C., 08/2002.
Auch Quelle für die nachfolgenden Absätze.

»Es gibt einen über hundertjährigen Trend, dass Hauspreise gerade einmal mit der Inflationsrate mithalten.«[1]

Baker warnte in seinem Aufsatz von 2002 sogar davor, dass das Platzen der Blase die gesamte Wirtschaft in Mitleidenschaft ziehen würde so wie einige Jahre zuvor in Japan. Er kritisierte die Entscheidungsträger: »Es war schlechte Wirtschaftspolitik, dass man die Entwicklung dieser Blasen überhaupt zugelassen hatte, aber wenn wir die richtige Strategie verfolgen, um die Auswirkungen des Platzens der Blasen zu mildern, dann sollte es für die Vereinigten Staaten immer noch möglich sein, Japans Schicksal zu entkommen.«[2]

Doch die Entscheidungsträger sahen der Entwicklung der Immobilienblase weiter tatenlos zu. Baker wusste: Je größer die Blase aufgepumpt wurde, desto größer wurde auch der Schaden, den sie beim Platzen anrichten würde. Baker verkaufte 2004 sein Apartment in Washington, das er nur acht Jahre zuvor erworben hatte.[3]

Als er 2002 eindringlich vor dem Platzen der Immobilienblase warnte, da begann die *Deutsche Bank* gerade, groß in das Geschäft mit Immobilienkrediten einzusteigen. Im Frühsommer 1998 hatte Josef Ackermann im Vorstand die Verantwortung für das Investmentbanking übernommen. Wenige Monate später kaufte die *Deutsche Bank* für 9,7 Milliarden Dollar die New Yorker Großbank *Bankers Trust*. Das Ziel: ein massiver Ausbau des US-Geschäfts und des Investmentbankings.[4]

[1] Dean Baker (Interview mit Arvid Kaiser): »Die Macht der Finanzindustrie begrenzen«, *manager magazin online*, 23.02.2009.

[2] Dean Baker: »The Run-up in Home Prices: Is It Real or Is It Another Bubble?«, August 2002.

[3] Dean Baker (Interview mit Arvid Kaiser), a.a.O., 23.02.2009.

[4] Hesse, Pauly, Schulz, Seith: »USA against Deutsche Bank«, *Der Spiegel*, 05/2012, S. 64.

Von diesem Zeitpunkt an liefen zwei Entwicklungen parallel: Einerseits wurde die Kreditvergabe in den USA immer unsolider und die Blase bei den Hauspreisen von Jahr zu Jahr größer und gefährlicher. Andererseits hat die *Deutsche Bank* zunehmend versucht, in den USA beim Geschäft mit den Immobilienkrediten viel Geld zu verdienen. Sie hat immer mehr faule Kredite ins Ausland verschoben und am Ende sogar selbst massenhaft Kredite an unsolide Schuldner vergeben.

Für die Banken waren die Vergabe und das Verschieben von Wohnungskrediten ein gewaltiges Geschäft. *Der Spiegel* zitiert einen Banker mit den Worten: »Es hat quasi Geld geregnet, wir mussten nur den Schirm aufspannen.«[1] Die Kreditvergabemaschinerie lief natürlich deshalb immer schneller, weil viele Kreditgeber für ihre Entscheidung keine Verantwortung mehr übernehmen mussten. Sie konnten nämlich das Ausfallrisiko des Kredits einfach auf andere abschieben: durch *Verbriefung*. Allein von 2000 bis 2007 wurden in den USA Immobilienkredite im Umfang von 18.603 Milliarden Dollar verbrieft.[2] Zum Vergleich: Müsste die Bundesregierung all diese Kredite zurückzahlen, dann würden die Steuereinnahmen der nächsten 60 Jahre vollständig dafür verbraucht.[3]

Die *Deutsche Bank* versuchte aggressiv, sich einen immer größeren Anteil dieses lukrativen Marktes zu sichern. Vor allem der Geschäftsbereich »Global Markets« unter der Leitung von

---

[1] Hesse, Pauly, Schulz, Seith: »USA against Deutsche Bank«, *Der Spiegel*, 05/2012, S. 65.

[2] Inklusive *Home Equity, Commercial* und Verbriefungen der *Government Sponsored Enterprises.* Quelle: *Securities Industry and Financial Markets Association* (SIFMA): »U.S. Mortgage-Related Securities Issuance« (Excel-Tabelle), www.sifma.org/research/statistics.aspx.

[3] Die Steuereinnahmen des Bundes lagen 2011 bei knapp 250 Milliarden Euro (Stand 21.03.2012).

Anshu Jain sollte hier später das große Geld machen. Die *Deutsche Bank* stieg spät ein, aber sie holte mächtig auf: Im Jahr 2001 war sie nicht einmal unter den zwölf größten Ausstellern von verbrieften Immobilienkrediten, 2003 rückte sie auf Platz zwölf vor, 2005 bereits auf Platz acht, Ende 2007 auf Platz drei.[1] Die *Deutsche Bank* hat also immer stärker mitgewirkt am Aufpumpen der Immobilienblase.

Sie machte ihr Geld auch mit einer besonders gefährlichen Variante der Verbriefungen: den sogenannten »Collateralized Debt Obligations« (CDOs). Wie alle anderen Verbriefungen ist auch ein CDO ein riesiges Paket, typischerweise im Umfang von einer Milliarde Dollar, an dem Investoren Anteile kaufen können. Wer einen solchen Anteil kauft, erwirbt damit das Recht, jahrelang von den Ratenzahlungen einiger Schuldner zu profitieren, allerdings nur auf komplizierten Umwegen. Was die CDOs angeblich leisteten, hätte jeden mittelalterlichen Alchemisten beeindruckt. CDOs sollten aus Blei Gold machen.

Die Banken und andere Finanzfirmen hatten nämlich ein schwerwiegendes Problem: Für die riskanten Tranchen einer Verbriefung fanden sie oft keinen Abnehmer. Das gefährdete das ganze Geschäft. Wenn man nicht alle Tranchen eines Verbriefungspakets verkaufen konnte, drohte der gesamte Deal zu platzen.[2] Hier sollte die Alchemie der CDOs helfen. Damit machten die Banken angeblich aus riskanten Tranchen sichere Tranchen. Wie war das möglich?

Die riskanten Tranchen von verschiedenen Verbriefungen wurden zu einem neuen Paket zusammengeschnürt. Genau dieses

---

[1]   Hesse, Pauly, Schulz, Seith, a. a. O., S. 65, S 67. Die Zahl umfasst folgende Varianten: MBS, RMBS und CDO.

[2]   Es sei denn, die Verkäufer oder Manager des CDO waren selbst bereit, unverkäufliche Tranchen zu behalten. Vgl. *Senatskommission*, S. 364.

Paket war der CDO. In CDOs kam also der Ausschuss hinein: jene zehn oder zwanzig Prozent der Tranchen, die sich auf dem freien Markt kaum verkaufen ließen und die sogar von den willfährigen Ratingagenturen schlecht benotet worden waren. Der CDO funktionierte also ganz ähnlich wie eine normale Verbriefung: Es wurde aus vielen Rohstoffen ein riesiges Paket geschnürt. Die Rohstoffe bei einer normalen Verbriefung waren die zukünftigen Ratenzahlungen von tausenden Schuldnern. Die Rohstoffe beim CDO waren dagegen die Tranchen verschiedener normaler Verbriefungen.[1]

Ansonsten lief beim CDO alles wie bei jeder anderen Verbriefung auch: Wieder kassierten die Investmentbanken oder andere Finanzfirmen Gebühren von mehreren Millionen Dollar pro Paket. Auch ein CDO-Paket wurde nicht komplett an einen einzigen Investor verkauft, sondern es wurde in Tranchen unterteilt. Auch die CDO-Tranchen waren unterschiedlich sicher: Die niedrigste Tranche wurde als erste wertlos, sobald nicht mehr genügend Geld in den CDO floss. Die CDO-Tranchen wurden ebenfalls von den Ratingagenturen bewertet, die dafür von den Herstellern des CDO bezahlt wurden.

Um das Ganze noch undurchschaubarer zu machen, packten die Finanzfirmen in manche CDOs noch andere Finanzrohstoffe, beispielsweise Studentenkredite.[2]

Und dann kam die Alchemie ins Spiel: Die Rohstoffe für den CDO hatten oft ein schlechtes Rating, doch nachdem sie zu einem CDO zusammengemixt worden waren, erhielten sie ein besseres, meist sogar AAA, also das bestmögliche. Die Finanzalchemis-

---

[1] *Financial Crisis Inquiry Commission,* a. a. O., S. 116 (CDOs als Käufer), S. 127–131.

[2] *Senatskommission*, S. 318–330, insbesondere S. 328.

ten hatten Blei in Gold verwandelt. Die offizielle *Untersuchungs-kommission der Vereinigten Staaten von Amerika zur Finanzkrise* fasst das Unglaubliche zusammen: »Ungefähr 80 Prozent der CDO-Tranchen, [die an Investoren verkauft wurden,] bekamen von den Ratingagenturen AAA [die bestmögliche Note], obwohl die Tranchen [die in den CDO hineinkamen] normalerweise nur ein niedriges Rating hatten.«[1]

Die Begründung der Finanzbranche: Gerade die wilde Mischung aus unterschiedlichen Geldanlagen mache ein CDO-Paket besonders sicher. Denn im neuen Paket waren noch unterschiedlichere Immobilienschuldner in noch mehr Regionen Amerikas enthalten. Und nicht nur unterschiedliche Immobilienschuldner, sondern auch noch andere Personen, zum Beispiel ehemalige Studenten, die ihre Studienkredite zurückzuzahlen hatten, oder Konsumenten, die noch die Raten für ihren Kühlschrank abstottern mussten. Es sei, so die offizielle Begründung, noch unwahrscheinlicher als unwahrscheinlich, dass gleichzeitig der 45-jährige Wohnungseigentümer aus Las Vegas und der 27-jährige Ex Student aus New York zahlungsunfähig würden.[2]

Was ist der Grund, dass aus zweifelhaften Krediten ein Paket mit einem AAA-Rating werden kann? Für Bestsellerautor Michael Lewis, der die *Wall Street* durch seine investigativen Recherchen gut kennt, ist die Antwort schlicht die, »dass enorme Geldbeträge

---

[1] *Financial Crisis Inquiry Commission,* 2011, a. a. O., S. 127.

[2] *Financial Crisis Inquiry Commission,* 2011, a. a. O., S. 128–129. Es gab noch andere Tricks, die beim CDO die Investition angeblich sicherer machten (z. B. die »Übersicherung«). Das soll hier nicht weiter ausgeführt werden, weil der CDO mindestens genauso viele zusätzliche Risiken schuf, beispielsweise: Zahlungen liefen über obskure Stiftungen etwa auf den *Cayman-*Inseln. Auf allen Ebenen wurde Geld für Manager, Rechtsanwälte, Schuldnerbetreuer etc abgezweigt. Bei Kreditausfällen war der Investor abhängig von diesen Akteuren, doch die hatten oft ganz eigene finanzielle Interessen.

damit zu verdienen waren, wenn man ihnen irgendwie ein AAA-Rating verschaffen und damit die wahrgenommenen Risiken verringern konnte – wie unehrlich und an den Haaren herbeigezogen das auch war. […] Der CDO war de facto nichts anderes als eine Kreditwäscherei […].«[1]

Die CDO-Maschinerie lief von Jahr zu Jahr schneller, und die zugrundeliegenden Kredite wurden immer dubioser. Am Ende wurde die ganze Maschinerie zunehmend zum Schneeballsystem. So nannte es auch Greg Lippmann: In Mails benutzte er mehrmals den Begriff *Ponzi Scheme.* »Warum haben wir das getan?«, fragte Lippmann in einer Mail, um sich die Antwort gleich selbst zu geben: »Wir mögen die Einnahmen und das Gefühl, zur Spitzengruppe zu gehören (und verdammt noch mal, wir müssen Geld verdienen).«[2] Pro CDO, den die Maschinerie der *Deutschen Bank* ausspuckte, kassierte die Bank zwischen fünf und zehn Millionen Dollar, sogar nach den eigenen Angaben ihres leitenden Mitarbeiters Michael Lamont. Kein Wunder, dass die *Deutsche Bank* sich in einem internen »Fortschrittsbericht« vom Oktober 2006 damit brüstete, im weltweiten Geschäft mit den CDOs bereits auf Rang drei vorgerückt zu sein.[3]

Die *Untersuchungskommission der USA zur Finanzkrise* nennt ihr Kapitel über die Zeit ab 2006 schlicht »The Madness« (Der Irrsinn). Darin resümiert die Kommission: »Die CDO-Maschinerie war zu einem System geworden, das sich von allein antrieb. […] Es gibt klare Zeichen dafür, dass Ende 2006 kaum mehr »echtes Geld« in CDOs investiert wurde. Man denke nur an [die

---

[1] Michael Lewis: »The Big Short«, TB-Ausg., 2. Aufl., Goldmann, München, 12/2011, S. 103–104.

[2] *Senatskommission*, S. 347, 349. »Geld verdienen«, im Original: »we have a budget to make«.

[3] *Senatskommission*, S. 347 und *Footnote Exhibits*, S. 1009.

Großbank] Merrill Lynch: Bei den CDOs, die sie von Oktober 2006 bis August 2007 geschaffen und verkauft hat, wurden 80 Prozent der mittleren Tranchen wiederum von anderen CDOs gekauft.«[1]

Bis zum bitteren Ende, bis zum Platzen der Immobilienblase, hat die *Deutsche Bank* CDOs aufgelegt und verkauft, und damit Kreditrisiken in alle Welt verschoben.[2] Ein anderes Unternehmen hatte sich schon lange vorher aus dem CDO-Geschäft zurückgezogen, weil es ihm zu unsauber erschien. *Pimco*, eine der größten Fondsgesellschaften der Welt, hatte bis 2004 eine große CDO-Managementabteilung. Anfang 2005 gab *Pimco* bekannt, dass diese Abteilung keine neuen Deals mehr annehmen werde. Auf einer Konferenz der Finanzindustrie sagte *Pimco*-Manager Scott Simon: »Es gibt eine Menge Verantwortungslosigkeit in der Branche. […] Wir werden unseren guten Ruf nicht für Provisionen aufs Spiel setzen.«[3]

Auch innerhalb der *Deutschen Bank* war bekannt, dass das Geschäft mit den Immobilienkrediten immer zweifelhafter wurde. Interne Berechnungen zeigten im Herbst 2005 erschreckende Zusammenhänge auf: Obwohl die Immobilienpreise immer noch stiegen, nahm die Zahl der Zahlungsausfälle bei *Subprime*-Schuldnern bereits stark zu. Sogar in Regionen, in denen die Immobilienpreise extrem gestiegen waren (um 13 Prozent), hatte die Rate der Zahlungsausfälle zugenommen und lag nun bei 7 Prozent. Noch dramatischer in Regionen, in denen die Immobilien-

---

[1] Im Original »*44 ABS-CDOs*« und »*mezzanine tranches*«. *Financial Crisis Inquiry Commission*, S. 188, S. 203.

[2] *Senatskommission*, a. a. O., S. 333, 335, 336. »From 2004 to 2008, Deutsche Bank issued 47 asset backed CDOs for a total securitization of $32.2 billion.«

[3] *Financial Crisis Inquiry C.*, S. 189, 190. Ende 2006 hat *Pimco* noch einen CDO als Manager betreut.

preise »nur« um 4 Prozent zugelegt hatten: Dort hatte sich der Anteil der *Subprime*-Schuldner, die ihre Raten nicht mehr zahlten, vervierfacht: auf 28 Prozent.[1]

Diese Zahlen hatte Greg Lippmann berechnen lassen. Er war einer der führenden Experten für Immobilienkredite im *Deutsche-Bank*-Hochhaus an der Wall Street. Als Chefhändler der *Deutschen Bank* war er quasi Großmarkthändler für verbriefte Kredite, und musste daher täglich einschätzen, wie gefährlich jedes einzelne Kreditpaket war. Gleichzeitig war Lippmann der Risikomanager für alle neuen CDO-Verbriefungen der *Deutschen Bank*.[2] Im September 2005 erstellte er ein bemerkenswertes Dokument: eine 37 Seiten lange Präsentation, die vor massiven Schwierigkeiten bei *Subprime*-Immobilienkrediten warnte, und die gleichzeitig erklärte, wie man mithilfe der *Deutschen Bank* auf einen Einbruch dieses Marktes spekulieren konnte.

Lippmann listete alarmierende Fakten auf. Beispielsweise, dass die Hauspreise schneller gestiegen waren als die Löhne. [Die Menschen konnten sich also die Häuser immer weniger leisten.] Zunehmend würden daher »alternative« Finanzierungen gewählt, bemerkte Lippmann, bei denen man beispielsweise zunächst überhaupt keine Tilgung zahlt, sondern nur die Zinsen. Lippmann kritisierte auch, dass wichtige Rechenmodelle der Ratingagenturen lediglich auf kurzfristigen Erfahrungen basierten, die man erst seit den neunziger Jahren gesammelt hatte, also in einer Phase, als der US-Wohnungsmarkt boomte. Fazit: »Das Risiko einer Immobilienblase / von Zahlungsausfällen hat klar zugenommen.«[3]

---

[1] *Senatskommission*, S. 342. Quelle: Zeugenaussage von Lippmann vor der Senatskommission.

[2] *Senatskommission, Footnote Exhibits*, S. 0831.

[3] *Senatskommission, Footnote Exhibits*, S. 0878 ff.

Deutsche-Bank-Mitarbeiter Lippmann hat seine Warnungen nicht veröffentlicht, im Unterschied zu dem Wissenschaftler Dean Baker. Lippmanns Berichte tragen auf jeder Seite den Vermerk »Strictly private and confidential«.[1] Führten Lippmanns Warnungen wenigstens dazu, dass die *Deutsche Bank* die gefährlichen Geschäfte mit US-Immobilien zurückfuhr?

Die Gefahr wird immer offensichtlicher. Die Deutsche Bank macht weiter.

Unter der Regie von Josef Ackermann und Anshu Jain setzte die *Deutsche Bank* ab Anfang 2006 zunehmend auf eine fragwürdige Doppelstrategie. Einerseits ließ die Bank ihre »Verbriefungsmaschine« weiter auf Hochtouren laufen. Sie verdiente also Millionen damit, Investoren aufzutreiben, die bereit waren, weiteres Geld in den US-Immobilienmarkt zu stecken. Damit sorgte sie dafür, dass die Immobilienblase noch größer wurde. Andererseits sicherte sich die *Deutsche Bank* selbst immer stärker gegen ein Platzen der Blase ab. Seit Ende 2005 baute Händler Greg Lippmann eine sogenannte *Short*-Position auf, er kaufte also Papiere, die an Wert gewannen, wenn es bei Immobilienkrediten, insbesondere *Subprime*-Krediten, zu Zahlungsschwierigkeiten kommen sollte. Lippmann weitete seine *Short*-Wetten im Laufe des Jahres 2006 kontinuierlich aus, es waren Wetten auf Rechnung der Bank.[2] Auch durch weitere Geschäfte sicherte sich die *Deutsche Bank* ab.[3]

---

[1] Da der Bericht von der Senatskommission eingescannt wurde, wäre es möglich, dass der Vermerk später hinzugefügt wurde. Das Layout legt jedoch nahe, dass der Vermerk zum Dokument gehört.

[2] *Senatskommission*, S. 343.

[3] *Senatskommission*, S. 346.

Greg Lippmann soll laut Presseberichten im Handelssaal der *Deutschen Bank* sogar T-Shirts verteilt haben, auf denen zu lesen gewesen ist »I am short your house«[1], also etwa: »Ich wette darauf, dass der Wert deines Hauses einbricht.«

Die Beweismittel der *Untersuchungskommission des US-Senats* zeigen, dass Greg Lippmann tatsächlich diese zynisch beschrifteten T-Shirts bestellt hat.

Er verteilte sie an ausgewählte Kunden, an die Insider, die seine Argumente kannten.

From: GREG LIPPMANN (DEUTSCHE BANK SECUR) <GREGLIP@███████>
Sent: Thursday, June 29, 2006 5:21 PM
To: MICHELLE B████(OPPENHEIMERFUNDS, IN) <MB████@██████>
Subject:

Message Sent: 06/29/2006 13:21:10
From: GREGLIP@███████|GREG LIPPMANN|DEUTSCHE BANK SECUR|1726|328663
To: MB████@█████|MICHELLE B████|OPPENHEIMERFUNDS, IN||

A CLIENT THAT DID THE SAME TRADE AS U WITH US SENT ME A TSHIRT
"IM SHORT YOUR HOUSE"...I JUST BOUGHT 20 OF EM TO GIVE TO CLIENT
S THAT DO THE TRADE WITH US..DO U WANT 1 OR 2 ?

Vor dem Untersuchungsausschuss des US-Senats hat Lippmann ausgesagt, dass er seine Argumente Jain auch persönlich erläutert hat. Den Akten zufolge spätestens ab Ende 2006, als die Probleme auf dem US-Immobilienmarkt immer deutlicher zutage traten.

Vor der Untersuchungskommission des US-Senats gab Lippmann zu Protokoll, er habe sich im Dezember 2006 in London erstmals mit Jain getroffen, um ihm seine negative Sicht des Immobilienmarkts zu erläutern. Schon im Januar 2007 habe er Jain wiedergetroffen, zusammen mit zwei weiteren *Deutsche-Bank-*

---

[1] Siehe z. B.: »Wut auf die Deutsche Bank«, *Süddeutsche.de*, 29.01.2012.

Managern in einem Hotel in Lissabon, und im folgenden Monat habe er noch ein Meeting mit Jain gehabt.[1]

Doch Jain ließ sich von Zweifeln am US-Immobilienmarkt, sollte er welche gehegt haben, nicht bremsen. Die Verbriefungsmaschine der *Deutschen Bank* verschob weiter Kredite ins Ausland und spuckte gleichzeitig Geld für die Bank aus Und die Maschine brauchte ständig neuen Rohstoff, also frische Kredite, die man zu Verbriefungspaketen zusammenstellen konnte.

Um an mehr Rohstoff zu kommen, machte Anshu Jain Mitte 2006 dann einen gefährlichen Schachzug: Er kündigte an, dass die *Deutsche Bank* die Firma MortgageIT übernehmen werde – für 430 Millionen Dollar. MortgageIT vergab selbst Immobilienkredite, damit hatte die *Deutsche Bank* sich also direkten Zugriff auf frische Kredite gesichert. In der Pressemitteilung zur Übernahme jubelte Anshu Jain, die Übernahme von MortgageIT werde »signifikante Wettbewerbsvorteile bieten«, weil die *Deutsche Bank* so ihr Verbriefungsgeschäft weiter ausbauen könne.[2]

Die *Deutsche Bank* unternahm noch weitere Anstrengungen, um an frische Kredite zu kommen. Sie knüpfte Kontakte zu amerikanischen Banken, die ihr 2006 Kredite in Höhe von zehn Milliarden Dollar zuführen sollten, berichtet der *Spiegel*. »Zudem stellen die Frankfurter selbst den übelsten Hypothekenfinanzierern Kreditlinien über Milliarden Dollar zur Verfügung. Nur mit Hilfe dieser sogenannten Warehouse-Lines sind die berüchtigten Subprime-Firmen wie AmeriQuest überhaupt in der

---

[1] *Senatskommission*, S. 344.

[2] Lisa Nienhaus: »In Sachen Amerika gegen *Deutsche Bank*«, FAZ Online, 07.05.2011. Pressemitteilung *Deutsche Bank*, 12.07.2006.

Lage, ständig neue Immobilienkredite zu vergeben. Es ist nicht zuletzt das Geld aus Frankfurt, das die Schrottkredit-Maschine so lange laufen lässt.«[1]

Erst im Januar 2007 kann die *Deutsche Bank* die Übernahme von *MortgageIT* abschließen, nur wenige Monate, bevor der dramatische Zusammenbruch des Immobilienmarktes begann.[2] Anshu Jain dürfte diese Übernahme später bereut haben: Von Beginn an vernichtet *MortgageIT* Geld, allein 2007 entsteht nach Steuern ein Minus von 212 Millionen Euro.[3] Bereits Ende 2008 begann die *Deutsche Bank* damit, Mortgage IT abzuwickeln.[4] Und Mitte 2011 wird bei einem New Yorker Gericht eine Anklage gegen die *Deutsche Bank* und *MortgageIT* eingereicht. Als Kläger ist verzeichnet: »Die Vereinigten Staaten von Amerika«. Der Vorwurf: *MortgageIT* habe sich staatliche Garantien erschlichen, dadurch seien dem Staat Verluste in Millionenhöhe entstanden. Die Firma habe Kredite an unsolide Schuldner vergeben, und diese Kredite dann durch eine staatliche Zahlungsgarantie absichern lassen.

In der Klageschrift heißt es, »Deutsche Bank und MortgageIT haben […] rücksichtslos Immobilienkredite ausgewählt, die gegen die Regeln des [staatlichen Garantie-] Programms verstießen. Es war ihnen dabei vollkommen gleichgültig, ob die Schuldner in der Lage sein würden, ihre Raten zu zahlen. Während Deutsche Bank und MortgageIT davon profitiert haben, diese von der Re-

---

[1] Hesse, Pauly, Schulz, Seith: »USA against Deutsche Bank«, *Der Spiegel*, 05/2012.

[2] *Deutsche Bank*: »Finanzbericht 2008«, S. 234, 235.

[3] *Deutsche Bank*: »Finanzbericht 2008«, S. 236. Hesse, Pauly, Schulz, Seith. »USA against…«, S. 68.

[4] Justin Baer: »Deutsche Bank hit by \$1bn US lawsuit«, *Financial Times Online*, 03.05.2011.

gierung garantierten Kredite weiterzuverkaufen, waren tausende amerikanischer Immobilienbesitzer von Zahlungsunfähigkeit und Zwangsräumung betroffen, und die Regierung musste für Zahlungsausfälle in Höhe von mehreren hundert Millionen Dollar aufkommen.«[1]

Die *Deutsche Bank* verweist darauf, dass 90 Prozent der beanstandeten Kredite aus der Zeit stammten, in der sie noch nicht Eigner von *MortgageIT* war. Doch wenn die Vorwürfe der US-Regierung zutreffen, wurden offenbar bei der Übernahme Erblasten übersehen. Nach Darstellung der Kläger haben sich die Kreditvergabepraktiken bei *MortgageIT* nach der Übernahme durch die *Deutsche Bank* nicht verbessert.[2] Anfang Mai 2012 räumten *Deutsche Bank* und *MortgageIT* offiziell ein, dass es Fehlverhalten gegeben hat. Um den Rechtsstreit beizulegen, zahlten sie 202 Millionen Dollar an die US-Regierung.[3]

Anfang 2007 wird immer klarer, dass das Platzen der Immobilienblase unmittelbar bevorsteht. Im Februar 2007 schreibt *Deutsche-Bank*-Händler Greg Lippmann eine neue Version seiner Präsentation und verschärft seine Warnungen: »Es wird immer offenkundiger, dass der Wohnimmobilien-Boom der letzten zehn Jahre zu Ende ist. Der Marktindex der *National Association of Home Builders* hat in den letzten Monaten einen steilen Einbruch gezeigt [...].«[4]

---

[1] »United States of America vs Deutsche Bank«, *United States District Court*, New York, 03.05.2011.

[2] Quellen für diesen und vorherigen Absatz: Deutsche Bank: Zwischenbericht 3. Q2011, »Sonstige Eventualverbindlichkeiten«. Lisa Nienhaus: »In Sachen Amerika gegen *Deutsche Bank*«, *FAZ Online*, 07.05.2011. Hesse, Pauly, Schulz, Seith: »USA against Deutsche Bank«, Der *Spiegel*, 05/2012, S. 70.

[3] *The United States Attorney's Office*: »Manhattan U. S. Attorney Recovers $202,3 Million«, 10.05.2012.

[4] *Senatskommission, Footnote Exhibits*, S. 0928.

Bei der *Deutschen Bank* herrscht nun Alarmstufe Rot. Am 8. Februar verschickt ihr Manager Michael Lamont die beiden panischen E-Mails, in denen er warnt, dass der CDO *Gemstone VII* das Zwischenlager *Deutsche Bank* verlassen solle: »Wir müssen es verkaufen, solange wir noch können«, schreibt er. Und: »Ich glaube, wir können es gerade noch absetzen, kurz bevor der Markt in den Abgrund stürzt.«[1]

Knapp einen Monat später ist *Gemstone VII* immer noch nicht vollständig verkauft. Am Vorabend des 3. März 2007 leitet Greg Lippmann per Mail eine Meldung weiter: Der Geldverleiher *Fremont* wird sein Geschäft mit *Subprime*-Krediten einstellen. *Fremont* hat Probleme mit den Aufsichtsbehörden. Kredite von *Fremont* sind auch in *Gemstone VII* enthalten.[2] Lippmann weiß das, denn seine Händler kaufen die Kreditpakete für *Gemstone* an.[3] Lippmann ergänzt die weitergeleitete Mail mit zusätzlichen Schlagzeilen. Auch der *Subprime*-Geldverleiher *New Century* hat massive Schwierigkeiten: »New Century teilt mit, dass U.S. Staatsanwälte Untersuchungen aufgenommen haben. […] New Century erwartet […] Verluste.« Auch Kredite von *New Century* sind in *Gemstone VII* enthalten, sie haben sogar einen Anteil von 15 Prozent.[4]

---

[1] *Senatskommission*, S. 366.

[2] *Senatskommission*, S. 331, 369–370. Mail Lippmann: *Footnote Exhibits*, S. 2195.

[3] Offiziell war für die Auswahl ein Hedgefonds (HBK aus Dallas) zuständig. Doch die Untersuchungskommission des US-Senats belegt ausführlich, dass die *Deutsche Bank* die Käufe ausführte, großen Einfluss auf die Auswahl nahm, und ein Vetorecht hatte. *Senatskommission*, S. 331, 351, 354–356.

[4] *Senatskommission*, S. 370. Im Original: »U.S. Attorney« und »Criminal Probe«.

Lippmanns Mail geht an Manager Rajeev Misra, einen engen Vertrauten von Anshu Jain.[1] Wie wird Misra reagieren? Werden sie den Verkauf von *Gemstone VII* noch einmal auf den Prüfstand stellen?

Misra antwortet am 3. März 2007, einem Samstag: »Lasst uns nun gut festhalten an unseren Short-Wetten [die Wetten auf einen Preisverfall des Marktes]. [...] Wir werden siegen.« Anshu Jain erhält eine Kopie der Mail.[2]

Am nächsten Morgen, am 4. März, es ist ein Sonntag, tippt Lippmann eine erneute Warnung in sein *Blackberry*-Smartphone und schickt sie an einen Geschäftspartner: »Ich bin weiterhin der festen Überzeugung, dass der Markt hochgehen wird, ob das den Leuten nun gefällt oder nicht, und dass der Immobilienpreisanstieg weit weniger relevant ist, als diese Bullen denken. Ich kann sie nicht verurteilen, denn wenn das hier hochgeht, werden eine Menge Leute ihren Job verlieren. Darum müssen sie es leugnen in der Hoffnung, dass sie so den Zusammenbruch verhindern können.«[3]

Elf Tage später, am 15. März, wird der *Gemstone-VII*-Deal abgeschlossen. Genau an diesem Tag wird die *New-Century*-Aktie von der Börse genommen wegen massiver finanzieller Probleme des *Subprime*-Geldverleihers. Die *Deutsche Bank* hat *Gemstone-VII*-Anteile für 700 Millionen Dollar verkauft, auf Anteilen von 400 Millionen Dollar bleibt sie sitzen. Die Bank ist das Risiko

---

[1] Schieritz, Storn, Blume, Jungclaussen: »Der Unfassbare«, *Zeit Online*, 01.09.2011. Misra war *Global Head of Credit Trading, Securitization and Commodities*, siehe *Senatskommission*, S. 343.

[2] *Senatskommission, Footnote Exhibits*, S. 2195. Im Original: »we will prevail«.

[3] E-Mail von Greg Lippmann an H. A. von Braddock Financial. *Senatskommission, Footnote-Ex.*, S. 0868.

weitestgehend losgeworden, unter anderem an die *Industrie-kreditbank* in Düsseldorf und an die *Commerzbank* in Frankfurt.[1]

Die Untersuchungskommission des US-Senats kritisiert die *Deutsche Bank* scharf. Die Bank habe CDOs auch noch verkauft, als »Immobilienkredite schon im Rekordtempo Verluste machten«. Und: »Die Deutsche Bank [...] hat gegenüber den Investoren nicht offengelegt, dass ihr Global Head Trader für CDOs [Greg Lippmann] extrem negative Ansichten über ein Drittel der Bestandteile von Gemstone 7 hatte.«[2] Die Kommission präsentiert zudem Indizien, dass *Gemstone VII* kein Einzelfall war: Lippmann hat sich über mehrere verbriefte Kredite seines Arbeitgebers negativ geäußert. Zudem hat die *Deutsche Bank* bei CDOs mehrmals mit Hedgefonds zusammengearbeitet, die eine obskure Strategie verfolgten: Offiziell kauften sie Anteile am CDO, gleichzeitig wetteten sie gegen Bestandteile des CDOs.[3]

Nach *Gemstone VII* vermarktet die *Deutsche Bank* noch neun weitere CDOs. Am 27. Juli 2007, viereinhalb Monate nach dem Abschluss von *Gemstone VII*, bricht die *Industriekreditbank* zusammen. *Gemstone VII* und weitere verbriefte Kredite der *Deutschen Bank* haben zu diesem Zusammenbruch beigetragen.[4] Doch auch durch diese Katastrophe lässt sich die *Deutsche Bank* nicht stoppen. Aus Unterlagen der Bank geht hervor, dass sie noch zwei weitere CDOs auflegt: *Los Robles* mit 750 Millionen Dollar am

[1] Senatskommission, S. 369, 370, 372. Hesse, Pauly, Schulz, Seith, a. a. O.

[2] *Senatskommission*, S. 332, 372, 374.

[3] *Senatskommission*, S. 10, 319, 338–340, 372–374. Vgl auch: Jesse Eisinger, Jake Bernstein: »The Magnetar Trade: How One Hedge Fund Helped Keep the Bubble Going«, *Propublica*, 09.04.2010, Teri Buhl, John Carney: »Deutsche Bank Also ›Victimized‹ Goldman ›Victim‹«, *The Atlantic*, 18.03.2012.

[4] Hesse, Pauly, Schulz, Seith: a. a. O., S. 62, 66, 68. *Senatskommission*, S. 331. Buhl, Carney, a. a. O.

Anshu Jain, seit dem 1. Juni 2012 Co-Vorstandsvorsitzender der Deutschen Bank

10. August 2007 und *Hamilton Gardens II* mit 400 Millionen Dollar am 15. August 2007.[1] Aus den Unterlagen der *Deutschen Bank* ist nicht ersichtlich, wie viele Investoren sie zu dieser Zeit noch für die CDOs finden konnte.

Beide CDOs enden als Fiasko. Innerhalb von wenigen Monaten werden sie drastisch herabgestuft. Rund 80 Prozent des *Los-Robles*-Kreditpakets haben ursprünglich von der Ratingagentur *Moody's* die bestmögliche Bewertung AAA erhalten.[2] Doch schon ein Jahr später, im Oktober 2008, ist sogar die beste Tranche von *Los Robles* auf Ramsch-Status herabgestuft.[3]

---

[1] Senatskommission, *Footnote Exhibits*, Tabelle S. 0811–0829.

[2] *Moody's Investors Service*: »Moody's Rates the Los Robles CDO Ltd.«, 29.08.2007.

[3] *Moody's Investors Service*: »Moody's takes rating action on notes issued by Los Robles CDO Ltd.«, 21.10.2008. Definition »Ramsch«: *Senatskommission*, S. 27, »Moody's«, *Spiegel Online*, 14.05.2012.

Ein halbes Jahr später vermerkt *Moody's* bei sechs der acht Tranchen »Zahlungsausfall« (»in default«).[1]

Auch beim CDO *Hamilton Gardens II* werden anfangs viele Tranchen mit der Bestnote bewertet. Doch schon im Mai 2008, nur neun Monate nach dem Start, sind alle Tranchen auf das schlechteste Rating herabgestuft worden: »Zahlungsausfall«. Im September 2008 wird das Rating von *Hamilton Gardens* vollständig zurückgezogen. Der CDO ist bereits aufgelöst.[2]

Seitdem die *Deutsche Bank* bekanntgegeben hat, dass Anshu Jain zusammen mit Jürgen Fitschen den Vorstandsvorsitz übernehmen wird, haben verschiedene Wirtschaftsblätter und die *Bild*-Zeitung lobende Porträts über ihn veröffentlicht. Dort heißt es zum Beispiel: »Der Top-Investmentbanker der Deutschen Bank spielt leidenschaftlich gern Cricket.«[3] Oder »So gern möchte man wissen, was hinter der smarten Fassade mit George-Clooney-Charme steckt. Wer ist der Mensch Anshu?«[4] Vom Zusammenbruch der *Industriekreditbank* oder von *Los Robles* ist in diesen Artikeln keine Rede.

Eine *Spiegel*-Titelgeschichte setzt sich kritisch mit Jains Vergangenheit auseinander und nennt viele Fakten. Doch gegen Ende wird Jain scheinbar entlastet, mit einem Argument, das offenbar von seinem engsten Umfeld gestreut wird. Der *Spiegel* schreibt: »Wusste Anshu Jain von diesen Praktiken? In der

---

[1] »Moody's lowers ratings of 141 Notes issued by 37 structured finance CDO transactions«, 22.04.2009.

[2] *Moody's Investors Service:* »Moody's withdraws ratings of Notes issued by 34 ABS CDOs«, 11.09.2008.

[3] dpa-Meldung: »Jain im Portrait«, veröffentlicht in *Handelsblatt Online*, 25.07.2011.

[4] Inga Frenser: »Der Cricket-Spieler mit George-Clooney-Charme«, *Bild Online*, 26.07.2011, 13:25 Uhr.

Bank heißt es, er habe zwar die grundsätzliche Strategie für das Hypothekengeschäft vorgegeben. Was an der Basis geschah, wie Subprime-Kredite vergeben wurden, das sei jedoch weit weg von ihm gewesen.«[1]

Eine erstaunliche Sichtweise: Schließlich waren die Kredite der Rohstoff für die Verbriefungsmaschine der *Deutschen Bank*. Ein Rohstoff, den die Banker in gewaltige Profite verwandelten. Man stelle sich vor, ein Orangensaftfabrikant gibt zu Protokoll: »Wie hätte ich wissen sollen, dass viele unserer Orangen verfault waren? Ich musste mich doch um die große Strategie und den reibungslosen Betrieb der Fabrik kümmern. Daher konnte ich mich nicht mit nebensächlichen Details aufhalten.«

Nach dieser Darstellung wäre Jain also überhaupt nicht im Bilde gewesen über das, was die *Deutsche Bank* da in alle Welt weiterverschob, in Paketen von einer Milliarde Dollar. Sollte es so gewesen sein, wäre das erstaunlich. Die *Deutsche Bank* war auf allen Ebenen des Immobilienmarktes aktiv. Jain bekam also vermutlich von überall her Insiderinformationen. Um im Bild zu bleiben: Die *Deutsche Bank* hat die Orangen selbst angebaut, geerntet, in Kisten verpackt, nach Übersee verschifft und verkauft. Und für jede Kiste hat sie mehrere Millionen Dollar Provision kassiert.

Es gibt starke Indizien, dass die *Deutsche Bank* wusste, was sie da tat. Nur ein Beispiel: Die *Deutsche Bank* kaufte auch Kredite von anderen Banken auf, um sie zu Verbriefungspaketen zu bündeln. Dafür ließ sie die Qualität der Kredite oft von einer externen Firma namens *Clayton Holdings* prüfen. Im Gegensatz zu den Ratingagenturen vergab *Clayton* kein Gütesiegel für das fertige Kreditpaket, sondern prüfte vorab den Rohstoff, also die

---

[1] Hesse, Pauly, Schulz, Seith: »USA against Deutsche Bank«, *Der Spiegel*, 05/2012, S. 71.

Kredite, die voraussichtlich in ein Paket kommen würden.[1] Es ging bei derartigen Prüfungen um entscheidende Fragen, beispielsweise: Hatte irgendjemand bei der Kreditvergabe gegen Gesetze verstoßen? Waren die ausgewiesenen Werte der Immobilien glaubwürdig?[2] Wenn Firmen wie *Clayton* tätig wurden, prüften sie jedoch nicht alle Kredite, sondern nur ungefähr 10 Prozent.[3] Und sie entschieden lediglich nach Aktenlage – prüften also nicht nach, wie es wirklich bei der Kreditvergabe zugegangen war.[4]

Von 2006 bis Mitte 2007 hat *Clayton Holdings* im Auftrag der *Deutschen Bank* mehr als 66.000 Kredite unter die Lupe genommen. Bei einem Drittel hat *Clayton* so gravierende Probleme festgestellt, dass sie als »abgelehnt« gekennzeichnet wurden. Die *Deutsche Bank* hätte das Recht gehabt, solche Kredite an den Geldverleiher zurückzugeben. Stattdessen winkte sie am Ende die Hälfte der abgelehnten Kredite durch.[5]

Diese Praxis war bei den Investmentbanken üblich. Was passierte da hinter den Kulissen? Um das zu verstehen, ist es hilfreich, einige Jahre vorzuspulen, zum 23. September 2010. Es ist später Vormittag, und wir befinden uns in einem Konferenzsaal im ersten Stock eines Behördengebäudes in Sacramento, Kalifornien. Die offizielle *Untersuchungskommission der Vereinigten*

[1]   *Financial Crisis Inquiry Commission,* a.a.O., S. 165–168 und id., »Official Transcript – Hearing on ›The Financial Crisis at the Community Level – Sacramento, CA‹, 23.09.2010, S. 176–177.

[2]   *Financial Crisis Inquiry Commission,* S. 166.

[3]   Testimonial Beal, *Financial Crisis Inquiry Commission*: »Official Transcript – Hearing«, a.a.O., S. 169.

[4]   Testimonial Beal, a.a.O., S. 158.

[5]   *Clayton:* »All Clayton Trending Reports 1st Quarter 2006 – 2nd Quarter 2007«, S. 4. *Inquiry Commission,* S. 166–167.

Staaten von Amerika zur Finanzkrise führt eine Anhörung durch. Befragt wird heute: Keith Johnson, der ehemalige Chef der Firma *Clayton.*

Phil Angelides (Vorsitzender der Kommission): Sie haben offenbar nur eine Stichprobe von fünf bis zehn Prozent [der Kredite] untersucht, aber die anderen 90 Prozent haben Sie nicht beachtet. Angenommen, ich mache jetzt eine Verbriefung, dann denke ich mir – egal welchen Anteil der Kredite Sie nun ablehnen – Sie haben ja nur 10 Prozent aus meinem Paket überprüft. Und ich weiß, einige [Kredite in der Stichprobe] haben nicht bestanden. Ich schmeiße die raus. Aber um die restlichen 90 Prozent [die Sie nicht untersucht haben] brauche ich mich nicht kümmern? [...] Bedeutet Ihr Schweigen, dass ich es richtig erkannt habe?

Johnson: Haben Sie eine Frage gestellt oder ein Statement abgegeben?

Angelides: Ist mein Statement korrekt?

Johnson: Ja, es ist korrekt. [...] Wenn ich mir die Berichte angeschaut habe [über die enorme Zahl der Beanstandungen], dann war ich persönlich alarmiert. [...] Ich wusste nicht, wozu wir eigentlich gebraucht wurden. In den guten alten achtziger Jahren war die Kreditprüfung einfach. Es hieß entweder »guter Kredit« oder »schlechter Kredit«. Ich war damals [als Mitarbeiter einer Bank] ein Großeinkäufer von Krediten. Wenn ich einen Kredit gekauft hatte, dann um ihn zu behalten, er blieb in meinem Portfolio. Und wenn er ausfiel, dann musste ich persönlich die Verantwortung dafür übernehmen, ich musste mich vor einem Mann namens Lou Raneire rechtfertigen [wohl sein Vorgesetzter]. Jetzt ist das alles anders: Die Verantwortung hat man ganz weit weg geschoben, zum Investor [also zum Endkäufer einer Verbrie-fungstranche, zum Beispiel die *Industriekreditbank*]. Und das Prinzip »guter Kredit«, »schlechter Kredit« gilt nicht mehr. Nur noch: »Entspricht es den Richtlinien? Entspricht es den blöden Richtlinien?« [...]

Angelides: Ging es [auch] um die Vorschriften der Aufsichts-behörden?

Johnson: Genau. Denn wenn sie [Akteure wie die *Deutsche Bank*][1] irgendetwas mit den Vorschriften falsch gemacht ha-ben, dann tauchten Haftungsfragen auf.[2]

Angelides: Das heißt, da haben die genau aufgepasst?

Johnson: Zu hundert Prozent.

Angelides: Also, Sie sagen mir, wenn es um die Qualität der Kreditvergabe ging, haben die so ungefähr gesagt: »Na ja, vie-len Dank«, aber wenn es darum ging, dass sie haftbar gemacht werden konnten, weil sie möglicherweise Vorschriften nicht einhielten, dann haben sie sich aufgerichtet und genau zuge-hört?

Johnson: Würden Sie das anders sehen? [...] Damals in den achtziger Jahren haben wir [viel] größere Stichproben unter-sucht, vielleicht 50 oder 100 Prozent. [...] Ab 2000 wurden die Stichproben dann [immer] kleiner. Ich glaube, [unsere Unter-suchungen] wurden vor allem dazu benutzt, damit man in den Preisverhandlungen [beim Ankaufen der Kredite für die Ver-briefung] Argumente hatte.«[3]

---

[1] Johnson spricht über seine Auftraggeber im Allgemeinen, ohne die *Deutsche Bank* direkt zu nennen.

[2] Original: »Right. Because liability can be a sign to an issue if they did something wrong with regulatory compliance.« Gemeint ist wohl: »Right. Because liability can be an issue if...«.

[3] *Financial Crisis Inquiry Commission,* »Official Transcript – Hearing [...]«, a. a. O., 23.09.2010.

Die stundenlangen Befragungen der Untersuchungskommission haben ein weiteres erschreckendes Detail zutage gefördert: Sogar die wenigen Kredite, die es wegen Qualitätsmängeln nicht in eine Verbriefung schafften, wurden später oft heimlich wieder in den Kreislauf eingeschleust – und zwar von dubiosen Geldverleihern wie *New Century* und *Fremont*, deren Kredite die *Deutsche Bank* weiterverkauft hat. Im Schlussbericht der Kommission heißt es: »Wenn Kredite tatsächlich aus der Verbriefung herausgenommen wurden, dann haben manche Geldverleiher sie einfach in den nächsten Kreditpool getan, wohl in der Hoffnung, dass sie bei der nächsten Stichprobenziehung nicht mehr entdeckt werden. Der Untersuchungsbericht zur Insolvenz von *New Century* beschreibt eine solche Praxis. Ähnlich bei *Fremont:* Die Firma hat [abgelehnte] Kredite sogar regelmäßig in den nächsten Pool getan, bis sie dreimal hintereinander rausgeworfen wurden.«[1]

---

[1] *Financial Crisis Inquiry Commission, a. a. O.,* S. 168.

WIE DIE FINANZBRANCHE DEUTSCHE PRIVATKUNDEN ÜBER DEN TISCH ZIEHT

Die bisherigen Kapitel haben gezeigt: Die Finanzindustrie entwickelt immer wieder Geschäftsmodelle, die massiven wirtschaftlichen Schaden anrichten. Wie eben die *Deutsche Bank*, die Millionen damit verdient hat, die Immobilienblase in den USA immer weiter aufzupumpen. Als ich im Laufe meiner Recherche mehr und mehr solcher Geschäftsmodelle entdeckte, konnte ich es zunächst nicht glauben: Ist es wirklich denkbar, dass die Banken, die bestimmenden Akteure der Weltwirtschaft, einen großen Teil ihrer Gewinne mit schädlichen Geschäften machen – und niemand schreitet ein?

Um diese Frage zu klären, genügt es eigentlich, einer Bankfiliale um die Ecke einen Besuch abzustatten. Zum Beispiel, um einen Kredit zu beantragen. Oder um einige tausend Euro anzulegen. Und dann muss man nur genau hinschauen, was geschieht. Die nächsten Kapitel werden dokumentieren, was vielen Deutschen in genau dieser Situation passiert ist.

Aktiv verwaltete Investmentfonds für Privatanleger

Die Idee klingt verlockend: Die professionelle Vermögensverwaltung ein Service, den die Banken sonst nur Millionären anbietet – wird auch für den Kleinanleger erschwinglich. Ein Betrag von 50 Euro reicht bereits aus. Möglich machen sollen es Investmentfonds: Wenn viele Kunden ihr Geld in einen gemeinsamen Fonds einzahlen, kommen dadurch einige Millionen zusammen. Groß genug, um ein ganzes Team von Tradern und Analysten zu beauftragen. Sie kaufen mit dem Geld Aktien, Anleihen oder Immobilien.

Tag und Nacht beobachten die Profis die Märkte, sie reisen rund um die Welt für Gespräche mit Firmenchefs und sorgen mit Computermodellen für eine *Portfolio-Optimierung*. Jede Woche ordern sie neue aussichtsreiche Aktien und stoßen weniger gewinnträchtige Papiere ab. Dadurch holen sie gewaltige Profite für den Anleger heraus. – Ungefähr so stellt sich die Branche selbst dar. Die Deutschen greifen begeistert zu: Im Durchschnitt hat jeder Deutsche, vom Baby bis zum Greis, fast 10.000 Euro in Investmentfonds eingezahlt.[1]

Doch die Wahrheit ist: Fondsmanager erwirtschaften für ihre Kunden keinen Mehrwert.

Beispielsweise hat ein Aktienfonds, der in Deutschland investiert, nur dann eine Berechtigung, wenn er besser abschneidet als der Durchschnitt der deutschen Aktien. Genau das versprechen die meisten Fondsmanager: Sie wollen einen Vergleichsindex übertreffen, zum Beispiel den Dax. Man nennt das »Outperformance«. Doch die große Mehrzahl der Fonds hält dieses Versprechen nicht ein. Das zeigt eine Vielzahl von wissenschaftlichen Untersuchungen.

Diese Studien beruhen auf soliden Daten: Die Wertentwicklung der meisten Fonds wird täglich veröffentlicht. Die Wissenschaftler müssen daher nur ihre Computer mit allen Ergebnissen der Vergangenheit füttern. Wie viel Prozent hat ein bestimmter Aktienfonds am Tag X zugelegt, wie viel der Vergleichsindex, beispielsweise

---

[1] *BVI:* »Investment 2011«, 03/11, S. 18. Inkl. indir. Investitionen, z. B. durch Rentenversicherungen.

der Dax oder *Dow Jones*? Wie sah es an allen folgenden Tagen aus? Das Ergebnis ist eindeutig. In den meisten Studien schneidet mehr als die Hälfte der Fonds *schlechter* ab als der Vergleichsindex.[1] Eine Auswertung im Auftrag der DSW beispielsweise, der größten deutschen Aktionärsvereinigung, kam zu folgendem Ergebnis: Langfristig hat nur ein Viertel der Aktienfonds den Index geschlagen. Bei den »Mischfonds«, die sowohl in Aktien als auch in Anleihen investieren dürfen, waren es sogar nur 6,7 Prozent.[2]

Das bedeutet: Angenommen jeder Fondsmanager der Welt wird durch einen Zufallsgenerator ersetzt – die Fonds würden dann besser abschneiden. Denn in diesem Fall würde die Hälfte der Fonds den Vergleichsindex übertreffen. Und nicht, wie im Moment, weniger als die Hälfte. Der Grund für das desaströse Abschneiden der Fondsmanager: Manche machen ihren Job einfach schlecht. Andere übertreffen den Vergleichsindex sogar, doch dieser Vorteil wird meist durch die hohen Gebühren zunichtegemacht, die sie kassieren.

Nun glauben viele Privatanleger, dass sie bloß einen besonders guten Fondsmanager auswählen müssen, um auf der Gewinnerseite zu sein. Tatsächlich veröffentlicht die Finanzpresse jede Woche *Rankings* von Investmentfonds. Sie listen auf, welche Fonds in den letzten Jahren am besten abgeschnitten haben. Ein Fondsmanager, der bisher gut war, sollte auch in Zukunft gut sein, oder? Leider nein. Eine Vielzahl von Analysen beweist das.[3] Nur

---

[1]   Vgl. z. B. Christopher B. Philips: »The Case for Indexing«, *Vanguard Investing*, 04/12. Martin J. Gruber: »Another Puzzle: The Growth in Actively Managed Funds«, *The Journal of Finance*, Vol 51, No 3, 01/96, S. 783–810. Arvid Kaiser: »Passiv erfolgreich«, *manager magazin online*, 05.03.2008.

[2]   *Deutsche Schutzvereinigung für Wertpapierbesitz*: »DSW-IVA-Fondscheck«, 12.04.2011.

[3]   Christopher B. Philips zitiert z. B. diverse Studien in: »The Case for Indexing«, *Vanguard Funds*, 04/12.

ein Ergebnis als Beispiel: 40 Prozent der Fonds, die in US-Standardwerte investieren, haben im Jahr 2003 den Vergleichsindex übertroffen. Wie viel Prozent davon schaffen es, auch in den folgenden fünf Jahren den Index wieder zu schlagen? Null Prozent.[1]

Einer der schärfsten Kritiker der Investmentfonds ist David Swensen. Er kennt die Branche gut, denn er ist selbst Fondsmanager, und zwar ein wirklich außergewöhnlicher: Swensen hat es geschafft, sein Fondsvermögen in 20 Jahren um 1.400 Prozent zu steigern. Er hat allerdings nicht für Privatkunden gearbeitet, sondern für den Stiftungsfonds der Universität Yale. Swensen hat sich ausschließlich seinem Auftraggeber verpflichtet gefühlt – und ist damit eine Ausnahme. Er warnt: »Der Kern des Problems liegt darin, dass der Fondsmanager sich entscheiden muss zwischen den Interessen seiner Kunden und seinem eigenen Profit. Und er entscheidet sich fast zwangsläufig für den Profit. Die Kunden verlieren. Der Fondsmanager gewinnt.«[2]

Eine erste Abschätzung, wie stark die Anbieter der Fonds auf Kosten der Kunden gewinnen: Der durchschnittliche Investmentfonds in Europa hat eine Größe von 110 Millionen Euro. Die typische Gebühr, mit der die Anbieter des Fonds sich ihre Arbeit bezahlen lassen, beträgt 1,5 Prozent pro Jahr. Nicht etwa 1,5 Prozent der Wertsteigerungen, die der Fonds erwirtschaftet, sondern 1,5 Prozent des Gesamtvermögens. Versteckte Kosten kommen noch hinzu.[3]

Bei einem durchschnittlichen Fonds werden also – ohne versteckte Kosten – jedes Jahr 1,7 Millionen Euro für Management,

---

[1] *State Street Advisors* / SPDRU: »Passive and Active Management« 09/09, S. 7. (Daten: *Morningstar*).

[2] Arvid Kaiser: »Passiv erfolgreich«, *manager magazin online*, 05.03.2008. David F. Swensen: »Unconventional Success«, *Free Press*, New York, 2005.

[3] Die tatsächlichen Kosten betragen nicht 1,5 sondern 3 Prozent, vgl. »Statement of John C. Bogle before the U. S. House of Representatives, Sub-Committee on Capital Markets«, 12.03.2003, S. 8.

Verwaltung und Marketing abgezweigt. Und ein Team aus Fonds-managern betreut normalerweise mehrere Fonds gleichzeitig. Ein paar Millionen Euro kommen so jedes Jahr pro Team zusammen. Ganz unabhängig davon, ob die Fonds Gewinne oder Verluste machen, denn die 1,5 Prozent sind größtenteils feste Gebühren. Insgesamt haben die Deutschen 805 Milliarden Euro in Investmentfonds investiert. Wenn man von der typischen Gebühr ausgeht, dann fließen also Jahr für Jahr 12 Milliarden Euro an die Manager, Trader, Makler, Rechtsanwälte und Verkäufer der Fonds. Ein großer Teil dieser Summe geht auch an Banken, denn die sind oft Eigentümer der Fondsgesellschaften. Die Kunden geben diese Milliarden aus, haben davon jedoch in den meisten Fällen keinen Mehrwert.[1]

Doch die Fondsbranche hat noch ein weiteres Argument parat: Wer in einen Fonds investiert, verteilt sein Geld auf verschiedene Aktien oder Anleihen. So sei man besser gegen Verluste geschützt, als wenn man nur Papiere einer einzelnen Firma kaufe. Das Argument stimmt, jedoch kann man diesen Service sehr viel billiger haben. Genauer gesagt für ein Zehntel der Kosten. Es gibt nämlich auch Investmentfonds, die einen Index wie den Dax einfach nachbauen, statt ihn übertreffen zu wollen. Solche Fonds werden zum Beispiel unter der Bezeichnung ETF (*Exchange Traded Fund*) verkauft. Sie berechnen nicht 1,5 Prozent Gebühr pro Jahr, sondern nur 0,15 Prozent.[2]

Würde die Marktwirtschaft so funktionieren, wie es die Lehrbücher vorsehen, dann müssten Kleinanleger auf der ganzen Welt

---

[1] Vgl. auch: Bogle, a. a. O., S. 9–10. Bogle kommt für die USA auf einen Wert von 73 Milliarden $.

[2] Es gibt sehr unterschiedliche ETFs: Sie investieren beispielsweise in Aktien, Rohstoffe oder Anleihen. Gemeinsames Merkmal der meisten ETFs ist, dass die Investitionsentscheidungen nicht von einem Manager getroffen werden, sondern passiv nach festen Regeln erfolgen, was die Gebühren senkt.

ihr Geld fast ausschließlich in ETFs investieren. Doch das passiert nicht: Weltweit haben die ETFs nur sechs Prozent Marktanteil. Den Rest des Marktes beherrschen die teuren aktiv gemanagten Fonds. Immerhin wächst der Marktanteil der ETFs rapide.[1]

Warum sind Anleger bereit, nutzlose Fondsmanager teuer zu bezahlen? Ein Grund: Die Anbieter der Fonds haben sich ein kluges System ausgedacht. Von den Milliarden, die sie an Gebühren einnehmen, wird ein großer Teil für Provisionen zurückgelegt. Diese Provisionen erhält vor allem derjenige, der den Kunden überredet, den Fonds zu kaufen. Und auch derjenige, der ihn dazu bringt, den Fonds Jahr für Jahr im Bankdepot zu behalten. Eine versteckte Provision fließt also nicht nur, wenn der Kunde einen Investmentfonds kauft, sondern auch noch danach, Jahr für Jahr. Man nennt das *Kickback*-Zahlungen.

Die meisten Bankkunden bekommen davon nichts mit. Vielen ist bewusst, dass sie beim Kauf eines Investmentfonds einen »Ausgabeaufschlag« zahlen. Der beträgt bereits bis zu fünf Prozent der angelegten Summe, hinzu kommen Depotgebühren für die Lagerung des Fonds. Den wenigsten Kunden ist jedoch bekannt, dass die Fondsgesellschaften ihnen zusätzlich jedes Jahr hinter den Kulissen beträchtliche Summen abziehen, die als *Kickback*-Zahlung an Banken und Anlageberater fließen. Nach Angaben der *ZEIT* geht bei den meisten Investmentfonds mehr als die Hälfte der Gebühren für solche versteckten *Kickback*-Zahlungen drauf. Das bedeutet: Die Bank, die den Fonds verkauft hat, und ihn für den Kunden verwahrt, erhält mehr Geld als das gesamte Fondsmanagement.[2]

---

[1]   *Reuters*-Meldung: »ETF jagen aktiven Fonds weiter Marktanteile ab«, *Cash.ch*, 14.10.2011.

[2]   Sascha Mattke: »Krach um Provisionen«, *DIE ZEIT Nr. 17*, 22.04.2010.

Man stelle sich vor, man müsste dem Bankberater, der wortreich einen bestimmten Investmentfonds empfiehlt, die Kaufgebühren direkt in bar auszahlen. Und zusätzlich noch die *Kickback*-Zahlungen, die die Bank in den folgenden zehn Jahren vom Fonds kassieren wird. Wenn man also, um ein typisches Beispiel zu nennen, 2.000 Euro nicht heimlich abgezogen bekäme, sondern gleich auf den Tisch legen müsste, würde man sich dann noch auf den Deal einlassen? Vor allem, wenn man wüsste, dass Berater und Bank die höchsten Provisionen genau für den Fonds kassieren, den der Berater so nachdrücklich empfiehlt?

Bei den Investmentfonds hat die Finanzbranche den Begriff Marktwirtschaft etwas umdefiniert: Die Fondsanbieter stehen in einem harten Wettbewerb. Aber nicht um die beste Leistung, sondern vor allem um das trickreichste Provisionssystem.

Das dubiose Geschäft mit den Provisionen – Beispiel Lebensversicherungen

Für die meisten Berater steht auch persönlich viel auf dem Spiel, wenn sie den Kunden zu bestimmten Geldanlagen drängen. Der Verbraucherzentrale Baden-Württemberg liegen interne Dokumente von so genannten »unabhängigen Finanzdienstleistern« vor, die »kostenlose Beratung« anbieten. Die Dokumente zeigen, was der Berater bereits beim Abschluss eines Geschäfts erhält, also ohne die späteren *Kickback*-Zahlungen. Will man 20.000 Euro anlegen, dann ist es für ihn extrem lukrativ, einen Aktienfonds zu verkaufen, denn dafür erhält er 400 Euro Provision. Ein Bausparvertrag bringt ihm ebenfalls 400 Euro. Entscheidet sich der Kunde dagegen für Festgeld, kassiert der Berater nur 30 Euro. Bei Bundesschatzbriefen sind es dagegen 0 Euro, ebenso bei preiswerten Aktienindexfonds (zum Beispiel ETFs). Am liebsten jedoch verkauft der Berater eine Kapitallebensversicherung – da streicht er gleich 500 Euro ein. Auch bei den Banken erhalten die Berater – zusätzlich zu ihrem Gehalt – sehr unterschiedliche Zulagen, je nachdem was sie dem Kunden verkaufen.[1]

Was solche Provisionsstaffeln für den Kunden bedeuten, zeigt der Fall von Hartmut Weber, der sogar den Bundesgerichtshof beschäftigt hat.[2] Ein Jahr lang hatte Weber in seine Lebensversicherung eingezahlt, insgesamt 1.030 Euro. Nach dem Willen seiner Versicherung, der *Hamburg-Mannheimer*, sollte Weber nichts davon wiedersehen. Denn er hatte seinen Vertrag schon nach 13 Monaten gekündigt. Der sogenannte »Rückkaufswert« betrage exakt null Euro, teilte die Versicherung mit. Das hieß: Alles was Weber in den 13 Monaten eingezahlt hatte, war ausschließlich für Gebühren und Provisionen draufgegangen.

Weber ist keine Ausnahme: Die Deutschen haben 63 Millionen Lebensversicherungsverträge abgeschlossen, um für ihre Rente vorzusorgen[3] – und ungefähr die Hälfte der Kunden hält den Vertrag nicht bis zum Ende durch. Viele kündigen komplett, andere reduzieren die Monatsraten.[4] Jedes Jahr werden Lebensversicherungen im Wert von vielen Milliarden Euro storniert.[5] Für die Kunden ist die Kündigung ein schlechtes Geschäft: Die Abschlussgebühren für die volle Laufzeit haben sie meist schon

---

[1] *Verbraucherzentrale Baden-Württemberg*: »Abschlussprovisionen bei der Geldanlage« und E-Mail von Niels Nauhauser, *Verbraucherzentrale Baden-Württemberg*, 20.04.2012.

[2] Der wirkliche Name des Versicherten ist aus Datenschutzgründen nur seinem Rechtsanwalt Hans-Georg Gödel (Chemnitz) bekannt. Aktenzeichen des Falls beim BGH: IV ZR 147/09.

[3] Insgesamt gibt es 94 Millionen Lebensversicherungsverträge, hier nur die vorrangig kapitalbildenden Einzelverträge gezählt (ohne BU, Risiko-LV, Kollektivverträge etc). Quelle: *Gesamtverband der Dt. Versicherungswirtschaft*: »Die deutsche Lebensversicherung in Zahlen 2010/2011«, S. 14.

[4] »Lebensversicherungen – Teure Kündigung«, *FAZ.net*, 10.07.2006.

[5] »Storno-Welle bei Lebensversicherungen«, *Süddeutsche.de*, 12.08.2009.

gezahlt, denn die ersten Raten sind ausschließlich für Gebühren draufgegangen. Die meisten Kunden bemerken das jedoch nicht. Wenn eine Lebensversicherung 30 Jahre lang laufen soll, man aber schon nach drei Jahren kündigt, hat die Versicherung einen beträchtlichen Teil der Gebühren für die folgenden 27 Jahre bereits kassiert.[1] Das können Beträge von mehreren tausend Euro sein.

Das verlorene Geld ist nicht einmal das eigentliche Problem. Schwerer wiegt der falsche Anreiz, den die Provisionen schaffen: Für Versicherungsmakler oder Bankmitarbeiter ist es nicht entscheidend, ob der Kunde seinen Vertrag 30 Jahre lang durchhält, denn sie bekommen ihre Provision in jedem Fall. Auch hier hat sich also ein schädliches Geschäftsmodell als Standard etabliert.

Glaubt man den Lobbyisten der Finanzbranche, dann dürfte so etwas gar nicht passieren. Die Macht des Marktes müsste den Kunden zum König machen. Gnadenlose Konkurrenz würde dafür sorgen, dass die Konzerne um seine Gunst werben: mit unabhängiger Beratung, transparenten Gebühren und fairen Produkten.

Doch wie sieht die Realität aus? Egal ob man einen Aktienfonds, ein Zertifikat oder eine Lebensversicherung kauft: Bei fast allen Finanzprodukten haben sich Geschäftsmodelle durchgesetzt, die den Kunden massiv benachteiligen. Hohe Gebühren werden verheimlicht, im Kleingedruckten verstecken sich Fallstricke, und die meisten »Berater« sind keine Berater, sondern Verkäufer mit einem klaren Interesse: die Geldanlage zu empfehlen, die am meisten Provision bringt. Anlegeranwalt Andreas Tilp: »Es gibt aus meiner Sicht so gut wie keine Bankberatung, bei der nicht im Hintergrund *Kickback*-Zahlungen stattfinden.«[2]

---

[1]   Gerichtsurteile und Gesetze haben inzwischen die Lage der Kunden *leicht* verbessert, siehe unten.

[2]   Daniela Kuhr: »Schwere Niederlage für die Banken«, *Süddeutsche.de*, 05.03.2007.

Zugespitzt und unjuristisch ausgedrückt: Der Bankberater wird von den Anbietern bestochen, damit er dem Kunden ein bestimmtes Produkt aufdrängt. Das Perfide daran ist, dass diese Bestechungsgelder letztlich vom Kunden gezahlt werden. Er bekommt scheinbar eine kostenlose Beratung – doch in Wahrheit zahlt er viel Geld an einen »Berater«, der massive Eigeninteressen hat.

Genau wie die CDO-Maschine der *Deutschen Bank* immer schneller laufen sollte (egal ob am Ende eine gewaltige Blase platzte), so soll die Verkaufsmaschine in den Beratungsräumen der Banken weiterlaufen (auch wenn der Kunde geschädigt wird). Warum sterben solche »Geschäftsmodelle« nicht aus?

Der Kunde hat kaum eine Wahl, denn die schädlichen Modelle dominieren oft den Markt. Das ist kein Zufall. Wenn der Staat nicht als Schiedsrichter jedes Foul streng bestraft, gilt in der Wirtschaft schnell das Recht des Stärkeren. Dieses Problem ist bei Finanzmärkten besonders ausgeprägt, denn sie haben von Natur aus einige grundlegende Fehler:

Erstens leiden sie unter einem besonders großen Informationsgefälle. Die großen Player haben enormes Insiderwissen und versuchen, diesen Vorsprung auszunutzen. Manche Kommentatoren fordern, jeder Kunde solle sich so gut informieren, dass er mithalten kann. Doch das ist nicht umsetzbar: Wenn eine Bank oder Versicherung dem Kunden ein Geschäft vorschlägt, arbeiten oft Dutzende von hochbezahlten Mathematikern, Juristen und Ökonomen an den Klauseln. Selbst wenn der Kunde sich wochenlang mit dem Kleingedruckten beschäftigt, wird er den Wissensvorsprung nicht aufholen können.

Es wäre viel effizienter, wenn die Bundesregierung schädliche Geschäftsmodelle von vornherein verbieten würde. Warum sollen sich Tausende Bankkunden gleichzeitig bemühen, alle Details von Rentenangebot x, y und z zu recherchieren, nur um festzustellen, dass sie mit allen dreien über den Tisch gezogen werden?

Zweitens sind Qualitätsmängel von Finanzprodukten sehr schwer nachzuweisen, selbst im Nachhinein. Wenn eine Tomate nach einem Tag faul wird, wissen wir, dass der Markthändler uns schlechte Ware angedreht hat. Wenn ein Wertpapier nach einem Jahr floppt, ist oft unklar, ob es von der Bank schlecht konstruiert wurde oder ob der Fehlschlag einfach Zufall war. Die Bank sagt einfach: Bei jeder Geldanlage gibt es nun mal ein Risiko.

Drittens geht es bei der Geldanlage oft um sehr langfristige Entscheidungen. Manchmal bemerkt man erst nach Jahrzehnten, dass eine Bank oder Versicherung einem das Falsche verkauft hat. Der Tomatenhändler mit der schlechten Ware wird schnell vom Markt verschwinden. Ein Finanzkonzern, der üble Produkte anbietet, kann dagegen oft jahrelang weitermachen, bis die Qualitätsmängel ans Tageslicht kommen. Manche Finanzprodukte kauft man sogar nur einmal im Leben, beispielsweise Lebensversicherungen. Wenn die Probleme erkennbar werden, gibt es längst kein Zurück mehr.

Viertens herrscht auf den Finanzmärkten ein enormes Machtungleichgewicht. Eine kleine, gut vernetzte Gruppe von Insidern hat große Gewinne vor Augen; bei Einzelnen von ihnen geht es jedes Jahr um Millionen. Dem gegenüber steht die große, indifferente Mehrheit der Bankkunden und Steuerzahler, die kaum vernetzt sind; und für jeden Einzelnen aus dieser Gruppe geht es oft nur um eine relativ kleine Summe. Wenn man diese beiden Gruppen in einem Match gegeneinander antreten lässt, bei dem es nur einen schläfrigen Schiedsrichter gibt, dann ist klar, wer gewinnt.

Dieses Machtungleichgewicht zeigt sich auch im Fall von Hartmut Weber, dessen gesamte Einzahlungen von 1.030 Euro die Lebensversicherung einfach behalten wollte. Webers Anwalt, Hans-Georg Gödel aus Chemnitz, gab für seinen Mandanten alles – er legte sogar Revision vor dem Bundesgerichtshof (BGH) ein. Schon das ist außergewöhnlich, denn bei einer Schadenssumme von 1.030 Euro verdient ein Anwalt wenig. Wer einen Privatkunden vertritt, hat also meist viel geringere Anreize als der Rechtsanwalt einer Bank oder Versicherung. Für ein Großunternehmen haben solche Prozesse oft Mustercharakter – bei einer Niederlage vor Gericht sind Tausende weiterer Verträge betroffen.

Webers Anwalt hatte zunächst einen durchschlagenden Erfolg: Noch vor der Verhandlung gaben die Richter des BGH einen Warnschuss an die Versicherung ab. Sie schrieben, es »könnte sich ergeben, dass ein Rückkaufswert, der in den ersten Jahren bei null oder nur wenig darüber liegt, verfassungswidrig ist«.[1] Es sah also so aus, als ob der 1.030-Euro-Fall zu einem Grundsatzurteil führen würde, von dem Hunderttausende von Versicherungskunden profitieren könnten. Doch da wurde die Versicherung, die vorher kein Entgegenkommen signalisiert hatte, plötzlich kompromissbereit. Sie bot Weber an, die 1.030 Euro zurückzuzahlen, plus Zinsen und Prozesskosten.[2]

Dahinter steckt Methode. Britta Langenberg, Redakteurin der Zeitschrift *Capital*, bestätigt die Kritik, die auch viele Anlegeranwälte äußern: Die Versicherer versuchen immer wieder, Klagen ins Leere laufen zu lassen. Sie lassen sich bis zum BGH verklagen – in der Hoffnung, dass der geschädigte Kunde vorher auf-

---

[1]   *Bundesgerichtshof*: »Mitteilung der Pressestelle Nr. 19/2010«, zum Aktenzeichen IV ZR 147/09.

[2]   Britta Langenberg: »Wie die Versicherer uns unser Recht abkaufen«, *Capital.de,* 28.04.2010.

gibt. Sobald abzusehen ist, dass sie dort ein ungünstiges Urteil fürchten müssen, zahlen sie den klagenden Kunden einfach im letzten Moment aus. Auf diese Weise verhindern die Konzerne kundenfreundliche Grundsatzentscheidungen, die Tausende oder Millionen anderer Verträge betreffen. Der Trick ist auch bei Banken beliebt. Und völlig legal. Mehr noch: Weder der klagende Kunde noch das Gericht können das Verfahren weiterführen, selbst wenn sie es wollen. »Das Zivilrecht sieht vor«, resümiert Finanzjournalistin Langenberg, »dass eine Sache erledigt ist, wenn eine Partei die Forderung der anderen erfüllt. [...] Übernimmt der Versicherer zudem die Kosten des Verfahrens, darf der BGH – selbst wenn er will – zur Sache [noch nicht] einmal etwas Schriftliches hinterlassen. Das verhinderte Urteil verschwindet spurlos, kaum einer hört je davon. Und der nächste Kunde fängt wieder von vorn an.«[1]

Auch die *ZEIT* bemängelt, dass »Banken und Versicherungen Grundsatzurteile verhindern, die Anlegerrechte stärken würden.« Und sogar Richter Ulrich Wiechers, der Vorsitzende des XI. Zivilsenats beim BGH, kritisiert im März 2010 die Tricks der Finanzbranche: Über seinen Senat sei »eine Welle von Rücknahmen [...] hereingebrochen, wie ich sie bislang noch nie erlebt habe.«[2]

Die Finanzbranche hat allen Grund, sich dem Urteil der Gerichte zu entziehen. Die Provisionspraxis der Versicherer beispielsweise ist so unverschämt, dass sie sogar Grundrechte verletzt – am Ende schritt daher das Bundesverfassungsgericht ein: Es schrieb den Versicherern vor, dass sie dem Kunden wenigstens

---

[1] Britta Langenberg: »Wie die Versicherer uns unser Recht abkaufen«, Capital. de, 28.04.2010.

[2] Daniel Schönwitz: »Ohnmächtige Richter«, *DIE ZEIT* Nr. 14, 29.03.2012.

sagen müssen, wie hoch die Gebühren überhaupt sind. Das Grundgesetz verlange, bemerkte ein Sprecher des Gerichts, »dass die Versicherungsnehmer über effektive Möglichkeiten zur Durchsetzung ihrer Interessen verfügen. Bleiben den Versicherungsnehmern Art und Höhe der zu verrechnenden Abschlusskosten und der Verrechnungsmodus unbekannt, ist ihnen eine eigenbestimmte Entscheidung darüber unmöglich, ob sie einen Vertrag zu den konkreten Konditionen abschließen wollen.«[1]

Außerdem, so das Bundesverfassungsgericht, sei es unzulässig, dass die ersten Prämienzahlungen des Kunden komplett von den Gebühren aufgefressen werden: Es »muss gesichert werden, dass die Versicherungsnehmer bei einer vorzeitigen Beendigung des Lebensversicherungsverhältnisses eine Rückvergütung erhalten, deren Wert [...] in einem angemessenen Verhältnis zu den bis zu diesem Zeitpunkt gezahlten Versicherungsprämien steht.« Auch mit der Untätigkeit der Politiker waren die Verfassungsrichter unzufrieden. Sie haben Berlin sogar ein Ultimatum gesetzt: Bis zum 31. Dezember 2007 sollten die Regeln für Lebensversicherungen (wenigstens) mit dem Grundgesetz vereinbar sein.[2]

Doch als die Politik dann endlich tätig wurde, hat sie lediglich die Mindestforderungen des Gerichts erfüllt. Nach dem neuen Gesetz müssen die Versicherer nun vor der Vertragsunterzeichnung offenlegen, wie viel Rückzahlung der Kunde bekommt, falls er kündigt. Eigentlich eine Selbstverständlichkeit. Außerdem müssen die Abschlussgebühren gleichmäßig über die ersten fünf Jahre verteilt werden. Diese Minimalreform bringt für die meis-

---

[1] Pressestelle des *Bundesverfassungsgerichts*: »Pressemitteilung Nr. 16/2006«, 07.03.2006.

[2] Pressestelle des *Bundesverfassungsgerichts*: »Pressemitteilung Nr. 16/2006«, 07.03.2006.

ten Kunden keine Änderung. Sie hilft nur in Extremfällen, in denen Kunden ihre Lebensversicherung einige Monate nach Vertragsschluss kündigen. Wer seinen Vertrag dagegen nach drei oder vier Jahren kündigt, für den ändert sich mit der neuen Regelung wenig. Und für alle, die nach fünf oder mehr Jahren kündigen, bringt das neue Gesetz keinerlei Verbesserung: Sie haben weiterhin Abschlussgebühren für die gesamte Laufzeit bezahlt. Ein großer Verlust, wenn ein Vertrag 20 oder 30 Jahre lang läuft.[1]

Der Gesetzgeber hätte den Versicherern einfach vorschreiben können, dass sie alle Gebühren über die volle Laufzeit des Vertrags verteilen müssen. Auf diese Weise wären die schädlichen Anreize, die den Verkauf überflüssiger Finanzprodukte belohnen, zumindest in der Versicherungsbranche beseitigt. Stattdessen dürfen die Versicherer weiterhin Gebühren im Voraus abkassieren: für fiktive Raten, die der Kunde (vielleicht) einmal zahlen wird.

Zertifikate – und täglich grüßt Lehman Brothers

In internen Mails drängte die *Hamburger Sparkasse (Haspa)* im Dezember 2006 ihre Kundenberater zu einem »Jahresendspurt«. Das Ziel: den Kunden möglichst viele sogenannte *Zertifikate* zu verkaufen. In einer Mail hieß es: »Wir benötigen im Dezember Mehrerlöse in Höhe von 77.000 Euro. [...] Also bleibt's dabei: Zertifikate, was geht!« Eine weitere Mail feuerte die Mitarbeiter so an: »Zwei Highlights kommen in diesem Jahr noch auf Sie zu, die Ihnen genügend Gelegenheiten geben sollten, mit Ihren Kunden ins Gespräch zu kommen. Zum neuen Comfort Express Zertifikat: Ein ideales Produkt für die aktuelle Börsensituation!

---

[1] Versicherungsvertragsgesetz, in Kraft getreten am 01.01.2008, § 169 (3) »Rückkaufswert«, Absatz 3, zit. nach www.gesetze-im-internet.de (*Bundesjustizministerium*, in Zusammenarbeit mit *Juris.de*).

Übrigens haben wir uns eine Marge in Höhe von 3,35 Prozent gesichert!« Die *Haspa* erstellte intern Ranglisten der Verkäufer: Wer die höchsten Umsätze machte, dem winkten Reisen nach Malaga oder in die Türkei.[1]

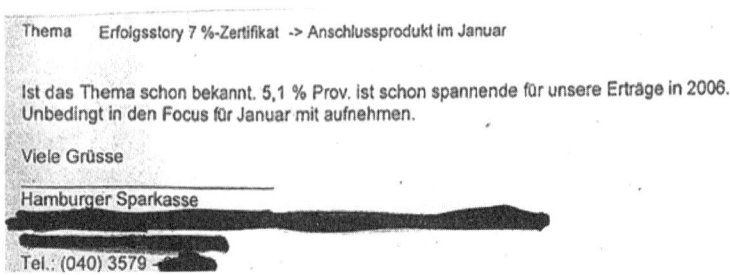

Thema   Erfolgsstory 7 %-Zertifikat -> Anschlussprodukt im Januar

Ist das Thema schon bekannt. 5,1 % Prov. ist schon spannende für unsere Erträge in 2006. Unbedingt in den Focus für Januar mit aufnehmen.

Viele Grüsse

Hamburger Sparkasse

Tel.: (040) 3579 -

Eine der internen Mails, mit denen die Haspa ihre Berater gedrängt hat, Kunden ein Zertifikat zu verkaufen, das besonders viel Provision (»Prov.«) abwirft, also Einnahmen für die Haspa. *Quelle: NDR Info*

Was sind Zertifikate? Sie gehören zu den Derivaten, das sind rein synthetische Finanzprodukte. Synthetisch bedeutet: Hier wird nichts real investiert – die Bank schließt lediglich eine Wette mit ihrem Kunden ab. Der Kunde gewinnt nur dann, wenn die Bank verliert. Man kann mit Zertifikaten auf alles Mögliche wetten, zum Beispiel auf einen steigenden Dax, einen fallenden Goldpreis, oder darauf, dass ein bestimmter Aktienkurs sich seitwärts bewegt (er also weder besonders stark steigt noch besonders stark fällt). Eine von vielen Gefahren bei Zertifikaten: Man muss seinen Wetteinsatz der Bank sofort zahlen, bekommt aber das Geld von der Bank erst zurück, wenn man die Wette beendet. Man gibt also der Bank einen Kredit, solange die Wette läuft – und erhält für diesen Kredit von der Bank keinerlei Sicherheiten. Wenn sie

---

[1]   Zitiert nach Peter Hornung, Jürgen Webermann: »Lehman-Pleite: Blumen statt Geld von der Haspa« (Radiofeature), *NDR.de*, 14.09.2011, 22:00 Uhr. *NDR.de* zeigt einige interne Dokumente im Original.

pleitegeht, muss man sich mit allen anderen Gläubigern um die Reste der Insolvenzmasse streiten. Einen Einlagensicherungsfonds gibt es bei Zertifikaten nicht.[1]

In den Jahren 2006 und 2007 verkauften die Berater der *Haspa* ihren Kunden auch Zertifikate, die von der US-Bank *Lehman Brothers* ausgestellt worden waren. Die *Haspa*-Kunden würden damit später Millionenverluste machen.

Die Haspa war sehr interessiert daran, *Lehman*-Zertifikate zu verkaufen, denn sie hatte viele dieser Papiere zuvor mit verdeckten Rabatten erworben. So erhöhte sie ihre Gewinnmarge. Außerdem hatte die *Haspa* gleich einen größeren Posten der Zertifikate eingekauft und musste sie unbedingt absetzen, weil sie die Papiere nur mit Verlust zurückgeben konnte.[2] Laut Medienberichten hatte die *Haspa* insgesamt *Lehman*-Zertifikate im Wert von 56 Millionen Euro erworben.[3] Die Rabatte für den Kauf waren erheblich. In zwei Verfahren vor dem Bundesgerichtshof werden später genaue Zahlen genannt: In einem Fall hatte die *Haspa* die Papiere 3,8 Prozent günstiger eingekauft, in einem anderen 2,75 Prozent. Diese Zahlen hat die *Haspa* im »Produktinformationsblatt« nicht veröffentlicht. Im Kleingedruckten wurde lediglich verklausuliert auf *mögliche* verdeckte Rabatte hingewiesen.[4]

---

[1] Ausnahme: Zertifikate der *Sparkassen*, *Volksbanken* oder *Raiffeisenbanken,* siehe Seite 333 ff.

[2] *LG Hamburg*, 25. Zivilk.: »Urteil vom 01.07.2009, 325 O 22/09«, Abs. 58. OLG HH: »Urteil vom 23.04.2010, 13 U 118/09«. Wolfgang Janisch, Kristina Läsker: »Lehman-Geschädigte gehen leer aus«, *Süddeutsche.de*, 27.09.2011. Kristina Läsker: »Blumen gegen den Zorn«, *Süddeutsche.de*, 15.09.2011.

[3] AFP-Meldung »›Alte & Doofe‹, Lehman und die Schadensersatzklage«, *Welt Online*, 27.09.2011.

[4] *LG Hamburg*, 25. Zivilkammer. Urteil v. 01.07.2009, Abs. 8, 64. Die *Haspa* gab an, sie wäre bereit gewesen, auf Nachfrage ihre Marge offenzulegen, beharrt jedoch darauf, sie sei dazu nicht verpflichtet. *Haspa*-Pressemeldung: »OLG Hamburg weist Klagen von Lehman-Anlegern ab«, 23.04.2010.

Erkennbar war für die Kunden nur, dass die *Haspa* eine Gebühr von einem Prozent für den Verkauf der Zertifikate berechnete, den sogenannten *Ausgabeaufschlag*. Die *Haspa* strich jedoch viel mehr ein: Die wirkliche Marge betrugt vier bis fünf Prozent.[1]

An insgesamt 3.700 Kunden konnte die *Haspa* ihre *Lehman*-Zertifikate verkaufen. Als *Lehman Brothers* im September 2008 pleitegeht, verlieren die meisten dieser Kunden fast ihre gesamten Investitionen. Nach der Pleite suchen allein bei der Verbraucherzentrale Hamburg rund 2.000 *Lehman*-Opfer Hilfe, die Mehrzahl sind Sparkassenkunden, einige auch Kunden von *Citibank* und *Dresdner Bank*. Knapp 300 Kunden der *Haspa* befragt die Verbraucherzentrale ausführlich. Ein Ergebnis: Die Betroffenen sind im Durchschnitt 65 Jahre alt, einer sogar über 90.[2] Manche Bankberater sollen von »AD-Kunden« gesprochen haben, die Abkürzung stand für »Alt und Doof«. *Spiegel Online* beschreibt die Vorgänge hinter den Fassaden der Kreditinstitute so: »Tatsächlich sprachen die Kundenberater untereinander über ›die flexible Lehman-Oma‹, wenn sie Kunden meinten, denen man so gut wie alles aufschwatzen konnte. Die man anrief, wenn Umsatz gemacht werden musste, wenn irgendwelche Vorgaben zu erfüllen waren und die Zeit drängte.«[3]

Medien, Verbraucherzentralen und die *Deutsche Schutzvereinigung für Wertpapierbesitz* berichten, dass es sich bei den Käufern der *Lehman*-Zertifikate eher um ältere, konservative Anleger handelte, die ihr Geld solide anlegen wollten und denen die

---

[1] *Bundesgerichtshof*: »Urteil XI ZR 182/10«, S. 19 und »Urteil XI ZR 178/10« S. 20. Die exakte Marge beträgt 3,86 % und 4,99 %, da durch den Rabatt nicht 100 der Basispreis ist, sondern 97,25 bzw. 96,2.

[2] *Verbraucherzentrale* HH: »Lehman-Opfer: Auswertung belegt Bankenhaftung«, vzhh.de, 17.12.2008.

[3] Hauke Goos: »A für alt, D für doof«, *Spiegel Online*, 10.03.2009.

Zertifikate von den Bankberatern oft als besonders sicher angepriesen wurden.[1] Der Frankfurter Anwalt Matthias Schröder, der früher selbst als Kundenberater einer Bank gearbeitet hat, berichtet, zwei seiner Mandanten seien von ihren Anlageberatern im Altersheim angerufen worden. Als Schröder einen der beiden später besuchte, habe der Rentner ihn für einen Mann der Sparkasse gehalten, »weil Sie auch so nett sind«.[2] Übrigens erfährt die Öffentlichkeit von besonders empörenden Fällen oft nichts, denn Banken und Sparkassen können sich ja in jedem Einzelfall dafür entscheiden, einen aufsehenerregenden Gerichtsprozess zu vermeiden, indem sie den Kunden still und heimlich entschädigen.

Auch die *Hamburger Sparkasse* hat offenbar *Lehman*-Zertifikate ausgerechnet sicherheitsorientierten Anlegern empfohlen. Darauf deuten Aussagen von *Haspa*-Kunden hin, und ein internes Haspa-Dokument, in dem es heißt, zwei der Zertifikate hätten »100% Kapitalgarantie«.[3] Garantiezertifikate sind in Deutschland beliebt, sie machen zwei Drittel des Marktes aus. Die möglichen Gewinne sind mager, dafür verspricht das Zertifikat die Rückzahlung des eingesetzten Kapitals am Ende der Laufzeit. Nur: Diese »Garantie« schützt nicht, wenn der Herausgeber des Zertifikats pleitegeht. So wie *Lehman Brothers*.[4]

Manche aus der Bankbranche sagen: Selbst schuld, die »Lehman-Rentner«, sie haben eben ein Produkt gekauft, mit dem sie überfordert waren. Das ist respektlos und geht zudem an der Re-

---

[1] Vgl. z. b. »Lehman-Pleite traf vor allem Senioren«, *Focus Money online*, 04.08.2009. Hauke Goos, a. a. O. *Verbraucherzentrale Hamburg*, a. a. O., 17.12.2008.

[2] Zit. nach Hauke Goos: »A für alt, D für doof«, *Spiegel Online*, 10.03.2009.

[3] Hornung, Webermann a. a. O., 15.09.2011. Radiofeature. Auszug aus dem Dokument auch online unter www.ndr.de.

[4] Christoph Hus: »Neue Wette, altes Spiel«, *Zeit Online*, 28.07.2011.

alität vorbei, denn es gibt ja nicht nur eine Handvoll Betroffene. Allein die Zertifikate von *Lehman Brothers*, also die einer einzigen US-Bank, wurden in Deutschland an mehrere zehntausend Anleger verkauft. Und heute geben mindestens 60 Banken Zertifikate heraus, die in Deutschland verkauft werden. Nach Angaben der *ZEIT* wird jeder zehnte Euro in den Depots der deutschen Anleger in Zertifikate investiert.[1] Der Verkauf von Zertifikaten ist in Deutschland ein gigantisches Geschäft für die Banken.

Deutschland ist der größte Zertifikate-Markt der Welt. Mehr als hundert Milliarden Euro stecken bei uns in diesen Wettpapieren. In vielen anderen europäischen Ländern dürfen Zertifikate überhaupt nicht an Kleinanleger verkauft werden. In den USA werden sie nur angeboten, wenn Privatkunden explizit nach ihnen fragen. Ein US-Richter urteilte, Zertifikate seien »für einen Privatanleger ungeeignet.« Es handele sich um »Kredite mit exotischen Rückzahlungsbedingungen.«[2] In Deutschland dagegen fördert die Politik den Zertifikatemarkt bis heute, zum Beispiel durch besonders niedrige Zulassungsgebühren.[3] Die *ZEIT* kritisiert: »Eine stärkere Regulierung der Branche zugunsten der Anleger lehnte die Bundesregierung zuletzt ab.«[4]

Früher habe ich selbst Zertifikate im Depot gehabt. Ich glaube inzwischen, dass sie verboten werden sollten. Wenn Banken ihren Privatkunden Wettgeschäfte anbieten, erzeugt das keinen wirtschaftlichen Mehrwert. Im Gegenteil: Die Undurchschaubarkeit der Zertifikate ist sehr gut dazu geeignet, unwissende Privatanle-

[1]   Nadine Oberhuber: »Nur für deutsche Kunden«, *DIE ZEIT* Nr. 19, 05.05.2011.

[2]   Nadine Oberhuber a.a.O..

[3]   Veronika Csizi: »Boom bei Zertifikaten: Privatanleger wetten wieder«, *tagesspiegel.de*, 26.05.2011.

[4]   Nadine Oberhuber: a.a.O..

ger zu benachteiligen. Zertifikate haben zwei grundlegende Nachteile. Erstens: Der Privatkunde trägt das Insolvenzrisiko einer Bank, erhält dafür aber oft nur eine mickerige Entschädigung. Zweitens: Die Banken bieten Wetten an, die so kompliziert sind, dass der Kleinanleger nicht einmal annähernd in der Lage ist, die Chancen realistisch einzuschätzen. Durch geschickte Werbung – und Artikel in der Finanzpresse – wird dem Anleger jedoch suggeriert, dass der Kauf solcher Zertifikate eine sinnvolle Sache sei.[1]

Wie dem Kunden ein Pleiterisiko untergeschoben wird, ohne ihn angemessen dafür zu bezahlen, kann man gut an sogenannten *Index*-Zertifikaten erkennen. Sie entwickeln sich parallel zu einem Aktienindex wie dem Dax. Steigt der Dax um zehn Prozent, steigt auch das Zertifikat um zehn Prozent. Es scheint zunächst ein vorteilhafter Deal zu sein. Mit einem Zertifikat der *Deutschen Bank* beispielsweise kann man ohne Gebühren auf die Entwicklung des Dax wetten. Steht der Dax bei 7.000, kann man ein Zertifikat für 70 Euro bei der Bank kaufen. Steigt der Dax auf 8.000, ist das Zertifikat 80 Euro wert, bei einem Dax-Stand von 6.000 dagegen nur noch 60 Euro, und so weiter.[2]

Zum Vergleich: Billige Aktienfonds, die unter der Bezeichnung ETF angeboten werden, sind auf den ersten Blick teurer. Sie kaufen reale Aktien, und bilden so den Dax nach. Mit ihnen verliert der Anleger unter dem Strich pro Jahr 0,25 Prozent.[3] Das Zertifikat dagegen ist gebührenfrei, also scheinbar besser.

---

[1] Unter anderem im Online-Angebot der *Financial Times Deutschland* sind mir wiederholt Berichte aufgefallen, die sich lesen wie ein geschickt formulierter Werbetext für Zertifikate (oder andere Derivate) und die nicht einmal das Insolvenzrisiko erwähnen.

[2] Vgl. *Deutsche Bank AG: Verkaufsprospekt* zu DE0007093353, 08.02.2001.

[3] Verluste durch Gebühren, *Tracking Error* und *Spread*. (Beispiel *iShares Dax*, WKN 593393).

Aber: Aktienfonds sind ein sogenanntes Sondervermögen. Wenn die Fondsgesellschaft pleitegeht, die dieses Vermögen verwaltet, hat sie keinen Zugriff auf die gekauften Aktien. Sie gehören weiterhin den Anlegern. Ganz anders beim Zertifikat: Der Kunde zahlt den Kaufpreis direkt an die Bank – als ungesicherten Kredit. Bei einer Bankpleite ist das Geld also möglicherweise vollständig verloren. Unter dem Strich ist das Dax-Zertifikat daher ein schlechter Deal für den Kunden: Er muss das Insolvenzrisiko tragen, und hat im Gegenzug nur einen kleinen Vorteil – die Gebührenersparnis von 0,25 Prozent. Der Kunde gibt also letztlich der *Deutschen Bank* einen Kredit zu einem Jahreszins von 0,25 Prozent.

Ein *Indexzertifikat* auf den Dax ist noch recht leicht zu verstehen – doch die meisten Zertifikate sind für den Privatkunden undurchschaubar. Er kann nicht erkennen, welches Risiko er eingeht und ob die versprochenen Erträge in einem realistischen Verhältnis zum Risiko stehen. Sein Wettgegner ist ihm da weit überlegen, denn die Bank benutzt aufwändige Rechenmodelle, um die Wahrscheinlichkeit von bestimmten Ereignissen zu simulieren.[1]

Ein Beispiel: 2008 und 2009 verkaufte die *Deutsche Bank* sogenannte »Andante-Anleihen«. Der traditionelle Name »Anleihe« täuscht: Die Bank bot dem Kunden eine komplizierte Wette an, genau wie bei einem Zertifikat. Sie schrieb in einem Werbetext für eine *Andante*-Anleihe, diese sei »kapitalgeschützt« und die Anleger würden am Laufzeitende mindestens einen Nominalzins von 5,5 Prozent erhalten. Es gebe aber die Chance auf mehr. Bis zu 10 Prozent könnten die Anleger einkassieren. Vorausgesetzt, sie gewinnen folgende Wette: Die Kurse von 20 ausgewähl-

---

[1]   Die Modelle der Banken beruhen auf Erfahrungen der Vergangenheit und sind daher unzuverlässig. Deutlich schlechter ist jedoch die Einschätzung der Privatanleger, die ja letztlich raten müssen.

ten internationalen Aktien bewegen sich in den nächsten Monaten seitwärts. Das heißt, sie steigen oder fallen höchstens 25 Prozent. Sollte eine der Aktien nach oben oder unten ausreißen, erhält der Anleger nur noch 9,5 Prozent Nominalzins. Tanzen zwei Aktien aus der Reihe, gibt es nur noch 9 Prozent und so weiter. In jedem Fall wären aber 5,5 Prozent garantiert.[1]

Klingt nach einem großartigen Angebot: Das angelegte Kapital ist geschützt. Man erhält einen hohen Mindestzins, und hat die Chance auf deutlich mehr. Eine kleine Dosis spannendes Roulettespiel also, aber mit Gewinngarantie.

Anfang 2009 untersuchte die *Stiftung Warentest* drei *Andante*-Anleihen. Das Ergebnis: Die Anleihen seien »Nieten mit Garantie«. Wo war der Haken an dem scheinbar verlockenden Angebot?

Die *Deutsche Bank* arbeitete bei »Andante« mit zwei Tricks. Der erste ist noch relativ leicht zu durchschauen: Die Bank hatte im zitierten Werbetext nur den Nominalzins (»Kupon«) angegeben. Der sagte wenig aus, denn er war nicht auf ein Jahr berechnet. Die *Andante*-Anleihe hatte nämlich eine Laufzeit von 18 Monaten, und erst nach dieser Zeit erhielt man die 5,5 Prozent Zinsen. Im Werbetext der *Deutschen Bank* wurde die Laufzeit der Anleihe genannt, aber der effektive Jahreszins verschwiegen. Man musste den Trick erkennen und dann selbst zum Taschenrechner greifen: Aufs Jahr umgerechnet brachte die *Andante*-Anleihe lediglich 3,62 Prozent Mindestzinsen.[2] Bei 1.000 Euro Anlagesumme wären das 36,20 Euro im Jahr, doch von diesem Betrag zog die *Deutsche Bank* auch noch Gebühren ab, umgerechnet 3,45 Euro pro

---

[1] *Deutsche Bank AG / X-Markets* (Hrsg): »Taktvoll«, in *»Newsletter X-Press«*, 09.-15.05.2008. Im Text der *Deutschen Bank* ist durchgehend von »Kupon« die Rede. Zur leichteren Verständlichkeit wird hier analog »Nominalzins« verwendet, siehe *boersenlexikon.faz.net/nominalz.*htm.

[2] Der Zinseszinseffekt ist hierbei berücksichtigt.

Jahr.[1] Für manche Käufer kamen weitere Kosten hinzu.[2] Unter dem Strich war der Zins also weitaus niedriger als 5,5 Prozent.

Der zweite Trick der *Deutschen Bank* lässt sich mit keinem Taschenrechner aufdecken. Die Profis der *Stiftung Warentest* benötigten dazu aufwendige Rechenverfahren, wie sie auch von den Banken selbst durchgeführt werden. Ein Computerprogramm ermittelt, wie die Wette in der Vergangenheit ausgegangen wäre – und zwar zu allen denkbaren Zeitpunkten. Die Börsenkurse der Vergangenheit sind ja bekannt, daher konnte der Computer der *Stiftung Warentest* 5.000 verschiedene Szenarien durchspielen, und zwar seit 1987. Drei unterschiedliche *Andante*-Anleihen untersuchte die *Stiftung Warentest*.[3] Hätte man mit diesen Anleihen in irgendeinem Zeitraum seit 1987 einen hohen Bonus bekommen? Die eindeutige Antwort: Nein. Im Gegenteil, man hätte immer nur den Mindestzins erhalten, egal welche der drei Anleihen und welchen Zeitraum man betrachtet. Die *Deutsche Bank* hatte also eine Wette konstruiert, die sich gut anhörte, die aber seit 1987 immer zu ihren Gunsten ausgegangen wäre.[4]

Auch die Bezeichnung »kapitalgeschützt« hat wahrscheinlich viele Anleger beeindruckt. Sie sagt jedoch keineswegs aus, dass das investierte Kapital bei einer Insolvenz der *Deutschen Bank* geschützt wäre. »Kapitalgeschützt« bedeutete lediglich: Wenn

---

[1] Die *Deutsche Bank* kassierte bei 1.000 Euro Anlagesumme einen »Ausgabeaufschlag« von 5 Euro für die 18 Monate. Ergibt, auf ein Jahr umgerechnet und mit Zinsen, 3,45 Euro. Der Aufschlag wird im Werbetext der *Deutschen Bank* zwar erwähnt; die Bank gibt jedoch keinen effektiven Jahreszins an.

[2] Manche Banken verlangen für den Kauf und die Lagerung einer Anleihe noch Gebühren.

[3] Getestet wurde nicht die Anleihe aus dem *DB*-Werbetext, sondern drei andere *Andante*-Anleihen.

[4] »Andante-Anleihen – Nieten mit Garantie«, *Finanztest* 2/2009, S. 32. Die Zeitschrift hat nicht alle *Andante*-Anleihen getestet – es gab noch weitere.

der Anleger für 1.000 Euro *Adagio*-Anleihen gekauft hatte, musste ihm die *Deutsche Bank* auch dann 1.000 Euro zurückzahlen, wenn er die Wette mit den Aktien verlor. Das Kapital, das der Anleger an die *Deutsche Bank* verliehen hatte, war also *bei einer verlorenen Wette* geschützt – nicht jedoch *bei einer Insolvenz der Bank*: In diesem Fall würde der Anleger zum ungeschützten Gläubiger der *Deutschen Bank*, wie es auch bei einem Zertifikat der Fall ist.[1]

In Deutschland werden mehr als 700.000 unterschiedliche Zertifikate angeboten – mehr als doppelt so viele wie vor der Finanzkrise.[2] Der Markt ist sehr undurchsichtig, weil die Bank die komplizierten Wettregeln für jedes Zertifikat neu festlegen kann. Daher ist es oft unmöglich, zwei Zertifikate miteinander zu vergleichen, selbst wenn sie eine ähnliche Wette anbieten. Der Kunde kann also nicht erkennen, ob ein Zertifikat bei der Konkurrenz günstiger erhältlich wäre. Außerdem können die Banken bei jedem neuen Zertifikat wieder neue Fußangeln einbauen.[3]

Der Privatanleger könne sich über all diese Risiken informieren, behaupten die Banken. Doch sie sind oft selbst überfordert. Kurz vor der Pleite von *Lehman Brothers* verschickt die *Hamburger Sparkasse* eine interne E-Mail, in der es heißt: »Die Wallstreet befürchtet Pleite von Lehman Brothers«. Der Text trägt die lapidare Überschrift »nur mal zur Info«, und die entscheidenden Fragen werden weder gestellt noch beantwortet: Sollte die *Haspa den* Kunden empfehlen, ihre *Lehman*-Zertifikate zu verkaufen? Ist ein

---

[1] Der Werbetext der *Deutschen Bank* macht keine falschen Angaben, doch hinterlässt das Wort »kapitalgeschützt« beim flüchtigen Leser meines Erachtens einen zu positiven Eindruck.

[2] Veronika Csizi: »Boom bei Zertifikaten: Privatanleger wetten wieder [...]«, *tagesspiegel.de*, 26.05.2011.

[3] Konkreter Fall: siehe Hannah Wilhelm: »»Das ist wie Wilder Westen««, *Süddeutsche.de*, 08.10.2008.

Verkauf überhaupt noch möglich? Es heißt schlicht, die zuständige Abteilung des Hauses habe »noch keine klare Meinung«. Nach Angaben des NDR hat die *Haspa* keine Warnung an ihre Kunden herausgegeben. Fünf Tage später ist *Lehman Brothers* pleite.[1]

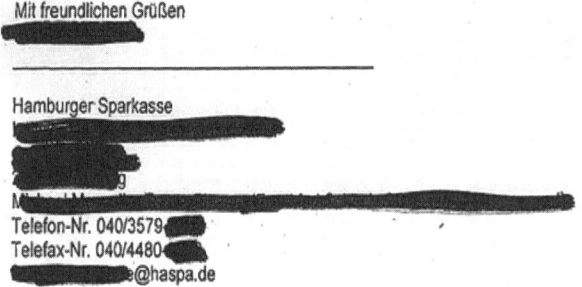

nur mal zur Info:

"Die Wallstreet befürchtet Pleite von Lehman Brothers" ist eine heute oft zu lesende Überschrift. Eine geplante Kapitalerhöhung durch einen Staatsfonds aus Südkorea kommt wohl nicht zustande.

Da wir ja einige Zertifikate von LB haben, z.B. die Fortrust, besteht hier das Emittentenrisiko. Das VMW hat dazu noch keine klare Meinung, aber es könnte natürlich der eine oder andere Kunde nachfragen...

Mit freundlichen Grüßen

Hamburger Sparkasse

Telefon-Nr. 040/3579-
Telefax-Nr. 040/4480-
@haspa.de

Fünf Tage vor der Pleite von Lehman Brothers wurde diese Mail innerhalb der Haspa verschickt. *Quelle: Norddeutscher Rundfunk / NDR Info.*

Der NDR hat aufgedeckt, dass die Sparkassen-Führung nach der *Lehman*-Pleite versuchte, die Verkaufsmaschine gleich wieder in Schwung zu bringen. Die NDR-Journalisten Jürgen Webermann und Peter Hornung schildern in einem Radiofeature die Geschehnisse bei der *Haspa*: »Als ob es nie einen Totalschaden für tausende Kunden gegeben hätte, schließt Vertriebschef Hans-Otto K. im Spätherbst 2008 mit seinem zuständigen Vorstand Reinhard Klein

---

[1]   Peter Hornung und Jürgen Webermann: »Blumen von der Haspa«, Radiofeature NDR Info, 15.09.2011.

sogar eine Wette ab. Den Inhalt erläutert er seinen Mitarbeitern am 4. Dezember per E-Mail: ›Jetzt geht es um die Ehre. Und das heißt, wir wollen und müssen bis zum Jahresende einen Bankertrag von 16 Millionen Euro erreichen. Ich habe nämlich mit Herrn Klein gewettet, dass wir das können, wollen und somit auch schaffen. Und Ihr hängt mit in der Wette drin. Irgendwie habe ich Spaß am Wetten und noch mehr am gewinnen.‹ Der Vertriebschef gewinnt die Wette, die Bank erzielt den gewünschten Erlös von 16 Millionen Euro. An jenem 4. Dezember halten Kunden, die Lehman-Zertifikate gekauft haben, in Berlin die erste Mahnwache ab.«[1]

Die Rechercheergebnisse des NDR sind erschreckend. Doch was hinter den Fassaden der *Haspa* zum Vorschein kommt, ist kein Extremfall. Es ist lediglich ein sehr anschauliches Beispiel für die maßlose Gewinnmaximierung, die inzwischen bei fast allen Banken Alltag ist.

Der ehemalige Kundenberater einer Großbank beschreibt seine Erfahrungen so: »Es gibt klare Absatzziele pro Filiale je Berater, da werden die Kundenlisten abtelefoniert und je nach Börsenlage ständig neue Hausprodukte verkauft, was der Bank weitere Provisionen bringt. Als bester Berater intern gilt der, der am meisten umsetzt. Aus dem Bankberater wurde ein Verkäufer.«[2] Der durchschnittliche Kunde kann diesen Kampf nicht gewinnen. Dorothea Mohn, Finanzexpertin beim *Verbraucherzentrale Bundesverband*: »Selbst wenn alle Zahlungen offengelegt werden, ist ein geschulter Berater dem Kunden weit überlegen und weiß, wie er ihm bestimmte Produkte verkaufen kann.«[3]

---

[1]   Peter Hornung und Jürgen Webermann a.a.O., Featuretext verfügbar unter www.ndr.de.

[2]   Zitiert nach Markus Zydra: »Nackter Betrug«, *Süddeutsche.de*, 11.02.2008.

[3]   Sascha Mattke: »Krach um Provisionen«, *Zeit Online*, 22.04.2010.

Der Verkaufsdruck ist so stark, dass nicht nur Verbraucherschützer protestieren, sondern auch Vertreter der Bankangestellten. Die *ZEIT* fasst eine Studie der gewerkschaftsnahen Hans-Böckler-Stiftung zusammen:»Berater hätten heute ›fast keine Spielräume bei ihrer Arbeit‹ mehr, sondern würden zu Verkaufsmaschinen degradiert, ›klare Mengenvorgaben‹ und ›permanente Kontrolle‹ inklusive. Das gehe teils so weit, ›dass jeder zweite Kundenkontakt zu einem Abschluss führen soll [...]‹.«[1]

Der Kampf der Banken um die versteckten Provisionen

Egal ob Investmentfonds, Lebensversicherungen oder Zertifikate – überall dominieren Geschäftsmodelle, die den Kunden schaden und den Banken und Versicherungen nützen. Würden Finanzmärkte so gut funktionieren, wie die Banklobbyisten behaupten, müsste sich ein ganz anderes Modell durchsetzen: unabhängige Finanzberater, die sich *direkt* vom Kunden bezahlen lassen, statt sich ihr Geld über *versteckte* Provisionen zu holen. Dieses Kapitel wird zeigen, warum der Markt es nicht von allein regelt. Die Banken ziehen alle Register, um ihre Bonustöpfe und Provisionspools zu verteidigen.

Mitte 2010 wurden die *Süddeutsche Zeitung* und Die *ZEIT* darauf aufmerksam, dass die *Deutsche Bank* seit Monaten einen Brief an viele Kunden verschickte: Sie sollten eine »Rahmenvereinbarung für Wertpapiergeschäfte« unterschreiben, ein eng bedrucktes Schreiben mit kleiner Schrift. Hinter dem nichtssagenden Titel verbarg sich eine Überraschung.[2]

---

[1] Zitiert nach Marcus Rohwetter:»Zu Deppen gemacht«, *Zeit Online*, 27.01.2011.

[2] Sascha Mattke:»Krach um Provisionen«, *Zeit Online*, 22.04.2010, und Daniela Kuhr:»Bitte unterschreiben Sie hier!«, *Süddeutsche.de*, 27.07.2010.

Der entscheidende Satz fand sich ungefähr in der Mitte der *Rahmenvereinbarung*: »Der Kunde erklärt sich damit einverstanden, dass die Bank die von den Emittenten an sie geleisteten Vertriebsvergütungen behält.« Mit dieser Klausel wollte sich die *Deutsche Bank* Geld sichern, das ihr nicht zusteht: »Vertriebsvergütungen« sind die versteckten Provisionen, die sie von den Fondsgesellschaften und Zertifikateanbietern erhält. Man gab also sein Einverständnis, dass die Provisionsmaschine im Hintergrund geräuschlos weiterläuft.

Nach Angaben der Deutschen Bank hat nur eine kleine Minderheit der Kunden sich geweigert, die »Rahmenvereinbarung« zu unterschreiben.[1] Ich kenne diese Situation: Wie oft habe ich schon bei Banken oder Versicherungen unterschrieben, dass ich »Sonderbedingungen«, »aktualisierte Vereinbarungen« oder »Ergänzungen zum Geschäftsbesorgungsvertrag« ganz genau gelesen hätte. Falls es zum Streit kommt, argumentieren die Anwälte der Banken: »Sie haben doch bestätigt, dass Sie über Risiken und Provisionen aufgeklärt worden sind.« Ich kenne jedoch niemanden, der die Zeit hätte, solche juristischen Klauseln zu studieren, zumal man heute auch bei Handyverträgen, Computerprogrammen, Internetbestellungen oder Reisebuchungen ständig sein Wort gibt, dass man (angeblich) alle Klauseln gelesen hat.

Wenn Privatpersonen mit Großunternehmen wie der *Deutschen Bank* Geschäfte tätigen, dann basiert das nicht auf einer Kenntnis der juristischen Details, sondern schlicht auf Vertrauen: »Ein so renommiertes Unternehmen wird mich mit dem Kleingedruckten schon nicht über den Tisch ziehen.« Oder: »Mein langjähriger Berater wird mir schon das Richtige empfehlen.« Doch die Banken missbrauchen immer wieder dieses Vertrauen.

---

[1]   Sascha Mattke: »Krach um Provisionen«, *Zeit Online*, 22.04.2010.

Politiker kritisieren lautstark die Banken und setzen gleichzeitig nur kosmetische Reformen um, die sie dann als großen Erfolg bezeichnen. Zum Beispiel den »Beipackzettel«, den die Banken seit Mitte 2011 für jedes Finanzprodukt erstellen müssen. Die Idee: Er soll in Kurzfassung über Chancen und Risiken informieren. Der Zettel sei »ein großer Fortschritt«, lobt Verbraucher schutzministerin Ilse Aigner ihre Reform im Gespräch mit *Focus*. Gleichzeitig stellt sie klar, dass sie den Banken dort, wo es ums Geldverdienen geht, keine Schwierigkeiten bereiten wird: »Die in Deutschland praktizierte Provisionsberatung will Aigner nicht abschaffen.«[1] *Focus* hakt nicht weiter nach. Schade, denn man hätte gern gewusst, ob die Ministerin das eigentliche Problem verstanden hat, das von der *ZEIT* treffend so zusammengefasst wird: »Solange Banken an Provisionen verdienen, besteht der Anreiz, einem Kunden nicht das beste Produkt zu empfehlen, sondern das teuerste. ›Das Geschäftsmodell der Banken produziert massive Fehlanreize‹, kritisiert der Finanzprofessor Martin Weber. Die Regierung doktert mit den Beipackzetteln also am Symptom herum, das Provisionssystem bleibt unangetastet.«[2]

Für die Minireform mit dem »Beipackzettel« hat die Politik Jahre gebraucht. Doch herausgekommen ist nicht viel mehr als eine zusätzliche Produktwerbebroschüre. Denn die gesetzlichen Vorgaben sind lasch. Die Folgen: Versteckte Provisionen werden wieder nicht klar ausgewiesen,[3] die »Beipackzettel« unterschiedlicher Banken sind nicht miteinander vergleichbar, und in vielen

---

[1] »Ministerin Aigner sieht Mängel bei Anlageberatung«, *Focus Online*, 17.07.2011.

[2] Daniel Schönwitz: »Bei Risiken und Nebenwirkungen...«, *Zeit Online*, 13.01.2011.

[3] Daniel Schönwitz: »Bei Risiken und Nebenwirkungen...«, *Zeit Online*, 13.01.2011.

Fällen sind die enthaltenen Informationen nach Ansicht der Aufsichtsbehörde *Bafin* unvollständig und schwer verständlich.[1]

Ein weiteres Beispiel dafür, wie selbst Minimalreformen so stark torpediert werden, dass am Ende nichts mehr übrig bleibt: Das »Beratungsprotokoll«. Seit Januar 2010 müssen Banken es nach Verkaufsgesprächen erstellen.[2] Das Ergebnis: Der Kunde bekommt noch mehr »Kleingedrucktes« ausgehändigt, weitere juristisch wasserdichte Textbausteine. Wenn der Berater einem Kunden im Gespräch geschickt suggeriert, Wertpapier X sei sicher und rentabel, dann wird kein Kurzprotokoll der Welt das jemals aufdecken können.

Bei verdeckten Tests von Bankberatungen liest sich der detaillierte Bericht oft ganz anders als das offizielle Protokoll. *Die Welt* beschreibt eine Beratung in Frankfurt: »Ein Blick auf die Gebühren macht den Kunden stutzig. Wie viel verdient der Vertrieb, will er wissen. Keine Reaktion. Der Berater ist abgelenkt. Er klickt eifrig auf der Maus seines Computers herum. […] Noch ein schneller Blick über die vier ausgedruckten Seiten [das offizielle Protokoll]. Beim Punkt ›Zuwendung‹ bleibt der Testkunde hängen. Er soll darüber aufgeklärt worden sein, dass die Sparkasse für das empfohlene Produkt Zuwendungen gemäß der ›Allgemeinen Information für Kunden über Zuwendungen‹ erhalten hat. Welche Aufklärung? [will der Kunde wissen.] ›Na, darüber haben wir doch vorhin gesprochen.‹ Ach ja, als er [der Berater] nicht erklären konnte, wie sich die Fondsgebühren aufteilen. Jetzt noch zwei Unterschriften, von Berater und Kunde.«[3]

---

[1]   »Beipackzettel für Finanzprodukte sind zu unklar«, *FAZ.net*, 04.11.2011.

[2]   M. Höfling, K. Seibel: »So schlampen die Banken beim Beratungsprotokoll«, *Welt Online*, 11.01.2010.

[3]   M. Höfling, K. Seibel: »So schlampen die Banken beim Beratungsprotokoll«, *Welt Online*, 11.01.2010.

Ein Test der Verbraucherzentralen hat ergeben: In vielen Fällen bekommen die Kunden – selbst auf Nachfrage – das Dokument nicht ausgehändigt. Oft werden sie auch aufgefordert, das Beratungsprotokoll zu unterschreiben, obwohl das gesetzlich nicht vorgesehen ist. So kann die Bank das Dokument, das eigentlich den Kunden schützen soll, in einem eventuellen Gerichtsverfahren gegen ihn verwenden.[1] Die *Stiftung Warentest* hat zuletzt 2010 die Beratung in den Bankfilialen getestet. Die Qualität sei schon 2009 schlecht gewesen, urteilten die Tester, doch inzwischen sei sie »jämmerlich«. Und in mehr als der Hälfte der Fälle wurde hinterher überhaupt kein Beratungsprotokoll erstellt. Ein Verstoß gegen das Gesetz. Viele Banken hätten bei der Beratung noch weitere Gesetze missachtet. Kommentar der *Stiftung Warentest*: »Ein Riesenskandal«.[2]

Vor fünf Jahren haben die Banken gezeigt, dass sie mit ihren Deals sogar das Weltfinanzsystem ruinieren können. Seitdem hat sich der Schutz der Kleinanleger nicht grundlegend verbessert: Die irre Provisionsmaschine läuft immer noch auf Hochtouren, es gibt mehr Zertifikate als je zuvor, und weiterhin steigt mehr als die Hälfte der Lebensversicherungskunden aus dem Vertrag ganz oder teilweise aus. *Business as usual* in der Finanzbranche.

Und den Banken ist es bis heute gelungen, das Provisionssystem weitgehend vor den Augen der eigenen Kunden zu verbergen. Im Dezember 2006 hat der Bundesgerichtshof klargestellt: »Eine Bank, die Fondsanteile empfiehlt, [muss] darauf hinweisen, dass und in welcher Höhe sie Rückvergütungen aus Ausgabeaufschlägen und Verwaltungskosten von der Fondsgesellschaft

[1]   *Dpa*-Meldung: »Worauf es bei Bankberatungs-Protokollen ankommt«, *Stern.de*, 07.03.2012.

[2]   »Die Blamage geht weiter«, *Finanztest* 08/2010, S. 25–30.

erhält. [...] Erst durch die Aufklärung wird der Kunde in die Lage versetzt, zu beurteilen, ob die Bank ihm einen bestimmten Titel nur deswegen empfiehlt, weil sie selbst daran verdient.«[1] Die Provisionen waren also weiter erlaubt, doch sie durften wenigstens nicht mehr im Verborgenen fließen. Die *Süddeutsche Zeitung* kommentierte damals: »Die Kreditwirtschaft ist schockiert.«[2]

Vielleicht täuschte die Kreditwirtschaft die Überraschung nur vor. Denn vier Jahre später, im Juni 2010, enthüllen die Richter des Bundesgerichtshofs (BGH) eine erstaunliche Tatsache: In einer Urteilsbegründung schreiben sie, sie hätten »bereits in den Jahren 1989 und 1990 in zwei Entscheidungen [...] heimliche Kick-Back-Vereinbarungen [...] missbilligt.« Für die Banken, stellt der BGH fest, war also »bereits ab diesem Zeitpunkt erkennbar«, dass sie die *Kickback*-Zahlungen offenlegen müssen. Die Banken haben offenbar 20 Jahre lang diese beiden Gerichtsentscheidungen einfach ignoriert. Der BGH weist sogar nach, dass die Banken die Entscheidungen gekannt haben müssen. Fast schon süffisant merkt das Urteil von 2010 an, dass seit 1990 in der juristischen Standardliteratur immer wieder deutlich gemacht worden ist, worauf es dem BGH ankommt: Die heimlichen Provisionen sind doppelt bedenklich. Erstens stellt sich die Frage, ob den Banken dieses Geld überhaupt zusteht. Zweitens werden die Banken durch heimliche Provisionen motiviert, gegen den Kunden zu handeln. Darum sind sie verpflichtet, ihre Provisionen offenzulegen.[3]

---

[1] *Bundesgerichtshof*: Aktenzeichen »XI ZR 56/05«, 19.12.2006, S. 12.

[2] Daniela Kuhr: »Bisherige Beratungspraxis wird auf den Kopf gestellt«, *Süddeutsche.de*, 05.03.2007. Der Artikel ist knapp drei Monate nach dem Urteil erschienen.

[3] BGH: Aktenzeichen »XI ZR 308/09«, S. 3, 4. Hier wurde ein Einzelfall verhandelt, jedoch ist der Urteilsbegründung zu entnehmen, dass die Aussagen für die Banken im Allgemeinen gelten.

Doch bis heute ignorieren die Banken die BGH-Urteile. Das zeigt ein verdeckter Test, den die Verbraucherzentralen 2011 durchgeführt haben. Kunden sollten ihre Bank auffordern, die Provisionen aufzulisten. 172 Kunden berichteten über die Ergebnisse: Nur 4 hatten eine vollständige Auflistung erhalten, in der für jedes Wertpapier einzeln angegeben war, wann und in welcher Höhe die Bank dafür versteckte Zahlungen kassiert hatte. 58 Kunden bekamen von der Bank lediglich lückenhafte Informationen, und 110 erhielten überhaupt keine Auskunft. Die Verhinderungstaktik nahm oft absurde Züge an: Die Verbraucherzentralen kritisieren, dass die *Berliner Sparkasse* einfach behauptet habe, es existiere kein Auskunftsanspruch. Die *Commerzbank* habe dagegen mehrere Kunden aufgefordert, erst einmal selbst aufzulisten, welche Wertpapiere sie bei ihr gekauft hatten. Am Ende habe die Bank diesen Kunden trotzdem keine Auskunft über die Provisionen gegeben.[1]

Es ist ungleicher Kampf, vom ersten Gespräch im Hinterzimmer der Bank bis zur Auseinandersetzung vor dem Bundesgerichtshof. Der Kunde kann ihn nicht gewinnen: Er hat weniger Zeit, weniger Hintergrundwissen und weniger Entschlossenheit als die Gegenseite. Nur der Gesetzgeber könnte dafür sorgen, dass es zwischen Banken und Kunden fair zugeht. Doch die Politik hat nicht einmal die größte Selbstverständlichkeit durchgesetzt: dass die Banken ihre versteckten Provisionen offenlegen und so der Kunde zumindest eine Chance bekommt, die Eigeninteressen der Bankberater zu erkennen.

---

[1] Anderen Kunden gab die Commerzbank Auskunft. *Initiative Finanzmarktwächter der Verbraucherzentralen*: »Offenlegung von Provisionen und Rückvergütungen«, 09/11, S. 3, 11, 16, 17.

Immer weitere Fälle – zum Beispiel bei der Deutschen Bank

Die vorangegangenen Kapitel könnte man mühelos zu einem »Lexikon des geprellten Bankkunden« ausbauen. Von der Öffentlichkeit werden die meisten Fälle kaum wahrgenommen, denn häufig erscheint nur eine kurze Meldung hinten auf den Wirtschaftsseiten. Eine ungefähre Ahnung vom Ausmaß der umstrittenen Geschäfte bekommt man, wenn man einmal für eine einzige Bank zusammenträgt, bei wie vielen Streitfällen sie am Ende gezahlt hat. Die folgende Tabelle zeigt das für die *Deutsche Bank*. Es sind Zahlungen, die sie an Kunden, Firmen oder staatliche Stellen geleistet hat, die ihr unsaubere Geschäfte vorgeworfen hatten. Die Tabelle umfasst nur Fälle der letzten Jahre, die an die Öffentlichkeit gedrungen sind.

Vorwurf an Deutsche Bank (DB)	Von DB gezahlt.[1]
Deutsche Bank hat Firma **Worldcom** geholfen, sich bei tausenden Anlegern Geld zu leihen. DB hat dabei offenbar die Bilanzen nicht gut genug geprüft: Nur ein Jahr später war *Worldcom* pleite, dabei flog auf, dass die Firma ihre Bilanzen gefälscht hatte.[2]	**242 Mio. Euro,** nach Einigung 2005.
Deutsche Bank soll frühzeitige Hinweise auf drohende Pleite des Lebensmittelkonzerns **Parmalat** in Italien übersehen haben.[3]	**74 Mio. Euro,** nach Einigung 2009.

---

[1] In manchen Fällen ist der von der DB gezahlte Betrag höher als der tatsächliche Schaden. Beispielsweise hat DB manchmal im Tausch gegen Ausgleichszahlungen umstrittene Wertpapiere zurückgenommen. In diesen Fällen ist nicht feststellbar, welchen Restwert die Papiere noch hatten.

[2] Gretchen Morgenson: »Judge in WorldCom Action Sides With Plaintiffs [...]«, *New York Times*, 16.12.2004. »Deutsche Bank zahlt 242 Millionen Euro«, *ZEIT Online*, 16.03.2005. *DB*-Pressemitteilung 10.03.2005.

[3] Eric Reguly: »Parmalat is a black eye for big banks«, *The Globe and Mail Online*, 30.03.2009. »Bondi reicht Milliardenklage gegen Deutsche Bank ein«, *manager magazin online*, 24.08.2005. »Deutsche Bank legt Rechtsstreit mit Parmalat bei.« *Spiegel Online*, 06.02.2009.

Vorwurf an Deutsche Bank (DB)	Von DB gezahlt.
Deutsche Bank soll ein doppeltes Spiel gespielt haben bei der geplatzten Übernahme der Chemiefirma **Huntsman**.[1]	**226 Mio. Euro,** nach Einigung 2009.
Deutsche Bank soll sich in den USA **an illegalen Steuersparmodellen beteiligt** haben.[2]	**421 Mio. Euro,** nach Einigung 2010.
Deutsche Bank hat Hypotheken-Papiere verkauft, die zur Pleite von **fünf US-Genossenschaftsbanken** beigetragen haben sollen.[3]	**106 Mio. Euro,** nach Einigung 2011.
Deutsche Bank hat riskante Zinswetten an **hessischen Hygienepapieranbieter Ille** verkauft.[4]	**0,5 Mio. Euro,** nach Urteil 2011.
Deutsche Bank hat riskante Zinswetten an **Abwasserzweckverband Mariatal** (Oberschwaben) verkauft.[5]	**0,9 Mio. Euro,** nach Einigung, 2011.
Britische Aufseher werfen *Deutscher Bank* »unverantwortliche Kreditvergabe« und »unfaire Behandlung von Kunden« vor.[6]	**2,7 Mio. Euro** Bußgeld / Entschädigung, 2011.
Deutsche Bank soll **Kompass Life Fonds 1–3** zum Nachteil vieler Kleinanleger konstruiert haben. Sie zahlt den Anlegern 80 bzw. 100 Prozent zurück, behält aber Gewinne ein.[7]	**600 Mio. Euro** (Schätzung), außergerichtlich, 2009 und 2012.

[1] Pressemitteilung *Deutsche Bank*, 23.06.2009. »Deutsche Bank am Pranger«, *n-tv.de*, 16.06.2009. »Liveblogging the Huntsman Trial«, *New York Times Dealbook*, 15.06.2009.

[2] »Deutsche Bank zahlt 550 Millionen Dollar«, manager magazin online, 22.12.2010.

[3] »Deutsche Bank entgeht Prozess«, *Spiegel Online*, 15.11.2011. »Deutsche Bank zahlt neunstellige Summe«, *manager magazin online*, 15.11.2011.

[4] »Deutsche Bank muss Kunden entschädigen«, *ZEIT Online*, 22.03.2011.

[5] »Deutsche Bank zahlt eine Million an Kunden«, *Spiegel Online*, 11.11.2011.

[6] »Deutsche Bank fined for ›irresponsible‹ mortgages«, *BBC News*, *bbc.co.uk*, 22.02.2011. »Finanzwächter strafen Deutsche Bank ab«, *Spiegel Online*, 23.02.2011.

[7] Siehe Kapitel »*Die Todeswetten der Deutschen Bank*«, Seite 66 ff.

Vorwurf an Deutsche Bank (DB)	Von DB gezahlt.
Deutsche Bank soll sich über ihre Tochter **MortgageIT** in den USA staatliche Fördergelder erschlichen haben. Die Klageschrift spricht von »rücksichtslosen Praktiken bei der Vergabe von Immobilienkrediten.«[1]	**156 Mio Euro,** nach Einigung 2012.
Deutsche Bank soll **zwei US-Sozialkassen** marode Immobilienpapiere verkauft haben, dem *Ruhestandsfonds der Rohrschlosser* (Chicago) und dem *Treuhandfonds der Maurer* (Massachussetts).[2]	**24 Mio Euro,** nach Einigung 2012.
M&T Bank klagt gegen *Deutsche Bank.* Vorwurf: Betrug mit dem CDO-Kreditpaket *Gemstone VII.*[3]	**43 Mio. Euro,** nach Einigung 2012.
Einige Schattenbanken der **Industriekreditbank** (unter anderem *Loreley Financing*) reichen im Oktober 2011 Klage gegen die *Deutsche Bank* ein. Vorwurf: Betrug mit CDO-Kreditpaketen.[4]	**Forderung 330 Mio. Euro,** Einigung auf unbekannte Summe, 2012.
Deutsche Bank und drei andere Banken haben der **Stadt Mailand** dubiose Zinswetten verkauft, mit denen die Stadt riesige Verluste machte. (Wegen ähnlicher Geschäfte haben deutsche Kommunen offenbar auch Millionenentschädigungen von der DB erhalten. Genaue Zahlen sind hier nicht bekannt.)[5]	**455 Mio. Euro,** nach Vergleich, 2012. (Gezahlt von DB und drei weiteren Banken, nur für Stadt Mailand).

---

[1] Siehe Kapitel »*Die Gefahr wird immer offensichtlicher. Die Deutsche Bank macht weiter.*« S. 182 ff. und »USA verklagen Deutsche Bank«, *manager magazin,* 03.05.2011.

[2] »Deutsche Bank to Pay $32.5 Million to Settle Mortgage Suit«, *Bloomberg. com,* 26.03.2012.

[3] »Deutsche Bank agrees $55 mln settlement with M&T«, *Reuters.com,* 18.01.2012.

[4] Siehe »Was geschah wirklich hinter den Kulissen der Deutschen Bank«, Seite 169 ff. »Wut auf die Deutsche Bank«, *Süddeutsche.de,* 29.01.2012.

[5] Harald Schumann: »Unfaire Wetten mit Kommunen«, *tagesspiegel.de,* 22.05.2012.

Vorwurf an Deutsche Bank (DB)	Von DB gezahlt
Viele weitere Prozesse wurden hier weggelassen, weil zu wenige Informationen verfügbar waren oder sie noch nicht entschieden sind. Die US-Baufinanzierungsbehörde FHFA beispielsweise hat die *Deutsche Bank* verklagt, es geht allein dabei um Geschäfte in Höhe von 14,2 Milliarden Dollar.[1]	

Allein die Zahlungen, die von der *Deutschen Bank* in den letzten Jahren geleistet worden sind, betragen also mehrere hundert Millionen Euro. Das ist einerseits viel. Andererseits zeigt sich in vielen Fällen: Die gezahlten Summen sind zu niedrig, um Banken wirklich von gefährlichen und dubiosen Geschäften abzuschrecken. Denn oft müssen Banken lediglich die Verluste der Anleger ersetzen, aber nichts darüber hinaus zahlen. Wenn Banken also Geld damit verdienen, dass sie ihren Kunden enorme Risiken aufladen, dann können sie kaum verlieren: Geht die Sache gut, machen die Banken große Profite. Geht es schlecht aus, müssen sie das Geschäft oft nur nachträglich annullieren.

Die obige Liste ist unvollständig. Sie enthält nicht einmal alle bekannten Fälle, zudem muss man von einer sehr hohen Dunkelziffer ausgehen. Insbesondere Streitfälle, bei denen Kleinanleger betroffen sind, kommen oft überhaupt nicht an die Öffentlichkeit:

- Extreme Fälle werden geräuschlos durch außergerichtliche Vergleiche beigelegt, weil die Banken und Versicherungen ein Interesse daran haben, öffentliche Aufmerksamkeit und gerichtliche Präzedenzfälle zu vermeiden.

---

[1] *Federal Housing Finance Agency against Deutsche Bank et al* (Klageschrift), 02.09.2011. Markus Gärtner »Wir stoßen Banken über das Kliff«, *manager magazin online*, 05.09.2011.

- Häufig werden dubiose Deals von den Kunden überhaupt nicht bemerkt. Insbesondere für den Kleinanleger ist kaum durchschaubar, wenn komplexe Finanzprodukte zu seinem Nachteil konstruiert sind. Selbst bei einem Totalverlust kann die Bank überraschende Entwicklungen an den Finanzmärkten verantwortlich machen.
- Oft ist es für eine Klage zu spät, weil Ansprüche verjährt sind. Früher galt für Falschberatung bei Geldanlagen eine Verjährungsfrist von bis zu 30 Jahren, doch diese Frist wurde 1998 auf maximal drei Jahre verkürzt, durch das »Dritte Finanzmarktförderungsgesetz«. Immerhin: Eine erneute Gesetzesreform 2009 hat die Rechte der Anleger gestärkt – jetzt verjähren viele Fälle erst nach zehn Jahren.[1]
- Häufig schrecken Kunden ganz vor einer Auseinandersetzung zurück. Der Hamburger Rechtsanwalt Jens-Peter Gieschen, der schon viele geschädigte Anleger vertreten hat, hat die Erfahrung gemacht, dass sie Prozesse vermeiden wollen, weil ihnen klar ist, dass die Banken häufig mit allen Mitteln kämpfen: »Auch wenn die Banken wissen, dass ein Verfahren völlig aussichtslos ist, gehen sie oft bis zum Bundesgerichtshof. Erst kurz vor dem letzten Verhandlungstermin wird dann zurückgezogen.«[2]

Es gibt eine Parallele zwischen gefährlichen Megadeals an der Wall-Street und unfairen Geschäften mit dem Kleinanleger in Hamburg: Die Banker bekommen die falschen Anreize. Je ag-

[1] RA Oliver Renner: »Es wird mehr Klagen gegen Berater geben«, *Das Investment.com*, 19.02.2009. Markus Kurland: »Anlegerrechte gestärkt«, 01.01.2010, *kanzlei kurland.de.* »Wer zu spät kommt«, *Finanztest 03/04*, S. 40. *Bundesverb. Öff. Banken*: »Das Schuldverschreibungsgesetz«, 01.09.2009, voeb.de.

[2] Telefonat mit Jens-Peter Gieschen am 14.05.2012, 12:25 Uhr.

gressiver das Bonussystem, desto mehr haben die Banker nur noch den nächsten Deal vor Augen. Und die Opfer merkten oft nichts, weil sie nicht in jeder Runde verlieren. – Wie bei einem Spiel mit gezinkten Würfeln. Nach einigen Runden hat dennoch viel Geld den Besitzer gewechselt. Genau das ist das Spiel der Banken: eine überhöhte Provision hier, eine unfaire Wette dort, dazu noch ein Zockerpapier an die *Lehman*-Oma verkauft. – Und im Zweifel merken es nur die kritischen Leser der Zeitschrift *Finanztest*.

Viele Politiker und Journalisten suggerieren, dass man dem Rat der Banken vertrauen könne, zum Beispiel Angela Merkel, wenn sie den 60. Geburtstag von Josef Ackermann im Kanzleramt auf Staatskosten ausrichtet.[1] Auch die Banken selbst reden ihren Kunden seit Jahrzehnten ein, dass man mit ihnen eine vertrauensvolle Partnerschaft eingehen könne. Die Werbestrategie der Finanzkonzerne ist sogar genau darauf ausgerichtet: Man denke an Slogans wie »Die Bank an Ihrer Seite« (*Commerzbank*), »Vertrauen ist der Anfang von allem« (*Deutsche Bank*), »Das Leben ist voller Höhen und Tiefen. – Wir sind für Sie da« (*Hypo Vereinsbank*) oder »Leben Sie – wir kümmern uns um die Details« (*Hypo Vereinsbank*).

Wenn Millionen Deutsche bei Bankgeschäften dumm dastehen, ist das kein Versagen der Kunden, sondern eines der Politik, die der Finanzbranche erlaubt, den kurzfristigen Profit über die Zufriedenheit der eigenen Kunden zu stellen.

---

[1] »Merkel hofiert Ackermann auf Staatskosten«, *Handelsblatt.com*, 24.08.2009.

DIE WELT AM ABGRUND: DAS SCHLIMMSTE LIEGT NOCH VOR UNS

Januar 1931, Ohio: Der Rechtsanwalt Benjamin Roth, 38 Jahre alt, Anhänger der Republikaner, beschließt, Tagebuch zu führen. Einige Monate vorher, im Herbst 1929, hatte es einen gewaltigen Crash am Aktienmarkt gegeben. Der *Dow Jones* hatte in nur zwei Monaten mehr als die Hälfte seines Wertes verloren: Von 381 Punkten fiel er auf 180.[1] Eine Spekulationsblase war geplatzt. Roth erkennt: »Etwas Historisches spielt sich ab.« Ihn bewegt vor allem eines: Wann wird die Krise vorüber sein? Immer wieder beginnt der *Dow Jones* zu steigen, und immer wieder äußert Benjamin Roth in seinen Tagebüchern die Hoffnung, das Schlimmste sei nun vorüber. Meist beruft er sich dabei auf Aussagen von Experten.

Doch deren Vorhersagen erweisen sich jedes Mal als falsch. Sogar als vollkommen falsch, denn der Crash von 1929 war nur der erste Vorbote. Erst im Juli 1932 erreicht der *Dow Jones* seinen Tiefstand bei 41 Punkten. Es folgte die Weltwirtschaftskrise der dreißiger Jahre, mit Massenarbeitslosigkeit, Staatspleiten und Firmenzusammenbrüchen. Roth schreibt später in seinem Tagebuch: »Wenn ich jetzt die Vorhersagen noch einmal lese, die von herausragenden Ökonomen in den letzten Jahren gemacht worden

---

[1]   Börsenkurse aus *Wikipedia* (dt.): »Dow Jones Industrial Average« und »Schwarzer Donnerstag«.

sind, muss ich lachen. Sie lagen alle falsch. Keiner von ihnen hat den Zusammenbruch von 1937 bis 1939 vorhergesehen [...].«[1]

Auch den Crash in den Jahren 2007 und 2008 haben die meisten Wirtschaftswissenschaftler nicht kommen sehen. Der Ökonom James K. Galbraith, wunderte sich später in einem Zeitungsinterview über die Ignoranz seiner Kollegen.

New York Times: »Finden Sie es merkwürdig, dass so wenige Ökonomen das Kreditdesaster vorausgesehen haben?«

Galbraith: »Na ja, einige lagen immerhin richtig, allen voran Dean Baker, der Wirtschaftswissenschaftler aus Washington.[2] Ich selbst habe die Katastrophe zumindest im Prinzip kommen sehen.«

New York Times: »Aber es gibt mindestens 15.000 professionelle Ökonomen in den USA, und Sie sagen, nur zwei oder drei von Ihnen haben die Immobilienkrise vorhergesagt?«

Galbraith: »Zehn oder zwölf wäre wahrscheinlich näher dran als zwei oder drei.«[3]

Und auch seit dem Jahr 2007 sagen immer wieder Experten ein baldiges Ende der Krise voraus – vor allem die Experten der Banken. Warum auch diese Prognosen sich wahrscheinlich als Makulatur erweisen werden, sollen die nächsten Kapitel aufzeigen.

---

[1]   Zit. nach: Joe Nocera: »The View From Inside a Depression«, *New York Times Online*, 17.10.2009.

[2]   Siehe Kapitel *Die Deutsche Bank verdient viel Geld mit dem Aufpumpen der Blase*, Seite 173.

[3]   Deborah Solomon: »The Populist«, *New York Times Online*, 31.10.2008. Eine Studie von Dirk Bezemer (*Groningen University*) bestätigt, dass es nur wenige Warner gab, ebenso Michael Lewis, *The Big Short,* a. a. O.

Gefährliche Kreditblase, Teil 1:
Die Banken erzeugen Kredite aus dem Nichts

Warum ist die »Kreditblase« eigentlich so gefährlich? Intuitiv scheint das Problem sofort klar zu sein: Die Welt hat auf Pump eine riesige Party gefeiert. Jetzt kommt der Zahltag, deshalb muss die Party abrupt zu Ende gehen.

Doch diese intuitive Vorstellung greift zu kurz, denn die Weltwirtschaft ist ein geschlossenes System. Das bedeutet: Die Weltbevölkerung als Ganzes kann sich gar nicht verschulden. Wir erhalten ja keine Kredite von fernen Galaxien. Wenn man also sagt »die Menschheit hat einen gigantischen Schuldenberg aufgetürmt«, dann ist gemeint, dass sich bestimmte Gruppen immer mehr verschuldet haben, zum Beispiel die Hauseigentümer in den USA oder die Regierungen der schwachen Eurostaaten. Andere Akteure dagegen haben immer höhere Guthaben angehäuft. Denn jedem Schuldner steht ein Gläubiger gegenüber. *Gläubiger* ist gleichbedeutend mit *Sparer*: Wer Geld auf sein Sparkonto einzahlt, der wird zum Gläubiger der Bank. Wer mit dem Ersparten eine deutsche Staatsanleihe kauft, wird zum Gläubiger der Bundesregierung. Wenn man das zu Ende denkt, wirkt der riesige Schuldenberg nicht mehr so bedrohlich, denn jedem Euro bei den Schulden steht ein Euro bei den Guthaben gegenüber. Wir haben also eigentlich nur Geld vom einen zum anderen verschoben.

Dennoch ist der Schuldenberg gefährlich. Sehr gefährlich sogar. Eine erste Warnung liefert der Blick auf historische Schuldenkrisen. Wohl nur wenige haben sie so genau untersucht wie die US-Ökonomen Carmen Reinhart und Kenneth Rogoff. In ihrer Studie »Dieses Mal ist alles anders« analysieren sie Finanzkrisen mehrerer Jahrhunderte, von Englands Pleite im 14. Jahrhundert, über Kreditkrisen in Indien und China bis zum Platzen der *Subprime*-Blase in den USA im Jahr 2007. Die Ergebnisse der beiden Forscher: Es kommt immer wieder dazu, dass Anleger zu viel Geld an zu schlechte Schuldner geben. Jedes Mal glauben sie erneut, es handele sich nicht um eine Blase, denn »dieses Mal ist alles anders.« Doch am Ende platzt jede Blase, und das hat dramatische Folgen für das Bankensystem und die gesamte Wirtschaft. Manchmal ziehen die Schockwellen um den ganzen Globus: In der Weltgeschichte gab es bereits mehrmals Wellen von Staatspleiten, bei denen innerhalb von wenigen Jahren 30 bis 50 Prozent aller Länder der Welt zahlungsunfähig wurden. Die aktuelle Krise, warnen die beiden Autoren, habe erst begonnen. Kenneth Rogoff, der an der Harvard-Universität lehrt, hat in Interviews mehrmals gewarnt, dass wir das Ausmaß der Krise unterschätzen. Ebenso seine Kollegin Carmen Reinhardt. Sie hat Anfang 2012 insbesondere das Handeln der europäischen Regierungen bei den Krisen in Portugal, Irland und Griechenland kritisiert. Reinhardt wörtlich: »Europa ist naiv«.[1]

Doch was macht den Schuldenberg nun so gefährlich?

Man versteht die Natur des Schuldenproblems vollkommen falsch, wenn man sich einen fleißigen Sparer vorstellt, der wie ein kluges Eichhörnchen Vorräte für schlechte Zeiten angelegt hat und der daher mit seinem Guthaben die Schulden der anderen ausgleicht. Viel besser passt ein ganz anderes Bild: Ein Wirt, dessen Kneipe jahrelang immer überfüllt war, weil sich herumsprach, dass man bei ihm anschreiben lassen konnte. Der Wirt baute das Gasthaus sogar noch aus und stellte zusätzliches Personal ein. Er wurde auf dem Papier immer reicher, weil er ja bei seinen Kneipengästen »Guthaben« anhäufte. Doch eines Tages erkennt der

---

[1] Carmen M. Reinhart, Kenneth S. Rogoff: »This Time is Different: A Panoramic View of Eight Centuries of Financial Crises«, *NBER Working Paper No. 13882*, März 2008, *Abstract* und S. 1–4 und Christian Schütte: »Europa ist naiv«, FTD-Gespräch mit Carmen Reinhardt, *FTD.de*, 29.01.2012.

Wirt, dass seine Kunden nie in der Lage sein werden zu zahlen. Ihm wird plötzlich klar, dass seine Guthaben in Wirklichkeit wertlos sind. Er lässt plötzlich niemanden mehr anschreiben, verliert viele Kunden, muss Kellner entlassen und das Gasthaus verkleinern.

Tatsächlich haben große Teile der Weltwirtschaft jahrelang genau nach diesem Muster funktioniert. Das »Anschreiben« lief nicht nur innerhalb von Ländern ab, es ging auch über Staatsgrenzen hinweg. Es sind nicht nur die *Subprime*-Schuldner *innerhalb* der USA, die jahrelang auf Pump gelebt haben. Es sind auch die USA als Gesamtwirtschaft, die sich von Jahr zu Jahr immer höher verschuldet haben. Und die »Gastwirte« bei denen die US-Bürger anschreiben durften, waren beispielsweise China – und Deutschland.

In Deutschland haben viele anschreiben lassen: Das Ausland ist bei uns mit 951 Milliarden Euro verschuldet.[1] Und zwar netto, das heißt, alle Schulden, die Deutschland im Ausland hat, sind bereits abgezogen. Die Zahlen erfassen alle Wirtschaftssektoren, also Unternehmen, Privatleute und den Staat. Der Druckmaschinenhersteller, der darauf wartet, dass ein Käufer in den USA zahlt, ist also genauso erfasst wie die Lebensversicherung, die einen Teil der Kundengelder an die portugiesische Regierung verliehen hat. Ein Vergleich zu den 951 Milliarden Euro: Die Steuereinnahmen der Bundesregierung im Jahr 2011 betrugen 250 Milliarden Euro.

Der Grund für die hohen Außenstände: Deutschland hat jahrelang Waren und Dienstleistungen an das Ausland geliefert, aber nicht in gleichem Umfang Güter zurückbekommen. Stattdessen haben wir Schuldscheine erhalten, also das Versprechen, dass das

---

[1] *Deutsche Bundesbank:* »Germany's international investment position at the end of 2010«, 29.09.2011, S. 1. Die Zahlen erfassen zum ersten Mal auch Derivate.

Ausland irgendwann zahlen wird. Brutto schulden uns Akteure im Ausland sogar 6342 Milliarden Euro; das sind unsere Forderungen *ohne* Abzug unserer eigenen Schulden. Und das ist auch die Summe, die tatsächlich auf dem Spiel steht, denn in einer Krise lassen sich unsere Forderungen nicht einfach mit unseren Schulden verrechnen: Wenn die Raten der US-Immobilienschuldner nicht mehr nach Deutschland fließen, können wir das nicht einfach dadurch ausgleichen, dass beispielsweise Siemens den ausländischen Käufern seiner Firmenanleihen nichts mehr zurückzahlt.

Die Exportnation Deutschland wird in den kommenden Jahren doppelt leiden, ähnlich wie der Gastwirt in dem Beispiel: Einerseits werden die Kunden ausbleiben, andererseits werden viele, die bei uns anschreiben ließen, ihre Schulden nicht begleichen können. Der Zahlungsausfall der griechischen Regierung und vieler US-Immobilienschuldner war nur der Anfang. Um zu ahnen, wie tief die Weltwirtschaft fallen wird, muss man zunächst verstehen, in welche künstlichen Höhen sie durch den irren Kreditboom getrieben worden ist.

Auf den ersten Blick wirkt es so, als könne Kreditvergabe gar keinen Wirtschaftsboom erzeugen: Wenn ein Akteur einem anderen Geld leiht, dann entsteht keine zusätzliche Nachfrage. Einer verzichtet auf Geldausgaben, deshalb kann er sparen und das gesparte Geld einem anderen leihen. Wenn also der Kreditnehmer mit dem frischen Geld auf Shoppingtour geht, dann gibt er nur Geld aus, das sonst der Sparer ausgegeben hätte. Unter dem Strich wird also scheinbar die Wirtschaft nicht zusätzlich angekurbelt. Denkt man das zu Ende, wäre sogar ein Zahlungsausfall des Schuldners kein großes Problem für die Gesamtwirtschaft. Denn wieder wird ja nur Geld vom einen zum anderen verschoben: Der Kreditgeber bekommt sein Geld nicht zurück und kann deshalb in Zukunft weniger ausgeben. Doch genauso viel gewinnt der Schuldner, der deshalb mehr konsumieren kann.[1]

Natürlich gibt es diesen Fall: Den Sparer, der eigentlich gern selbst konsumieren will, aber darauf verzichtet, weil die Zinsen gerade sehr hoch sind. Deshalb entschließt er sich, sein Geld lieber »wachsen zu lassen«, es also irgendjemandem gegen hohe Zinsen zu leihen. Merkwürdig ist nur: Die Zinsen waren in den vergangenen Jahren extrem niedrig und sanken immer weiter. Geldanlage wurde also immer unattraktiver. Dennoch wurden immer mehr Kredite vergeben, und es gab weltweit von Jahr zu Jahr immer *noch mehr* Geld, das nach einer Anlage suchte. Woher kamen diese merkwürdigen Sparer, die trotz extrem niedriger Zinsen ihr Geld unbedingt jemand anderem leihen wollten?

Des Rätsels Lösung: Die Banken haben sich diese »Sparer« selbst geschaffen. Eine Bank, die Geld verleihen will, muss nicht darauf warten, dass jemand zu ihr kommt und Geld einzahlt. Tatsächlich entscheidet die Bank einfach von sich aus, ob sie einen Kredit vergeben will – und durch diese Kreditvergabe schafft sie sich den Sparer automatisch selbst. Wie das? Wenn jemand von seiner Bank einen Kredit von 100 Euro erhält, wird er das Geld irgendwo auf der Welt ausgeben, es also an irgendjemanden zahlen. Der neue Besitzer wiederum deponiert das Geld auf seinem Bankkonto. Er hat nun ein Sparguthaben von 100 Euro. Fast jeder Kredit, den irgendeine Bank der Welt vergibt, fließt also irgendwo als Guthaben wieder in das Bankensystem zurück. Sobald

---

[1] Vgl. Paul Krugman: »Debt is (Mostly) Money we Owe to Ourselves«, *New York Times*, 28.12.2011. Vgl. Ben Bernanke, zit. n. Keen: »Economics in The Age of Deleveraging«, *debtdeflation.com* (Blog von Steve Keen), 28.01.2012. Krugman und Bernanke argumentieren, die unterschiedliche Konsumneigung von Schuldner und Gläubiger beeinflusse durchaus das Wachstum. Entscheidend sei also die *Verteilung* der Schulden zwischen verschiedenen Akteuren, nicht die *Gesamthöhe* ihrer Schulden.

man einen Schuldner hat, der sich 100 Euro leiht, hat man einige Zeit später automatisch einen »Sparer«, der 100 Euro irgendwo auf der Welt bei seiner Bank einzahlt.[1]

Damit das ganze System funktioniert, müssen die Banken der Welt lediglich untereinander ihre Guthaben und Schulden ausgleichen. Doch das ist für sie Alltagsgeschäft: Wenn eine Bank viele Kredite vergeben will, aber nur wenige Sparer bei ihr einzahlen, dann leiht sie sich das fehlende Geld einfach bei anderen Banken. Dieser Geldkreislauf ermöglicht es den Banken, jahrelang die Kreditvergabe immer weiter in die Höhe zu schrauben: Mit jedem neuen Kredit schaffen sie automatisch irgendwo auf der Welt einen Geldempfänger, der das Geld als »Sparguthaben« auf sein Konto einzahlt. Den Banken gehen die »Sparer« nie aus. Das System ist also scheinbar immer ausgeglichen.

Das Entscheidende an einem Wachstum der Kredite: Es schafft zusätzliche Nachfrage, die es sonst nie gegeben hätte.[2] Der Kreditnehmer gibt das Geld nämlich nur deshalb aus, weil er es auf Pump tun kann. Eigenes Geld zum Ausgeben fehlt ihm, sonst würde er ja keinen teuren Kredit aufnehmen. Das heißt: Wenn die Banken die Kreditvergabe Jahr für Jahr ausweiten, schaffen sie einen künstlichen Wirtschaftsboom. Erst dieser Boom lässt die »Sparer« entstehen, die nun scheinbar immer reicher werden. So wie der Wirt, dessen Kneipe expandiert, und der immer mehr »Guthaben« hat, weil er die Gäste großzügig anschreiben lässt. Genau das ist in den letzten 30 Jahren weltweit passiert. Und jetzt verkehrt es sich ins Gegenteil: Aus den sorglosen Schuldenmachern werden – gezwungenermaßen – eiserne Sparer.

---

[1] Nur wenn viele Akteure anfangen, Bargeld zu horten, wird dieser Kreislauf unterbrochen.

[2] Vgl. Keen, a. a. O., vgl. Joseph Schumpeter, zit. nach Keen: »Economics in the Age of Deleveraging«.

Schon die wegbrechende Nachfrage der US-Privathaushalte kann die Weltwirtschaft in eine Krise stürzen: Die USA sind ein riesiger Wirtschaftsraum (ein Viertel des Weltbruttoinlandsprodukts), und sie haben 30 Jahre lang mehr importiert als exportiert. Sie haben also zusätzliche Nachfrage im Ausland geschaffen, zusätzliche Nachfrage auf Kredit. Es gibt noch viele weitere Länder, die über ihre Verhältnisse gelebt haben, und in denen sich die Privathaushalte jahrelang reich fühlten, weil der Wert ihrer Häuser und Wohnungen explodierte. Bis die Blase zu platzen begann. Diese Länder haben nun Jahre der massenhaften Insolvenzen und des eisernen Sparens vor sich.

Eine Studie der Unternehmensberatung *McKinsey* kommt zu dem Schluss: »In den zehn größten Industrieländern hat der Schuldenabbau gerade erst begonnen«. Welche Belastungen noch auf uns zukommen, zeigt das Beispiel Schweden: Als dort im Jahr 1990 die Privathaushalte überschuldet waren, brauchten sie Jahre, um ihre Schulden abzubauen. Durch den Vergleich mit Schweden kommt die Studie zu dem Ergebnis, dass die US-Privathaushalte den Abbau ihrer Schulden erst zu einem Drittel abgeschlossen haben und dass in Ländern wie Spanien und Großbritannien die Lage noch weit düsterer ist.[1]

Wie bereits erwähnt, wird der wirtschaftliche Einbruch im Moment noch aufgeschoben, weil Staaten wie Deutschland und die USA die Rolle der Privathaushalte übernommen haben: Sie nehmen massiv zusätzliche Schulden auf und treiben mit diesem Geld die Wirtschaft an. Die Frage ist, wie lange sie das durchhalten können. Hinzu kommt noch: Der Kreditboom bis 2007 hat die Weltwirtschaft nicht nur aufgebläht, sondern auch falsch ausge-

---

[1] *McKinsey Global Institute*: »Updated Research – Debt and deleveraging: Uneven progress on the path to growth [...]«, 01/2012, S. 2–4.

richtet. In den nächsten Jahren werden überall Firmen und Fabriken zu Investitionsruinen, weil von den Kreditblasen bestimmte Wirtschaftszweige besonders profitiert haben. Neben den Banken waren dies beispielsweise die Bauindustrie und Konsumgüterhersteller.

Gefährliche Kreditblase, Teil 2:
Die Banken haben die Geldmenge immer weiter erhöht

Nicht nur das Ende des Kreditbooms bedroht uns nun. Es hat sich noch eine zweite Gefahr aufgebaut. Und auch sie ist durch einen unglaublichen Konstruktionsfehler in unserem Kreditsystem entstanden. Wer ihn versteht, hat den Kern der Finanzkrise erkannt, den eigentlichen Mechanismus hinter dem drohenden Zusammenbruch.

Jedes Mal, wenn eine Bank einen Kredit vergibt, erhöht sie die Geldmenge. Die Bundesbank beschreibt es ganz nüchtern so: »Geschäftsbanken schaffen Geld durch Kreditvergabe.« Martin Wolf, Kolumnist der *Financial Times,* sagt es etwas drastischer: »Das Wesen des heutigen Geldsystems ist es, dass Privatbanken durch eine – oft törichte – Kreditvergabe Geld aus dem Nichts schaffen.«[1] Wenn Menschen über drohende Inflation sprechen, fürchten sie immer die *Europäische Zentralbank*, die zu viel »Geld druckt«. Doch die Geschäftsbanken, also die *Deutsche Bank*, die *Commerzbank*, und so weiter schaffen eine viel größere Geldmenge als die Zentralbank. Um diesen Vorgang zu verstehen, hilft ein kleines Gedankenexperiment.

Angenommen, die *Europäische Zentralbank* (EZB) druckt nur einen einzigen 100-Euro-Schein. Wenn irgendjemand diesen

---

[1] Martin Wolf: »The Fed is right to turn on the tap«, *FT.com*, 09.11.2010.

Schein in seinen Sparstrumpf steckt, beträgt die gesamte Geldmenge nur 100 Euro. Wenn er ihn jedoch bei seiner Bank einzahlt, beginnt die Geldmenge zu explodieren; sie kann sich verzehnfachen oder sogar verhundertfachen. Und zwar durch eine erstaunliche Kettenreaktion: Die Bank gibt fast die gesamten 100 Euro gleich als Kredit an einen anderen Kunden. Nur einen kleinen Teil muss sie als sogenannte »Mindestreserve« bei der Zentralbank hinterlegen. Nehmen wir an, die Mindestreserve beträgt 10 Prozent. Von 100 eingezahlten Euro vergibt die Bank also 90 als Kredit, während sie 10 Euro als Sicherheit bei der Zentralbank deponieren muss. Der Kreditnehmer kauft sich von den 90 Euro zum Beispiel eine Mikrowelle. Der Verkäufer wiederum zahlt nach Geschäftsschluss die 90 Euro bei seiner Bank ein. Diese Bank hinterlegt wiederum nur zehn Prozent bei der EZB, also 9 Euro, kann also 81 Euro weiterverleihen. Auch die 81 Euro werden irgendwann wieder bei einer Bank eingezahlt, die davon 90 Prozent verleiht, und so weiter.

Die Zentralbank hat also nur einmal 100 Euro in das System gegeben, aber daraus sind am Ende 1.000 Euro geworden, die als Guthaben auf vielen Bankkonten verzeichnet sind. Das Erstaunliche: Diese Guthaben zählen ebenfalls zur Geldmenge. »Geldschöpfung« nennen das die Wirtschaftswissenschaftler. Man könnte auch sagen, die Banken »drucken Geld«. Das bedeutet natürlich nicht, dass sie die neu geschaffenen Euros einfach als Gewinn verbuchen können. Trotzdem ist die Geldschöpfung für die Banken sehr lukrativ: Sie erzeugen so zusätzliche Kredite, die ihnen zusätzliche Gewinne einbringen.

In unserem Beispiel haben die Banken die Geldmenge verzehnfacht – und erstaunlicherweise ist das nicht weit von der Wirklichkeit entfernt. Das meiste Geld, das irgendjemand bei einer Geschäftsbank einzahlt, verleiht sie sofort an einen anderen

Kunden. Die Geschäftsbanken haben also nur sehr geringe Reserven. Und mit jeder zusätzlichen Kreditvergabe erhöhen sie die Geldmenge. Sie schöpfen so tatsächlich viel mehr Geld als die Zentralbank: Für jeden Euro, der von der EZB geschaffen worden ist, haben die Geschäftsbanken in den vergangenen Jahren 6 bis 12 weitere Euros erzeugt.

Die von der EZB erzeugte Geldmenge wird also von den Banken sozusagen »multipliziert«, in manchen Jahren stärker, in anderen weniger stark. Man spricht auch vom »Geldschöpfungsmultiplikator«.[1]

Zentralbanken und Staaten können theoretisch diese Geldvermehrung begrenzen, doch das haben sie in den letzten Jahren immer weniger getan. Drei entscheidende Bremsen, die es für die Kreditvergabe gibt, sind zunehmend gelockert worden. Erstens: Für jeden Kredit müssen Banken einen gewissen Prozentsatz Eigenkapital bereitstellen, das sie sich zum Beispiel von ihren Aktionären holen. Doch diese Eigenkapitalanforderungen sind durch die Deregulierung stark zurückgefahren worden. Zweitens: Die Zentralbank kann den Leitzins erhöhen, um die Kreditvergabe der Geschäftsbanken zu bremsen. Doch die Leitzinsen der westlichen Industrieländer hatten in den letzten 20 Jahren eine stark fallende Tendenz.[2] Drittens: Die Zentralbank schreibt den Banken vor, einen Teil aller Kundengelder als »Mindestreserve« bei ihr zu deponieren. Doch die Höhe der Mindestreserve ist in Deutschland bereits 1985 stark gesenkt worden. Seit Einführung des Euro beträgt sie nur extrem niedrige zwei

---

[1] Zurzeit ist der Multiplikator niedrig: Die EZB hat massiv Geld gedruckt, die Banken aber die Kreditmenge kaum erhöht. Gerald Braunberger: »Geld führt derzeit kaum zu Kredit«, FAZ.net, 30.12.2011.

[2] Quelle: *Thomson Reuters Datastream*. In Spanien und Irland zeitweise sogar negative *Real*-Zinsen.

Prozent, und Anfang 2012 ist sie auf ein Prozent gesenkt worden.[1] Das bedeutet: Aus 100 Euro kann eine Geldmenge von 10.000 Euro werden.

Tatsächlich deponieren die Banken meistens kaum mehr als die vorgeschriebene Mindestreserve bei der Zentralbank.[2] *Handelsblatt*-Korrespondent Norbert Häring nannte 2009 die erstaunlichen Summen: Die Banken im Euroraum verwalteten Einlagen von 9.000 Milliarden Euro. Dem standen Bankguthaben bei der Europäischen Zentralbank von nur 260 Milliarden Euro gegenüber. »Mit dem Bargeld, das die Banken bei der Zentralbank abheben können«, stellt Häring fest, »können sie also nicht einmal ein Dreißigstel der Einlagen auszahlen. Das ist auch von der Zentralbank so abgesegnet, denn die Banken müssen im Euro-Raum nur absurd niedrige zwei Prozent der Kundeneinlagen in Reserve halten. [Inzwischen ist es, wie erwähnt, nur noch ein Prozent].«[3]

Und damit sind wir beim entscheidenden Mechanismus hinter der gefährlichen Finanzkrise: Zentralbanken und Geschäftsbanken haben in den letzten Jahren gemeinsam immer mehr Geld gedruckt. Die Geldmenge hat erheblich schneller zugelegt als die Wirtschaftsleistung. Mal waren es die Geschäftsbanken, die die Geldmenge stark wachsen ließen, mal waren es die Zentralbanken, die durch zusätzliches Geld und niedrige Zinsen auf das Gas-

---

[1]   *Deutsche Bundesbank*: »Die Deutsche Bundesbank«, April 2006, S. 29, 136. Senkung 2012: *Deutsche Bundesbank*: »Tabelle Reservesätze«, *www.bundesbank.de*, abgerufen am 23.04.2012.

[2]   Seit Ende 2011 leiht die EZB den Banken durch das sogenannte LTRO-Programm 1.000 Milliarden Euro für drei Jahre, sodass die Banken gewissermaßen in Liquidität »schwimmen«. Daher parken sie nun freiwillig mehr Geld bei der EZB. Es ist aber gewissermaßen Geld, das die EZB sich selbst leiht.

[3]   Norbert Häring: »Es werde Geld – Es werde Krise«, *Handelsblatt*, 24.06.2009. Im Gegensatz zum »Geldschöpfungsmultiplikator« ist hier der Bargeldumlauf nicht mit eingerechnet.

pedal traten, wenn die Geschäftsbanken etwas ängstlicher wurden. Unter dem Strich stand ein gewaltiges jahrelanges Wachstum der Geldmenge. Norbert Häring beschreibt für die Banken im Euroraum treffend, warum die Banken ein so starkes Interesse an einer wachsenden Geldmenge haben: »Für die knapp neun Billionen Euro an Guthaben, welche die Banken mit einem Federstrich geschaffen haben, bekommen sie, wenn sie eine Zinsmarge von einem Prozent schaffen, 90 Milliarden Euro Zinsen. Das macht den Reiz des Systems aus.«[1]

Wenn es genügend sinnvolle Wirtschaftsprojekte gibt, in die das neu geschaffene Geld investiert werden kann, entsteht zusätzliches Wirtschaftswachstum. Dann wächst – im Idealfall – die Menge der produzierten Güter im gleichen Tempo wie die Geldmenge. Doch das ist nicht geschehen, wie der Ökonom und Soziologe Joseph Huber anmerkt: »Nehmen Sie die Jahre vor der Finanzkrise. Es gab kein starkes Wirtschaftswachstum, aber trotzdem explodierte die Geldmenge in fast allen Industrieländern. Wie die Statistik der Bundesbank ausweist, nahm die umlaufende Geldmenge zwischen 1992 und 2008 um 189 Prozent zu. Das Bruttoinlandsprodukt zu Marktpreisen – also mit Inflation – legte aber nur um 51 Prozent zu.«[2] Auch in den USA wuchs die Geldmenge viel schneller als die Wirtschaft.[3]

Die entscheidende Frage: Müsste die explodierende Geldmenge nicht zu starker Inflation führen? Wenn die Geldmenge schneller wächst als die Menge der Güter, die man mit diesem Geld kaufen kann, erscheint auf den ersten Blick eine starke Inflation

[1] Norbert Häring: »Es werde Geld – Es werde Krise«, *Handelsblatt*, 24.06.2009.

[2] Joseph Huber: »Geld entsteht aus dem Nichts« (Interview), *taz.de*, 03.02.2012?

[3] Torsten Slok: »Under Which Conditions Will Fed Money Printing Create High Inflation?«, *Deutsche Bank,* New York, 03/2012, S. 26.

unausweichlich. Doch erstaunlicherweise pendelte im Euroraum die Inflationsrate seit Schaffung des Euro meistens nur zwischen 2,0 und 2,5 Prozent. Die Verantwortlichen haben daher Entwarnung gegeben. Etwas überspitzt könnte man ihre Haltung so beschreiben: »Die Geldmenge explodiert zwar, aber die Hauptsache ist doch, dass die Preise nicht steigen.«

In Wahrheit führte die wachsende Geldmenge zu einer *gewaltigen* Inflation. Es explodierten allerdings nicht die Preise von Realgütern (wie Nahrung und Möbel), sondern die Preise von Geldanlagen (wie Aktien und Immobilien).[1] Denn die ausufernde Kreditvergabe schuf immer mehr Geld, das nach Anlagemöglichkeiten suchte. Dieses Geld jagte gewissermaßen um den Globus, auf der Suche nach Aktien, Anleihen oder Immobilien. Die hohe Nachfrage trieb fast weltweit Kurse und Preise nach oben – eine Inflation auf den Finanzmärkten. Das wiederum heizte in vielen westlichen Industrieländern den Konsum der Privathaushalte noch mehr an. Denn sie hatten die Illusion, sie seien reich. Gleichzeitig kam jeder, der Geld brauchte, sehr leicht an einen Kredit mit niedrigen Zinsen. Sogar dann, wenn er nicht kreditwürdig war. Das viele Geld wollte irgendwo angelegt werden – da achteten die Banken immer weniger auf das Risiko.

Eine Studie der *Bank für Internationalen Zahlungsausgleich* (BIZ) hat schon 2002 gezeigt, dass man Finanzkrisen vorhersa-

---

[1] Wenn die Geldmenge viel schneller wächst als die Wirtschaft, ohne dass starke Inflation einsetzt, gibt es zwei mögliche Ursachen. Erstens: Das zusätzliche Geld treibt vor allem die Preise von Vermögensgütern nach oben. Zweitens: Die »*Umlaufgeschwindigkeit*« des Geldes (*velocity of money*) sinkt. Viele Ökonomen blenden die erste Ursache vollständig aus: Sie *definieren* Umlaufgeschwindigkeit einfach als »BIP geteilt durch die Geldmenge«. Vgl. Torsten Slok, a.a.O., S. 26. S.a. Mary S. Morgan: »Measuring Instruments in Economics and the Velocity of Money«, *London School of Econ.*, 08/2006.

gen kann, indem man nur einen einzigen Faktor genau beobachtet: das Wachstum der Kreditmenge. Sobald die Kreditvergabe deutlich schneller wächst als die Wirtschaft, wird es gefährlich. Dann entstehen Blasen, beispielsweise auf den Aktien- oder Immobilienmärkten.

Die Autoren belegten, dass sie mit ihrer Methode 80 Prozent der Finanzkrisen vorhersagen können.[1] Hätten die Banken und Aufsichtsbehörden doch diese Methode angewendet! Nachdem 2007 und 2008 das Platzen der Aktien- und Immobilienblasen begonnen hatte, rechnete eine weitere BIZ-Studie noch einmal nach. Die Autoren stellten fest, dass die Methode von 2002 gut geeignet gewesen wäre, die aktuelle Katastrophe vorherzusagen: In den USA war bereits ab 1993 die Kreditvergabe fast kontinuierlich schneller gewachsen als die Wirtschaft. Das änderte sich erst, als der Crash kam.[2]

Norbert Häring fasst das Entscheidende im *Handelsblatt* prägnant zusammen: »Die Vorschläge zur Regulierung der Finanzmärkte gehen an einen fundamentalen Problem vorbei: Banken schaffen mit einem simplen Trick [mit ausufernder Kreditvergabe] seit Jahrhunderten scheinbaren Reichtum, der sich immer wieder in Luft auflöst. Seit 1970 hat diese Praxis den Ländern der Welt 124 systemische Bankenkrisen beschert. [...] Wenn Ratingagenturen reguliert werden und Finanzinstitute einen Teil der Risiken, die sie in Wertpapiere verpacken, selbst behalten müssen, wird lediglich gewährleistet, dass die nächste Krise nicht wie die letzte aussieht. Entschärft wird sie da-

[1] Claudio Borio, Philip Lowe: »Asset prices, financial and monetary stability: exploring the nexus«, Bank for International Settlements, Working Paper No 114, 06/2002, S. 13–15.

[2] Claudio Borio, Mathias Drehmann: »Assessing the risk of banking crises – revisited«, *BIS Quarterly Review*, 03/2009, S. 29–38.

durch nicht. Wer das will, der muss grundsätzlicher ansetzen und den Banken die Möglichkeit beschneiden, jeden Euro fremden Geldes, das bei ihnen deponiert wird, nicht nur fünfmal oder zehnmal, sondern bis zu 50-mal an ihre Kreditkunden weiterzuverleihen.«[1]

Immobilienblasen rund um den Globus: Überall droht der Crash

Seit 1980 sind in den westlichen Industrieländern die Schulden der Privathaushalte um 500 Prozent gestiegen. Real – die Inflationsrate ist also bereits abgezogen.[2] Mit den neuen Schulden haben die Haushalte vor allem Häuser und Wohnungen gekauft und damit fast überall die Immobilienpreise nach oben getrieben. Deutschland stellt eine Ausnahme dar. – Eine Aufzählung der großen westlichen Industrieländer ist eine Aufzählung der Immobilienblasen und maroden Schuldenberge:

In *Großbritannien* ist das Bild weitaus düsterer als in den USA. Die Immobilienblase ist noch extremer, und die Schulden sind der Wirtschaftsleistung noch stärker davongeeilt. 1980 betrugen die Schulden der britischen Haushalte nur 37 Prozent der Wirtschaftsleistung, 2010 dagegen bereits 106 Prozent. – Fast eine Verdreifachung. Zum Vergleich: In den USA war der Anstieg in der gleichen Zeit nicht einmal halb so stark.[3] Die Folge der

[1] Norbert Häring: »Es werde Geld – Es werde Krise«, *Handelsblatt*, 24.06.2009.

[2] Ungewichteter Durchschnitt (die Länder gehen unabhängig von ihrer Wirtschaftskraft ein). Es sind: Australien, Belgien, Dänemark, Deutschland, Finnland, Frankreich, Griechenland, Großbritannien, Italien, Japan, Kanada, Niederlande, Norwegen, Österreich, Portugal, Spanien, Schweden, USA. Cecchetti, Mohanty, Zampolli: »The real effects of debt«, *Bank for International Settlements*, 09/2011, S. 6.

[3] Cecchetti, Mohanty, Zampolli: »The real effects of debt«, a. a. O., S. 24.

britischen Kreditorgie: 1982 bis 2005 haben sich die Immobilienpreise mehr als verdreifacht, und zwar real, also nach Abzug der Inflationsrate! Ein viel stärkerer Anstieg als in den USA.[1] Das Platzen der Blase hat begonnen, doch das Schlimmste steht noch bevor. Der gefährliche Preisverfall kann viele Jahre andauern: In Japan sinken die Immobilienpreise noch heute, mehr als 20 Jahre nach dem Beginn des Einbruchs.[2]

In *Frankreich* ist die Immobilienpreisblase besonders bedrohlich, weil hier der Crash noch nicht einmal begonnen hat. Nach einem kurzen Rückgang von 2007 bis 2009 haben die Immobilienpreise Anfang 2012 ein neues Rekordhoch erreicht. Auch in Frankreich sind sie stärker aufgebläht, als sie es in den USA je waren: Seit 1998 haben sich die französischen Immobilienpreise in Relation zum Haushaltseinkommen fast verdoppelt. Dagegen sind die Mieten in Relation zum Haushaltseinkommen exakt gleich geblieben. Schon das ist ein deutlicher Hinweis, dass die Preissteigerungen allein auf Spekulation zurückzuführen sind, angetrieben durch immer höhere Kredite. Die Franzosen haben heute, bezogen auf ihr Einkommen, doppelt so hohe Immobilienschulden wie im Jahr 1998.[3]

Auch in *Irland, Kanada und Italien* haben sich riesige Immobilienblasen gebildet. In Italien sind, eine seltene Ausnahme, vor allem Gewerbeimmobilien betroffen.[4] In allen Blasenländern

---

[1] Konstantin A. Kholodilin: »Immobilienkrise?«, *Wochenbericht des DIW Berlin* Nr. 17/2008, S. 216.

[2] *Bank for International Settlements*: »81st Annual Report«, 26.06.2011, S. 20.

[3] Jacques Friggit: »Evolution du prix de l'immobilier d'habitation de 1936 à 2012 en France et de 1200 à 2012 à Paris«, *Conseil général de l'environnement et du développement durable* / CGEDD, 04/2012. Jacques Friggit: »Le prix des logements sur le long terme«, CGEDD, 29.02.2012.

[4] *Bank for International Settlements*: »81st Annual Report« (deutsche Fassung), S. 21, 26.06.2011.

das gleiche Bild: Die Immobilienpreise sind weit stärker gestiegen als die Inflationsrate oder das Haushaltseinkommen.[1]

Der *Crash in Spanien* hat begonnen und bedroht die gesamte Eurozone. Hier ist die Immobilien- und Kreditblase ähnlich stark aufgepumpt worden wie in Großbritannien, also ebenfalls weit stärker als in den USA. Von 1980 bis 2010 haben sich in Spanien die Schulden der Privathaushalte mehr als verdreifacht, von 24 auf 91 Prozent des Bruttoinlandsprodukts. Die Immobilienpreise haben sich ebenfalls verdreifacht, sogar in kürzerer Zeit (von 1982 bis 2005), und nach Abzug der Inflationsrate.

Eigentlich hätten die Immobilienpreise in Spanien fallen müssen, denn dort ist ein gewaltiges Überangebot an Wohnraum entstanden: »Allzu sorglos wurde das Land zubetoniert«, kommentiert die *Welt*, »die hemmungslose Bauwut, die in den neunziger Jahren begann, fordert nun ihren Tribut.« Allein im Jahr 2006 seien mehr als 860.000 Wohnungen entstanden, es sei also mehr gebaut worden als in Frankreich, Deutschland und England zusammen.[2] Die starke Bautätigkeit hat einen künstlichen Wirtschaftsboom erzeugt. Vor dem Crash flossen jedes Jahr mehr als ein Drittel der Investitionen in den Immobiliensektor.[3]

Das Ergebnis dieser »Investitionen«: Wohnungen, die niemand braucht, viele davon erst halb fertig oder in einsamen Gegenden

---

[1] *Bank for International Settlements*: »81st Annual Report«, 26.06.2011, S. 20 und Jacques Friggit: »Le prix des logements sur le long terme«, CGEDD, 29.02.2012. Friggit präsentiert eine Grafik, nach der die Blase in den USA Ende 2011 bereits vollständig geplatzt ist. Eine weitere Grafik von Friggit zeigt andere Ergebnisse, ebenso Berechnungen anderer Autoren. S. a. die Grafiken im USA-Kapitel.

[2] U. Müller und N. Schwaldt: »Spaniens Banken stoßen Wohnungen billig ab«, *Welt Online*, 11.02.2011.

[3] José María Roldán (*Banco de España*): »The Spanish Banking Sector«, 17.04.2012, S. 9.

gelegen. Ende 2011 standen schon 3,4 Millionen Wohneinheiten in Spanien leer. Der Crash ist nicht mehr aufzuhalten: Im November 2011 waren die Preise bereits um 28 Prozent gegenüber ihrem Höchststand vom April 2007 gefallen.[1] Und das, obwohl die Banken lange versucht haben, den Markt künstlich zu stützen: Sie haben Zwangsversteigerungen so lange wie möglich hinausgezögert, um die Immobilienpreise nicht noch weiter in den Keller zu drücken. Bis Herbst 2011 haben die Banken lediglich 200.000 Immobilien zwangsversteigern lassen. Experten schätzen, dass noch weit mehr Zwangsversteigerungen folgen werden.[2] Die *Welt* warnt: »Seit die spanische Notenbank dem Finanzsektor strengere Abschreibungsregeln auferlegt, wird der Markt mit Immobilien überschwemmt.«[3]

Zudem schnellt die Zahl der faulen Kredite immer weiter nach oben: Im Dezember 2011 waren bereits Kredite in Höhe von 110 Milliarden Euro im Zahlungsrückstand, ein Anstieg um 1.130 Prozent in nur fünf Jahren.[4] Der Anstieg wird sich fortsetzen, denn die Zahl der säumigen Schuldner entwickelt sich in Spanien seit Jahrzehnten immer parallel zur Arbeitslosigkeit. Und die Arbeitslosenquote schnellt dort gerade in die Höhe: von rund 9 Prozent im Jahr 2007 auf rund 23 Prozent Anfang 2012.[5] Spa-

---

[1] Sharon Smyth: »›Unsellable‹ Real Estate Assets Threaten Survival of Smaller Spanish Banks«, *Bloomberg.com*, 18.11.2011. Leerstand: Immobilienmanagement-Firma *LDC Group*, zit. n. Smyth.

[2] Sharon Smyth: »›Unsellable‹ Real Estate Assets Threaten Survival of Smaller Spanish Banks«, *Bloomberg.com*, 18.11.2011.

[3] U. Müller und N. Schwaldt: »Spaniens Banken stoßen Wohnungen billig ab«, *Welt Online*, 11.02.2012.

[4] *Banco de España*: »Credit Institutions – 4. 1 Assets«, www.bde.es, Zahlen für 02/2012. Die Zahlen umfassen außer Kreditforderungen einen geringen Anteil anderer Forderungen / Wertpapiere.

[5] Kate Mackenzie: »Spain's ever-growing, non-performing loans«, *FT.com/Alphaville*, 19.04.2012.

nien droht eine massive Wirtschaftskrise: Die Bauindustrie ist am Ende, die überschuldeten Privathaushalte sparen.

Bisher hat die spanische Regierung den Absturz aufgehalten: Sie hat Schulden gemacht, um Banken und Wirtschaft zu stützen. In nur fünf Jahren sind die Staatsschulden von 36 Prozent auf 79 Prozent der Wirtschaftsleistung gestiegen. Ein Schub von bis zu 128 Milliarden Euro im Jahr.

Doch der wird jetzt wegfallen, denn die Regierung ist zum Sparen gezwungen.[1] Eine Pressemeldung vom April 2012: »Spanien steht trotz seiner Sparpolitik weiter im Visier der Finanzmärkte. Das hochverschuldete Land hat nun zusätzliche Einsparungen in Milliardenhöhe angekündigt.«[2] Die spanische Regierung plant, die jährliche Neuverschuldung auf drei Prozent der Wirtschaftsleistung zu drücken. Durch das drastische Sparprogramm könnte die Wirtschaft endgültig in den Abgrund gestoßen werden.

Wenn die spanische Wirtschaft abstürzt, steigt die Arbeitslosenquote. Dadurch können sich immer weniger Menschen eine Wohnung leisten, und immer weniger können ihre Kredite zurückzahlen. Den Banken drohen zusätzliche Verluste in gigantischer Höhe: Allein die ausstehenden Immobilienkredite haben eine Summe von 1.000 Milliarden Euro. Schon jetzt überleben die spanischen Banken nur, weil sie am Tropf der anderen Eurostaaten hängen: Bereits 2011 hatten sie bei der EZB und den anderen Euro-Zentralbanken 50 Milliarden Euro geliehen, doch Anfang 2012 ist diese Summe dann auf über 300 Milliarden Euro explodiert. Die Milliarden aus den Eurorettungsfonds, die Spanien seit Mitte 2012 anzapft, kommen noch hinzu. Private Geld-

---

[1]   *IMF, World Economic Outlook Database.*

[2]   »Spanien stockt Sparprogramm auf«, *Spiegel Online*, 09.04.2012, 20:42.

geber sind nicht mehr bereit, den spanischen Banken diese Milliarden zu bezahlbaren Zinsen zu leihen.[1]

Auch in *China* lauert eine Immobilienblase, von der eine Bedrohung für die gesamte Welt ausgeht. Viele Bankanalysten stellen China als große Hoffnung dar: Es könne in Zukunft die Weltwirtschaft antreiben und uns so aus der Krise ziehen. Doch das Land droht stattdessen zur Gefahr zu werden, sobald die dortige Immobilienblase platzt. In China hat sich in fünf Jahren die Summe der Hypothekenkredite verdreifacht, die Immobilienpreise haben sich von 2002 bis 2010 verdoppelt.[2] Die Spekulation hat absurde Formen erreicht: Viele Chinesen bemühen sich nicht einmal, Mieter zu finden, sondern lassen frisch gekaufte Wohnungen einfach leer stehen. Sie hoffen darauf, diese Wohnungen bald an andere Spekulanten weiterverkaufen zu können. Inzwischen gibt es Geisterstadtteile, und sogar eine ganze Geisterstadt: Ordos in der Inneren Mongolei, gebaut für hunderttausende von Einwohnern.[3]

Manche Hedgefonds-Manager spekulieren inzwischen gegen China, beispielsweise Jim Chanos aus den USA. Er höre oft das Argument, sagt Chanos, dass die Nachfrage nach den leeren Wohnungen noch kommen werde. Die starke Landflucht und das schnelle Wirtschaftswachstum würden schon noch den Bedarf für Wohnraum explodieren lassen. Chanos entgegnet: »Der Boom ist ausschließlich ein Boom der Luxusimmobilien. Die Chinesen errichten Wolkenkratzer à la New York, und das auch fast zu New-York-Preisen.« Die Bewunderung für Chinas Wirtschaft übersieht

---

[1] José María Roldán (Banco de España): »The Spanish Banking Sector«, 17.04.2012, S. 26.

[2] *International Monetary Fund*: »People's Republic of China: Financial System Stability Assessment«, 11/2011, S. 18. Es handelt sich offenbar um nicht inflationsbereinigte Zahlen.

[3] Peter Day: »Ordos: The biggest ghost town in China«, *BBC News Magazine*, 17.03.2012.

eine einfache Tatsache: Auch Chinas Wachstum basiert zum Teil auf billigen Krediten, die Jahr für Jahr viele Fehlinvestitionen produzieren.[1] Und eine weitere große Gefahr wird von den euphorischen Bankanalysten übersehen: drohende politische Unruhen. Schon heute gärt es. Christoph Giesen kommentiert in der *Süddeutschen Zeitung*: »Nichts ist friedlich in China.« Pro Tag gebe es in China 500 unangemeldete Demonstrationen, die oft niedergeknüppelt würden. »Die Ursachen sind vielfältig: Umweltverschmutzung, nicht ausgezahlte Löhne, Polizeigewalt oder Landenteignungen.«[2]

In *Australien* hat das Platzen der Blase ebenfalls gerade erst begonnen. Jahrzehntelang waren in Australien die inflationsbereinigten Preise für Wohnimmobilien weitgehend stabil. Bis 1949 waren sie niemals über den Höchstwert von 1890 gestiegen. Doch dann kannten sie nur noch eine Richtung: aufwärts. Von 1949 bis Mitte der achtziger Jahre haben sich die Immobilienpreise verdoppelt. Und danach ging es umso schneller weiter: Von 1986 bis 2009 sind die Immobilienpreise noch einmal um den Faktor 2,5 angestiegen. Insgesamt kosten Häuser und Wohnungen heute also mehr als fünfmal so viel wie 1949 – nach Abzug der Inflation.[3]

Steve Keen von der *University of Western Sydney*, der auch den Crash in den USA vorhergesagt hatte,[4] warnt nun in einer Analyse vor dem Platzen der australischen Kreditblase. Die australischen Firmen und Privatleute seien umgerechnet mit 1491

---

[1] Edward Chancellor: »China's Red Flags«, *GMO White Paper*, März 2010.

[2] Christoph Giesen: »In China droht der Knall«, *Süddeutsche.de*, 05.03.2012, 15:51.

[3] Steve Keen: »Australia's housing bubble is finally ending«, *Propertyobserver. com.au*, 11.01.2012.

[4] Vgl. Dirk Bezemer, Groningen University: »No one saw this coming«, *MPRA Paper No. 15892*, 16.06.2009, S. 9. Bezemer nennt zwölf frühe Warner, die mit ihrer Warnung auch eine Analyse der Ursachen und Folgen verknüpften. Auf Seite 35 ff. nennt Bezemer weitere Namen von Warnern.

Milliarden Euro verschuldet. Mehr als die Hälfte davon, rechnet Keen vor, diente dazu, Spekulationen zu finanzieren.[1] Allein die 22 Millionen Bewohner des fünften Kontinents könnten dem Bankensystem der Welt also noch Verluste von mehreren hundert Milliarden Euro beibringen.

Keen fasst zusammen, was in Australien und vielen anderen Ländern passiert ist: »Der Finanzsektor will Kredite produzieren. Dazu ist er da. Aber das kann er nur auf eine Weise erreichen: Indem er den Rest der Wirtschaft ermuntert, Schulden zu machen. Wenn die Finanzfirmen mit diesen Schulden produktive Investitionen finanziert hätten, gäbe es heute keine Krise, und der Schuldenstand im Vergleich zur Wirtschaftskraft wäre viel niedriger. Doch stattdessen haben sie uns dazu gebracht, auf Preissteigerungen [von Immobilien, Aktien usw.] zu spekulieren.«[2]

Das Platzen der Immobilienblasen hat in vielen Ländern erst begonnen. Es werden daher noch gigantische Verluste auf uns zukommen. Die Gefahr wird kleingeredet: Gelegentlich liest man Schätzungen, dass die Immobilienpreise nur um 15 bis 20 Prozent zurückgehen würden. Ähnliches wurde anfangs auch für die USA vorhergesagt, wo sich die realen Preise von Wohnimmobilien inzwischen fast halbiert haben. Da in anderen Ländern die Blase stärker aufgepumpt worden ist als in den USA, droht in diesen Ländern auch ein stärkerer Einbruch.

Wenn Immobilienpreise viele Jahre stärker steigen als die Inflationsrate, ist der gesamte Anstieg, der über die Inflationsrate hinausgeht, mit hoher Wahrscheinlichkeit auf Spekulation zurückzuführen. Das hat Dean Baker bereits 2002 angedeutet, als er vor der

---

[1]   Steve Keen: »Household Debt: The Final Stage in an Artificially Extended Ponzi Bubble«, *The Australian Economic Review*, vol. 42, no. 3, S. 347–57, 09/2009. Umrechnung in €: Kurs vom 26.04.2012.

[2]   Steve Keen: »Deleveraging with a twist«, *Steve Keen's Debtwatch*, 20.09.2010.

Immobilienblase in den USA warnte: Er wies darauf hin, dass langfristig die US-Immobilienpreise nicht schneller als die Inflationsrate gestiegen sind. Genau das zeigt sich auch in anderen Ländern. Der Grund liegt auf der Hand: Bei steigenden Immobilienpreisen rechnet es sich für Baufirmen immer mehr, neuen Wohnraum zu schaffen. Solange Bauland vorhanden ist, steigt das Wohnungsangebot also einfach mit der Nachfrage, genau wie bei anderen Gütern auch. Das drückt die Immobilienpreise am Ende wieder auf ein Niveau, das der allgemeinen Inflationsrate entspricht.

Alle genannten Preissteigerungen sind aber bereits inflationsbereinigt: Die Preise in Großbritannien, Spanien etc. haben sich *nach Abzug der Inflationsrate* verdoppelt oder verdreifacht. Die Preise werden sich daher voraussichtlich halbieren oder dritteln. Mindestens, denn überall ist während des Booms ein Überangebot an Wohnraum entstanden, das die Preise weiter drückt. Hinzu kommt, dass auch die Wirtschaftskrise die Immobilienpreise einbrechen lässt. In Europa haben wir zurzeit vor allem die Schulden der Regierungen im Blick. Doch die Gefahren, die von den Schulden der Haushalte und Firmen ausgehen, sind leider mindestens genauso groß. Vor allem Privathaushalte und Finanzfirmen waren es, deren Schulden in vielen Ländern explodiert sind. Die Staatsschulden in den westlichen Industrieländern liegen durchschnittlich bei rund 80 Prozent der Wirtschaftsleistung (Bruttoinlandsprodukt, BIP). Nimmt man die Schulden der Unternehmen und Privathaushalte hinzu, wird das Bild viel düsterer: Die Gesamtschulden in Europa übertreffen 500 Prozent des BIP, in Japan 600 Prozent des BIP und in Großbritannien sogar 900 Prozent.[1] Die folgende Grafik zeigt die Dramatik der Lage in den USA.

---

[1]   Anthony Sanders: »What the Euro crisis means for the taxpayer and the U. S. economy«, Testimony, *United States House Committee on Oversight and Government Reform, Subcommittee on TARP*, 15.12.2011.

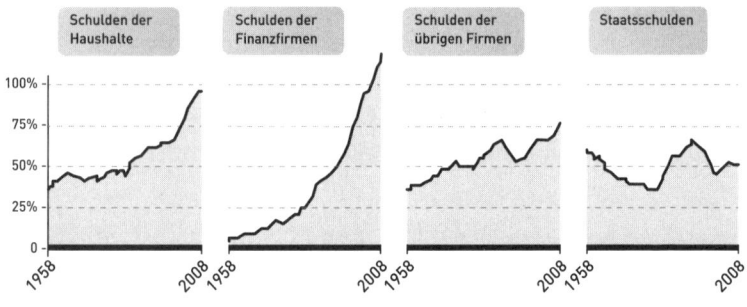

US-Schulden in Prozent der Wirtschaftsleistung (BIP)

Schulden der Haushalte   Schulden der Finanzfirmen   Schulden der übrigen Firmen   Staatsschulden

Quelle: Federal Reserve via Haver Analytics / The New York Times

Am stärksten sind die Schulden der Finanzbranche in die Höhe geschnellt. Extrem angestiegen sind auch die Schulden der Haushalte, besonders steil während der letzten zehn Jahre. Auch die Schulden der Firmen außerhalb des Finanzsektors haben zugenommen. Bei den Staatsschulden dagegen gibt es keine klare Tendenz: Seit den sechziger Jahren sanken sie zunächst. Unter der Regierung von Ronald Reagan gab es dann einen massiven Anstieg, weil der Präsident die Steuern für Reiche senkte und viel Geld für Rüstung ausgab. Unter seinem Nachfolger George Bush stieg der Verschuldungsgrad weiter. Doch während der Amtszeit von Bill Clinton wurde er deutlich reduziert, unter anderem weil Clinton die Steuern für Reiche wieder erhöhte.

Auch wenn man den Durchschnitt der westlichen Industrieländer betrachtet, zeigt sich: Von 1980 bis heute haben die Schulden der Privathaushalte sehr viel stärker zugenommen als die Staatsschulden. Und seit 1995 ist auch die Verschuldung der Unternehmen deutlich stärker gewachsen als die Staatsverschuldung: In dieser Zeit hielten die Staaten ihren Schuldenstand im Durchschnitt bei rund 80 Prozent des BIP, während die Schulden der Unternehmen im Vergleich zum BIP stark anwuchsen und die

Schulden der Privathaushalte sogar explodierten. Der Schuldenberg der Finanzfirmen ist in diesen Zahlen nicht einmal enthalten.[1]

Die Zahlen zeigen eine deutliche Tendenz: Die Kreditblase seit 1995 ist keine Kreditblase von Regierungen oder Firmen (abgesehen von der Finanzindustrie). Sie ist vor allem eine Kreditblase der Privathaushalte. In den westlichen Industrieländern haben sich allein von 2000 bis 2009 die Schulden der Privathaushalte verdoppelt, und das in realen Zahlen, also nach Abzug der Inflation.[2] Warum waren Privathaushalte als Kreditnehmer so beliebt bei den Banken? Sie hatten einen entscheidenden Vorteil: Wenn man ihnen Hypothekenkredite gab, konnte man dabei die Immobilie als Sicherheit nutzen. Und weil die Immobilienpreise in absurde Höhen stiegen, hatten die Banken scheinbar einen immer wertvolleren Pool an Immobilien, die sie als Sicherheit verwenden konnten.

Staatsschuldenkrise:
Die Crashgefahr in Europa steigt von Monat zu Monat

Leider ist in den letzten fünf Jahren auch das Bild bei den Staatsschulden pechschwarz geworden. Da gibt es einmal die notorischen Schuldensünder wie Griechenland oder Portugal, deren Regierungen schon seit Langem jedes Jahr untragbar hohe neue Schulden produzieren. Diese Länder bedrohen den Euro und das Bankensystem. Andererseits gibt es den Rest der Industrieländer, die zu Beginn der Krise noch Garanten der Stabilität waren, die jedoch immer stärker selbst zu Gefahrenherden werden.

---

[1] Ungewichteter Durchschnitt von 18 bzw. 16 OECD-Ländern. Cecchetti, Mohanty, Zampolli: »The real effects of debt«, *Bank for International Settlements*, 09/2011, S. 6.

[2] Ungewichteter Durchschnitt von 16 OECD-Ländern. Cecchetti, Mohanty, Zampolli: »The real effects of debt«, *Bank for International Settlements*, 09/2011, S. 6.

Der Grund für die dramatische Verschlechterung der Lage: Seit 2007 geben die Staaten Hunderte von Milliarden aus, um Banken und Wirtschaft zu stützen. Die sieben größten Industriestaaten (G7) haben allein 2009 *zusätzliche* Staatsschulden gemacht, die zehn Prozent ihrer Wirtschaftsleistung (BIP) entsprachen. Im Jahr darauf kamen noch einmal Staatsschulden in Höhe von 8,7 Prozent des BIP hinzu.[1]

Und diese Zahlen verraten nicht einmal die ganze Wahrheit: Die Banken werden oft indirekt unterstützt, sodass die drohenden Milliardenverluste im Staatshaushalt zunächst nicht sichtbar sind. Sie werden erst in der Zukunft verbucht. Wenn beispielsweise die *Europäische Zentralbank* den Banken Hunderte von Milliarden zur Verfügung stellt, hat das auf die Staatshaushalte zunächst keine negativen Auswirkungen. Ähnlich bei den beiden europäischen »Rettungsfonds« ESM und EFSF: Zusammen sind sie inzwischen auf zirka 1.000 Milliarden Euro angeschwollen.[2] Doch lediglich 80 Milliarden Euro müssen die Staaten direkt einzahlen, und nur dieses Geld führt eins zu eins zu höheren Staatsschulden.[3] Der Rest sind Garantien der Euroregierungen, die erst fällig werden, sobald es brennt. Oder genauer: Sobald es lichterloh brennt, denn schon jetzt flammen in der Eurozone immer wieder Brände auf. Sie führen jedoch nicht dazu, dass die Garantien fällig werden, weil die Eurostaaten dann einfach noch höhere Milliardengarantien abgeben, woraufhin die Märkte sich wieder für eine Weile beruhigen.

---

[1] *Summe* der Nettoneuverschuldung geteilt durch *Summe* des BIP (= gewichtete Zahlen). IMF: »General government net lending/borrowing«, *World Economic Outlook Database*, 04/2012.

[2] »Bollwerk gegen den Bankrott« (Grafik), *Der Spiegel/Spiegel Online*, 08/2011. Nach anderen Berechnungen sind es 800 Milliarden Euro, abhängig von ausstehenden politischen Entscheidungen.

[3] Martin Bohne: »Die Euro-Feuerwehr bekommt eigenes Geld«, *tagesschau.de*, 29.04.2012.

Jene Banken, die seit Jahren am Rand der Pleite stehen, werden manchmal als *Zombie*-Banken bezeichnet: Sie sind mehr tot als lebendig und vor allem damit beschäftigt, sich selbst irgendwie am Leben zu erhalten. Auf Internetseiten kursiert ein Kommentar, der sarkastisch fragt, ob den Regierungen in der Eurozone das gleiche Schicksal droht: »Ernähren sich die Zombie-Banken jetzt von Regierungen und verwandeln diese dadurch auch in Zombies?« Das düstere Bild entspricht leider der Wahrheit. Die Politik muss ihren Kurs dringend ändern. Sonst werden aus den Staaten, die heute noch die Rolle des Bankenretters übernehmen, bald Staaten, die selbst gerettet werden müssen.

Bei mehreren Euroländern ist genau das bereits passiert. Noch kurz vor der Bankenkrise haben die Staaten der Eurozone ihre Staatsschulden massiv gesenkt: Von 70,2 Prozent auf 66,3 Prozent des Bruttoinlandsprodukts, also der Wirtschaftsleistung.[1] Auch Irland, Spanien und Belgien gehörten zu den Schuldensenkern. Doch dann mussten die drei Länder Milliarden für die Banken und die von den Banken ruinierte Wirtschaft bereitstellen. Die Folge: Innerhalb von nur fünf Jahren haben sich die nominalen Staatsschulden dieser drei Länder verdoppelt, auf zusammen 1.261 Milliarden Euro im Jahr 2011.[2] Jetzt werden alle drei Staaten selbst von den Märkten attackiert. Um beim sarkastischen Bild zu bleiben: Die Zombie-Staaten müssen sich jetzt von den wenigen verbliebenen Nicht-Zombie-Staaten ernähren.

Die entscheidende Frage ist: Fällt auch Frankreich? Schon jetzt wird die Finanzkraft des Landes von den Finanzmärkten zu-

---

[1] Von 2005 bis 2007. Klaus Busch: »Scheitert der Euro?«, *Studie Friedrich-Ebert-Stiftung*, 02/2012, S. 9. Daten: *Directorate-General for Economic and Financial Affairs of the European Commission.*

[2] *IMF:* »General government net lending/borrowing«, *World Economic Outlook Database*, 04/2012.

nehmend in Zweifel gezogen. Anfang 2012 hat die Ratingagentur *Standard & Poor's* dem Land bereits die Höchstnote entzogen.[1] Wenige Wochen vorher hatte der französische Regierungschef François Filon noch ein drastisches Sparprogramm beschlossen, um die Herabstufung zu verhindern. »Das Wort Pleite ist kein abstraktes Wort mehr«, räumte Filon ein.[2]

Die Schuldenstaaten starren deshalb so ängstlich auf den Finanzmarkt, weil sie ständig frisches Geld benötigen. Auch wenn ein Land seine Schulden nicht erhöht, ist es gezwungen, sich fast monatlich neue Kreditgeber zu suchen. Denn ständig laufen alte Schuldscheine (»Anleihen«) aus. Das bedeutet, die Regierungen müssen das Geld an die alten Kreditgeber zurückzahlen. Um diese Summen aufzubringen, müssen neue Kreditgeber her. Doch wenn potenzielle Kreditgeber Zweifel an der langfristigen Finanzkraft eines Landes haben, verleihen sie Geld nur noch zu hohen Zinsen. Dann steigt nach und nach die Summe, die ein Land für seine Schulden zahlen muss, und zwar auch dann, wenn es gar keine zusätzlichen Schulden macht.

Falls die Finanzmärkte Frankreichs Finanzkraft ernsthaft in Frage stellen, wird das System der Eurohilfszahlungen zusammenbrechen, weil ein entscheidender Stützpfeiler fehlt: Frankreich ist die zweitgrößte Wirtschaftsmacht des Euro, direkt nach Deutschland. Beim Hilfsfonds ESM stellen Deutschland und Frankreich zusammen rund 300 Milliarden Euro, fast die Hälfte der Gesamtsumme.[3] In Wirklichkeit ist es jedoch deutlich mehr

---

[1] »Standard & Poor's startet Rundumschlag gegen Europa«, *Spiegel Online*, 13.01.2012. Das Urteil der Ratingagenturen ist, wie gezeigt, unzuverlässig, aber in der Regel eher zu positiv als zu streng.

[2] AFP-Meldung: »Frankreich weitet Sparkurs drastisch aus«, FR Online, 07.11.2011.

[3] Quelle: »Bollwerk gegen den Bankrott« (Grafik), *Der Spiegel / Spiegel Online*, 08/2011.

als die Hälfte, denn für die andere Hälfte sollen unter anderem Griechenland, Spanien, Portugal und Irland aufkommen. Sie sind jedoch viel zu schwach, um andere Länder zu stützen, da sie ja selbst gestützt werden.

Die größte Gefahr für Frankreich ist das drohende Platzen der Immobilienblase, die erstaunlicherweise in unseren Medien kaum beachtet wird, obwohl sich die Situation immer mehr zuspitzt. Nimmt man das Wachstum der Immobilienpreise seit 2000 als Grundlage, dann ist die Blase in Frankreich inzwischen stärker angeschwollen als in Spanien kurz vor dem Crash. Frankreich sei »die nächste Blase, die platzt«, warnen Analysten der *Danske Bank* im April 2012. Die Nachfrage nach Immobilienkrediten in Frankreich breche gerade dramatisch ein. Das belegten Zahlen der EZB. Seit Anfang 2012 gehe auch die Zahl der Baugenehmigungen und Baubeginne stark zurück.[1] Sobald die Immobilienpreise in Frankreich einbrechen, werden sich in den Bilanzen der französischen Banken Milliardenlöcher auftun, genau wie es gerade in Spanien passiert.

Bereits jetzt wird die französische Finanzkraft geschwächt, weil das Land immer stärker für die schwachen Eurostaaten haftet.[2] Denn auch solche Haftungsgarantien sind natürlich nicht kostenlos: Jede neue Zusage, wie zuletzt für Spanien, führt dazu, dass die Finanzmärkte weniger bereit sind, Frankreich günstig Geld zu leihen. Denn die Geldgeber wissen: Wenn die Eurokrise eskaliert, werden Frankreichs Garantien fällig, und das Land wird mit in den Strudel gerissen.

Falls die europäischen Regierungen ihren Kurs nicht ändern, droht der Eurozone eine Katastrophe. Die zunehmende Schwäche

---

[1]   *Reuters EcoWin / Danske Research*: »The next bubble to pop«, *Danske Bank*, 25.04.2012.

[2]   Agustino Fontevecchia: »Euro Rescue: EFSF AAA Rating As Strong As Its Weakest Link«, *Forbes.com*, 28.10.2011.

Frankreichs und anderer Garantiegeber ist nur die eine Gefahr. Genauso bedrohlich ist die dramatische Situation in den Empfängerländern. Mehrere Eurostaaten sind – angesichts ihrer geringen wirtschaftlichen Leistungsfähigkeit – schlicht überschuldet. Kenneth Rogoff, Experte für Schuldenkrisen und ehemaliger Chefökonom des *Internationalen Währungsfonds*, hat bereits Anfang 2011 gewarnt, dass Griechenland, Portugal und Irland bankrott sind. Ein Schuldenerlass von mindestens 30 bis 40 Prozent sei unvermeidlich.[1] Auf einer Veranstaltung beim Bundesfinanzministerium sagte Rogoff im März 2011: »Wenn man zu lange wartet, riskiert man nur, dass das Problem größer wird und einen noch mehr kostet.«[2] Doch die Warnung verhallte ungehört: Erst ein Jahr später wurde Griechenland ein Teil seiner Schulden erlassen. Viel zu spät.[3]

Das gleiche Bild bei den Überschuldungsproblemen von Portugal und Irland. Sie werden bis heute (Mitte 2012) verschleppt. Anfang 2012 hatte Rogoff noch einmal gewarnt: »Griechenland, Portugal, Irland und wahrscheinlich Spanien sind insolvent und benötigen eine Restrukturierung ihrer Schulden. Man darf sich nicht bloß auf das Niveau der Staatsschulden fokussieren, sondern muss die gesamte Außenschuld eines Landes betrachten: Damit meine ich die öffentliche und die private Verschuldung gegenüber Gläubigern aus dem Ausland. Die Außenschulden von Ländern wie Irland und Spanien sind enorm.«[4]

---

[1] U. a. im *Stern*-Interview: »Es wird ein langer, sehr schmerzhafter Prozess«, *Stern*, 20/2011, S. 82.

[2] Rainer Buergin: »Rogoff Says Debt Restructuring in Greece, Ireland, Spain Is ›Inescapable‹«, *Bloomberg.com*, 03.03.2011.

[3] Ab Seite 289 wird erklärt, wie durch die Verschleppung des Problems die Gefahren steigen.

[4] Kenneth Rogoff (Interview): »Europa droht ein verlorenes Jahrzehnt«, *Tagesanzeiger.ch*, 19.01.2012.

Die Probleme der schwachen Euroländer sind dramatisch. In vielen Ländern ist das Bankensystem eine Zeitbombe, beispielsweise in Irland und Spanien. Andere Länder haben schon seit Jahren an Wettbewerbsfähigkeit verloren: Die Lohnstückkosten[1] in Portugal, Italien, Griechenland, Spanien und Irland sind zwischen 2000 und 2010 um 25 bis 35 Prozent gestiegen, während sie in Deutschland auf einem Niveau blieben. Alle fünf Länder haben daher seit 2000 fast in jedem Jahr mehr importiert als exportiert. Die Folge: Unter dem Strich häuften die Aktcure in diesen Ländern – Staat und Privatsektor zusammen – einen immer größeren Schuldenberg im Ausland an.[2] Auch hier handelt es sich letztlich um ein Schneeballsystem (*Ponzi scheme*): Die wachsenden Schulden erzeugten einen künstlichen Wirtschaftsboom. Dadurch wurde die geringe wirtschaftliche Leistungsfähigkeit dieser Länder kaschiert.[3]

Wer trägt die Hauptverantwortung für die viel zu leichtfertige Kreditvergabe der letzten Jahre? Vor allem die Geldgeber, also Banken, Versicherungen und Investmentfonds. Denn jeder Investor muss gründlich prüfen, wie hoch das Ausfallrisiko ist, wenn er Geld verleihen will. Vor der Euroeinführung haben die Investoren ihre Hausaufgaben noch gemacht: Von Staaten mit höherem Ausfallrisiko verlangten sie als Ausgleich höhere Zinsen. Noch 1995 musste Italien bis zu 14 Prozent Zinsen zahlen, wenn es sich für 10 Jahre Geld leihen wollte, Griechenland bis zu 19 Prozent, Spanien und Portugal bis zu 12 Pro-

---

[1] Lohnkosten, die pro erzeugter Einheit (pro Stück) anfallen.

[2] Nlechoj, Stein, Stephan, Zwiener: »Deutsche Arbeitskosten [...]«, *IMK-Report Nr. 60*, 03/2011, S. 13, 17. Zwei Ausnahmen: Italien hatte 2002 eine ausgeglichene Leistungsbilanz, Irland 2004.

[3] IMF, *Financial Stability Report*, April 2012, S. 12.

zent.[1] Doch mit der Einführung des Euro geschah etwas Merkwürdiges: Die Finanzmärkte wurden immer sorgloser. Sie machten überhaupt keinen Unterschied mehr zwischen den Eurostaaten. Seit 2001 konnten Griechenland, Italien, Spanien und Portugal zu genau den gleichen Bedingungen neue Schulden machen wie Deutschland. Die Zinsen all dieser Länder waren kaum unterscheidbar und fielen fast kontinuierlich, bis auf 3,5 Prozent.[2]

Ein klares Marktversagen: Die Investoren begründeten den Gleichlauf der Zinsen mit der Einführung des Euro, doch die hatte das Entscheidende überhaupt nicht geändert: Die Gefahr einer Staatspleite bestand weiterhin, und sie musste für jede Euroregierung getrennt beurteilt werden.[3] Entfallen war lediglich die Möglichkeit einer *versteckten* Staatspleite. Überschuldete Länder schwächen manchmal ihre Währung und entwerten damit die Schulden der ausländischen Gläubiger gleich mit.[4] Das war nach der Einführung des Euro nicht mehr möglich. Doch die Gefahr einer offenen Pleite blieb bestehen.

Spekulierten die Investoren vielleicht darauf, dass sich durch den Euro die wirtschaftliche Leistungsfähigkeit dieser Länder angleichen würde? Das war ganz offensichtlich nicht der Fall. Wie bereits erwähnt, litten Griechenland, Italien, Spanien, Portugal

---

[1] Thomson Reuters zit. nach: Jacob Goldstein: »The crisis in Europe«, *npr.org*, 04.06.2012. *Zu einem kleineren Teil* dienten die hohen Zinsen auch als Inflationsausgleich. Inflationsrate 1995: Italien 5,4 %, Griechenland 8,9 % Spanien 4,7 %, Portugal 4,1 %. (EWI, 1998). Dagegen in der Eurozone später 2,2 %.

[2] Albrecht Sommer (*Deutsche Bundesbank*): »Europäische Staatsschuldenkrise«, Berlin, 10.02.2011, S. 8.

[3] Für den Kauf von Staatsanleihen müssen Banken in vielen Fällen kein Eigenkapital aufbringen. Dennoch muss die Bank als Gläubiger das Insolvenzrisiko jedes Staates natürlich selbstständig beurteilen.

[4] Für einige Staaten ist es daher schwierig, am Markt Kredite in ihrer eigenen Währung zu erhalten.

und Irland jahrelang unter zu hohen Lohnstückkosten, erheblichen Leistungsbilanzdefiziten, und – im Fall von Griechenland und Portugal – auch unter überdurchschnittlich steigenden Staatsschulden. Es ist eindeutig: Die Investoren haben bei ihrer ureigensten Aufgabe versagt. Möglicherweise haben sie von vornherein darauf spekuliert, dass die starken Euroländer ihnen ihre Verluste ersetzen würden, falls ein schwaches Euroland seine Schulden nicht zurückzahlen konnte. Genau das schließt eigentlich die sogenannte *No-Bail-Out*-Klausel aus.[1] Doch sie wird jetzt einfach ignoriert: Private Investoren, die Anleihen von schwachen Eurostaaten gekauft haben, werden mit Milliardensummen entschädigt.

---

[1] *Nichtbeistandsklausel* (*No-Bail-Out*-Klausel) im *Vertrag über die Arbeitsweise der Europäischen Union*, § 125: »Ein Mitgliedstaat haftet nicht für die Verbindlichkeiten der Zentralregierungen [...] eines anderen Mitgliedstaats und tritt nicht für derartige Verbindlichkeiten ein.« (01.12.2009).

WAS DIE POLITIK JETZT TUN MÜSSTE – UND WAS SIE TATSÄCHLICH TUT

Staatsgelder fließen in die Banken hinein, Boni heraus

April 2008: Der Zusammenbruch des US-Immobilienmarktes ist in vollem Gang. Der *Internationale Währungsfonds* (IWF) versucht, den Gesamtschaden zu schätzen: Wie hoch werden die Verluste sein, die das Finanzsystem verkraften muss? Allein bei Krediten, die in den USA vergeben worden sind, werde es Ausfälle von 1.170 Milliarden US-Dollar geben, sagt der IWF voraus.[1] Ein Jahr später korrigiert er seine Schätzung: Er erwartet nun, dass die faulen Kredite Verluste von 2.712 Milliarden US-Dollar verursachen werden. Das ist doppelt so viel wie alle Gewinne der US-Banken in den gesamten 20 Jahren vor der Finanzkrise. Doch diese Gewinne haben die Banken längst an ihre Eigentümer ausgeschüttet. Sie haben daher viel zu geringe Rücklagen, um für den Schaden aufzukommen.[2] Der IWF gibt nun auch eine Schätzung für die *weltweiten* Verluste ab: insgesamt 4.054 Milliarden US-Dollar. Weit über die Hälfte davon

---

[1] Inkl. Verluste, die durch Verbriefungen exportiert wurden. *IMF: Global Financial Stability Report*, 10/08, S. 15.

[2] Gewinne der von der Einlagensicherung FDIC versicherten Banken. FDIC: »Annual Income and Expense of FDIC-Insured Commercial Banks and Savings Institutions«, *fdic.gov*, abgerufen 05/2012.

werde bei Banken anfallen, der Rest bei Versicherern und anderen Akteuren.[1] Diese Schätzungen sind sogar noch zu niedrig gegriffen, und zwar aus mehreren Gründen: Der IWF berücksichtigt keine Zahlungsausfälle bei Staatsschulden, berechnet die Verluste nur bis 2010, schließt Aktien aus, erfasst nur einige Länder, und in diesen auch nicht alle ausstehenden Kredite.[2] Zudem kalkuliert der IWF nur die Verluste der Finanzbranche, nicht die der Haushalte oder Firmen.[3]

Nachdem der IWF vor den Milliardenschäden gewarnt hat, geschieht etwas Merkwürdiges: Die Banken sind davon scheinbar gar nicht betroffen. Allein bei den US-Banken sollten laut der IWF-Schätzung Verluste von mehr als 1.000 Milliarden US-Dollar entstehen.[4] Doch wer kommt tatsächlich für diese Verluste auf? Das US-Bankensystem offenbar nicht, denn es schreibt nur in einem einzigen Jahr rote Zahlen, 2009. Es ist insgesamt ein Minus von nur 11 Milliarden US-Dollar. Ein Jahr später weisen alle US-Banken zusammen bereits wieder Gewinne aus, 78 Milliarden Dollar. Und 2011 sind es sogar Gewinne von 111 Milliarden. Den

---

[1] *IMF: »Global Financial Stability Report«,* April 2009, S. 35.

[2] Der IWF hat Ende 2010 geschätzt, dass die Banken nur rund 54 Prozent dieser Verluste tatsächlich verbucht haben. Wie gleich gezeigt wird, ist der Grund dafür nicht, dass die Verluste nicht existieren, sondern dass die Banken sie unbemerkt bei Staaten und Zentralbanken abladen, und durch Bilanztricks verstecken. *IMF: »Global Financial Stability Report«,* 04/2009, S. 35 und 10/2010, S. 13.

[3] Allein die Immobilien der US-Privathaushalte haben von 2006 bis 2011 einen Wertverlust von 7.000 Mrd. Dollar verzeichnet. Viele Bürger besitzen nun Häuser, deren Wert niedriger ist als die Schulden, die auf dem Haus lasten (die Eigentümer sind »underwater«). Durch Zwangsversteigerungen erreicht ein Teil dieser Verluste auch die Banken. *FED:* »Flow of Funds Accounts of the United States«, B. 100.

[4] Ohne die Verluste aus jenen verbrieften Krediten, die aus den USA ins Ausland verschoben worden sind. Nur Banken, ohne Versicherungen etc. *IMF: »Global Financial Stability Report«,* 04/09, S. 70.

größten Teil dieser Gewinne schütten die Banken gleich an ihre Eigentümer aus, allein dadurch fließen von 2008 bis 2011 rund 208 Milliarden Dollar aus dem US-Bankensystem ab.[1]

Auch Boni und Gehälter werden so großzügig verteilt, als habe es nie eine Finanzkrise gegeben. Allein von 2008 bis 2010 zahlen die Wall-Street-Banken Boni von 62 Milliarden Dollar aus. Hinzu kommen versteckte Bonuszahlungen: Viele Banken sind dazu übergegangen, gleich die Festgehälter zu erhöhen statt unvorhersehbare Boni zu zahlen. Die untenstehende Grafik zeigt die Summe aus Boni und Festgehältern: Es wirkt so, als hätten die US-Banken mit maroden Krediten und drohenden Milliardenverlusten überhaupt nichts zu tun. Ein minimaler Rückgang im Jahr 2008, gefolgt von immer neuen Gehaltsrekorden in den Folgejahren. Im Jahr 2011 wurden bereits 31 Milliarden Dollar mehr ge-

Gehälter und Boni der US-Bankmitarbeiter, in Mrd. Dollar

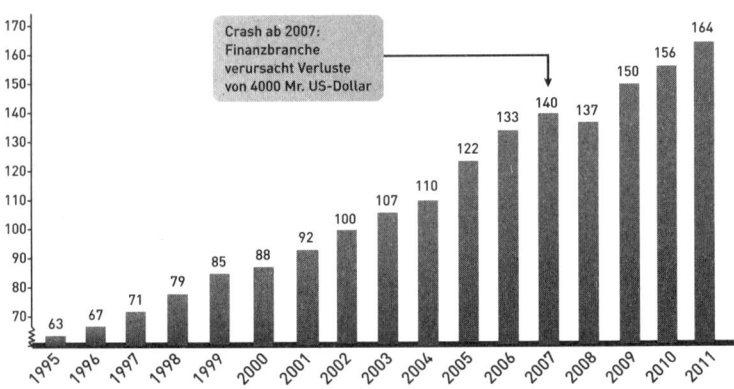

Quelle: FDIC.GOV (FDIC-Insured Commercial Banks, Employee Salaries and Benefits)

---

[1] Gewinne nach Steuern. Nur Banken, ohne Sparkassen (mit Sparkassen wären Gewinne noch höher). »FDIC-Insured Commercial Banks, Cash Dividends (Table CB08), Net Income (Table CB04)«, *fdic.gov*.

zahlt als fünf Jahre zuvor.[1] Ein erstaunlicher Vorgang, wenn man bedenkt, dass die Gehälter und Boni im Jahr 2006 durch die Kreditblase bereits grotesk überhöht waren.

Insgesamt sind also seit 2008 allein in den USA schon Hunderte von Milliarden Dollar aus dem Banksystem wieder herausgeflossen, oft als Prämie für genau diejenigen, die persönlich für die Katastrophe mit verantwortlich sind. Nach der marktwirtschaftlichen Idee müsste es genau umgekehrt sein: Aktionäre wären die Ersten, die bei Schwierigkeiten neues Kapital bereitstellen,[2] Manager müssten Verantwortung für ihre Fehlentscheidungen übernehmen.

Auch bei der *Deutschen Bank* sprudeln die Gewinne wieder: Sie hat nur im Jahr 2008 einen Verlust gemacht. Dagegen 5,2 Milliarden Euro Gewinn im Jahr 2009, 4,7 Milliarden im Jahr 2010 und 5,4 Milliarden im Jahr 2011.[3] Der damalige *Deutsche-Bank*-Chef Ackermann ist stolz darauf. Vor rund 150 Top-Managern der Bank sagt er nach Informationen des *Spiegel*: »Ich würde mich schämen, wenn wir in der Krise Staatsgeld annehmen würden.«[4] Die *Deutsche Bank*, die das gefährliche Kreditkarussell jahrelang mit angetrieben hat, und die daher mit verantwortlich ist für die Verluste von mehr als 4.000 Milliarden US-Dollar, brüstet sich also, dass sie die Katastrophe ohne größeren Schaden überstanden hat.

---

[1] Nur Banken, ohne Sparkassen (mit Sparkassen wäre in der Grafik die jeweilige Summe 9 bis 16 Prozent höher). »FDIC-Insured Commercial Banks, Employee Salaries and Benefits (Table CB07)«, fdic.gov.

[2] Zwar haben die Aktionäre bei manchen Banken frisches Kapital bereitgestellt (durch Kapitalerhöhungen), doch gab es andererseits ab 2011 insbesondere bei Großbanken Aktienrückkaufprogramme, mit denen Milliardensummen wieder aus den Banken abgeflossen sind.

[3] Gewinne vor Steuern, vgl. Hesse, Pauly, Schulz, Seith: »USA against Deutsche Bank«, *Der Spiegel*, 05/2012, S. 63. Für 2011 *Deutsche-Bank*-Pressemitteilung 02.02.2012.

[4] »Deutsche Bank rückt von Renditeziel ab«, *Spiegel Online*, 18.10.2008.

Nur – wohin sind die weltweiten Verluste von mehr als 4.000 Milliarden gewandert? Wer kommt für den Schaden auf? Wenn man nachforscht, entdeckt man, dass Ackermanns Behauptung falsch ist. Sein Institut erhält in Wirklichkeit milliardenschwere Hilfen von Steuerzahlern und Zentralbanken. Doch diese Hilfen fließen indirekt, über versteckte Kanäle, an die *Deutsche Bank*. Das gilt für das gesamte Bankensystem: Es macht nur deshalb Gewinne, weil die Staaten und Zentralbanken seit fast fünf Jahren alles tun, um dem Bankensystem fast jeden drohenden Verlust im Vorfeld abzunehmen. Sie lassen die Verluste unauffällig verschwinden, beispielsweise, indem sie notleidende Kredite in gesunde verwandeln.

So erzielen die Banken offiziell weiterhin Gewinne und sind weiter unabhängig, können also Boni und Dividenden auszahlen. Die Verursacher des Zusammenbruchs wollen so wenig wie möglich an den Aufräumarbeiten beteiligt werden. Während Staaten und Zentralbanken gewissermaßen oben in die Banken Milliarden hineingießen, fließen unten die Boni, Dividenden und überhöhten Gehälter wieder heraus. Wertvolles Kapital, das helfen könnte, die Banken endlich stabiler zu machen.

Über welche versteckten Kanäle die Verluste von den Banken zu den Bürgern verschoben werden, soll das übernächste Kapitel schildern. Vorher muss noch eine andere Frage geklärt werden: Haben die Politiker überhaupt eine Wahl?

Regierungen und Zentralbanken pumpen Milliarden in das System – ist das notwendig?

Seit fünf Jahren stellen Regierungen und Zentralbanken immer neue Milliarden bereit: für die Banken, für Konjunkturprogramme, für überschuldete Akteure wie Griechenland. Ist das der richtige Weg?

Kritiker sagen: Die Staaten und Zentralbanken halten nur das alte Schneeballsystem, das *Ponzi-System*, noch eine Weile am Leben. Notleidende Kredite werden dadurch bedient, dass man neue Schulden macht. Auf die Kreditorgie der Privaten folgt die Kreditorgie der Staaten. Auf die zu niedrigen Zinsen folgen nun noch niedrigere Zinsen. Sogar Anthony Sanders, ehemaliger *Research*-Direktor bei der *Deutschen Bank* an der Wall Street, sagt, in Bezug auf die Eurozone: »Zusätzliche Schulden sind nicht die Lösung. Sie sind das Problem.«[1]

Die Politiker dagegen behaupten: Milliardenhilfen für die Banken sind alternativlos. Wenn das Bankensystem in Bedrängnis gerät, ist das gefährlich für die Wirtschaft. Die Banken fahren dann die Kreditvergabe an die Unternehmen zurück. Der Realwirtschaft wird also der Geldhahn zugedreht, was eine jahrelange schwere Wirtschaftskrise verursacht. Es könne sogar ein gefährlicher Teufelskreis einsetzen, so wie in der Weltwirtschaftskrise ab 1929.

In Deutschland erinnert man sich vor allem an die *Hyperinflation* in der Weimarer Republik der zwanziger Jahre, doch in den dreißiger Jahren kam es weltweit zu *Deflation*, also sinkenden Preisen und Löhnen. Deflation, so die Theorie, führt zu einer unaufhaltsamen Abwärtsspirale – und genau die drohe heute wieder: Alle wollen gleichzeitig ihre Schulden abbauen und kaufen daher weniger ein. Die Produktion geht zurück, die Unternehmen haben dadurch Überkapazitäten. Um ihre Produktionsanlagen auszulasten, senken sie die Preise massiv. Gleichzeitig drücken sie auch die Löhne. Dadurch wiederum wird noch weniger konsumiert,

---

[1] Anthony Sanders: »What the Euro crisis means for the taxpayer and the U. S. economy«, Testimony, *United States House Committee on Oversight and Government Reform, Subcommittee on TARP*, 15.12.2011.

weil Kunden ihre Einkäufe aufschieben (in Erwartung weiter fallender Preise und Löhne). In einem solchen Szenario wird der Abbau des Schuldenbergs immer schwieriger. Einerseits durch die schrumpfende Wirtschaft, andererseits durch Lohnkürzungen: Wenn eine Kreditsumme anfangs dem Gegenwert von 100 Arbeitsstunden entspricht, dann macht die Deflation daraus bald einen Kredit im Gegenwert von 120 Arbeitsstunden.[1]

Man könne jedoch, so das Szenario der Regierungen, jetzt eine positive Dynamik erzeugen, wenn man die Zinsen senkt und viele Milliarden in das Bankensystem pumpt: Das Geld rege die Banken zu neuer Kreditvergabe an, was wiederum die Wirtschaft in Schwung bringe. Eine wachsende Wirtschaft mache dann aus schwachen Schuldnern wieder starke, die in der Lage sind, ihre Kredite doch noch zurückzuzahlen.

Natürlich muss ein unkontrollierter Kollaps des Systems verhindert werden. Meine Befürchtung ist jedoch: Genau dieser Kollaps droht, wenn die Entscheidungsträger so weitermachen wie bisher. Viele Staaten vergeuden gerade ihre letzten Reserven, indem sie Milliarden mit der Gießkanne über dem Bankensystem ausschütten, ohne die Banken gleichzeitig konsequent umzubauen. Das Problem ist nicht, *dass* Staaten und Zentralbanken Milliarden bereitstellen. Dass Problem ist, *wie* sie dieses Geld verwenden. Es wurde bislang sehr ineffizient eingesetzt. Unter dem Strich haben die Milliarden vor allem das marode System einige Zeit über die Runden gerettet, statt es zu reparieren.

Wie könnte ein Umbau der Banken aussehen? Hinweise liefern erfolgreiche Bankensanierungen, beispielsweise in Schweden in den neunziger Jahren oder in den USA während der Sparkassen-

---

[1] Vgl. auch Richard Koo: »The world in balance sheet recession: causes, cure, and politics«, 12.12.2011. Irving Fisher: »The Debt-Deflation Theory of Great Depressions«, *Econometrica* 1.4, Oct. 1933, S. 337–357.

krise der achtziger Jahre (*Savings & Loan Crisis*). Aus den historischen Erfahrungen lassen sich drei entscheidende Regeln ableiten.[1] Regeln, die in der jetzigen Krise nicht befolgt worden sind[2]:

1. Den Banken darf nicht erlaubt werden, faule Kredite jahrelang mitzuschleppen. Die Bilanzen müssen durchleuchtet und bereinigt werden. Nur dann sind Banken in der Lage, sich auf die Vergabe neuer solider Kredite zu konzentrieren. Ohne Bereinigung sind sie halbtote »Zombie-Banken«, die um jeden Preis nur ihr eigenes kurzfristiges Überleben sichern wollen. Genau das ist in Japan passiert, nachdem 1990 die Immobilienblase geplatzt war. Und genau das passiert nun in vielen Ländern. »In Japan versteckten sie die Verluste der Banken und machten lauter optimistische Statements – kommt Ihnen das nicht bekannt vor?«, bemerkt der frühere US-Bankenaufseher William Black.[3]

2. Bankmanager müssen für Fehler zur Verantwortung gezogen werden. Wenn sie wissen, dass sie bei Problemen vom Staat gerettet werden und danach einfach weitermachen können, dann haben sie einen gewaltigen Anreiz, wieder untragbare Risiken einzugehen. Dieser Anreiz muss in jedem Fall vermie-

---

[1] Auch wenn die heutigen Regierungen alles richtig machten, bleibt ein Risiko. Denn heute sind viel mehr Länder betroffen als bei den erfolgreich bewältigten Krisen, die regional begrenzt waren.

[2] Borio, Vale, von Peter: »Resolving the financial crisis: are we heeding the lessons from the Nordics?« *Bank for International Settlements*, 06/10, u. a. S. 1, 2, 13, 17, 18. Weitere Quellen für die drei genannten Punkte: Edward Harrison: »The Swedish banking crisis response *Credit Writedowns*, 13.08.2008, Peter Englund: »The Swedish Banking Crisis«, *Oxford Review of Economic Policy*, Vol 15, No 3, 1999. L. William Seidman: »Full Faith & Credit«, *Beard Books*, Washington, 2000, S. 198–305.

[3] William Black (Interview): »Geithner hat als Regulierer versagt«, FAZ.net, 27.10.2009.

den werden. Sonst entsteht eine absurde Mischung aus Sozialismus und Kapitalismus: Nur die Verluste werden verstaatlicht, während die Gewinne bei den Privaten bleiben.

3. Wenn eine Bank nur noch mit Staatshilfe überlebt, dann ist es legitim, sie für einige Monate zu verstaatlichen. Das hat nichts mit Sozialismus zu tun. Im Gegenteil: Kein privater Investor würde ein marodes Unternehmen mit Milliarden retten, wenn er nicht gleichzeitig die Kontrolle über das Unternehmen erhält.

William Seidman der in den achtziger Jahren für die Sanierung der US-Sparkassen verantwortlich war, erklärt das Entscheidende in einem Satz: »Was wir getan haben: Wir haben die Bank übernommen, sie verstaatlicht, das Management gefeuert, die faulen Kredite und Investments herausgenommen und dann eine gute Bank wieder in das System zurückgegeben.«[1] Seidman hat kurz vor seinem Tod im Mai 2009 das Vorgehen der Regierungen in der aktuellen Krise nachdrücklich kritisiert: »Es geht doch um die Frage: Was ist der beste Weg, um das System zu reinigen und es wieder zum Laufen zu bringen? Nach meiner Ansicht müssen wir einige der Banken verstaatlichen, um das zu erreichen. Sonst machen sie weiter Verluste, kommen dann zurück und sagen: ›Wir sind sehr groß, deshalb darf man uns nicht pleitegehen lassen, also gebt uns wieder Geld.‹ Sie werden das jeden Monat machen.«[2]

Wirtschaftswissenschaftler Kenneth Rogoff, der Experte für Bankenkrisen, hat bereits im Januar 2009 gewarnt, dass die Poli-

---

[1] Laurence Arnold: »William Seidman, Who Led Cleanup of S&L Crisis, Dies«, *Bloomberg.com*, 13.05.2009.

[2] Linda Shen: »Obama Bank Nationalization Is Focus of Speculation«, *Bloomberg.com*, 23.02.2009.

tik den Banken nur helfen solle, wenn sie ihnen gleichzeitig strenge Auflagen mache. Damals wurde diskutiert, ob man den Banken erlauben soll, einige faule Kredite in eine staatliche *Bad Bank* auszulagern, ansonsten aber so weiterzumachen wie bisher. Rogoff lehnte die *Bad Bank* strikt ab: »Jede Bank, die Hunderte Milliarden Dollar an Staatsgeldern braucht, sollte besser verstaatlicht werden. […] Mit einer Bad Bank würde man den Banken Tonnen an Steuergeld schenken. Vielleicht 700 oder 800 Milliarden Dollar. Das Problem ist: Das Loch im Finanzsystem ist viel größer. Wenn davon aber nur ein Teil aufgefüllt wird, werden die Banken nicht anfangen, wieder Geld zu verleihen. Zumindest nicht genug.«[1]

Was Rogoff befürchtet hatte, ist eingetreten: Den Banken wurde tonnenweise Geld geschenkt, und das Loch im Finanzsystem war viel größer. Und dann tauchten auch noch neue Löcher auf, durch die Eurokrise. Daraufhin warnte Rogoff im Februar 2011 wieder, diesmal in Bezug auf Europa: »Es muss einige Umschuldungen geben in den Peripherie-Staaten, von privater Schuld und von öffentlicher Schuld. Eine Blankogarantie für die Schulden ist einfach kein geeignetes System für eine Wirtschaft.«[2]

Doch genau das passierte: Es wurden Blankogarantien gegeben. Und dennoch tauchen weiterhin neue Milliardenrisiken auf, fast im Monatsrhythmus. Und jedes Mal fordern die Banken zusätzliche Blankogarantien.

Die Politik hat in den letzten Jahren vier entscheidende Fehler gemacht.

---

[1] Kenneth Rogoff (Interview): »Was gerade vor sich geht, ist unvorstellbar«, *Spiegel Online*, 31.01.2009.

[2] Kenneth Rogoff (Interview): »Einige Länder sollten eine Euro-Auszeit nehmen«, *FAZ.net*, 11.02.2011.

Erstens: Viele Milliarden versickern im System. Sie fließen unter anderem in Spekulationsgeschäfte und Bonuszahlungen. Das Blog *Zerohedge*, in dem viele Bankinsider anonym schreiben, kommentiert: »Man kann nicht immer wieder das extrem fragile System retten und gleichzeitig erwarten, dass es sich von allein repariert. Die Antwort auf Dummheit ist nicht, die Dummen zu belohnen, indem man sie rettet. Die Antwort ist, ihnen eine Lektion zu erteilen, indem man sie scheitern lässt. [...] Sonst machen sie einfach genauso weiter.«[1] Wenn Staaten und Zentralbanken also Milliarden in das Finanzsystem pumpen, um seinen Zusammenbruch zu verhindern, dann müssen die Auflagen, Reformen und personellen Umbauten umso energischer sein. An die Stelle einer Selbstreinigung muss die Reinigung durch den Staat treten.

Zweitens: Es gibt keinen Plan für einen Abbau des Schuldenbergs. Weder hat man ihn insgesamt verkleinert, noch hat man die faulen Schulden konsequent entfernt. Die Banken haben *einen Teil* der notleidenden Kredite abgeschrieben, und Privathaushalte haben *begonnen*, ihre Verschuldung zu senken.[2] Gleichzeitig sind viele faule Kredite bei den Staaten und Zentralbanken gelandet, zudem haben die Staatsschulden so stark zugenommen, dass die Gesamtverschuldung sogar angestiegen ist.[3] Da viele Haushalte, Staaten und Firmen einfach nicht in der Lage sind, ihre Kredite zurückzuzahlen, führt kein Weg daran vorbei, einen Teil der Schulden zu erlassen.

---

[1] Tyler Durden (Pseudonym): »Can Banking Regulation Prevent Stupidity?«, *Zerohedge.com*, 13.05.2012.

[2] Siehe die erste Grafik im Kapitel »Der bedrohliche Berg aus notleidenden Krediten«, Seite 27.

[3] In 7 der 10 größten Industrieländer ist die *Gesamtverschuldung* seit 2008 *gestiegen*, vgl. *McKinsey*, a. a. O., S. 2.

Drittens: Die Regierungen haben vorhersehbare Beben nicht vorhergesehen, sondern wurden immer wieder von ihnen überrascht, zuletzt von den Problemen der spanischen Banken (deren Vergiftung mit notleidenden Krediten seit Jahren unübersehbar war).[1] Die meisten Politiker scheinen bis heute die Gefahr zu unterschätzen, die von dem Berg aus faulen Krediten ausgeht. Es ist Wunschdenken, dass wir durch Konjunkturprogramme in naher Zukunft einen Aufschwung erzeugen könnten, der dann aus notleidenden Krediten wieder gesunde macht. Die Probleme sind so gravierend, dass sie die Weltwirtschaft noch jahrelang belasten werden.[2] Daher helfen Konjunkturprogramme nur, wenn sie nicht nur ein Strohfeuer entfachen. Langfristige Wirkung erzeugen beispielsweise Investitionen in Forschung, Bildung oder die Energiewende: Sie schaffen Aktivposten, von denen die Wirtschaft jahrzehntelang profitiert. Sinnlos war dagegen die Abwrackprämie, weil sie Werte vernichtet hat, statt zusätzliche zu schaffen. Sie hatte einen ähnlichen Effekt, als wenn man in jeder Stadt einen Häuserblock abreißt und danach wieder aufbaut: Eine Zeit lang werden einige Arbeitsplätze geschaffen, danach verpufft die Wirkung. Anträge für die Prämie konnten übrigens bis zum 2. September 2009 gestellt werden – vier Wochen später war Bundestagswahl.[3]

Viertens: Die Niedrigzinspolitik greift zu kurz. Die Zentralbanken haben die Zinsen massiv gesenkt und die Märkte mit Milliarden geflutet. Es ist unstrittig, dass wir eine Abwärtsspirale wie in

---

[1]   Weitere Beispiele: Siehe z. B. die Analysen von *Spiegel*-Kolumnist Wolfgang Münchau zur Euro-»Rettung«.

[2]   Details siehe u. a. Kapitel »*Immobilienblasen rund um den Globus: Überall droht der Crash*«, S. 253.

[3]   *Bundesamt für Wirtschaft und Ausfuhrkontrolle*: »Umweltprämie«, *bafa.de*, abgerufen am 02.06.2012.

den dreißiger Jahren vermeiden müssen. Doch man muss eine wesentliche Unterscheidung treffen: Ein Rückgang der Preise für Realgüter ist schädlich. Unvermeidlich ist dagegen ein Rückgang der Preise von Vermögensgütern, also beispielsweise von Aktien, Anleihen und verbrieften Krediten. Schließlich sind aufgeblähte Preise an den Börsen das Kernproblem der Vergangenheit. Blase bedeutet ja: Es war zu viel Geld vorhanden, daher wurde auch schlechten Schuldnern oder windigen Firmen das Kapital geradezu aufgedrängt. Das trieb die Kurse auf den Finanzmärkten nach oben. Jetzt sind die Fehlinvestitionen und faulen Kredite im System. Dieses Grundproblem wird durch Niedrigzinsen und staatliche Konjunkturprogramme nicht gelöst.

Der australische Wirtschaftsforscher Steve Keen kritisiert die bisherige Politik: »Folgendes ist in den letzten drei oder vier Jahren passiert: Man hat neues Geld geschaffen und es den Banken überreicht. Man hat geglaubt, dass sie dann zusätzliche Kredite vergeben und so die Wirtschaft wieder anspringen lassen. Diese Idee ist bizarr. Es gibt nämlich einen Grund, warum die Banken keine zusätzlichen Kredite vergeben werden: Sie haben bereits zu viele vergeben. Daher ist dieses ganze neue Geld wirkungslos.«[1]

Damit sind wir wieder beim gleichen, beim entscheidenden Punkt: Die Kreditvergabe der Banken wird sich nur dann normalisieren, wenn man sie zwingt, zunächst die faulen Kredite aus ihren Bilanzen zu entfernen. Dazu muss ein Teil der Schulden einfach erlassen werden. Und zwar genau jene Kredite, die in der Vergangenheit zu sorglos vergeben wurden. Das jedoch lehnen die Banken ab, weil es bedeutet, dass sie Verluste offen verbuchen müssen, die noch in ihren Bilanzen

---

[1] Steve Keen im Gespräch mit *BBC Hardtalk*, 24.11.2011.

schlummern. Die Banken wollen stattdessen, dass man die schlechten Schuldner stützt, damit die ihre Kredite irgendwie zurückzahlen können.

Sehen wir uns die Aktionen der Regierungen und Zentralbanken einmal im Detail an. Dabei zeigt sich: Viele Maßnahmen erhalten tatsächlich nur notdürftig das alte System am Leben, statt es zu reformieren.

Investoren laden zweifelhafte Papiere bei der Europäischen Zentralbank ab

Die Europäische Zentralbank kauft seit Monaten Staatsanleihen schwacher Eurostaaten auf und hat dafür bis Anfang 2012 schon weit mehr als 200 Milliarden Euro ausgegeben. Offiziell dient das dazu, die Investoren zu beruhigen, die angeblich übermäßig nervös sind und nur deshalb so hektisch portugiesische oder griechische Staatsanleihen abstoßen. In Wirklichkeit fangen die Investoren an, Risiken zu erkennen, die sie jahrelang ausgeblendet haben. Einige Euroländer sind schlicht überschuldet und steuern geradewegs auf eine Pleite zu.[1]

Es geht also keineswegs darum, die Märkte vorübergehend zu beruhigen, wie immer wieder behauptet worden ist. Es geht um die Frage, wer die Verluste übernimmt, wenn schwache Euro-Staaten in die Insolvenz rutschen. Beispiel griechische Staatsanleihen: Die *ZEIT* fragt augenzwinkernd, welches wohl die »einzige Bank der Welt« gewesen sei, »die in den vergangenen anderthalb Jahren im großen Stil griechische Papiere kaufte«. Die Antwort: Es war die Europäische Zentralbank. Die deutschen Banken und Versicherungen dagegen haben gleichzeitig massen-

---

[1] Siehe S. 236 ff. Auch Griechenland droht weiterhin die Pleite, trotz Schuldensenkung (Seite 289 ff.).

haft Griechenland-Anleihen verkauft. Dabei hatten sie im Mai 2010 noch den Eindruck vermittelt, sie wollten Athen unterstützen. Man wolle einen »spürbaren, positiven Beitrag« leisten. Das *Handelsblatt* titelte: »Deutsche Banken helfen Athen mit ›beträchtlichen Summen‹«.[1] Bundesfinanzminister Wolfgang Schäuble lobte die Selbstverpflichtungserklärung als »wichtigen Beitrag«.[2] Als dann nach monatelangen Verhandlungen die privaten Gläubiger endlich zustimmten, Griechenland einen Teil seiner Schulden zu erlassen, da war ein großer Teil des Griechenland-Risikos längst von den Banken zu den Bürgern gewandert.

Die *Welt am Sonntag* berichtet, dass die *Europäische Zentralbank* hinter den Kulissen weitere Risiken auf sich genommen hat: Sie macht immer gefährlichere Geschäfte mit den Banken der Krisenländer. Früher musste eine Bank als Sicherheit solide Wertpapiere hinterlegen, wenn sie sich bei der EZB Geld leihen wollte. Falls die Bank pleiteging, hatte die EZB immer noch die Wertpapiere in der Hinterhand. Jetzt akzeptiert sie immer zweifelhaftere Wertpapiere als Sicherheit. Noch fragwürdiger: Inzwischen akzeptiert die EZB nach Angaben der *Welt am Sonntag* sogar Wertpapiere, die sich die Banken selbst drucken.

Der Trick funktioniert so: Institute in Griechenland, Portugal, Spanien, Italien und Irland geben Anleihen heraus. Eigentlich sind das Schuldscheine, mit denen sie sich bei privaten Investoren Geld leihen. Die privaten Geldgeber sind aber skeptisch geworden, daher garantiert inzwischen oft die griechische oder portugiesische Regierung für die Rückzahlung solcher Anleihen. Da die privaten Geldgeber aber auch den Regierungen immer weni-

---

[1] »Deutsche Banken helfen Athen mit ›beträchtlichen Summen‹«, *Handelsblatt.com*, 04.05.2010.

[2] AFP-Meldung: »Finanzkonzerne beteiligen sich an Athen-Hilfe«, *t-online.de*, 10.05.2010.

ger trauen, nutzen manche Banken diese Anleihen offenbar inzwischen einfach, um sie bei der EZB als Sicherheit zu hinterlegen. Das bedeutet: Die EZB vergibt also Kredite an Banken, die keine ausreichenden Sicherheiten mehr hinterlegen können, weshalb sie sich diese Sicherheiten mithilfe ihrer Regierung selbst schaffen. Die *Welt*-Autoren kommentieren: »Während die Notenbank beim Kauf von Staatsanleihen zögert, hat der EZB-Rat bei der Finanzierung von Banken längst alle Hemmungen abgelegt.«[1]

Um zu verstehen, wie verzweifelt diese Maßnahmen der EZB sind, muss man ein kurzes Gedankenexperiment machen, das die Probleme der Banken aufzeigt. Angenommen, jemand hat für eine Million Euro eine Villa gekauft. Er vermietet das Anwesen und macht damit ein gutes Geschäft. Nehmen wir weiter an, er hat die Villa auf Kredit gekauft: Nur 50.000 Euro hat er selbst eingebracht, 950.000 Euro dagegen geliehen. (Genauso arbeiten Banken: Das ist der »Hebel«, der es ihnen ermöglicht, mit wenig Eigenkapital gewaltige Geschäfte zu machen.) Wenn nun die Villa abbrennt und nicht versichert ist, hat der Vermieter ein riesiges Problem: 950.000 Euro Schulden, 0 Euro Vermögen. Diesem Mann ist nicht geholfen, wenn er nun einen weiteren Kredit bekommt. Er ist ja bereits heillos überschuldet – oder im Bankendeutsch: Er hat ein *Solvenzproblem*. Zusätzliche Kredite helfen nur bei einem *Liquiditätsproblem*, wenn also Schulden und Vermögen noch im Gleichgewicht sind und man lediglich kurzzeitig zu wenig Bargeld in der Kasse hat.

Das Problem ist nun, dass viele Banken seit fünf Jahren ein massives Solvenzproblem haben: Immer wieder brennen ihnen sozusagen Villen ab, das bedeutet, Wertpapiere oder Kreditforde-

---

[1] Brendel, Eigendorf, Greive, Jost: »Krisenstaaten bürden EZB neue Milliardenrisiken auf«, *Welt Online*, 07.01.2012. (Auch Quelle für den vorherigen Absatz.)

rungen sind plötzlich nichts mehr wert. Und zwar immer dann, wenn sich herausstellt, dass eine Bank auf das Falsche gewettet hat, beispielsweise auf die Solidität Griechenlands. Sehr viele Wetten der Banken sind bereits geplatzt. Das Vermögen der Bank wird also vermindert, ihre Schulden bleiben jedoch. Wenn die Schulden höher sind als das Vermögen, ist die Bank pleite. In dieser Krise haben die Verantwortlichen sehr oft so getan, als gebe es nur ein Liquiditätsproblem, als brauchten die Banken nur kurzzeitig einen Überbrückungskredit, den sie bald aus eigener Kraft zurückzahlen können. Viele Verantwortliche haben sogar selbst an diese Illusion geglaubt.[1]

Überbrückungskredite sind eine gefährliche Sache, denn sie können lange darüber hinwegtäuschen, dass jemand eigentlich pleite ist. Wenn der Mann, dem die Villa abgebrannt ist, einen weiteren hohen Kredit bekommt, kann er jahrelang alle Rechnungen bezahlen. Vorausgesetzt, sein Kreditgeber erfährt nicht vom Brand in der Villa. Erstaunlicherweise haben die Banken eine Reihe von Möglichkeiten, »Brände« in ihren »Villen« zu verstecken: Durch eine Reihe von Buchhaltungstricks können sie zweifelhafte Wertpapiere weiter als vollkommen solide in ihrer Bilanz ausweisen. Die Möglichkeiten für solche kreative Buchführung sind in der Krise sogar ausgeweitet worden.[2] Eine Bank, die eigentlich insolvent ist, kann sich also eine Weile über Wasser halten, wenn sie immer wieder neue Kredite von der EZB bekommt und gleichzeitig die Verluste tief in ihren Bilanzen versteckt.

---

[1] Borio, Vale, von Peter (*Bank for International Settlements*), a. a. O., 06/10, S. 12.

[2] Borio, Vale, von Peter (*Bank for International Settlements*), a. a. O., 06/10, S. 1, S. 13–14. Wie die Bilanztricks funktionieren, wird später erläutert.

Bankrotte Schuldner können nicht zahlen – der Staat springt ein

Viele Schuldner bekommen Unterstützung, damit sie ihre Raten an die Banken gerade noch zahlen können. Angeblich hilft man damit den Schuldnern – in Wirklichkeit ist es vor allem eine versteckte Subvention für die Banken. Beispiel Griechenland: Der größte Teil der Milliardenkredite unter anderem aus Deutschland wird postwendend an die Gläubiger Griechenlands überwiesen. Das Geld hilft also weniger den Griechen, als vielmehr den Banken und Versicherungen. Zwei Journalisten der *ZEIT* haben den Weg der Hilfsmilliarden verfolgt und kommen zu dem Schluss: »Nur ein sehr kleiner Teil geht direkt an griechische Bürger, etwa an Beamte, deren ausstehende Gehälter der Staat begleichen muss. Der große Rest der 8,4 Milliarden Euro aus Deutschland, der 43 Milliarden aus der gesamten Euro-Zone, aber fließt weiter: an die Besitzer der Schuldscheine mit den Buchstaben GR am Anfang.«[1] Die genannten Summen gelten für Mitte 2011 – seitdem sind weitere Milliarden geflossen, und die geschilderte Situation hat sich noch zugespitzt: Inzwischen werden die Hilfskredite auf ein Sperrkonto überwiesen. Von dort geht das Geld direkt an die Gläubiger Griechenlands.[2]

Auch der teilweise Schuldenerlass vom März 2012 hat die Situation kaum verändert: Vor der Aktion hatte Griechenland Schulden in Höhe von 170 Prozent des Bruttoinlandsprodukts (BIP).[3] Nach der Aktion, so wurde verkündet, könnten die Staatsschulden Grie-

---

[1] Mark Schieritz, Wolfgang Uchatius: »Griechenland-Rettung – Wer kassiert unser Geld«, *Zeit Online*, 30.06.2011.

[2] Gottfried Hahn: »Noch einen Euro für Griechenland?«, *Focus Online*, 12.05.2012.

[3] Gerd Höhler, Rolf Obertreis: »Griechenland ist noch nicht über den Berg«, *tagesspiegel.de*, 10.03.2012.

chenlands auf 120 Prozent sinken. Das wäre immer noch mehr, als das ineffiziente Griechenland tragen kann (zum Vergleich: Deutschland hat Staatsschulden von rund 80 Prozent des BIP).[1] Doch die 120 Prozent sind lediglich eine Schätzung des *Internationalen Währungsfonds* für das Jahr 2020. In Wirklichkeit wird Griechenland in den nächsten Jahren weiterhin Staatsschulden von mehr als 160 Prozent des BIP mit sich herumschleppen, die lediglich unter optimistischen Annahmen auf 120 Prozent sinken.[2]

Warum wurden die Schulden nur so zaghaft reduziert? Wie bereits geschildert, wollten die europäischen Regierungen, dass der unvermeidbare Bankrott nicht wie ein Bankrott aussah, sondern wie ein »freiwilliger Schuldenerlass«. Die Folge: Die Verhandlungen zogen sich monatelang hin, und die Banken waren nur zu einem Minimalkompromiss bereit. Als der Anfang 2012 verkündet wurde, hatten viele Banken und Fonds ihre Schäfchen längst ins Trockene gebracht.[3] Der Ökonom Harald Hau von der Universität Genf kritisiert: »Die Banken haben in den vergangenen eineinhalb Jahren auf Zeit gespielt. Sie wollten noch so viele Zinszahlungen wie möglich mitnehmen. Jetzt merken sie, dass die Zeit ausläuft, und haben deshalb ihre Strategie geändert. Sie versuchen nun, möglichst viele Schulden auf die öffentlichen Träger abzuwälzen. Das ist aus ihrer Sicht klug. Aber für die Steuerzahler wird das am Ende eine Katastrophe.«[4]

Harald Hau und andere Experten kritisieren zudem, dass mit dem Teil-Schuldenerlass für Griechenland das Problem nicht ge-

---

[1] Deutschland: IWF-Schätzung für 2012.

[2] »S&P hebt Griechenlands Bonität um vier Noten«, *Zeit Online*, 02.05.2012.

[3] Arvid Kaiser: »Deutscher Fiskus lässt griechische Schulden verschwinden«, *manager magazin online*, 22.02.2012.

[4] Harald Hau (Interview): »Schuldenschnitt in Griechenland«, *Spiegel Online*, 09.03.2012, 08:20.

löst, sondern nur vertagt wurde. Hau warnt: »Es wird in jedem Fall einen zweiten, richtigen Bankrott geben. Es wird vielleicht neun Monate oder drei Jahre dauern, aber dann wird es eine wirklich große Krise geben [...]. Man hat das Problem nur verschoben. Beim nächsten Mal trifft es dann nur noch die Steuerzahler.«[1]

Die ständig neuen Hilfsmilliarden aus Europa helfen also, eine Illusion zu finanzieren: Die Illusion, dass ein klein wenig Schuldenerlass für Griechenland ausreichend sei. Der Hauptgrund dafür, dass Griechenlands Schulden nicht radikaler gekürzt werden, ist die Instabilität der europäischen Banken, einschließlich der griechischen Institute, die ihrer Regierung viele Milliarden Euro geliehen haben.

Eine radikale Schuldenreduktion allein löst natürlich nicht die griechischen Probleme. Die muss vor allem die griechische Regierung lösen, und es wird Jahre dauern, die maroden Strukturen der Vergangenheit zu reformieren. Im Staatsapparat gibt es viele überflüssige Posten, die oft auch noch durch Günstlingswirtschaft vergeben wurden. Der Staat lässt Regelverletzer und Steuerbetrüger gewähren, es herrscht also Anarchie, von der die Reichen und Mächtigen am stärksten profitieren. Die Lohnstückkosten sind zu hoch, Griechenlands Wirtschaft ist also international nicht konkurrenzfähig.

Doch es gilt auch andersherum: Mit der derzeitigen Schuldenlast *kann* Griechenland seine Probleme gar nicht lösen. Die Empörung an manchem Stammtisch, dass die Griechen »über ihre Verhältnisse gelebt« haben, ist zwar berechtigt, dennoch ist es keine Lösung, wenn man nun einfach fordert, dass die Griechen den Gürtel enger schnallen sollen, damit sie ihre Schulden zu-

---

[1] Harald Hau (Interview): »Schuldenschnitt in Griechenland«, *Spiegel Online*, 09.03.2012.

rückzahlen können. Denn Griechenland muss nicht nur überflüssige und ineffiziente Strukturen *abbauen,* sondern gleichzeitig einen funktionierenden Staat und eine konkurrenzfähige Wirtschaft *aufbauen.*

Vieles deutet darauf hin, dass die harten Sparmaßnahmen dazu beigetragen haben, Griechenland in eine gefährliche Abwärtsspirale zu führen, nach dem Muster der Weltwirtschaftskrise der dreißiger Jahre: Die Wirtschaftsleistung ist in nur fünf Jahren um 20 Prozent eingebrochen. Das führt dazu, dass auch viele eigentlich gesunde Betriebe untergehen, und dass die Steuereinnahmen des Staates einbrechen. Er ist dann erst recht nicht mehr in der Lage, seine Aufgaben zu erfüllen, geschweige denn, seine Schulden zu zahlen. Es ist äußerst fraglich, ob ein Staat überhaupt seine Schulden dadurch abbauen kann, dass er mitten in einer schweren Krise eisern spart. Neben Sparen und Schuldenerlass gibt es noch eine dritte Möglichkeit, staatliche Schulden abzubauen: höhere Einnahmen. Die Industrieländer leben ja nicht in Armut. Im Gegenteil: Sogar in Griechenland ist viel Geld vorhanden, nämlich bei den Reichen, die gerade ihre Milliarden vor den Steuerbehörden verstecken und ins Ausland schaffen.

Das alles gilt auch für Spanien und viele andere europäische Länder: Wenn diese Regierungen jetzt dazu gezwungen werden, den Gürtel enger zu schnallen, droht die gleiche Abwärtsspirale wie in Griechenland. Und während dort eindeutig der Staat versagt hat, war es in vielen anderen Ländern vor allem der Bankensektor, der durch leichtfertige Kreditvergabe Immobilienblasen geschaffen hat. Wie bereits erläutert, muss nun jedoch in Spanien und anderen Ländern der Staat für die Fehler der Banken büßen.

Wirtschaftsforscher Max Otte, der den Crash von 2007 vorausgesagt hat, bringt es auf den Punkt: »Es profitieren weder Europa noch die griechischen Bürger oder die Bevölkerung der Geberländer wie Deutschland von den Abermilliarden an Euro, die hier wieder lockergemacht werden. Es profitieren allein die Banken, die sich diesmal mit griechischen Anleihen verzockt haben. [...] Wir haben keine Euro-Krise. Es gibt eine neue Bankenkrise.«[1]

Auch in den USA geht es nur vordergründig darum, die Schuldner zu stärken, sondern in Wahrheit vor allem darum, durch die Hintertür Milliardenverluste der Banken zu übernehmen. Allein für ein Programm namens *Making Home Affordable* hat die Regierung 75 Milliarden Dollar bereitgestellt. Das Geld soll überschuldeten Hauseigentümern helfen, ihre Raten weiterhin zu zahlen. Die *New York Times* berichtet: »Kritiker argumentieren zunehmend, dass dieses Programm falsche Hoffnungen bei Menschen weckt, die sich ihr Haus einfach nicht leisten können. Verzweifelte Hauseigentümer überweisen also Geld an die Banken, beim oft vergeblichen Versuch, ihr Haus zu halten.«[2]

Schuldnern, die nur vorübergehende Zahlungsschwierigkeiten haben, kommt eine Bank auch ohne Staatshilfe entgegen. Es liegt nämlich im Eigeninteresse der Banken, Zwangsversteigerungen zu vermeiden: Der Ökonom John Geanakoplos berichtete 2010, dass *Subprime*-Kreditgeber in den USA bei Zwangsversteigerungen nur ein Viertel ihres Kapitals zurückerhalten. Gründe waren die stark gefallenen Immobilienpreise und die erheblichen Kosten einer langwierigen Zwangsversteigerung.[3] Wenn eine Bank also dem Schuldner nicht von sich aus ent-

---

[1] Max Otte (Interview): »Die Euro-Rettung ist Demagogie«, *Focus Money Online*, 08.07.2011.

[2] Peter S. Goodman: »U.S. Loan Effort Is Seen as Adding to Housing Woes«, *New York Times*, 02.01.2010.

[3] John Geanakoplos: »Solving the present crisis«, *FRBNY Economic Policy Review*, August 2010, S. 118.

gegenkommt, deutet das darauf hin, dass er langfristig gar nicht in der Lage ist, seine Raten zu zahlen. Vorübergehende staatliche Hilfe ändert daran nichts. Sie hilft lediglich der Bank, noch einige Ratenzahlungen zu kassieren.[1]

Den Banken sind zusätzlich auf viele andere Arten durch die Hintertür Milliarden zugeschoben worden. Beispielsweise, wenn Großschuldner kurz vor dem Kollaps standen, bei denen Banken die Gläubiger waren. Normalerweise müssen Gläubiger bei einer Pleite einen Teil ihrer Forderungen abschreiben. Das haben jedoch Staaten und Zentralbanken zu verhindern versucht, indem sie Milliardenhilfen bereitstellten. Bei der *Industriekreditbank*, der *Hypo Real Estate*, der *American International Group* und in vielen weiteren Fällen wurden so die Gläubiger vor Risiken geschützt, die sie selbst eingegangen waren.

Auch staatliche Konjunkturprogramme und Steuererleichterungen helfen den Banken: Der Staat borgt sich Milliarden, um die Wirtschaft zu stützen. So bleiben viele schwache Schuldner gerade noch zahlungsfähig. Die Banken erhalten also weiter Zins und Tilgung. Die entscheidende Frage ist jedoch: Wie lange können die Staaten das noch durchhalten, ohne die Löcher im Bankensystem zu stopfen? Wir haben es nicht mit einer gewöhnlichen Rezession zu tun, in der es reicht, wenn der Staat die Wirtschaft eine Zeit lang anschiebt. Diese Krise wird Jahre andauern.

Und die Konjunkturprogramme bergen eine Gefahr: Sie sind wie ein Medikament, durch das es dem Patienten eine Weile besser geht. Doch dadurch vergessen die Regierungen die eigent-

---

[1] Viel weniger Hausbesitzer als von der Regierung vorgesehen haben von dem Programm Gebrauch gemacht. Staat und Zentralbank versuchen trotzdem durch weitere Tricks, die Zahlungsfähigkeit schwacher Schuldner aufrechtzuerhalten.

liche Therapie: den Schuldenabbau und die radikale Reform des Bankensystems. Es gibt ein weiteres Medikament, von dem sich die Verantwortlichen davon ablenken lassen, dass der Patient immer noch schwerkrank ist: Es sind die Niedrigzinsen; die Massen billigen Geldes von den Zentralbanken. Das folgende Kapitel wird erklären, welche gefährlichen Nebenwirkungen dieses Mittel hat.

Warum es trotz »Brandschutzmauern« immer wieder brennt

Im April 2012 jagt wieder einmal eine Negativ-Schlagzeile die nächste:

24. April: »Staatsanleihen: Nervöse Märkte. Die Euro-Wackelkandidaten Italien und Spanien müssen an den Finanzmärkten deutlich höhere Zinsen zahlen.«

26. April: »Spanien-Krise: Euro-Rettungsfonds soll nun doch marode Banken stützen.«

27. April: »Neuer Schlag für Spanien: Die Ratingagentur Standard & Poor's hat die Kreditwürdigkeit des gebeutelten Landes um zwei Stufen herabgesetzt.«

28. April: »Schuldenkrise: Frankreich vor dem Abstieg.«[1]

Merkwürdig: Nur wenige Wochen zuvor hatten doch Politiker und Zentralbanker neue Milliarden bereitgestellt, um »die Märkte zu beruhigen«. Warum hat das nicht funktioniert? Die Summen

---

[1] 24. April: *Welt Online*. 26. und 27. April: *Spiegel Online*. 28. April: *FAZ Online*.

waren gigantisch: Ende März 2012 haben die Euro-Finanzminister angekündigt, sie wollten die Notfallfonds ESM und EFSF noch weiter aufstocken, auf mindestens 800 Milliarden Euro.[1] Und die *Europäische Zentralbank* (EZB) hat den Banken im Dezember 2011 und Februar 2012 in einem überraschenden Notfallprogramm namens LTRO gigantische Summen geliehen: zusammen rund 1.000 Milliarden Euro, zu einem Zins von voraussichtlich nur einem Prozent, und mit einer Laufzeit von drei Jahren. Normalerweise leiht die EZB den Banken Geld nur für maximal drei Monate.[2]

Wie extrem das Handeln der EZB ist, zeigt ein Vergleich mit der amerikanischen Zentralbank FED: Bis Ende 2011 galt die FED noch als die Institution, die ohne Unterlass die Geldmenge ausweitete. Sie hatte umgerechnet 2283 Milliarden Euro geschaffen,[3] beispielsweise indem sie Kredite an Banken vergibt oder Staatsanleihen aufkauft. Doch unter dem neuen EZB-Chef Mario Draghi, ehemaliger Europa-Vizepräsident von *Goldman Sachs*,[4] ist das Eurosystem weit an der FED vorbeigezogen: Mit den LTRO-Krediten haben die EZB und die Euro-Notenbanken eine deutlich größere Geldmenge geschaffen als die FED. Im März 2012 waren es rund 2.900 Milliarden Euro, das entspricht einer Verdopplung gegenüber 2007, und einer Vervierfachung gegenüber 2002. Auch wenn man die Geldmenge

[1] »Finanzminister stocken »Schutzwall« auf 800 Milliarden auf«, *Focus Money Online*, 30.03.2012.

[2] Heiko Peters, Christian Weistroffer: »3-jährige Refinanzierungsgeschäfte«, *DB Research*, 13.03.2012. Einen Teil der LTRO-Gelder haben Banken verwendet, um alte EZB-Kredite zu ersetzen.

[3] Nur die von der Zentralbank geschaffene Geldmenge, ohne Geldschöpfung der Geschäftsbanken.

[4] Marc Roche: »Goldman Sachs, le trait d'union entre Mario Draghi, Mario Monti et Lucas Papadémos«, *lemonde.fr*, 14.11.2011.

ins Verhältnis zur Wirtschaftsleistung setzt, ist sie in Euroland nun deutlich größer als in den USA.[1]

Direkt nach dem Milliardenregen werteten viele Kommentatoren das LTRO-Programm als Erfolg: EZB-Chef Draghi habe eine gewaltige Gefahr abgewehrt, die im europäischen Bankensystem gelauert habe.[2] Außerdem werde das viele Geld dazu führen, dass die Banken den schwachen Eurostaaten wieder großzügig Kredite geben. So gewinne man Zeit für die Lösung der Schuldenprobleme. Doch warum wenige Wochen später die nächsten Horrormeldungen? Wird Europa schon wieder von Spekulanten attackiert?

Jedes Mal, wenn Regierungen und EZB neue Milliardenkredite bereitstellen, um »den Euro zu retten«, werden die Medienberichte von folgender Vorstellung dominiert: Dass man sich gegen Spekulanten wehren müsse, die Europa überraschend bedrohen, wie ein Feuer, ein Unwetter oder ein feindliches Heer. Daher müsse man »Brandmauern« errichten, »Rettungsschirme« aufspannen oder eine »Superwaffe gegen Spekulanten« finden.[3] Allerdings: Seit Jahren werden immer wieder neue Milliarden bereitgestellt. Sollte das Geld nicht langsam ausreichen, um einen kleinen Haufen von obskuren Spekulanten abzuwehren?

Es sind nicht geheimnisvolle Hedgefonds auf den Cayman-Inseln, die Griechenland, Portugal oder Spanien den Geldhahn zu-

---

[1] Dietmar Neuerer: »Euro-System-Bilanzsumme«, *Handelsblatt.com*, 13.04.2012 Daniel Hartmann: »Pulverfass EZB-Bilanz?«, *Finanzen.net*, 22.02.2012. Hartmann weist darauf hin, dass die Bilanzen nicht direkt vergleichbar sind. Berücksichtige man alle Faktoren, lägen EZB und FED gleichauf.

[2] Vgl. z. B. Markus Diem Meier: »Probleme mit der LTRO-Arznei«, *Tagesanzeiger.ch*, 10.04.2012.

[3] z. B.: »Europa sucht die Superwaffe gegen Spekulanten«, *Spiegel Online*, 26.09.2011. »Euro-Schutzschirm: ›Brandmauer‹ auf über 800 Mrd. Euro ausgeweitet«, *Tagesspiegel Online*, 30.03.2012.

drehen. Es sind die großen Banken und Versicherungen. Wenn sie überzeugt wären, dass griechische Staatsanleihen eine gute Investition darstellen, dann würden sie dem Land weiterhin jedes Jahr neue Milliarden leihen, und kein Hedgefonds der Welt könnte dagegenhalten. Einzelne Spekulanten können bestehende Trends verstärken, und dadurch Schaden anrichten, sie können auch eine Trendwende herbeiführen, doch nur wenn die längst überfällig ist und die großen Marktteilnehmer mitziehen. Entscheidend ist am Ende, wo die großen Geldgeber ihre Milliarden investieren.

Wenn man genauer betrachtet, wie die großen Häuser gerade ihr Geld investieren, dann versteht man, warum die Eurozone in Schwierigkeiten ist – und warum die immer neuen Milliarden von EZB und Regierungen wenig bewirken. *Deutsche Bank Research* hat im März 2012 ein Fazit gezogen, was die Banken mit den billigen LTRO-Milliardenkrediten der EZB gemacht haben: Tatsächlich haben sie seit November 2011 zusätzliche Euro-Staatsanleihen gekauft, im Wert von mehr als 50 Milliarden Euro. Wenig im Vergleich zu den hunderten Milliarden, die sich die Banken zusätzlich bei der EZB geliehen haben. Das eigentlich Interessante war jedoch: Wer hatte da gekauft?

Deutsche und französische Banken waren es nicht: Sie haben trotz des billigen LTRO-Geldes, das ihnen die EZB quasi schubkarrenweise lieh, ihre Bestände an europäischen Staatsanleihen praktisch nicht verändert. Und vor dem EZB-Programm, im Oktober und November 2011, hatten sie europäische Staatsanleihen bereits massenhaft verkauft: Allein die deutschen Banken verringerten ihre Bestände um 110 Milliarden Euro, die französischen ihre um 140 Milliarden.[1] Im Klartext: Nach dem LTRO-Pro-

---

[1] Heiko Peters, Christian Weistroffer: »3-jährige Refinanzierungsgeschäfte«, *DB Research*, 13.03.2012.

gramm haben die Banken einige europäische Staatsanleihen gekauft, aber nur in sehr geringem Umfang. Deutsche und französische Banken dagegen hatten vorher bereits Staatsanleihen von fünffachem Wert abgestoßen. Die Hunderte Milliarden haben also nicht verhindert, dass viele große Player in Europa unter dem Strich massenhaft europäische Staatsanleihen verkaufen.

Wenn die Banken in Deutschland und Frankreich verkaufen, wer war dann der Käufer? Die Antwort ist, wenn man genauer hinschaut, erschreckend: Seit dem EZB-Geldsegen haben fast ausschließlich spanische und italienische Banken ihre Bestände an europäischen Staatsanleihen ausgeweitet. Und darin steckt eine große Gefahr für die Eurozone. Denn die »Banken in diesen Ländern haben vor allem Staatsanleihen ihres Heimatlandes erworben«, wie die Studie aus dem Hause *Deutsche Bank* anmerkt. Das bedeutet: Falls die italienische oder spanische Regierung in Zahlungsschwierigkeiten gerät, dann stehen automatisch die italienischen oder spanischen Banken mit am Abgrund. Bei ihnen drohen dann Milliardenlöcher, weil die teuer gekauften Staatsanleihen massiv an Wert verlieren. Die spanischen und italienischen Banken gehen also eine gefährliche Wette ein: Sie ketten sich quasi an ihre eigene Regierung und gehen mit ihr zusammen unter, wenn es Probleme gibt. Aus Sicht der Eurozone ist das gefährlich, denn so wird das Staatsschuldenproblem unlösbar: Eine Pleite von Spanien oder Italien wäre dann noch gefährlicher, weil sie gleichzeitig zur Pleite des spanischen oder italienischen Bankensystems führen könnte.

Aus Sicht der spanischen und italienischen Banken dagegen eine großartige Wette: Sie leihen sich bei der EZB Geld zum Zins von nur einem Prozent, kaufen dafür mit Milliardensummen Staatsanleihen ihres eigenen Landes, für die sie vier bis fünf Prozent Zins kassieren. Sozusagen ein Festgeldkonto für Milliardäre, mit freundlichen Empfehlungen der *Europäischen Zentralbank*. Die Risiken dieser Wette haben die Banken in Spanien und Italien wohl ausgeblendet, weil sie, um es zugespitzt auszudrücken, sagen können: »Wenn es bei uns knallt, werden die anderen Euroländer unsere Regierung sowieso raushauen.« Die Autoren von *Deutsche Bank Research* schätzen die Haltung der italienischen und spanischen Banken offenbar so ein, denn sie schreiben, etwas verklausuliert: »Allerdings könnten […] mögliche Risiken dieser Position ignoriert worden sein, da man im Falle des Falles mit staatlicher Stützung rechnet.«[1]

An dieser gefährlichen Wette der italienischen und spanischen Banken erkennt man ein gewaltiges Dilemma: Die Euroregierungen und die EZB geben den Banken Kredite und Subventionen in Milliardenhöhe, aber fast ohne Auflagen. Das heißt: Die Banken sind keineswegs verpflichtet, mit diesem Geld schwachen Euro-Staaten aus der Misere zu helfen. Im Gegenteil, die Banken gehen mit ihrem Geld weiterhin jene Wetten ein, die ihnen den größten Erfolg versprechen. Mit den billigen LTRO-Krediten können die Banken spanische Staatsanleihen kaufen, aber genauso japanische Aktien, Optionen auf den Weizenpreis oder sogar Wetten auf einen Zahlungsausfall Spaniens.

Die billigen Milliarden von den Zentralbanken in den USA und Europa haben also eine positive Wirkung, aber viele gefährliche Nebenwirkungen. Die positive Wirkung: Die Banken sind kurzfristig etwas stabiler, weil sie im Geld schwimmen. Die drohenden Verluste der Banken aus faulen Krediten, die man lange kleingeredet hat, deckt man noch eine Weile mit billigem Geld zu.

---

[1] Vgl. Heiko Peters, Christian Weistroffer: »3-jährige Refinanzierungsgeschäfte«, *DB Research*, 13.03.2012. Zinshöhe: Je nach Kaufzeitpunkt und Laufzeit. Die Zinsstrukturkurve deutet darauf hin, dass vor allem Laufzeiten zwischen einigen Monaten und acht Jahren gekauft worden sind.

Die gefährlichste Nebenwirkung der billigen Milliardenkredite: Sie fördern nicht langfristige, sinnvolle Investition, sondern Spekulation. Wieder schwappt viel zu viel und billiges Geld um den Globus, auf der Suche nach *irgendeiner* Anlagemöglichkeit. Weil die Geldmengen so gigantisch sind, bekommen Spanien oder Italien auch ein bisschen ab. Aber: Es kann auch jederzeit von dort wieder abgezogen werden. Täglich. Wenn die Stimmung am Markt kippt, kann plötzlich Spanien der Geldhahn zugedreht werden. Genau wie die Märkte Griechenland den Geldhahn zugedreht haben. Um zu verstehen, wie gefährlich das ist, muss man einen kleinen Ausflug machen in die Welt des »Hot Money«. Hot Money ist sozusagen der Gipfel der Spekulation, eine gewaltige Gefahr für unsere Wirtschaft. Um das zu erklären, muss ich etwas ausholen.

Finanzmärkte in Dauerpanik – das gefährliche »hot money«

Vor einigen Jahren habe ich Anteile an einem Hedgefonds erworben. Das erschien mir damals als eine sehr gute Idee. Dieser Fonds hatte in der Vergangenheit sagenhaft hohe Renditen erzielt: bis zu 20 Prozent in einem Jahr! Noch dazu, so versicherten die Manager dieses Fonds, würden sie diese Renditen »in jeder Marktlage« generieren, also unabhängig davon, ob beispielsweise Aktien gerade steigen oder fallen. Geheimnisvolle Computerprogramme würden ständig berechnen, an welchen Märkten ihr Fonds investieren und wo er sein Geld wieder abziehen solle. Das könnten Aktien sein, Rohstoffe, Staatsanleihen – ganz egal.

Es hat einige Zeit gedauert, bis ich herausfand, was das Geheimnis dieser Computerprogramme war: Der Fonds war ein sogenannter Trendfolgefonds. Diese Strategie verfolgen viele

Hedgefonds. Sie nutzen aus, dass sich an Märkten oft für einige Zeit Trends herausbilden: Einige Tage lang steigen Aktien beispielsweise, bis der Trend dann bricht und sie wieder eine Zeitlang fallen. Die Computerprogramme mancher Hedgefonds versuchen solche Trends zu erkennen. Sie fragen vereinfacht gesagt: Wenn Aktien jetzt zwei Stunden lang vor allem gestiegen sind, ist das der Beginn eines Trends, der einige Zeit anhalten wird? Wenn man am Beginn eines Aufwärtstrends kauft, sozusagen im Tal, und dann genau auf der Bergkuppe wieder verkauft, macht man Profit.

Ich habe diesen Hedgefonds später wieder abgestoßen. Was zunächst wie eine geniale Anlageidee wirkte, war in Wirklichkeit pure Spekulation. Der entscheidende Unterschied zwischen Investoren und Spekulanten ist nämlich folgender: Ein Investor stellt sich zwei Fragen. Erstens: Erzeugt das Projekt, in das ich investiere, einen *Mehrwert*? Stellt beispielsweise ein Pharmakonzern gute Medikamente her, die von vielen Patienten benötigt werden? Zweitens: Wie steht das Projekt *langfristig* da? Arbeiten die Forschungslabore des Konzerns gerade an wichtigen neuen Medikamenten? Wer so denkt, der lenkt Geld in Projekte, die nicht nur Gewinn abwerfen, sondern auch einen gesellschaftlichen Nutzen bringen. Das entscheidende Merkmal schädlicher Spekulation ist also, dass jemand kurzfristig denkt und sich mehr für die Stimmung am Markt interessiert als für das Projekt, in das er gerade sein Geld steckt.

Erstaunlicherweise gibt es seit Jahren immer mehr »Anleger«, die sich vor allem eine Frage stelle: Finde ich morgen jemand anderen, der mir ein teures Papier zu einem noch höheren Preis wieder abkauft? Ist also beispielsweise Pharma gerade im Trend? Die Trendfolge-Hedgefonds haben dieses absurde Denken perfektioniert. Sie *wollen* überhaupt nicht mehr wissen, in was sie da gerade investieren. Sie wollen nur noch wissen: Wohin läuft die Herde gerade? Und wann kehrt sie wieder um? Aber es sind nicht nur Hedgefonds, die so denken: Es gibt eine ganze Disziplin von sogenannten »Chart-Technikern«, die allein aus den »Charts«, also den Kurskurven der Vergangenheit herauslesen wollen, ob ein Aktienmarkt in der nächsten Zeit steigen oder fallen wird.

Die Banken verdienen Milliarden mit Handelsstrategien, bei denen es ganz offiziell überhaupt nicht mehr darum geht, langfristig und überlegt zu investieren. Es geht nur noch darum, Stimmungen, Trends an den Märkten zu erkennen. Die Kaufs- und Verkaufsaufträge werden automatisiert von Computern ausgeführt. Eine besonders groteske Variante dieses Geschäftsmodells ist der so genannte Hochfrequenzhandel. Investmentbanken wie *Goldman Sachs* versuchen, um Nanosekunden schneller zu sein als andere Anleger. Ein Beispiel dafür, wie man damit Gewinne erzielt: Die Großbank stellt fest, dass eine bestimmte Aktie gerade besonders nachgefragt wird. Daher kauft sie diese Aktie massenhaft auf, um sie nur Sekundenbruchteile später wieder zu verkaufen, natürlich mit Aufpreis. Um den anderen Händlern voraus zu sein, installieren Investmentbanken Hochleistungsrechner direkt neben den Handelsrechnern der großen Börsen. Je kürzer die Datenkabel, desto mehr Nanosekunden Vorsprung. Das klingt alles absurd und unglaublich, aber es ist Wirklichkeit, und obendrein legal. Bis heute. Erst seit Mitte 2012 diskutiert die Bundesregierung Reformen. Doch die werden nichts Wesentliches ändern.[1] Die *New York Times* zitiert Insiderberichte, nach denen der Hochfrequenz-Handel inzwischen für die Hälfte aller Handelsaufträge verantwortlich ist, und den Groß-

---

[1] Vgl. »Koalition will Blitzhändler bremsen«, *Spiegel Online*, 29.05.2012.

banken allein im Jahr 2008 rund 21 Milliarden Dollar Gewinn eingebracht hat.[1]

Alle Handelsstrategien, die sich lediglich nach Stimmungen und Trends an den Märkten ausrichten, erzeugen keinerlei wirtschaftlichen Mehrwert. Sie sorgen nicht dafür, Kapital in sinnvolle Projekte zu lenken. Im Gegenteil: Sie verstärken die Ausschläge nach oben und unten an der Börse. Die Börsen werden immer nervöser. Wenn erst einmal Bewegung in die Herde gekommen ist, laufen alle panisch mit, ohne zu fragen, wohin man läuft.[2] Das bedeutet: Wenn die Anleger anfangen, irgendwo ihr Kapital abzuziehen, kann eine Firma oder ein Land ganz schnell in Schwierigkeiten geraten. So ist es beispielsweise in der Asienkrise im Jahr 1997 passiert, als Ländern fast über Nacht der Geldhahn zugedreht wurde. Trocknet der Zufluss von neuem Kapital aus, sind viele Firmen und Staaten schnell pleite: Da ständig alte Schulden auslaufen, also zurückgezahlt werden müssen, sind sie gezwungen, immer wieder neue Kreditgeber zu finden – auch wenn sie gar kein *zusätzliches* Kapital brauchen.

Das ist gemeint mit »Hot Money«: Geld, das kurzfristig angelegt ist und jederzeit wieder abgezogen werden kann. Und je größer die Geldmenge, die in kurzfristige Spekulation gesteckt wird, desto größer die Gefahr, dass Anleger ihre Milliarden blitzschnell aus einem Markt abziehen. Da sehr viele Anleger heute kurzfristig denken, ist es für den Einzelnen sogar rational, mit der Masse zu laufen: Derjenige, der bei einer Marktpanik als Letzter ver-

---

[1] Charles Duhigg: »Stock Traders Find Speed Pays, in Milliseconds«, *New York Times Online*, 23.07.2009.

[2] Angeblich ist kurzfristiger Handel gut, weil er »Liquidität« schafft, also hohe Börsenumsätze. Je höher der Umsatz, desto schneller kann man z. B. eine Aktie verkaufen. Das ist jedoch ein Zirkelschluss: Nur für kurzfristig denkende Spekulanten ist es entscheidend, jederzeit schnell verkaufen zu können.

kauft, bekommt schließlich den schlechtesten Kurs. Deswegen versuchen alle, bei einer Verkaufswelle die Ersten zu sein. Es ist wie bei einem Feueralarm im Kino, wenn alle wissen, dass der Notausgang so eng ist, dass nicht alle rechtzeitig ins Freie kommen können.

Auch wenn man den Banken sehr viele Milliarden schenkt oder leiht, wird es also für Griechenland oder Spanien langfristig nicht einfacher. Bei einer Marktpanik wird der Geldhahn nur umso schneller zugedreht. Die Banken sind in ständiger Alarmbereitschaft, weil sie inzwischen verstanden haben, dass Kreditnehmer wie Griechenland und Portugal überschuldet sind.

Beispiel Spanien: Nachdem die Europäische Zentralbank ihre LTRO-Gelder in das Bankensystem geschleust hatte, sah es zunächst nach einem Erfolg aus: Der Zins, den Spanien für einen zehnjährigen Kredit zahlen musste, sank stark, von 6,7 Prozent auf 4,9 Prozent. Doch dann kamen Meldungen, dass Verluste bei spanischen Banken die Staatskasse belasten. Verluste, die angesichts der Immobilienblase vorhersehbar waren. Die Folge: Nur vier Monate nach den Geldspritzen der EZB wollten Anleger plötzlich wieder 6,7 Prozent Zins sehen, wenn sie Spanien für 10 Jahre Geld leihen. Zum Vergleich: Wer Deutschland 10 Jahre lang Geld lieh, bekam dafür Mitte 2012 nur 1,2 Prozent Rendite – weit weniger als die Inflationsrate. Die Anleger *bezahlen* also dafür, dem deutschen Staat Geld leihen zu dürfen. Wer eine Bundesanleihe kauft, die nach einem Jahr zurückgezahlt wird, erhält sogar nur noch 0,01 Prozent Rendite.[1]

Der Wirtschaftsforscher Max Otte warnt: »Dass sich durch neue Finanzpakete die Märkte dauerhaft beruhigen lassen, ist ein Witz. Bei den Risikoprämien und Zinsaufschlägen bei griechi-

---

[1] Datenstand 31.05.2012. Für alle Renditeangaben Quelle: *Bloomberg.com*.

schen Anleihen und Bonds anderer Schuldnerstaaten kann man doch nicht von Beruhigung sprechen. Da herrscht vielmehr helle Aufregung. Und die Investoren geben Schuldnerländern wie Portugal oder Irland ohnehin kaum mehr Geld, und wenn doch, dann nur zu hohen Zinsen und weil sie genau wissen, dass die anderen Euro-Staaten im Ernstfall wieder einspringen.«[1]

Es gibt für Griechenland, auch für Portugal und Spanien keine einfache Lösung. Es wird mühsam und teuer werden, die dortige Wirtschaft konkurrenzfähig zu machen. Doch der bisherige Weg ist sehr ineffizient: Man gibt Griechenland Milliardenkredite, die das Land größtenteils gleich wieder an seine Gläubiger überweisen muss. Und man gibt den Banken Milliardenkredite in der Hoffnung, dass sie Griechenland weiteres Geld leihen. Was sie nicht tun. So versickert ein großer Teil der Hilfsmilliarden im maroden Bankensystem.

Viel Geld ohne strenge Auflagen – wie haben die Banken das erreicht?

Ohne die staatlichen Milliarden wäre das gesamte Bankensystem längst zusammengebrochen. Doch wie haben die Banken das durchsetzen können: Milliarden kassieren, ohne gleichzeitig stärker reguliert zu werden? Sie wenden bis heute eine Doppelstrategie an. Erstens: Sie erwecken immer wieder den Eindruck, die Krise sei bald überwunden. Jedes Mal folgt dann – angeblich überraschend – das nächste Erdbeben. Zweitens: Nun fordern die Banken plötzlich, dass Staaten und Zentralbanken – ohne viel Zeit zum Nachdenken – Milliarden bereitstellen, um die »Märkte

---

[1] Max Otte (Interview): »Die Rettungspakete retten die Superreichen«, *Focus Online*, 08.07.2011.

zu beruhigen«. Sobald die Milliarden geflossen sind, heißt es wieder, die Krise sei bald überwunden.

Auch die Banken wissen immer erst kurz vorher, *wen* es jeweils treffen wird. Doch *dass* es immer wieder jemanden treffen würde, muss ihnen von Anfang an klar gewesen sein. Wer ein Jahrzehnt lang unsoliden Schuldnern Geld leiht und Immobilienpreise in absurde Höhen treibt, der sollte kaum erstaunt sein, wenn danach jahrelang Insolvenzwellen und platzende Immobilienblasen die Finanzwelt erschüttern. Eine kurze Chronologie zeigt, dass die Banken von Anfang versucht haben, die Katastrophe kleinzureden, gleichzeitig aber jedes Mal das Maximum an Staatshilfe für sich herauszuholen.

27. Juli 2007: *Deutsche-Bank*-Chef Josef Ackermann ruft Deutschlands obersten Bankenaufseher Jochen Sanio an. Ackermann warnt ihn vor Problemen bei der *Industriekreditbank* (IKB). Einige Wochen zuvor hat die *Deutsche Bank* der IKB noch die letzten Pakete aus zweifelhaften US-Immobilienkrediten verkauft[1]

1. August 2007: Regierung und Banken haben ein Rettungspaket für die IKB vereinbart. Jochen Sanio hatte bei einer Telefonkonferenz gewarnt, sonst drohe die schwerste Bankenkrise seit den dreißiger Jahren.[2] Wäre Sanios Vorhersage eingetreten, hätten die Privatbanken Milliarden verloren: durch Panik an den Finanzmärkten, durch ihre Verpflichtungen gegenüber dem privaten Einlagensicherungsfonds, wohl auch durch Kredite, die sie der IKB gegeben haben. Doch die Rettung vor der Gefahr ist den Privatbanken nicht viel

---

[1] Balzli, Mahler, Pauly, Reuter, Schulz: »Moralischer Bankrott«, *Der Spiegel*, 17/2010, S. 97.

[2] M. Inacker: »Strukturierter Giftmüll im Depot«, *Handelsblatt Online*, 13.08.2007.

wert. Sie beteiligen sich letztlich nur mit 1 Milliarde Euro an der IKB-Rettung, während der Staat am Ende rund 10 Milliarden trägt, die Sparkassen und Genossenschaftsbanken 0,5 Milliarden. Der Staat war zwar Großaktionär der IKB, hatte aber mit 38 Prozent der Aktien keine Mehrheit an dem Unternehmen.[1]

4. September 2007: Nach der IKB-Rettung gibt *Deutsche-Bank*-Chef Josef Ackermann Entwarnung. In einer Pressemitteilung verkündet er, dass sein Haus »dem Risiko einer weiteren Verschlechterung bei ›US-Sub-Prime‹-Hypotheken nicht ausgesetzt ist.« Insgesamt bleibe er »optimistisch für das Geschäftsumfeld der Branche weltweit«.[2] Eine vollkommene Fehlprognose: Ziemlich genau ein Jahr später wird das Weltfinanzsystem am Abgrund stehen, und die *Deutsche Bank* einen Jahresverlust von 5,7 Milliarden Euro ausweisen.

20. September 2007: Ackermann redet wieder die Gefahren klein, diesmal in der Talkshow *Maybrit Illner*. *Spiegel Online* protokolliert Ackermanns Aussagen: »Da habe es ja ›ein bisschen ein Problem‹ gegeben mit den zweitklassigen Subprime-Krediten in den USA. Dann sei die Krise eben nach Europa gekommen. Ein ›Schwächeanfall des Systems‹, gibt er zu. Wirklich schlimm sei es aber nicht. Er spricht über die Abermilliarden, die Notenbanken in die internationalen Märkte pumpten, in einem Tonfall, als passiere das jede zweite Woche.«[3]

---

[1] (Staat hielt Anteile über die *KfW*). »IKB-Rettung kostet Milliarden«, *Focus Online*, 21.08.2008. Christoph Kaserer: »Staatliche Hilfen für Banken und ihre Kosten« (Studie für INSM), 29.07.2010, S. 54.

[2] *Deutsche Bank Presseabteilung:* »Deutsche Bank gibt Überblick über bisherigen Geschäftsverlauf des 3. Quartals 2007«, 04.09.2007.

[3] Anne Seith: »Die Ackermann-Show«, *Spiegel Online*, 20.09.2007.

24. März 2008: Die Investmentbank *Bear Stearns* wird kurz vor dem Zusammenbruch an die Großbank *J. P. Morgan Chase* verkauft. Einen großen Teil des Risikos übernimmt die US-Notenbank: Sollten die *Bear-Stearns*-Wertpapiere Verluste machen, haftet sie mit bis zu 29 Milliarden US-Dollar.[1]

10. September 2008: Josef Ackermann verkündet, die Krise sei bald überwunden: »Wir sehen eine Stabilisierung, wir sehen den Beginn des Endes, das bestätigt sich immer mehr.« Der Märkte seien eben bloß »nervös« und reagierten auf »irgendwelche Botschaften panisch«.[2]

15. September 2008: Die Großbank *Lehman Brothers* bricht zusammen. Der Zusammenbruch sendet Schockwellen durch das Welt-Bankensystem.

16. September 2008: Der US-Versicherungsriese *American International Group* (AIG) steht vor dem Zusammenbruch. Er wird von Notenbank und Finanzministerium gerettet, mit einem Notfallkredit von 85 Milliarden Dollar, später wird daraus mehr als das Doppelte. Der amerikanische Finanzminister Henry Paulson, der den Deal verhandelt hat, war noch bis 2006 Chef der Investmentbank *Goldman Sachs*. Ohne die Hilfsmilliarden wäre AIG zusammengebrochen, und die Gläubiger hätten viel Geld verloren. Gefährdet waren zum Beispiel Banken, die bei AIG Kreditausfallversicherungen erworben haben. Sie werden nun zu 100 Prozent ausgezahlt, ohne einen Cent Abzug. So als wären sie Gläubiger einer gesunden

---

[1] Pressemitteilung: »JPMorgan Chase and Bear Stearns Announce Amended Merger Agreement«, *jpmorgan.com*, 24.03.2008.

[2] »Trichet malt schwarz – Ackermann beruhigt«, *FAZ.net*, 10.09.2008.

Firma.[1] Die Behörden halten die Liste der Zahlungsempfänger lange unter Verschluss, doch dann kommt heraus: Der zweithöchste Betrag ist an *Goldman Sachs* überwiesen worden. Auch der *Deutschen Bank* hat man die volle Versicherungssumme von 5,4 Milliarden US-Dollar ausgezahlt. Als Gegenleistung überträgt sie die Kreditpakete, für die sie die Versicherungen erworben hatte. Sie haben angeblich noch einen Wert von 2,8 Milliarden Dollar.[2]

17. September 2008: In der ARD-Talkshow *hart aber fair* ist der frühere *Deutsche-Bank*-Chef Hilmar Kopper zu Gast. *Spiegel Online* fasst seinen Auftritt so zusammen: »Das System sei ›relativ stabil‹. Es werde Opfer geben, so seine nüchterne Schlussfolgerung. ›Die Börse gibt's, die Börse nimmt's.‹« Kopper sagt nach Angaben der *Süddeutschen Zeitung* auch: »Die Banken haben den Wohlstand nicht verzockt. Das waren Millionen von Amerikanern, die immer neue Hypotheken aufgenommen haben.«

25. September 2008: Die *Hypo Real Estate* (HRE) steht vor dem Aus. Regierung und Banken verhandeln über die Rettung. Finanzminister Peer Steinbrück will dabei, so stellt es der *Spiegel* dar, »die Banker weichkochen«.[3] Das Ergebnis klingt zunächst erfreulich: Die Banken geben Hilfskredite von 30 Milliarden Euro. Doch in Wahrheit lassen sie sich eine begrenzte Haftung zusagen: Das Risiko liegt von Anfang an vor allem beim Staat.[4]

---

[1] William Greider: »The AIG Bailout Scandal«, 06.08.2010.

[2] *Congressional Oversight Panel:* »June Oversight Report«, 10.06.2010, S. 93.

[3] Dettmer, Kurbjuweit, Reiermann: »Zocken im Morgengrauen«, *Der Spiegel* 34/2009, S. 60.

[4] Nicolette Kressl (*Bundesministerium der Finanzen*): »HRE Rettungspaket« (Brief vom 17.11.2008), Weber, Zeitler, Sanio (*Deutsche Bundesbank/Bafin*): Brief vom 29.09.2008 an Peer Steinbrück.

Als die HRE dann immer neue Milliarden braucht, stellt der Steuerzahler am Ende Garantien von mehr als 140 Milliarden Euro bereit.[1] Und die Banken? Schon nach einem Jahr sind sie vollständig aus der Haftung entlassen, berichten Mitglieder des HRE-Untersuchungsausschusses.[2] Dabei haben die Privatbanken massiv von der HRE-Rettung profitiert. Die Regierung hat versucht, die Liste der Profiteure geheim zu halten, doch der investigative Journalist Harald Schumann veröffentlicht sie in *ZEIT* und *Tagesspiegel*. Allein die *Deutsche Bank* hatte nach diesen Informationen gegenüber der HRE noch unbesicherte Forderungen von rund 1,8 Milliarden Euro offen.[3]

2009, 2010 und 2011: Man könnte diese Liste mit vielen weiteren Beispielen fortführen – doch springen wir gleich zum März und Juni 2012.

1. März 2012: Der Bankenrettungsfonds *Soffin* ist überraschend reaktiviert worden. Er hat nun erneut 480 Milliarden Euro an Garantien und Kapital zur Verfügung, um maroden Banken zu helfen.[4] Die *Süddeutsche Zeitung* berichtet: »In Kreisen der

---

[1]   Harald Schumann: »Deshalb braucht die HRE neue Milliarden«, *Zeit Online*, 14.09.2010.

[2]   »Sondervotum der Berichterstatter der Fraktionen FDP, DIE LINKE und BÜNDNIS 90/DIE GRÜNEN«, BT-Drucksache 16/14000, 18.09.2009, S. 232–233. Das Sondervotum der Minderheit (eine ungewöhnliche Koalition aus FDP, Linken und Grünen) halte ich für eine deutlich realistischere Darstellung der HRE-Rettung als den Mehrheitsbericht, mit dem die Große Koalition versucht hat, ihre Versäumnisse zu verschleiern. Vgl. a. Pressenotiz: »SoFFin löst Liquiditätsfazilität ab«, *Soffin*, 21.2012.2009.

[3]   Harald Schumann: »Hypo Real Estate – Die Geretteten«, *Tagesspiegel.de*, 13.09.2009.

[4]   Vgl. Sonderfonds Finanzmarktstabilisierung: »Bericht über das Geschäftsjahr 2011«, April 2012.

Bundesregierung wurde bestritten, dass das eilige Vorgehen zur Wiederbelebung des Soffin in direktem Zusammenhang mit der Lage bei der deutschen Sorgenbank Nummer eins, der Commerzbank, steht.« Allerdings, so fügen die anonymen »Kreise« hinzu, indirekt habe es doch etwas mit der *Commerzbank* zu tun.[1] Die Bundesregierung hatte der *Commerzbank* bereits 2008 und 2009 rund 18 Milliarden Euro zur Verfügung gestellt, ohne konsequent dafür zu sorgen, dass die Bank sicherer wird. Mit 18 Milliarden hätte der Staat damals zwei Drittel der *Commerzbank*-Aktien kaufen können, doch die Regierung handelte wieder nach dem Schema »Staatsgeld ja, staatliche Kontrolle nein«: Sie übernahm nur ein Viertel der *Commerzbank*-Aktien und verwendete den Rest der 18 Milliarden für eine sogenannte »stille Einlage«, eine Beteiligung ohne Stimmrecht. Immer wieder versprach die *Commerzbank*, auf die *stille Einlage* Zinsen zu zahlen. Doch die Zinszahlung blieb Jahr für Jahr aus, obwohl die Bank 2010 und 2011 wieder Gewinne machte. Der Grund: Gegenüber ihren Aktionären rechnete die *Commerzbank* so, dass sie Gewinne auswies, gegenüber dem Staat durfte sie anders bilanzieren – und machte Verluste.[2]

2. Juni 2012: Die Bankenkrise in Spanien eskaliert. Angesichts der Immobilienblase und der jahrelangen Schuldenorgie waren die gewaltigen Verluste seit Langem absehbar. Fast wöchentlich werden nun neue Milliardenlöcher in den Bankbilanzen bekannt – und die spanische Regierung gibt sich überrascht. Der gewaltige

---

[1]   Guido Bohsem, Harald Freiberger: »Deutschland bereitet Bankenrettung vor«, *Süddeutsche.de*, 05.12.2011.

[2]   Hanno Mussler: »Die Commerzbank bleibt teilverstaatlicht« *FAZ.net*, 07.04.2011. »Blessing vertröstet den Staat«, *Handelsblatt.com*, 23.02.2012. »Mögliche Hilfe für Geldhaus«, *Süddeutsche.de*, 12.12.2011.

Kapitalbedarf übertrifft die bisher von ihr veröffentlichten Schätzungen bei Weitem. Und schon wieder sollen Banken sehr viele Milliarden mit sehr wenigen Auflagen erhalten: Spanien fordert, seinen Banken Geld aus dem Eurorettungsfonds bereitzustellen. Doch das würde bedeuten, kommentiert die *Süddeutsche Zeitung*, dass nicht »der zugrunde liegende Fehler im System beseitigt wird«. Schließlich sei es dem Rettungsfonds unmöglich, »Zwangsverwalter in jede spanische Sparkasse zu schicken, die dort aufräumen. Dafür fehlen ihm die Mitarbeiter wie das Know-how.«[1] Die Bundesregierung will dagegen erreichen, dass die spanischen Banken die Hilfsgelder nicht direkt erhalten, sondern auf dem Umweg über die spanische Regierung. Es ist äußerst zweifelhaft, dass dies irgendetwas verbessert: Die Verantwortlichen in Spanien haben bisher die Bankenreform so sehr verschleppt und die Probleme so unbeirrt geleugnet, dass sie sogar von EZB-Chef Mario Draghi wütend kritisiert worden sind.[2]

Das, was diese Chronologie deutlich macht, hat der Wirtschaftsjournalist Robert von Heusinger bereits 2008 erkannt, der damalige Leiter der FR-Wirtschaftsredaktion: »Deutschlands verantwortliche Politiker können keinen Kapitalismus. Das macht die Rettungsaktion für die Bank Hypo Real Estate (HRE) klar. Der Münchener Dax-Konzern wird mit dem Einsatz von Steuerzahlergeld vorläufig flüssig gehalten, aber der Staat erhält keinen Einfluss auf die Geschäftsführung, geschweige denn Aktien. So geht der Steuerzahler am Ende leer aus.«[3] P.S.: Nachdem viele

---

[1] Claus Hulverscheidt: »Wie sich der Teufelskreis durchbrechen lässt«, *Süddeutsche.de*, 02.06.2012, Cornelia Derichsweiler: »Bankia-Hilfe mit EZB-Krediten« *NZZ.ch*, 28.05.2012.

[2] »Draghi watscht Spanien wegen Bankia-Desaster ab«, FTD.de, 31.05.021.

[3] Robert von Heusinger: »Verstaatlicht alle Banken!«, *Frankfurter Rundschau Online*, 29.08.2008.

Milliarden geflossen waren, wurde die HRE dann doch noch verstaatlicht. Allerdings flossen dafür weitere acht Milliarden Euro – an die Aktionäre des Milliardengrabs HRE.[1]

Der Kölner Buchautor Werner Rügemer hat schon vor Ausbruch der Bankenkrise kritisiert, dass der Staat seit vielen Jahren immer wieder Privatfirmen garantierte Gewinne ermögliche, zum Beispiel bei den sogenannten »Public Private Partnerships«.[2] Letztlich gehe die Kooperation zwischen Staat und gewinnorientierten Unternehmen oft so aus, dass der Staat über den Tisch gezogen werde. Jetzt sei dieses System auf die Spitze getrieben worden: »Zunächst einmal muss man sich vergegenwärtigen, was das für eine Absurdität ist: Dieser Staat, der jetzt den Banken Geld in verschiedener Form [...] zur Verfügung stellen will, ist ja selbst bei den gleichen Banken mit einem ungleich größeren Betrag verschuldet! Und für einen Teil dieser Zuschüsse, die der Staat den Banken geben will, müsste er sich selber bei ihnen wieder verschulden. Das ist ein völlig absurdes Spiel.«[3]

Dennoch wird die Finanzbranche wohl auch in einigen Jahren noch behaupten, die Krise habe sich nur dadurch zugespitzt, dass die Politik nicht genügend Milliarden aufgebracht habe, um »die Märkte zu beruhigen«. Es wird in den nächsten Monaten immer wieder heißen, die Politiker müssten »pragmatischer« und »entschiedener« sein. Gemeint ist damit: Die Hilfsmilliarden noch schneller bereitstellen, aber weiterhin ohne große Auflagen für

---

[1] Harald Schumann: »Deshalb braucht die HRE neue Milliarden«, *Zeit Online*, 14.09.2010.

[2] Vgl. Werner Rügemer: »Privatisierung in Deutschland. Von der Treuhand zu Public Private Partnership. Eine Bilanz«, Münster, 2008 (4. Auflage).

[3] Werner Rügemer (Interview): »Das Rettungspaket: Blankoscheck für die Banken«, *heise.de/tp*, 29.10.2008. Banken verdienen durch Staatsschulden doppelt: Erstens kaufen sie Staatsanleihen und kassieren Zinsen. Zweitens helfen sie Staaten gegen Gebühr dabei, neue Anleihen herauszugeben.

die Banken. Bis am Ende die Banken ihre maroden Schulden zu den Steuerzahlern verschoben haben, während sie weiter gefährliche Spekulationsgeschäfte tätigen.

Der drohende Zusammenbruch der Eurozone – und die unterschätzten Gefahren in den USA

Ich schreibe diese Zeilen Mitte Juni 2012. Möglicherweise geht das bisherige Spiel noch einige Jahre gut, bis dann ein umso gefährlicherer Zusammenbruch kommt. Möglicherweise erleben wir aber schon in den nächsten Wochen dramatische Ereignisse. In der Eurozone spitzt sich die Situation gerade erschreckend zu. In Spanien hat eine gigantische Kapitalflucht eingesetzt: Allein im März 2012 haben Anleger 66 Milliarden Euro aus dem Land abgezogen. Es gibt Indizien, dass die Kapitalflucht inzwischen weiter zugenommen hat, doch niemand weiß das genau, weil die Zahlen immer erst Monate später veröffentlicht werden. Die Spanier heben außerdem gerade panisch Geld von ihren Sparkonten ab: Allein im April 2012 mehr als 31 Milliarden Euro. Die Situation in Griechenland ist noch dramatischer, auch nach dem teilweisen Schuldenerlass vom März 2012. Die Anleger verlieren also das Vertrauen in Spanien und Griechenland. Das gilt sogar für die einheimischen Investoren in beiden Ländern: Die immer größeren Summen, die sie gerade von ihren Konten abheben, tragen sie unter anderem zu deutschen Banken. Ein Madrider Investmentberater empfiehlt seinen Kunden bereits offen, ihr Geld im Ausland in Sicherheit zu bringen.[1]

---

[1] »Kapitalflucht aus Spanien«, *NZZ.ch*, 01.06.2012. Leo Wieland: »Anleger wenden sich von Spanien ab«, *FAZ.net*, 01.06.2012. »Deutsche Banken locken Kunden aus dem Ausland«, *Handelsblatt.com*, 08.06.2012. Stefanie Müller, Rahmann: »Vetternwirtschaft treibt Spanien in den Abgrund«, *Wiwo.de*, 06.06.2012.

Portugal wird von den Finanzmärkten sogar noch negativer eingeschätzt als Spanien. Wie hoch die Märkte die Insolvenzgefahren in der Eurozone aktuell bewerten, kann man an den Preisen von Kreditausfallversicherungen (CDS) erkennen. Die CDS für Portugal sind deutlich teurer als die für Spanien – die Preise haben ein alarmierendes Niveau erreicht: Um sich fünf Jahre lang gegen einen Zahlungsausfall portugiesischer Staatsanleihen zu versichern, zahlen Finanzmarktakteure zur Zeit 50 bis 70 Prozent der versicherten Summe. Sie rechnen also mit mindestens 50-prozentiger Wahrscheinlichkeit damit, dass Portugal pleitegeht.[1] Es kann natürlich sein, dass die Spekulanten irren. Die Finanzmärkte haben ja schon oft vollkommen falsch gelegen, wie dieses Buch an vielen Beispielen aufgezeigt hat. Allerdings übertreiben die Märkte fast ausschließlich in eine bestimmte Richtung: Sie sind zu euphorisch.[2]

Wahrscheinlicher ist, dass jene Hedgefonds-Manager recht haben, die von einem Zusammenbruch der Eurozone ausgehen.[3] Denn die wird im Moment nur noch durch die immer drastischeren Notfallmaßnahmen zusammengehalten. Maßnahmen, die Zeit kaufen, ohne dass diese Zeit genügend genutzt worden wäre. Wie dramatisch die Lage in der Eurozone ist, zeigen nicht nur die immer größeren Rettungsschirme und die LTRO-Notfallgelder der EZB. Es gibt noch einen weiteren Gradmesser: Das so genannte *Target*-System der Notenbanken. Mit diesem System werden Milliarden aus Deutschland in schwache Eurostaaten verschoben –

---

[1]   Januar-Juni 2012. (*Bloomberg.com*). Siehe Holger Zschäpitz: »Finanzmärkte erwarten, dass Portugal pleitegeht«, *Welt Online*, 30.01.2012. Zschäpitz, Eckert: »Pleite-Risiko […]«, *Welt Online*, 12.03.2012.

[2]   Siehe Kapitel »*Deregulierte Finanzmärkte führen immer wieder zur Katastrophe*«, Seite 90.

[3]   Vgl. Wolfgang Münchau: »Ahnungslos in die Euro-Dämmerung«, *Spiegel Online*, 06.06.2012.

hinter den Kulissen: Jedes Land hat in der Eurozone weiterhin seine nationale Notenbank wie beispielsweise die *Deutsche Bundesbank*. Über das *Target*-System gibt die Bundesbank anderen Notenbanken der Eurozone zurzeit immer höhere Kredite. Inzwischen bereits 500 Milliarden Euro. Einen Teil des Geldes schuldet uns beispielsweise die griechische Notenbank. Nur durch diese immer höheren *Target*-Kredite funktioniert die Eurozone noch. Doch sie können nicht immer weiter wachsen, und sollte der Euro auseinanderbrechen, müsste Deutschland diese Schulden bei den anderen Ländern eintreiben, mit zweifelhaften Erfolgsaussichten.[1]

Sorgen bereitet auch die Tatsache, dass schon die Notfallhilfen für Griechenland viele Milliarden Euro verschlungen haben, obwohl das Land wirtschaftlich vollkommen unbedeutend ist. Die spanische Wirtschaft ist viermal so groß wie die griechische. Eine schwere Krise in Spanien könnte also weitaus teurer werden. Zudem wird Griechenland auch noch weitere Hilfen brauchen.

Kaum wahrgenommen werden gerade die Gefahren, die von den USA ausgehen. Zwar sind die USA im Moment stabiler als die Eurozone. Das liegt vor allem daran, dass sie als Einheit handeln. Doch eigentlich stehen sie schlechter da: Sie haben höhere Staatsschulden (in Prozent des BIP), diese Schulden wachsen stärker als die der Eurozone, und die USA haben ein starkes Exportdefizit, während die Eurozone sogar Exportüberschüsse erzielt.[2] Die US-Wirtschaft konnte in den letzten Jahren nur deshalb so viel Fahrt aufnehmen, weil sie durch immer neue Kredite aus

---

[1] Stefan Kaiser: »Hans-Werner-Sinn: Der Mann und die Milliarden-Bombe«, *Spiegel Online*, 27.02.2011.

[2] *IMF, World Economic Outlook Database.* Europa steht sowohl 2010 als auch 2011 besser da.

dem Ausland am Laufen gehalten wurde. In den Jahren der leichtfertigen Kreditvergabe ist in den meisten westlichen Industrieländern ein System entstanden, das nur *mit genau dieser leichtfertigen Kreditvergabe* funktionierte. Sobald jetzt irgendein Akteur nicht mehr an billiges Geld kommt, beispielsweise Spanien, droht der Zusammenbruch. Die USA bekommen immer noch billiges Geld: Die US-Regierung zahlt jährlich nur 1,6 Prozent Zinsen für einen zehnjährigen Kredit, weniger als die Inflationsrate.[1] Und das obwohl die US-Staatsschulden gerade dabei sind, 100 Prozent des BIP zu übersteigen.

Doch auch den USA könnte der Geldhahn irgendwann zugedreht werden. Der größte Kreditgeber der US-Regierung war bislang China. Das Land hat den USA Jahr für Jahr mehr Geld geliehen, insgesamt 1.300 Milliarden US-Dollar. Aber die Chinesen denken nun um. China hat sich, wie die *ZEIT* schreibt »einseitig von den USA abhängig gemacht. Die Folgen sind gravierend. [ ] Die Chinesen ärgern sich über sich selbst.« Die *ZEIT* zitiert Guan Jianzhong, den Chef der chinesischen Rating-Agentur Dagong: »China müsste eigentlich Waren exportieren und im Gegenzug dafür auch Waren erhalten, die uns auch von Nutzen sind.« Stattdessen, so Guan, erhalte China einen »Haufen Papier«, der zudem an Wert verliere.[2] Seit Mitte 2011 haben die Chinesen ihre Bestände an US-Staatsanleihen bereits um 10 Prozent reduziert, obwohl die US-Regierung dringend neues Geld brauchte.[3] Wer füllt die Lücke? Nicht private Investoren – die fahren schon seit 2009 ihre Käufe von US-Staatsanleihen dras-

[1] *Bloomberg.com*, Stand 11.06.2012.

[2] Felix Lee: »Chinas Dollar-Dilemma«, *Zeit Online*, 09.08.2011.

[3] *Department of the Treasury:* »Major Foreign Holders of Treasury Securities«, *treasury.gov*, 15.05.2012.

tisch zurück.[1] Sondern die US-Zentralbank: Sie hat inzwischen US-Staatsanleihen im Wert von 1664 Milliarden US-Dollar gekauft.[2] Offiziell dienen die Käufe dazu, mehr Geld in die Wirtschaft zu schleusen, um Vergabe von Krediten an die Realwirtschaft anzuregen. Inoffiziell finanziert die Zentralbank damit die immer höheren Staatsschulden der USA und ist inzwischen der größte Gläubiger der eigenen Regierung. Vor der Finanzkrise galt es als Todsünde, dass eine Notenbank in nennenswertem Umfang Staatsanleihen aufkauft.

Die Banken sind immer noch tickende Zeitbomben

Weltweit drohen in den nächsten Jahren massive Pleitewellen von Schuldnern. Auf die Banken kommen also noch gewaltige Verluste zu. Die Banken behaupten, sie seien inzwischen so sicher, dass sie zukünftige Verluste viel besser wegstecken könnten. Presseberichte bestätigen das scheinbar: Die »harte Kernkapitalquote« der Banken, so wird berichtet, soll bis 2019 schrittweise steigen, von zwei auf sieben Prozent. Der Sicherheitspuffer gegen Verluste steigt also nach offiziellen Angaben auf mehr als das Dreifache.[3] *Deutsche Bank* und *Commerzbank* kommen nach Presseberichten sogar schon heute auf eine »harte Kernkapitalquote« von rund zehn Prozent.[4] Sie haben also auf den ersten Blick bereits genügend Luft, um größere Verluste zu verkraften.

[1] Lawrence Goodman: »Demand for U.S. Debt Is Not Limitless«, *Wall Street Journal Online*, 28.03.2012.

[2] Michael Crittenden: »Federal Reserve Balance Sheet Grew Over Last Week«, *Dow Jones N.*, 08.06.2012.

[3] Harald Freiberger, Cerstin Gammelin: »Mehr Kapital!«, *Süddeutsche Zeitung*, Wirtschaft, 16.05.2012.

[4] »Ackermanns letzte Bilanz verfehlt die Erwartungen«, *Handelsblatt Online*, 26.04.2012.

Leider sagen diese Zahlen wenig aus. Es gibt Fortschritte, doch sie sind weitaus kleiner als behauptet. Thierry Philipponnat, der selbst 20 Jahre lang Banker war und heute für die Organisation *Finance Watch* arbeitet, benennt das Kernproblem: Wenn Banken ihre offiziellen Zahlen zum Kapitalpuffer mitteilen, sei das so »als würden sich Kinder Schulnoten geben«.[1] Was meint er damit?

Eine Bank, die Kredite vergibt oder risikoreiche Wertpapiere kauft, benutzt dafür zum Teil *Eigenkapital*, das vor allem die Aktionäre in die Bank eingezahlt haben. Aber in weitaus größerem Umfang benutzt sie Geld, das sie sich ebenfalls nur geliehen hat: Weit über 90 Prozent der Investitionen, die eine Bank tätigt, macht sie mit geborgtem Geld. Das ist der schon erwähnte Hebel. Ein Beispiel: Eine Bank vergibt einen Kredit von 100 Euro, doch nur 8 Euro des Geldes besitzt sie selbst (das Eigenkapital), während sie sich 92 Euro leiht. Gläubiger einer Bank sind zum Beispiel die Sparbuchinhaber: Mehr als die Hälfte des Kapitals, das europäische Banken investieren, stammt von den Konten der Bankkunden.[2] Wenn nun Kredite ausfallen, die eine Bank vergeben hat, wird es schnell gefährlich. Ist nur das Eigenkapital weg, gibt es noch kein Problem, denn genau dafür ist das Geld der Aktionäre gedacht: Als Risikopuffer. Macht die Bank jedoch höhere Verluste, sodass auch ein Teil des Geldes verloren ist, das sie sich nur geliehen hat, zum Beispiel von den Sparbuchbesitzern, dann droht die Pleite der Bank.

Damit sind wir bei den genannten Kernkapitalquoten: Je höher diese Quote, desto höher ist eigentlich der Anteil des Eigen-

---

[1]   Zit. nach Uta Harnischfeger: »Als würden sich Kinder Schulnoten geben«, *FTD.de*, 01.05.2012.

[2]   Sophie Ahlswede, Jan Schildbach: »Vor dem Comeback: Einlagen bei Banken«, *DB Research*, 27.02.2012.

kapitals, mit dem die Bank arbeitet. Doch wenn es heißt, die Bank habe eine »harte Kernkapitalquote« von zehn Prozent, wurden keineswegs zehn Prozent ihrer Investitionen mit Eigenkapital gemacht. Für die Berechnung dieser Quote werden nämlich gar nicht alle Investitionen der Bank herangezogen. Einige werden komplett ausgeblendet, andere nur zum Teil angerechnet. Man nennt das »Risikogewichtung«. Die Bank und die Regulierungsbehörden gehen also davon aus, dass manche Investitionen risikoarm sind, und andere sogar vollkommen risikolos. Beispielsweise muss eine Bank für Staatsanleihen aus westlichen Industrieländern keinerlei Eigenkapital bereitstellen. Das bedeutet: Wenn eine Bank, die eine »harte Kernkapitalquote« von zehn Prozent hat, auf Kredit Staatsanleihen für viele Milliarden Euro kauft, kommt sie nach dem Kauf weiterhin auf eine Quote von zehn Prozent. Diese Regelung gilt bis heute, eine Änderung ist bisher nicht geplant.[1]

Mehr noch: Bei vielen Wertpapieren haben die Banken erhebliche Gestaltungsspielräume. Sie können »Ausfallrisiken recht kreativ verbuchen«, wie die *Financial Times Deutschland* zutreffend schreibt.[2] Wie hoch ist das Ausfallrisiko beispielsweise bei einem komplizierten Derivat? Oder bei einem verbrieften Kredit? Das berechnen nicht etwa die Aufsichtsbehörden. Stattdessen benutzen viele Großbanken dafür entweder die unzuverlässigen Ratingnoten oder sogar eigene Rechenmodelle, die von den Aufsichtsbehörden lediglich abgesegnet werden. Eine Bank kann beispielsweise zu dem Ergebnis kommen, dass eine komplizierte Derivat-Wette kein großes Ausfallrisiko hat und daher nur mit wenig Eigenkapital unterlegt werden muss. Oder die

---

[1]   Dorothea Schäfer: »Leverage Ratio ist das bessere Risikomaß«, *DIW-Wochenbericht*, 16.11.2011, S. 12.

[2]   Uta Harnischfeger: »Als würden sich Kinder Schulnoten geben«, *FTD.de*, 01.05.2012.

Bank kommt zu dem Ergebnis, dass das Derivat zwar risikoreich ist, aber dennoch nicht viel Eigenkapital erfordert, weil sie eine weitere Derivat-Wette abgeschlossen hat, die angeblich die erste Wette absichert.[1]

Ohne Frage: Wertpapiere haben unterschiedliche Risiken, und Absicherungsgeschäfte können Risiken vermindern. Nur: Wenn die Banken großen Einfluss darauf haben, wie ihre eigenen Risiken berechnet werden, dann sind sie tatsächlich wie Kinder, die sich ihre eigenen Schulnoten geben. Die genannten Rechentricks sollen auch in Zukunft weiter erlaubt sein, sie werden lediglich etwas eingeschränkt. So sehen es die geplanten internationalen Bankvorschriften namens »Basel III« vor.[2]

Die Möglichkeiten, Risiken kleinzurechnen und zu verstecken, sind gewaltig.[3] Vor allem bei einem Weltkonzern wie der *Deutschen Bank*, die täglich komplexe Transaktionen abschließt, überall auf der Welt Niederlassungen hat und in deren Bilanz allein Derivate im Wert von mehreren hundert Milliarden Euro stehen. Wenn es jedoch auf den Finanzmärkten wieder zu Turbulenzen und Zusammenbrüchen kommt, wenn Handelspartner der *Deutschen Bank* pleitegehen, wenn Kurse sich im Sekundentakt sprunghaft verändern – gleichen sich dann wirklich ver-

---

[1] Martin Hellwig: »Capital Regulation after the Crisis: Business as Usual?«, *Max Planck Society*, 06/2010. Banh, Cluse, Schwake: »Die quantitative Behandlung von Kontrahentenausfallrisiken«, *Deloitte White Paper* Nr. 44, 06.06.2011. Derivate sind gleich mit mehreren Risiken behaftet, abhängig z.B. von: Kurs des Basiswert, Ratingnoten der Parteien, Insolvenz der Gegenpartei.

[2] *Basel Committee on Banking Supervision*: »Results of the comprehensive quantitative impact study«, 12/10. Mark Dittli: »Von Grossbanken und Umweltverschmutzern«, *tagesanzeiger.ch*, 09.03.2012 *Bundesverband dt. Banken*: »Basel III – eine kritische Würdigung«, *Die Bank,* 05/2011.

[3] Vgl. auch: Olaf Storbeck: »Das große Risiko-Versteckspiel: Wie Banken ihre Risiken klein rechnen«, *Handelsblatt.com*, 19.02.2012.

schiedene Forderungen und Schulden gegenseitig so aus, wie die *Deutsche Bank* das vorher in komplizierten Computermodellen berechnet hat?

Investor Warren Buffet hat sich schon 2003 beklagt: »Sogar erfahrene Analysten haben gewaltige Probleme, die finanzielle Lage von Firmen zu beurteilen, die viele Derivat-Verträge abschließen. Wenn Charlie [Munger, sein Co-Chef] und ich die endlosen Fußnoten lesen, mit denen große Banken ihre Derivat-Aktivitäten beschreiben, dann ist uns nur eines klar: dass vollkommen *unklar* bleibt, wie groß das Risiko wirklich ist, das die Bank eingeht.«[1]

Das Problem ist, dass die Banken ihre Risiken kleinrechnen *wollen*. Denn je geringer das Risiko (angeblich) ist, desto mehr Eigenkapital wird freigesetzt. Mit diesem Kapital kann die Bank zusätzliche Risiken eingehen, was höhere Profite und Boni verspricht.

Die Risikobereitschaft der Banken hat seit der Finanzkrise möglicherweise sogar zugenommen, denn sie wissen inzwischen, dass die Regierungen bereitstehen, um sie jederzeit mit Milliarden zu retten. Das gilt besonders für Großbanken, deren Zusammenbruch gewaltige Schäden anrichten würde. Viele Investoren gehen davon aus, dass die Bundesregierung *alles* tun würde, um die *Deutsche Bank* zu stützen. Das führt dazu, dass die Bank auf den Finanzmärkten besonders billig Kredite aufnehmen kann: Die Anleger spekulieren darauf, dass im Notfall der Staat für die Schulden der *Deutschen Bank* aufkommt. Die Ratingagentur *Fitch* begründet ihren positiven Ausblick für die *Deutsche Bank* sogar ganz offiziell mit dieser Überlegung: Der

---

[1] Warren Buffet: »To the Shareholders of Berkshire Hathaway Inc« (*Annual Letter* 2002), 21.02.2003.

deutsche Staat sei schließlich gewillt und in der Lage, das Institut zu stützen.[1]

Kein Wunder, dass die Banken sich vehement dagegen wehren, ihren Eigenkapitalpuffer stark zu erhöhen.[2] Kein Wunder auch, dass sie ihre Risiken kleinrechnen, statt sich neues Kapital zu besorgen. Uta Harnischfeger, Autorin der *Financial Times Deutschland,* berichtet vom Beispiel der *Commerzbank.* Die sollte mehrere Milliarden Euro zusätzliches Kapital aufbringen. Eine Milliarde hat sie einfach dadurch gewonnen, »dass sie für Kredite niedrigere Ausfallrisiken ansetzt als bisher – mit Genehmigung der Aufsicht. [...] Die Commerzbank begründet ihr Vorgehen [...] mit der besseren Datenqualität der Kredite sowie deren höherem ›Wiedergewinnungsfaktor‹ [...].«[3] Auffällig ist: Mehrere Banken in Europa haben ausgerechnet dann eine ähnliche »Optimierung« ihrer Risikoberechnungen angekündigt, als ein Stresstest der europäischen Bankaufsicht EBA Kapitallücken von insgesamt 109 Milliarden Euro bei den großen europäischen Instituten errechnet hatte.[4]

Viele Wissenschaftler und Brancheninsider fordern, die Möglichkeiten der kreativen Buchführung einzudämmen.[5] Wenn man

---

[1] Zit. nach: Kirchfeld, Logutenkova, Comfort: »Deutsche Bank No. 1 in Europe as Leverage Hits Valuation«, *Bloomberg.com*, 27.03.2012.

[2] Vgl. u. a. Ian Talley: »Lobby-Gruppe IIF fordert [...]«, *Dow Jones Newswires*, 09.04.2012. Die Banken behaupten, durch höhere Eigenkapitalpuffer werde die Kreditvergabe an die Realwirtschaft abgewürgt. Banken verwenden jedoch einen großen Teil ihres Eigenkapitals für spekulative Geschäfte.

[3] Uta Harnischfeger: »Als würden sich Kinder Schulnoten geben«, *FTD.de*, 01.05.2012.

[4] Uta Harnischfeger, Karsten Röbisch: »Internes Rating: Commerzbank-Pläne [...]«, *FTD.de*, 24.01.2012.

[5] Z. B. Dorothea Schäfer: »Leverage Ratio ist das bessere Risikomaß«, *DIW-Wochenbericht*, 16.11.2011, Thal Larsen, Rolfe Winkler: »The elusive leverage ratio«, *Reuters.com*, 05.10.2009. Martin Hellwig, a. a. O.

ohne die Rechentricks arbeitet, erscheint der Kapitalpuffer der Banken beängstigend niedrig. Die *Deutsche Bank* hat nach offiziellen Angaben eine »harte Kernkapitalquote« von rund 10 Prozent. Doch ohne »Risikogewichtung« und andere Rechenverfahren wird daraus eine Eigenkapitalquote von nur noch 2,5 Prozent. Anders gesagt: Die Investitionen der Bank sind mit dem Faktor 40 gehebelt. Für jeden Euro Eigenkapital, den die *Deutsche Bank* investieren kann, leiht sie sich also noch 40 weitere Euro bei Kreditgebern.[1]

Dorothea Schäfer, Forschungsdirektorin Finanzmärkte am *Deutschen Institut für Wirtschaftsforschung*, kommt für zehn große deutsche Banken auf ähnlich drastische Unterschiede: Die offizielle »harte Kernkapitalquote« beträgt 9,25 Prozent, ohne Rechentricks bleiben jedoch nur noch 2,31 Prozent. Sie kommentiert, die zweite Zahl lasse »Erinnerungen an extrem gehebelte Hedgefonds aufkommen.«[2] Der Ökonom Martin Hellwig, Experte für Bankenregulierung und Direktor eines *Max-Planck-Instituts*, fordert, dass die Eigenkapitalquote der Banken auf 20 bis 30 Prozent steigen solle. Und zwar ohne Rechentricks. In der Krise von 2008 habe sich deutlich gezeigt, so Hellwig, dass die Banken oft vollständig versagen, wenn sie ihre Risiken in eigener Regie »gewichten«.[3]

Selbst wenn man die Bankbilanzen ohne »Risikogewichtung« betrachtet, sagen sie nicht die volle Wahrheit. Die Bankmanager haben nämlich noch einen weiteren Trick auf Lager, um mit mög-

---

[1] *Deutsche Bank*: »Finanzbericht 2011«, S. 126. *Leverage Ratio* nach IFRS: 40, entspricht 2,5 %.

[2] Dorothea Schäfer: »Leverage Ratio ist das bessere Risikomaß«, *DIW-Wochenbericht*, 16.11.2011, S. 11.

[3] Zit. nach Mark Dittl: »Von Grossbanken und Umweltverschmutzern«, *Tagesanzeiger.ch*, 09.03.2012.

lichst wenig Eigenkapital möglichst viel Gewinn einzufahren: Sie wickeln sogenannte »außerbilanzielle Geschäfte« ab. Das sind Deals, die überhaupt nicht in der Bilanz auftauchen. Man spricht auch von »Offshore«-Geschäften, weil sie oft über Finanzplätze wie die Cayman-Inseln laufen, die einerseits lasche Steuerregeln und Bankvorschriften bieten, andererseits strenge Geheimhaltungsvorschriften.[1]

[1] Nicholas Shaxson: »Schatzinseln – Wie Steueroasen die Demokratie untergraben«, *Rotpunktverlag*, Zürich, 22.09.2011.

WIE SCHÜTZE ICH MEINE ERSPARNISSE VOR DEM DROHENDEN CRASH?

Hyperinflation oder das Gegenteil? Welches Szenario ist wahrscheinlich?

Wird es zu starker Inflation kommen oder nicht? Das wird in den nächsten Jahren die wichtigste Frage für jeden Sparer. Um es gleich vorwegzunehmen: Ich halte erhöhte Inflation für wahrscheinlich. Doch entgegen der öffentlichen Wahrnehmung ist Inflation keineswegs das zwingende Ergebnis der *bisherigen* Politik. Warum?

Wie bereits erwähnt, hat sich die Zentralbank-Geldmenge stark erhöht: Die EZB hat diese Geldmenge in den letzten zehn Jahren vervierfacht.[1] Doch die Geschäftsbanken schöpfen ja eine weitaus größere Geldmenge als die Zentralbank. Sie tun das mit jeder Kreditvergabe.

Im Jahr 2008, also zu Beginn der Krise, war die *gesamte* Geldmenge ungefähr zehnmal so groß wie die *von der EZB geschaffene* Geldmenge. Doch seitdem ist etwas Erstaunliches passiert: Die Zentralbank-Geldmenge hat sich mehr als verdoppelt. Die gesamte Geldmenge dagegen hat sich so gut wie nicht verändert.[2] Der Grund: Die Banken weiten zurzeit die Kreditvergabe nicht

---

[1] Der Einfachheit halber spreche ich durchgehend von EZB, auch dann, wenn das Eurosystem gemeint ist.

[2] Mit Gesamt-Geldmenge ist hier M3 gemeint.

aus. Dadurch bleibt die Gesamt-Geldmenge stabil. Das »Gelddrucken« der EZB ist also im Moment wirkungslos.

Was in Zukunft passieren wird, ist schwer abzuschätzen. In einer Krise können weder die Unternehmen ihre Preise stark erhöhen, noch die Arbeitnehmer starke Lohnerhöhungen durchsetzen. Nur bei steigenden Preisen und Löhnen gibt es jedoch Inflation. Und wenn die Banken ihre Kreditvergabe zurückfahren, könnte die Gesamt-Geldmenge sogar sinken. Allerdings darf man nicht vergessen, dass vor dem Börsencrash von 2008 in Europa die Gesamt-Geldmenge weit schneller gewachsen ist als das Bruttoinlandsprodukt. Sie hat sich seit dem Jahr 2000 ungefähr verdoppelt.[1] Das hat nur deshalb nicht zu Inflation geführt, weil das überschüssige Geld in die Finanzmärkte gewandert ist. Es hat also die Preise von Aktien und Immobilien in die Höhe getrieben, nicht die von Nahrungsmitteln und Kleidung. Dennoch ist die Geldmenge insgesamt durch den Kreditboom der Vergangenheit noch viel zu hoch.

Ob es Inflation geben wird, hängt wohl vom zukünftigen Handeln der EZB ab. Schon jetzt steht diese unter dem starken Druck, massenhaft Staatsanleihen der schwachen Eurostaaten aufzukaufen, und mehr Inflation zuzulassen. In Zukunft wird sich der Druck auf die EZB verstärken. Denn die Banken haben faule Kredite nicht konsequent aus ihren Bilanzen entfernt, es wurde also zu wenig für eine *gezielte* Bereinigung des Bankensystems getan. Daher könnte nun eine *ungezielte* Bereinigung folgen, indem die EZB *alle* Schulden durch Inflation zusammenschrumpfen lässt. Das bedeutet: Die Gläubiger erhalten ihren Kredit offiziell zurück, werden aber mit Geld ausbezahlt, das weniger wert ist. Es wäre letztlich eine Enteignung der Sparbuchbesitzer zugunsten der Schuldner und Sachwertbesitzer.

---

[1] Mark Schieritz: »Draghis Dicke Bertha«, *Zeit.de*, Herdentrieb-Blog, 29.02.2012.

Die größten Risiken:
schlechte Schuldner und undurchsichtige Deals

In den kommenden Jahren wird es nicht mehr darum gehen, bei der Geldanlage noch einen nennenswerten Überschuss zu erwirtschaften. Das Ziel wird vielmehr sein, nicht alles zu verlieren. Das Kreditkartenhaus wird zusammenbrechen, überall werden Schuldner in die Pleite rutschen.

Die größte Gefahr dabei ist, sich selbst von den Zahlungen wackliger Schuldner abhängig zu machen. Man sollte folglich bei jeder Geldanlage vor allem die Solidität des Zahlungsempfängers prüfen, egal ob man mit einer Aktie zum Teilhaber einer Firma wird oder mit einer Anleihe zum Gläubiger einer Firma oder eines Staates.

Entscheidend sind zwei Fragen. Erstens: Wie hoch ist der Schuldenstand eines Staates oder Unternehmens? Bei einem Staat ist eine wichtige Messziffer die Höhe der Schulden im Vergleich zur Wirtschaftsleistung (Bruttoinlandsprodukt). Bei einer Firma ist es der »Verschuldungsgrad«, also das Verhältnis der Schulden zum Eigenkapital.[1] Zweitens: Wie steht der Schuldner in Krisenzeiten da? Wichtig ist ein Geschäftsmodell, das langfristig tragfähig ist und nicht nur in einer boomenden Wirtschaft funktioniert. In manchen Branchen sind während des künstlichen Wirtschaftsbooms der letzten Jahre Überkapazitäten entstanden. Wer Staaten Geld leiht, sollte sich auch die Privatwirtschaft des jeweiligen Landes genau ansehen. Wenn sie international konkurrenzfähig ist, was sich zum Beispiel an Exportüberschüssen zeigt, wird es auch der Staat leichter haben, seine

---

[1]   Staat: Schulden in Prozent des Bruttoinlandsprodukts / BIP. Firmen: Eine erste Einführung findet man im *Wikipedia*-Eintrag »Verschuldungsgrad«. Unter *www.reuters.com/finance/stocks/* kann man einzelne Unternehmen suchen und Kennzahlen verschiedener Unternehmen vergleichen.

Schulden zurückzuzahlen. Wenn andererseits die Banken eines Landes wackeln, könnte die Regierung irgendwann weitere Milliarden in das Bankensystem pumpen, was die Staatsschulden explodieren lässt.

Man wird auf der Suche nach einem soliden Schuldner keine Investitionsidee mit sagenhafter Rendite entdecken. Je solider der Schuldner, desto geringer im Regelfall der Ertrag. Hinzu kommt: Durch die Geldschwemme, die Banken und Zentralbanken in den letzten Jahren erzeugt haben, ist weltweit zu viel Kapital auf der Suche nach irgendeiner Anlagemöglichkeit. Das gilt bis heute, vor allem seit die *Europäische Zentralbank* die Banken mit Geld überschwemmt.[1] Die Folge: Solide *und* unsolide Schuldner bekommen das Geld quasi hinterhergeworfen. Sie finden auch dann noch Geldgeber, wenn sie nur sehr niedrige Zinsen bieten. Wer sein Geld sicher anlegen will, kann daher nicht erwarten, überhaupt ein Plus zu machen. Nach Abzug der Inflation verliert er sogar Geld. Wenn man beispielsweise der Bundesrepublik Deutschland fünf Jahre lang Geld leiht, erhält man zurzeit nur noch einen Zins von 0,33 Prozent,[2] pro hundert Euro also jährlich nur 33 Cent. Und durch die Inflation verlieren die 100 Euro jedes Jahr zwei Euro an Wert.[3]

Auch Firmenanleihen bieten im Moment nur noch Renditen unterhalb der Inflationsrate, falls es sich um solide Unternehmen handelt. Manche Anleger greifen deshalb zu Anleihen, die höhere Zinsen versprechen: Anleihen mit längeren Laufzeiten oder so-

---

[1]   Vgl. z.B. Andreas Nölting: »Der Bond fürs Leben«, *Spiegel Online*, 16.04.2012.

[2]   Stand 1. Juni 2012. Daten: »German Government Bonds«, Bloomberg.com, 01.06.2012.

[3]   Dpa-Meldung »Inflation schwächt sich im März etwas ab«, *Hamburger Abendblatt Online*, 13.04.2012.

genannte »Hochzinsanleihen«.[1] Doch beides birgt ein erhebliches Risiko: Hochzinsanleihen kann man auch »Ramschanleihen« nennen. Dahinter verbergen sich meist Firmen mit unsoliden Bilanzen. Bei einer Wirtschaftskrise sind sie die Ersten, denen Insolvenz droht. Und bei Anleihen mit längeren Laufzeiten sitzt man in der Falle, wenn die Inflation ansteigt: Dann ist man als Besitzer einer lang laufenden Anleihe auf den einmal vereinbarten Zins festgelegt, während Firmen bei neu ausgegebenen Anleihen den Anlegern sehr viel höhere Zinsen bieten müssen.

Unbedingt vermeiden sollte man den Kauf von Zertifikaten, weil man bei ihnen ein doppeltes Risiko trägt: Erstens ist die Wertentwicklung der meisten Zertifikate an irgendeinen Kurs gekoppelt, beispielweise an den einer Aktie. Man geht also ein Kursrisiko ein. Zweitens kann man das investierte Geld verlieren, wenn die Bank pleitegeht, die das Zertifikat ausgegeben hat. Man geht also zusätzlich ein Insolvenzrisiko ein. Zudem ist die Konstruktion vieler Zertifikate undurchschaubar. Komplizierte Geschäften sollte man meiden: Das gilt auch für Firmen, deren Bilanzen oder Geschäftsmodelle schwer zu durchschauen sind.

Sehr skeptisch bin ich auch bei geschlossenen Fonds. Ähnlich wie bei einer Aktie wird man hier zu einem Unternehmer. Man erwirbt beispielsweise Anteile an einem Frachtschiff, einem Bürohaus oder sogar an geplanten Riesenrädern, wie bei dem Pleitefonds *Global View,* vertrieben von der *Deutschen Bank.* Doch im Gegensatz zu einer Aktie oder einem Aktienfonds gibt es bei geschlossenen Fonds keine Erfahrungswerte der Vergangenheit, denn für jedes neue Projekt wird eine neue Firmenstruktur geschaffen. Zudem sind die Gebühren oft hoch:

---

[1]   Andrea Cünnen: »Ramschanleihen«, *Handelsblatt Online*, 05.03.2012.

Bei geschlossenen Immobilienfonds beispielsweise werden bis zu 20 Prozent der angelegten Summe für Verwaltung und Vertrieb abgezweigt.[1]

Ausgerechnet in Deutschland sind die Regeln für geschlossene Fonds besonders lasch. *ZEIT*-Autorin Nadine Oberhuber nennt die nicht regulierten Fonds »eine deutsche Spezialität«. Nach ihren Angaben kommt die Hälfte aller ungeregelten Fonds innerhalb Europas aus Deutschland, vor allem geschlossene Fonds. In anderen Ländern dürften solche Fonds nicht einmal ohne Einschränkungen an institutionelle Investoren verkauft werden, doch hierzulande würden sie in rauen Mengen unter die Privatanleger gestreut. Die Autorin kritisiert: »Zu Verlusten aber kommt es bei dieser Fondsgattung häufig. Eben weil der Markt völlig unreguliert ist, zieht er viele Fondsinitiatoren an, die es nicht so genau nehmen – etwa bei der Aufklärung, der Verwendung der Anlegergelder und erst recht nicht bei der Einhaltung von selbst gestellten Prognosen. Floppende Fondsprojekte verursachten jedes Jahr Schäden in Milliardenhöhe, schätzt das Verbraucherministerium.«[2] Seit der Veröffentlichung ihres Artikels gibt es zumindest Ansätze zur Regulierung dieses Marktes.[3]

---

[1] Martin Geth: »Beton-Gold: Die besten Immobilienaktien«, *Wirtschaftswoche Online*, 17.11.2010.

[2] Nadine Oberhuber: »Nur für deutsche Kunden«, *DIE ZEIT* Nr. 19, 05.05.2011.

[3] Ab Sommer 2013 werden z. B. größere geschlossene Fonds stärker reguliert, laut EU-Richtlinie. Vgl. Renate Daum: »Große werden stärker reguliert«, *Graumarktinfo.de / Börse Online*, 06.12.2011.

Sparbuch und Festgeld – wie gut ist die Einlagensicherung?

Manche nennen es die »Merkel-Garantie«. Im Oktober 2008 versprach Bundeskanzlerin Angela Merkel den Deutschen: »Wir sagen den Sparerinnen und Sparern, dass ihre Einlagen sicher sind. Auch dafür steht die Bundesregierung ein.«[1] Das scheinbar beruhigende Versprechen war in Wahrheit ein Ausdruck von Panik, denn im Oktober 2008 tauchten immer neue Milliardenlöcher bei der *Hypo Real Estate* (HRE) auf. Die Bundeskanzlerin wollte verhindern, dass die deutschen Sparer massenhaft die Schalterhallen stürmten und ihr Geld abhoben. Denn genau das hätte zum sofortigen Zusammenbruch von Banken geführt: Diese haben ja das Geld der Sparer langfristig als Kredit verliehen, können es also nur zurückzahlen, wenn die Sparer es nach und nach abheben, aber nicht wenn es alle gleichzeitig zurückfordern.

Die »Merkel-Garantie« war letztlich nur eine rechtlich unverbindliche Absichtserklärung, und sie hat, wie manche Teilnehmer von Internetforen süffisant anmerkten, eine gewisse Absurdität: *Wir garantieren für uns selbst.* Genauer: Die deutschen Steuerzahler, also auch diejenigen ohne Ersparnisse, garantieren für die deutschen Sparer.

Neben Merkels bloßer Absichtserklärung gibt es noch einen ganz konkreten Schutz der deutschen Sparer: Die verschiedenen Einlagensicherungssysteme der Banken. Leider ist offensichtlich, dass auch sie bei einer *schweren* Bankenkrise keine zuverlässige Garantie darstellen. Die Zeitschrift *Finanztest* kommt zu dem Schluss: »Einlagensicherungssysteme sind nicht für den Fall geschaffen, dass das gesamte Wirtschaftssystem zusammenbricht. Käme es zu einem Massenzusammenbruch von Ban-

---

[1] »Merkel und Steinbrück im Wortlaut«, *Spiegel Online*, 05.10.2008.

ken, wären alle Sicherungssysteme überfordert.«[1] Das ist die schlechte Nachricht. Die gute: Wenn eine Krise nur einzelne Banken betrifft, dann sind die Spareinlagen gut geschützt. Die Einlagensicherung gilt für Sparkonto, Girokonto, Tagesgeld, Festgeld und Sparbriefe (nicht jedoch für Anleihen, Schuldverschreibungen oder Zertifikate). Verluste bis zu 100.000 Euro pro Kunde sind bei einer Bankpleite in jedem Fall abgesichert, das ist gesetzlich vorgeschrieben. Durch eine neue EU-Vorschrift ist die Summe von 100.000 Euro sogar für alle Banken aus EU-Ländern garantiert. Manche Banken sind freiwillig Mitglied in Systemen, die noch höhere Summen absichern. Die *Sparkassen* und die *Volks- und Raiffeisenbanken* sind von der gesetzlichen Einlagensicherung ausgenommen. Sie haben stattdessen ein System, das bei Schwierigkeiten die gesamte Bank oder Sparkasse vor der Pleite retten soll, statt nach einer Pleite die einzelnen Kunden zu entschädigen. Die Stiftung Warentest hält dieses System ebenfalls für sicher.[2]

Unter dem Strich bedeutet das: Ein Tagesgeldkonto oder Festgeld sind eine lohnende Alternative für die Geldanlage. Das Geld ist durch die Einlagensicherung geschützt, man kassiert aber deutlich höhere Zinsen als beispielsweise bei deutschen Staatsanleihen. Wer aktuelle Vergleiche in der Presse auswertet, findet Banken, die für Tagesgeld bis zu 2,75 Prozent pro Jahr zahlen.[3]

---

[1] *Stiftung Warentest*: »Einlagensicherung – So funktioniert die Sicherung«, Finanztest 04/2012.

[2] *Stiftung Warentest*: »So funktioniert die Einlagensicherung der Banken«, test. de, 03.04.2012. Bemerkenswert: Die gemeinsamen Sicherungsfonds der *Sparkassen*, *Volksbanken* und *Raiffeisenbanken* schützen auch die von solchen Instituten herausgegebenen *Zertifikate* (z. B. von WGZ-Bank, DZ-Bank, WestLB, LBBW). Achtung: Entscheidend ist, wer die Zertifikate herausgibt. Nicht, wer sie verwahrt.

[3] Jens Hagen, Jessica Schwarzer: »Die miesesten Zinsen der Republik«, *Handelsblatt Online*, 05.03.2012.

Bei einer schweren Bankenkrise wäre das Geld in Gefahr, aber in diesem Fall würden auch viele Staaten und Unternehmen zahlungsunfähig werden, sodass dann Anleihen ebenfalls keinen zuverlässigen Schutz bieten.

Gold – der beste Schutz gegen Krisen oder riesige Spekulationsblase?

Immer wenn in den letzten Jahren die Angst vor der Krise besonders anwuchs, wenn die Krisenmeldungen die Schlagzeilen der Boulevardpresse erreicht hatten, dann kauften die Deutschen Gold. An manchen Tagen waren bestimmte Münzen und Barren sogar ausverkauft. Viele Menschen sind offensichtlich überzeugt: In einer schweren Krise ist Gold die sicherste Geldanlage. Wirklich? Zunächst einmal einige starke Argumente *gegen* Gold:

Der Goldpreis schwankt sehr stark. Er hat sich schon oft innerhalb weniger Jahre verdoppelt – oder halbiert. Gold ist eine sehr spekulative Anlage. Als in den siebziger Jahren starke Inflation herrschte, stieg der Goldpreis steil an. Doch genauso schnell sank er dann in den achtziger Jahren. Denn in dieser Zeit erhöhte die US-Notenbank den Leitzins kräftig, und dämmte so die Inflation ein. Wer 1979 Gold gekauft hatte, der erzielte zunächst stattliche Gewinne, hatte aber zwei Jahre später die Hälfte seines investierten Geldes verloren.[1]

Leider steigen viele Privatanleger bei Geldanlagen genau zum falschen Zeitpunkt ein, egal ob bei Gold, Aktien oder Anleihen. Nämlich dann, wenn die Euphorie bereits groß ist und die Preisanstiege die Schlagzeilen immer mehr beherrschen. Viele Anleger glauben: Was steigt, muss gut sein. Doch häufig ist das Gegenteil der Fall: Was jahrelang gestiegen ist, hat oft schon ein übertriebe-

---

[1]   Quelle: comdirect.de, Angaben beziehen sich auf den Goldpreis in Dollar.

nes Kursniveau erreicht. Der Goldpreis ist in den letzten Jahren bereits stark angestiegen – in dem Jahrzehnt seit 2002 hat er sich fast versechsfacht.[1]

Im Gegensatz zu vielen anderen Geldanlagen erwirtschaftet Gold keine jährlichen Erträge. Wer eine Aktie kauft, ist an der jährlichen Produktion des Unternehmens beteiligt: Aus dem Gewinn, den es erwirtschaftet, kann es jährlich eine Dividende an die Aktionäre zahlen. Wer eine Wohnung kauft, erhält monatliche Mieteinnahmen. Gold dagegen erzeugt keinen Nutzen.

Anders als viele vermuten, ist Gold kein begehrter Rohstoff für die Wirtschaft: Es gibt nur sehr wenige gewerbliche Einsatzmöglichkeiten für Gold, beispielsweise Zahnfüllungen oder die elektrischen Kontakte von Computerteilen. Tatsächlich werden mehr als zwei Drittel der jährlichen Goldproduktion für die Herstellung von Schmuck verwendet. In Indien beispielsweise steigt im Laufe eines Jahres die Goldnachfrage immer wieder stark an, nämlich bei wichtigen Festtagen, an denen viele Paare heiraten. Und die zweitgrößten Käufer von Gold – nach der Schmuckbranche – sind die Geldanleger. Wobei die Grenzen fließend sind – die Inder kaufen Goldschmuck auch als Geldanlage.

Gold erhält also seinen Wert allein durch den Glauben der Menschen an seinen Wert. Deutlicher gesagt: Der Goldpreis ist beinahe zu 100 Prozent eine Börsenblase. Es ist sogar die älteste Börsenblase der Welt. Doch gerade dieser Umstand, dass es sich um »die älteste Börsenblase der Welt« handelt, stellt auch das wichtigste Argument *für* Gold dar. Keine andere Börsenblase hat schon so lange Bestand. Trotz der enormen Preisschwankungen hat Gold über die Jahrtausende immer einen gewissen Wert behalten.

---

[1]   Von rund 280 US-$ pro Feinunze auf rund 1.600 US-$. Der Goldpreis in Euro ist etwas weniger stark gestiegen, hat sich aber immer noch verfünffacht.

Solange der Glaube an das Gold weiterlebt, werden Menschen es als Tauschmittel akzeptieren. Außer wenn es als Tauschmittel verboten wird. Und genau das kann in einer Wirtschaftskrise passieren. Ein Beispiel: Während der Weltwirtschaftkrise war der Besitz von Gold in den USA strafbar. Der demokratisch gewählte Präsident Franklin D. Roosevelt hatte verfügt: Alle Bürger mussten ihr Gold bis zum 1. Mai 1933 an die Notenbank verkaufen – zu einem sehr niedrigen Fixpreis. Bei Verstößen drohten bis zu zehn Jahre Gefängnis.

Ich vermute, dass bei einer Verschärfung der Bankenkrise Gold weiter an Wert gewinnen wird. Und es ist offensichtlich, dass Gold zumindest einen gewissen Schutz gegen Inflation bietet. Für eine Goldmünze, für die man heute den Gegenwert von einigen Kilo Brot zahlt, kann man in Zukunft vielleicht nicht mehr die gleiche Menge Brot kaufen, aber immer noch eine große Menge. Sogar in Zeiten, in denen man für ein Kilo Brot eine Schubkarre voller Geldscheine heranschaffen muss.

Manche Experten raten, einen Teil des eigenen Vermögens in Gold anzulegen, aber maximal zehn Prozent. Diese Höchstgrenze halte ich für einleuchtend. Schon ein mögliches Goldverbot in einer Krise ist für mich ein starkes Argument gegen Gold. Denn wer auf Gold setzt, tut das ja gerade im Hinblick auf eine besonders schwere Wirtschaftskrise.

Noch einige Warnungen für alle, die in Gold investieren wollen. Auch hier versuchen viele Banken, die Privatkunden auszutricksen. So werden immer wieder Zertifikate und ähnliche Produkte angeboten, mit denen der Anleger angeblich auf einfache Weise von cinem steigenden Goldpreis profitiert. Doch im Falle einer schweren Bankenkrise werden Zertifikate schnell zu Altpapier: Wenn die Bank, die das Zertifikat ausgegeben hat, in die Insolvenz rutscht, erhält man höchstens noch ein paar Krümel aus der Konkursmasse. Selbst wenn gleichzeitig der Goldpreis ins Unermessliche steigen sollte. Man sollte generell die Finger von Zertifikaten, Optionsscheinen und ähnlichen undurchschaubaren Produkten lassen.

Eine Alternative sind Investmentfonds, die im Auftrag der Anleger Gold kaufen und es in Banktresoren einlagern. Beispielsweise sogenannte Gold-ETFs. Doch auch hier ist Vorsicht vor den Tricks der Finanzbranche geboten, denn manche dieser Fonds spiegeln den Anlegern nur vor, dass sie in Gold investieren.[1] Auch wenn man Goldmünzen oder -barren kauft, machen die Banken ihren Schnitt. Sie verlangen oft große Preisaufschläge gegenüber dem Goldpreis an den Rohstoffbörsen. Vor allem, wenn man kleine Mengen Gold erwirbt, insbesondere Münzen, erhält man keinesfalls den realen Gegenwert des Kaufpreises in Gold.

Eine Zeit lang hatte ich einige Prozent meines Ersparten in eine Firma investiert, die Goldminen betreibt. Doch auch das ist nicht ohne Risiko: Die Aktienkurse solcher Firmen entwickeln sich oft ganz anders als der Goldpreis. Im schlimmsten Fall können die Aktionäre sogar alles verlieren, beispielsweise wenn ein Goldminenbetreiber zu hohe Schulden aufgenommen hat und pleitegeht. Dann gehören die Goldminen möglicherweise am Ende den Kreditgebern. Und wenn die Goldminen des Unternehmens in unsicheren Weltregionen liegen, könnte es sie durch Enteignung verlieren.

Gerade beim Gold gilt also: nicht zu viel Geld in eine einzige Anlageform stecken – und penibel auf versteckte Risiken achten. Wenn man das Kleingedruckte nicht liest, profitieren in vielen Fällen die Banken.

---

[1] Stefan Schneider: »Die Gefahren des Goldrausches«, *Handelsblatt Online*, 05.07.2010.

Staatliche Rente, private Rente – was ist überhaupt noch sicher?

Wenn Versicherungsvertreter private Rentenversicherungen anpreisen, dann lautet eines ihrer beliebtesten Argumente: Die gesetzlichen Rentenkassen sind ein Fass ohne Boden, denn sie bilden keinerlei Rücklagen, um in Zukunft die Renten zu bezahlen. Auch mir hat dieses Argument eingeleuchtet. Ich folgte vor einigen Jahren dem nachdrücklichen Rat eines Versicherungsvertreters der *Allianz*, privat vorzusorgen. Es schien mir sicherer: Wenn mein Arbeitgeber jeden Monat rund 20 Prozent meines Bruttolohns an die gesetzliche Rentenversicherung überwies, dann wurde das Geld dort nicht für meine zukünftige Rente angespart. Es wurde stattdessen gleich an die damaligen Rentner durchgereicht.

Wer Beiträge an die öffentliche Rentenkasse zahlt, muss darauf vertrauen, dass morgen noch genügend Beitragszahler vorhanden sind, die dann wiederum für seine Rente sorgen. Dieser *Generationenvertrag* der staatlichen Rentenversicherung sei letztlich nur ein vages Versprechen für die Zukunft, warnen Versicherungsmakler noch heute. Die Bevölkerung in Deutschland gehe stark zurück, weshalb bald nicht mehr genügend Beitragszahler vorhanden seien. Das sind alles berechtigte Bedenken, doch seit fünf Jahren, seit dem drohenden Zusammenbruch des Bankensystems, erscheint mir die staatliche Rentenversicherung fast wie ein Fels der Stabilität in einem Meer der Unsicherheit.

Die Pensionskasse der *Allianz* legt mein Geld am Kapitalmarkt an. Sobald ich in Rente gehe, so die Theorie, ist sozusagen mein Sparschwein bei der *Allianz* gut gefüllt. Das Geld wird nicht an andere Kunden durchgereicht (*Umlageverfahren*), sondern für mich angespart (*Kapitaldeckungsverfahren*). Doch seit Kurzem ahne ich: Wenn ich in zwei Jahrzehnten in Rente gehe, könnte mein Sparschwein bei der *Allianz* vielleicht nur noch einige Münzen enthalten, oder wertloses Papiergeld. Die Geldanlagen der *Allianz* könnten also einerseits durch massenhafte Insolvenzen von Staaten und Unternehmen starke Verluste erleiden, andererseits durch Inflation an Wert verlieren.

Jede Anleihe oder Aktie, die eine private Rentenversicherung mit meinem Geld kauft, kann wertlos werden. Vor einigen Jahren wirkte dieses Risiko theoretisch: Es ging immer nur um die Pleite einzelner Unternehmen oder Staaten. Doch die Kreditorgie der letzten Jahre hat das geändert. Banken, Versicherungen und Investmentfonds haben sorglos Kredite an schlechte Schuldner vergeben. Auf *Lehman Brothers* und Griechenland könnten noch viele Pleiten folgen.

Auch steigende Inflation kann die Rücklagen der Versicherungen gefährden. Versicherer investieren vor allem in Staatsanleihen und Unternehmensanleihen, Branchenführer *Allianz* beispielsweise zu fast zwei Dritteln.[1] Mit dem Kauf solcher Anleihen geben Versicherungen Kredite an Staaten und Unternehmen, erhalten im Gegenzug regelmäßig Zinsen und bekommen das geliehene Geld zurückgezahlt, sobald die Laufzeit der Anleihe endet. Das Problem: Ein relativ guter Schuldner zahlt im Moment nur noch einen jährlichen Zins von drei Prozent, wenn er sich für zehn Jahre Geld leiht.[2] Angenommen, die *Allianz* verleiht 100 Euro, gleich danach steigt die Inflationsrate auf sieben Prozent pro Jahr, dann hätten die 100 Euro bei ihrer Rückzahlung nach zehn Jahren nur noch eine Kaufkraft von rund 50 Euro. Trotz drei Euro Zinseinnahmen pro Jahr hätte die Versicherung also einen großen Verlust gemacht.

---

[1] L. Panitz, K. Seibel: »Garantiezins bei Lebensversicherungen in Gefahr«, *Welt Online*, 11.11.2011.

[2] Inge Kloepfer: »Das Beste ist vorbei«, *FAZ Online*, 04.03.2012. (Grafik 2).

Eine langsam steigende Inflationsrate ist nicht problematisch, denn nach und nach steigen dann auch die Zinsen, die Kreditnehmer zahlen müssen. Davon profitieren die Versicherungen immer dann, wenn sie Geld neu anlegen. Nur für Kapital, das die Versicherung bereits vor dem Anstieg der Inflationsrate angelegt hat, erhält sie weiterhin niedrige Zinsen. Das bedeutet jedoch: Entwickelt sich innerhalb weniger Jahre eine Hyperinflation, können die Anleihen in den Büchern der Versicherungen wertlos werden. Versicherer investieren einen großen Teil ihres Geldes in langfristige Papiere, weil die höhere Zinsen bringen.

Während ich diese Zeilen schreibe, denke ich darüber nach, ob ich meine private Rentenversicherung bei der *Allianz* endgültig kündige. Einen Teil des Geldes habe ich mir bereits auszahlen lassen. Ich bin mir noch nicht sicher, wie ich mich entscheiden soll. Die staatliche Rente jedenfalls steht im Vergleich gar nicht so schlecht da. Dass sie kein Geld zurücklegt, könnte sich in Zukunft als Vorteil erweisen. Die Kapitalrücklagen der privaten Versicherer können im Extremfall durch Inflation und schwere Wirtschaftskrisen hinweggefegt werden. Der Generationenvertrag der gesetzlichen Rentenversicherung wird nach meiner Einschätzung Bestand haben. Die Renten werden in Zukunft niedriger sein als heute. Doch sie werden immer eine solide Basis haben, denn hinter der gesetzlichen Rentenkasse steht letztlich ein Teil der deutschen Wirtschaftsleistung. Und die wird auch nach einer Hyperinflation oder schweren Wirtschaftskrise weitgehend erhalten bleiben oder bald wieder aufgebaut werden, denn Know-How und Infrastruktur der Wirtschaft bleiben ja bestehen.

Aktien – solide Realwerte, die vor der Inflation schützen?

Man liest es zurzeit fast jede Woche in Wirtschaftsblättern: Aktien seien »im historischen Vergleich günstig«. Betrachtet man die hohen Gewinne der Firmen, dann hätten Aktien »Luft nach oben«. Außerdem seien Aktien attraktiv, weil man damit einen Anteil an der Realwirtschaft erwerbe. Tatsächlich ist man als Aktionär ja Teilhaber eines Unternehmens, also Miteigentümer von Fabriken, Forschungslaboren, Bürogebäuden, Patentrechten und so weiter. Damit bieten Aktien einen gewissen Inflationsschutz. Geld auf dem Sparkonto kann von der Inflation aufgefressen werden, die Fabriken und Forschungslabore dagegen bleiben. Wenn die Preise steigen, kann auch die Fabrik ihre Waren teurer verkaufen, was den Effekt der Inflation aus Sicht der Fabrikeigentümer ausgleicht. Zudem haben viele Unternehmen bereits Krisen und sogar Kriege überstanden. Klingt nach der idealen Geldanlage. Doch stimmen diese Überlegungen?

Zunächst zum Argument, Aktien seien Realwerte. Ich habe lange gebraucht, um zu erkennen, dass diese Vorstellung nur teilweise richtig ist. Der Aha-Effekt kam, als ich – auf meiner Suche nach einer krisensicheren Investition – Aktien eines Immobilienunternehmens gekauft hatte. Es erzielte seine Erträge ausschließlich mit dem Vermieten von Wohnungen in Deutschland, die es selbst besaß. Das schien mir eine sehr sichere Investition zu sein, ähnlich wie der direkte Kauf einer vermieteten Wohnung, vielleicht sogar noch besser: Man war bereits mit einem Betrag ab 50 Euro dabei, musste keinen Kredit aufnehmen und konnte die Verwaltung Profis überlassen. Zudem hieß es in der Wirtschaftspresse, die Firma sei günstig bewertet: Den Wert ihres Wohnungsbestandes habe die Börse noch gar nicht richtig erkannt.

Mir schien es die perfekte Möglichkeit zu sein, in Realwerte zu investieren. Selbst wenn die Firma extrem schlecht wirtschaftete (sagen wir, der Vorstand würde sich mit den Mieteinnahmen eines gesamten Jahres nach Südamerika absetzen), dann wären ja immer noch die Wohnungen vorhanden, und in den folgenden Jahren könnten die Mieteinnahmen wieder fließen.

Doch nach dem Kauf verlor die Aktie schnell an Wert. Wie konnte das geschehen? Ich begann zu recherchieren. Dabei habe ich etwas herausgefunden, das leider für viele Aktiengesellschaften gilt: Viele sind aggressiv auf der Jagd nach höheren Renditen und zusätzlichen Investorengeldern. Dafür gehen sie große Risiken ein, und hübschen gern auch ihre Bilanzen etwas auf. Das gilt selbst für Firmen, die auf den ersten Blick ein grundsolides Geschäft betreiben. Immobilienfirmen finanzieren ihre Wohnungskäufe bis zu 75 Prozent mit Krediten – also nur zu 25 Prozent mit Eigenkapital. Sie haben in der jahrelangen Niedrigzins-Phase hohe Kredite aufgenommen und so – ähnlich wie die Banken – ihr Geschäft »gehebelt«: Durch die Aufnahme von billigen Krediten haben sie das Geschäftsvolumen und den Profit erhöht, gleichzeitig aber auch das Risiko. Wenn eine Immobilienfirma eine Zeit lang Verluste macht, können die Banken den Kredithahn zudrehen. Im schlimmsten Fall endet das damit, dass die Wohnungen von einem Insolvenzverwalter unter Wert verkauft werden müssen und nur die Gläubiger noch Geld sehen, während die Aktionäre leer ausgehen.

Außerdem können Immobilienfirmen den Wert ihres Wohnungsbestands schönrechnen, denn die Wertangaben in der Bilanz beruhen auf Gutachten, nicht auf realen Verkaufspreisen. Offensichtlich ist dies vielen nicht geheuer, denn Aktienkäufer misstrauen oft den Angaben der Gutachter: Es passiert nicht selten, dass die Aktien einer Immobilienfirma 50 Prozent unter dem

»Substanzwert« notieren, das ist der Wert der Immobilien abzüglich der Schulden. Würden die Gutachten stimmen, bekäme man also für jeden investierten Euro zwei Euro an Immobilienwert.[1]

Tatsächlich sind in den letzten Jahren viele Immobilienfirmen in Schwierigkeiten geraten. Die *Wirtschaftswoche* schilderte 2010 das Drama: »[Immobilien-] Unternehmen hatten zu hohe Kredite aufgenommen, Bestände zu teuer eingekauft und in der Bilanz zu optimistisch bewertet. Anfang 2009 kämpften dann zahlreiche Immobilienunternehmen ums Überleben, weil die Refinanzierung auslaufender Kredite durch die Banken wankte. Vivacon und Colonia Real Estate etwa mussten ihre Portfolios drastisch abwerten. Vivacon notierte 2006 noch bei 45 Euro, heute bei 50 Cent.«[2]

Selbst hinter einer Aktiengesellschaft, die ein sehr einfaches und solides Geschäft betreibt, kann sich also ein hohes Risiko verbergen. Insbesondere, wenn sie hoch verschuldet ist. In anderen Branchen ist der Wert einer Aktie oft noch schwieriger zu beurteilen als in der Immobilienbranche. Denn der Preis vieler Aktien wird nicht durch materielle Werte wie Immobilien oder Fabriken bestimmt, sondern vor allem durch immaterielle Werte wie das Image, das Geschäftsmodell oder die Bekanntheit der Marke. Etwas überspitzt könnte man sagen: Manche Firmen besitzen außer Bleistiften überhaupt keine realen Vermögensgegenstände. Büros, Firmenwagen und Computer kann man schließlich mieten. Wenn man eine Aktie kauft, dann investiert man also eher in ein Geschäftsmodell als in eine Fabrikhalle oder ein Bürogebäude.

---

[1] Gerth, Hajek, Hoyer, Doll: »Beton-Gold: Die besten Immobilienaktien«, *Wirtschaftswoche Online*, 17.11.2010. Zum Substanzwert können außer Immobilien noch andere Vermögenswerte gehören.

[2] Gerth, Hajek, Hoyer, Doll: »Beton-Gold: Die besten Immobilienaktien«, a. a. O.

Man muss sich also immer fragen: Wie viel ist das Unternehmen wirklich wert? Und ist der Aktienkurs dem Wert angemessen? Das führt direkt zum zweiten Argument, dass Aktien zurzeit ein Schnäppchen seien. Stimmt das? Im Prinzip steckt dahinter genau die richtige Überlegung: Bei jeder Geldanlage muss man Preise vergleichen wie auf dem Wochenmarkt. Das machen leider viele Privatanleger nicht. Sie prüfen nicht, ob eine Aktie bereits überteuert ist. Sie fragen sich stattdessen ausschließlich, ob das Unternehmen gute Zukunftsaussichten hat. Doch Unternehmen mit rosigen Aussichten sind natürlich bei vielen Anlegern beliebt, was die Kurse stark die Höhe treibt, häufig zu stark: Aktien können zehnfach oder sogar hundertfach überbewertet sein, gerade wenn die »Börsenstory« besonders überzeugend klingt (»Biotechnologie ist die Zukunft« oder »Schwellenländer holen auf«).

Wenn auf dem Wochenmarkt ein Apfel besonders attraktiv wirkt, aber zehn Euro pro Stück kostet, würden alle Kunden dankend ablehnen. An den Börsen passiert kurioserweise oft das Gegenteil: Wenn eine Aktie sehr stark im Preis gestiegen ist, dann glauben viele, das sei eine Art Gütesiegel der Börse. Man stelle sich vor, die Käufer auf dem Wochenmarkt erfahren, dass der Apfel letzte Woche nur fünf Euro gekostet hat. Daraufhin glauben plötzlich alle, dass die Preisexplosion auf eine herausragende Qualität des Apfels hinweist. Panisch stürzen sich die Kunden auf die verbliebenen Exemplare und treiben den Preis auf 20 Euro pro Stück. So läuft es leider oft an der Börse.

Wenn man sich also die Frage stellt: »Ist eine Aktie noch vergleichsweise günstig?«, dann ist man also bereits einen Schritt weiter als viele andere Kleinanleger. Man sollte die Dynamik von Kursverläufen völlig ignorieren und sich stattdessen zwei ganz einfache Fragen stellen: Hat die Firma gute Zukunftsperspektiven? Und ist Preis der Aktie angemessen? Was eine Firma vor zwei Monaten an der Börse wert war, ist so belanglos wie die Apfelpreise der letzten Woche. Wichtig ist lediglich das *aktuelle* Verhältnis von Preis und Qualität.

Doch sind Aktien zurzeit günstig? Die wichtigste Messziffer, um das zu erkennen, ist das sogenannte Kurs-Gewinn-Verhältnis (KGV). Es vergleicht den Kurs einer Aktie mit dem Jahresgewinn, der pro Aktie erzielt worden ist. Rechenbeispiel: Wenn ein Unternehmen pro Aktie einen Gewinn von 2 Euro macht, und die Aktie 30 Euro kostet, ergibt sich ein Kurs-Gewinn-Verhältnis von 15. Der Wirtschaftswissenschaftler Robert Shiller von der *Yale*-Universität hat das Kurs-Gewinn-Verhältnis amerikanischer Aktien seit 1870 berechnet, und kommt auf einen Mittelwert von rund 16. Aktien mit einem höheren Wert sind also relativ teuer, insbesondere bei Werten über 20, Aktien mit Werten unter 10 gelten als sehr günstig.[1]

Allerdings lauern bei den KGV-Angaben zwei Fallen. Erstens schwanken die Gewinne eines Unternehmens von Jahr zu Jahr extrem. Aus einem hohen Gewinn kann ein Jahr später ein Verlust werden. Angenommen, man kauft heute die Aktie eines Unternehmens, das gerade ein KGV von 15 hat, und dieses Unternehmen gibt einige Tage später neue Geschäftszahlen bekannt, bei denen der Gewinn sich drittelt. Dann hätte man die Aktie in Wahrheit zu einem KGV von 45 gekauft, wenn man den aktuellen Gewinn zugrundelegt. Deshalb greift die Wirtschaftspresse oft zu einem Trick, um sich nicht auf monatealte Zahlen verlassen zu müssen: Zur Berechnung des KGV nutzen die Journalisten nicht

---

[1] Die Daten von Shiller finden sich Online unter www.econ.yale.edu/~shiller/data.htm. Vgl. auch »Der US-Aktienmarkt ist für langfristige Anleger zu teuer«, *NZZ Online*, 09.04.2010.

die Gewinne der *Vergangenheit*, sondern die Schätzungen der Analysten für die *zukünftigen* Gewinne. Die Journalisten glauben, so der Zeit voraus zu sein. Doch das stimmt leider nicht, denn genau hier lauert die zweite Falle: Die Schätzungen der Analysten sind als Basis für eine Kaufentscheidung noch ungeeigneter als die Gewinne der Vergangenheit.

Denn die Schätzungen sind, wie erwähnt, praktisch durchgehend zu euphorisch, was auch die genannte Studie der Unternehmensberatung *McKinsey* aufzeigt.[1] Die *FAZ* berichtet über eine weitere Studie, in der dargelegt wird, wie falsch die Analysten mit ihren Prognosen für die Schweizer Bank UBS lagen. Ende 2006 haben sie die UBS-Gewinne für das Jahr 2009 geschätzt und dabei einen Gewinn von durchschnittlich knapp 10 Schweizer Franken pro Aktie prognostiziert. Doch bereits im Laufe des Jahres 2007 hätten sie ihre Schätzungen auf etwa 7 Franken korrigiert, 2008 dann sogar auf nur noch 2 Franken. »Rückblickend waren dann selbst diese 2 Franken recht optimistisch geschätzt«, berichtet die FAZ, »denn die UBS realisierte 2009 bekanntlich einen Verlust in Milliardenhöhe und die Aktie selbst notierte im gleichen Jahr teilweise sogar unter den 10 Franken, die die Analysten ein paar Jahre zuvor mit Hilfe ihrer komplexen Modelle noch als Jahresgewinn prognostiziert hatten.«[2]

Nach längerer Beschäftigung mit den Schwierigkeiten der KGV-Berechnung bin ich zu der Überzeugung gelangt, dass die Schätzungen der Analysten weitgehend wertlos sind. Wenn man wissen will, ob Aktien gerade teuer oder billig sind, dann gibt es nach meiner Ansicht nur eine einzige seriöse Vergleichszahl.

---

[1]   Siehe Seite 105.

[2]   »Warum das KGV bei der Aktienauswahl Gift sein kann«, *FAZ.net,* 10.02.2012.

Shiller verwendet genau diese Zahl. Er greift dafür einfach auf die Gewinne der Vergangenheit zurück. Um nicht von starken jährlichen Schwankungen abhängig zu sein, bildet er einen Mittelwert aus den Gewinnen der letzten zehn Jahre. Diese Zahl nennt sich KGV10. Sie gibt an: Wie teuer ist eine Aktie im Vergleich zum durchschnittlichen Gewinn der Firma in den letzten zehn Jahren? Selbst diese Zahl könnte man noch anzweifeln, weil ja Unternehmen heutzutage ihre Bilanzen frisieren und Pseudogewinne erzielen, insbesondere die Banken. Doch die Gewinne der Vergangenheit sind meines Erachtens ein weit besserer Indikator für die Solidität eines Unternehmens als die dubiosen Prognosen der Analysten.

Nach den Berechnungen von Robert Shiller liegt das KGV10 in den USA zurzeit bei einem Wert von rund 20. Das ist deutlich über dem historischen Durchschnitt, der bei rund 16 liegt.[1] Aktien sind also bereits relativ teuer. Der Fondsmanager Peter Huber, der das KGV10 als Basis für seine Anlageentscheidungen benutzt, weist allerdings darauf hin, dass einige Aktienmärkte der Welt deutlich günstiger bewertet seien als die USA, beispielsweise Italien.[2] Man muss jedoch wiederum bedenken, dass viele Unternehmensprofite der letzten Jahre Pseudo-Profite waren, und dass ohne die Staatshilfen seit 2008 gewaltige Verluste angefallen wären. Die Gewinne sind also künstlich aufgebläht, und werden in Zukunft stark fallen. Mehr noch: Wie Zahlen aus den USA zeigen, sind bereits seit Mitte der achtziger Jahre die Gewinne der Unternehmen weit stärker gestiegen als das Einkommen der Durchschnittsbürger.[3] Dieser Zustand ist auf Dauer kaum vertret-

---

[1]   Stand 1. Juni 2012. Aktuelle Werte: www.econ.yale.edu/~shiller/data.htm.

[2]   Peter E. Huber: »Value-Aktien: Desaster oder Schnäppchen«, *Star Invest Newsletter*, 05/12.

[3]   Siehe Grafik im letzten Kapitel des Buches.

bar. Sollten die Unternehmensgewinne in Zukunft stark fallen, sind die heutigen Aktienkurse weit überhöht.

Letztlich ist kaum realistisch einschätzbar, was am Ende der bestimmende Faktor sein wird: Ich vermute, die Unternehmensgewinne werden drastisch einbrechen, was den Aktienkursen stark zusetzen wird. Ich vermute jedoch ebenfalls, dass es zu starker Inflation kommen wird. Gegen Inflation schützen Aktien – allerdings nur eingeschränkt, weil Inflation die Wirtschaft belastet und somit auch die Unternehmensgewinne einbrechen lässt.

Eigenheime und Grundstücke – eine krisensichere Investition?

Fast 30 Prozent der Haushalte in Deutschland sind Eigentümer eines Einfamilienhauses und rund 13 Prozent Eigentümer einer Wohnung. Insgesamt verfügt fast die Hälfte der Haushalte in Deutschland über Haus- und Grundbesitz.[1] Viele sehen die Immobilie als krisensichere Anlage an, die insbesondere vor Inflation schützt. »Deutschland im Immobilienrausch«, lautet eine Überschrift bei *Stern.de*.[2] Doch auch bei Immobilien sind massive Verluste möglich, bis hin zum Totalverlust. Ein Immobilienkauf ist ein erhebliches Risiko.

Das größte Risiko ist der enorme Bevölkerungsrückgang in Deutschland. Das Statistische Bundesamt schätzt, dass die Bevölkerung in Deutschland in den nächsten 50 Jahren kontinuierlich zurückgeht, von 82 Millionen auf 65 bis 74 Millionen. Das wäre

---

[1] *Statistisches Bundesamt*: »Fast jeder zweite Privathaushalt hat Haus- und Grundbesitz«, *destatis.de*, Stand 01.01.2008.

[2] Martin Hintze: »Ratgeber Eigenheim – Was Immobilien als Geldanlage taugen«, *Stern.de*, ohne Datum, vermutlich Februar 2012.

ein Rückgang um bis zu 20 Prozent.[1] In den nächsten Jahrzehnten könnten also in Zukunft immer mehr Wohnungen leer stehen. Das würde Mieten und Kaufpreise drücken und möglicherweise sogar dazu führen, dass Gebäude in unattraktiven Wohnlagen abgerissen werden, weil dort niemand mehr einziehen will.

Es gibt allerdings einen Trend zu immer größeren Wohnungen, und falls der weitergeht, könnte er in Zukunft den Bevölkerungsrückgang ausgleichen. Noch 1960 nutzte ein durchschnittlicher Westdeutscher nur 16 Quadratmeter Wohnfläche, 1972 waren es dann bereits 27 Quadratmeter. Und heute verfügen wir in Gesamtdeutschland über mehr als 40 Quadratmeter Wohnfläche pro Kopf.[2] Ob dieser Trend weitergeht, ist jedoch vollkommen unklar. Wir haben inzwischen beim Wohnen einen sehr großen Wohlstand erreicht – und es muss sich erst zeigen, ob wir ihn in einer Krise halten können. Wenn die Menschen Ausgaben streichen müssen, werden sie wohl auch bei der Wohnfläche sparen. Dann würden zwei Faktoren gleichzeitig die Nachfrage nach Wohnraum senken: Bevölkerungsrückgang *und* sinkende Einkommen.

Falls es zu starker Inflation kommt, wäre es natürlich ein gewichtiges Argument dafür, rechtzeitig eine Immobilie zu kaufen. Wenn die Lebenshaltungskosten steigen, steigen meist auch die Mieten und Immobilienpreise. Starke Inflation bedeutet jedoch zugleich Wirtschaftskrise. Auch bei einer Inflation wäre also ein steigender Leerstand von Wohnungen, Büros und Läden zu erwarten. Das würde dann bedeuten, dass die Preise von Nahrungsmitteln oder Energie sehr viel schneller steigen als die Preise von

---

[1]   *Statistisches Bundesamt:* »Bevölkerung Deutschlands bis 2060«, 18.11.2009, S. 5 und S. 39–42.

[2]   Immanuel Stieß: »Wie viele Quadratmeter braucht der Mensch?«, *Evangel. Akad. Tutzing*, 11.10.2003.

Gebäuden. Das heißt: Immobilien bieten keinen absoluten Schutz gegen Inflation, nur einen relativen. Und falls es zu einer Wirtschaftskrise *ohne* Inflation kommt, können Immobilien sogar massiv an Wert verlieren.

Manche Anleger sagen: »Wenn ich mir eine Wohnung oder ein Haus zur eigenen Nutzung kaufe, dann kann ich die zukünftige Preisentwicklung ignorieren. Auch wenn ringsum die Preise fallen, habe ich mir meine eigenen vier Wände gesichert, mit Eintrag im Grundbuch. Das ist meine Versicherung gegen Krisen.« Dieses Argument leuchtet ein. Dennoch sollte man sich vor dem Kauf drei Fragen stellen. Erstens: Ist es sicher, dass ich viele Jahre lang dort wohnen werde, oder könnte es sein, dass ich beispielsweise durch Jobwechsel die Immobilie vorzeitig verkaufen oder vermieten muss? Zweitens: Ist der Kaufpreis angemessen, und drohen keine versteckten Folgekosten? Wenn der Dachstuhl marode ist oder im Keller der Hausschwamm wuchert, kann eine Sanierung Zehntausende von Euro kosten. Drittens: Habe ich alle finanziellen Belastungen im Blick, und kann ich sie auch unter widrigen Umständen tragen? Beispielsweise unerwartete Anliegergebühren, steigende Heizkosten oder Kreditzinsen. Wenn man mit der Zahlung von Zins und Tilgung überfordert ist, kann die Bank zwangsversteigern lassen. Im ungünstigsten Fall verliert man dann nicht nur die eigene Wohnung, sondern auch noch viel Geld.

In jedem Fall muss man für einen Immobilienkauf viel Zeit einplanen, allein um sich einen Überblick über das Preisniveau in einer Gegend zu verschaffen. In fast allen Artikeln zum Immobilienkauf findet sich der Rat, man solle vor allem auf die Lage des Objekts achten. Das ist wahr: Eine heruntergekommene Wohnung in guter Lage kann man renovieren, doch eine exklusiv ausgestattete Wohnung in schlechter Lage kann man nicht versetzen. Allerdings ist dieser Rat natürlich kein Geheimtipp: Alle sind auf der Jagd nach einer Immobilie in einer guten Lage. Das treibt die Preise solcher Immobilien massiv in die Höhe: Ein Baugrundstück in einem Villenviertel von München oder Hamburg kann pro Quadratmeter 100-mal so viel kosten wie ein Baugrundstück in einem Dorf in Brandenburg.

Die Kunst ist also nicht, Wohnraum in guter Lage zu finden, sondern günstigen Wohnraum in einer Lage, die auch in 30 Jahren und auch in einer Krise noch gefragt ist. Eine extrem schwierige Prognose: Im Moment drückt der Mangel an Arbeitskräften die Immobilienpreise in ländlichen Regionen. Wird das Leben auf dem Land in einer Krise wieder beliebter, weil man sich dort selbst versorgen kann? Im Moment achten viele Mieter bei der Wohnungssuche vor allem auf die Kaltmiete. Werden Niedrigenergiehäuser einen Boom erleben, wenn Energieknappheit und Inflation die Heizkosten in die Höhe treiben?

Immerhin: In Deutschland gibt es heute keine Immobilienpreisblase wie in den USA oder Spanien. Im Gegenteil, die Kaufpreise von Wohnungen sind bei uns sogar gesunken. Zieht man die Inflationsrate ab, dann sind seit 1975 in Westdeutschland die Preise von Immobilien um ein Viertel zurückgegangen. Das gilt natürlich nur im Durchschnitt – es gibt durchaus Regionen, in denen die Preise in die Höhe geschossen sind. Ein Immobilienkauf in Deutschland ist jedoch – verglichen mit anderen Ländern – eher günstig.

Besonders vorsichtig sollte man sein, wenn einem eine *indirekte* Investition in Immobilien angeboten wird, beispielsweise ein Fonds. Die Anbieter verwenden gern Stichworte wie »Inflationsschutz« oder »Betongold«, um Anlegern eine hohe Sicherheit vorzutäuschen. Doch Manager von Immobilien-Fonds und von Immobilien-Aktiengesellschaften gehen oft hohe Risiken ein. Wie bereits am Beispiel der Immobilien-Aktien geschildert, setzen sie häufig nicht nur das Geld ihrer Anleger ein, sondern nehmen meist zusätzlich hohe Kredite auf, um das Investitionsvolumen zu erhöhen, und damit die versprochene Rendite.[1]

Schließlich noch eine wichtige Frage: Sind Grundstücke eine sichere Geldanlage, beispielsweise Ackerland oder Bauland? Ja, aber mit einigen Einschränkungen. Es ist beruhigend, wenn man ein Stück Land hat, auf dem man in Krisenzeiten etwas selbst anbauen kann. In Griechenland hilft der eigene Garten gerade vielen Menschen über die Runden. Allerdings sollte man den Aufwand und die Risiken eines Landkaufs nicht unterschätzen. Ich habe vor einigen Monaten ein Stück Ackerland in Brandenburg erworben, doch die Suche erwies sich als sehr zeitraubend. Meine Idee war eigentlich, das Land günstig an einen biologisch arbeitenden Betrieb zu verpachten. Doch es war so schwierig, überhaupt ein geeignetes Landstück zu finden, dass ich letztlich eines erworben habe, das bereits langfristig an einen konventionellen Betrieb verpachtet ist.

Ein Landkauf ist also fast so aufwendig wie ein Hauskauf. Auch mit einem Landkauf kann man viel Geld verlieren, vor allem wenn man das Land zu teuer erwirbt. Man muss daher gründlich ermitteln, ob es versteckte Risiken gibt (beispielsweise Altlasten, Überschwemmungsgefahr) und ob der Preis angemessen ist. Ackerlandpreise variieren extrem: Ein Hektar in Niedersachsen kann zehnmal so teuer sein wie einer mit gleicher Bodenqualität in Brandenburg.

Ein wichtiger Aspekt wird bei Immobilien oft übersehen: Auch die Eigentümer von Häusern und Grundstücken können in einer

---

[1] Vgl. Daniel Schönwitz: »Von wegen Betongold«, *DIE ZEIT* Nr. 8, 16.02.2012.

Krise zur Kasse gebeten werden. So war bei der Währungsreform in den Westzonen 1948 geplant, Immobilieneigentümern Zwangshypotheken und Steuern aufzuerlegen. Das wirkt auf den ersten Blick hart, sollte aber in Wirklichkeit mehr Gerechtigkeit herstellen, weil Inhaber von Geldvermögen um die 90 Prozent verloren. Am Ende mussten Immobilieneigentümer zahlen, standen jedoch weit besser da als die Sparbuchinhaber. Ein Text der *Bundeszentrale für politische Bildung* zieht das Fazit: »Die Währungsreform begünstigte einseitig die Besitzer von Sachwerten und kam einer weitgehenden Enteignung der Geldwertbesitzer gleich.«[1]

~

Seit Jahren suche ich nun nach einer Möglichkeit, mein Erspartes vor einer schweren Krise zu schützen. Um es klar zu sagen: Ich habe leider keine Geldanlage gefunden, die ich uneingeschränkt empfehlen könnte. Ich besitze weiterhin Aktien, habe ein Viertel meines Geldes in Umweltschutzprojekte investiert, mir eine vermietete Einzimmerwohnung in Berlin gekauft und einen Acker in Brandenburg. Ich bin mir jedoch nicht sicher, ob das alles die richtige Entscheidung war. Unser Wirtschaftssystem steckt zurzeit voller unberechenbarer Risiken: Die Banken haben dem System schon jetzt schweren Schaden zugefügt und machen weiter mit der Spekulation. Die Politik versucht, das alte, marode System irgendwie am Laufen zu halten, während eine entschiedene Reform auch nach fünf Jahren Krise nicht zu erkennen ist. Zu vieles hängt von unberechenbaren Entscheidungen der Politiker, Spekulanten und Manager ab.

---

[1] Wolfgang Benz: »Wirtschaftsentwicklung von 1945 bis 1949«, www.bpd.de, 13.07.2004, S. 4.

Ich habe auf der langen Suche einiges über Geldanlagen gelernt, aber das Gelernte hat meine Unsicherheit noch verstärkt: Den Prognosen von Fondsmanagern, Bankanalysten und Anlageberatern traue ich immer weniger, gerade nach den letzten Monaten, in denen ich intensiv für dieses Buch recherchiert habe. Ich bin auf immer mehr Fälle gestoßen, bei denen in der Wirtschaftspresse falsche Ratschläge gegeben wurden: Da werden die Aussagen von Interessenvertretern als »Experteneinschätzung« bezeichnet, populäre Schlagworte wie »Betongold« unreflektiert übernommen, oder Gold-*Zertifikate*, bei denen man ein Insolvenzrisiko trägt, als Schutz vor der Krise empfohlen.

DIE LEHREN AUS DER KRISE

Jahrzehntelang hat man uns eingeschärft, dass wir mehr Markt und weniger Staat brauchen. Der ehemalige US-Präsident Ronald Reagan sprach sogar von der »Magie des Marktplatzes«. Man müsse die Regeln aufweichen, um das Gewinnstreben des Einzelnen zu entfesseln und so die Wirtschaft voranzutreiben.

Doch dieses Experiment ist gründlich schiefgegangen. Die Deregulierung hat nicht etwa zusätzlichen Wohlstand für alle geschaffen, sondern Bereicherung für wenige ermöglicht. Sie hat die Wirtschaft nicht in Schwung gebracht, sondern das ganze System an den Rand des Abgrunds geführt.

Die segensreiche Kraft des Marktes. Das gehörte zum Grundlagenwissen, das ich in den achtziger Jahren in Hamburg am Gymnasium gelernt habe. Das Konzept erschien mir einleuchtend. Planwirtschaft funktioniert nicht; davon konnte ich mich in Polen, Ungarn und der DDR selbst überzeugen.

Die Theorie von den segensreichen Marktkräften erscheint mir bis heute faszinierend: Was gut ist für den Profit, ist auch gut für die Gesellschaft. Jeder Akteur, so die Idee, kann einfach seine egoistischen Interessen verfolgen – der Markt sorgt schon dafür, dass sein Handeln der Gesellschaft nützt. Und wenn zwischen Anbietern und Käufern der Preis frei ausgehandelt wird, dann steckt in diesem Preis eine tiefere Wahrheit: Knappe Güter erzielen einen besonders hohen Preis. Zum Beispiel ein seltener Rohstoff oder die Arbeitskraft eines genialen Chemikers, der lebensrettende Medikamente entwickelt. Die hohen Preise, so die Idee, lenken knappe Güter dorthin, wo sie den größten Nutzen stiften. Der hoch qualifizierte Chemiker wird nicht bei einer Brausepulverfabrik anheuern, weil ein Pharmakonzern ihm mehr zahlen kann. Noch besser: Der Markt wird versuchen, wertvolle Güter zu vermehren, also beispielsweise mehr Chemiker auszubilden. Wenn man diese Ideen zu Ende denkt, dann wäre es sogar ein Gesetz des Marktes, dass der ehemalige *Deutsche-Bank*-Chef Josef Ackermann pro Jahr neun Millionen Euro erhalten hat.[1]

Doch je weiter ich bei den Recherchen für dieses Buch vorgedrungen bin, desto mehr wurde mir klar: In den letzten Jahrzehnten hat die Finanzbranche keineswegs die Marktkräfte entfesselt.

Sie hat die Marktkräfte abgeschafft.

Die Regierungen haben zu sehr auf das freie Spiel der Kräfte vertraut. Das hat den Finanzmarkt nicht funktionsfähiger gemacht, sondern ihn zerstört. Genauso wie ein Fußballspiel ruiniert wird, wenn der Schiedsrichter seine Aufgabe nicht ernst nimmt. Die gesamte Deregulierung der Bankbranche basiert auf dem absurden Glauben an »effiziente Märkte«. Aber die Finanzmärkte versagen regelmäßig, wenn man ihnen zu viele Freiheiten gibt. Dafür finden sich auf fast jeder Seite dieses Buches Beispiele: Immer wieder entstehen Blasen, immer wieder erkennen die Märkte Gefahren erst, wenn es längst zu spät ist, und immer wieder werden Anleger übervorteilt.

Die enorme Komplexität der angeblich »modernen« Finanzprodukte dient häufig vor allem dazu, Risiken zu verschleiern und sich unbemerkt zu bereichern. Die Opfer sind nicht nur »*Lehman-Omas*«, sondern auch erfahrene Akteure, wie Firmen oder staatliche Institutionen. Allein bei den deutschen Kommu-

---

[1] Meldung: »Ackermann verdient weniger«, *n.tv Wirtschaft*, 15.03.2011.

nen gehen die Schäden in die Millionen, wenn nicht sogar Milliarden. Nicht nur die geschilderten Zinswetten haben Löcher in die Gemeindekassen gerissen – sondern noch weitere Deals wie das sogenannte *Cross Border Leasing*. Dabei haben die Gemeinden amerikanischen Investoren zum Beispiel ein Klärwerk oder einige Straßenbahnen verkauft, und gleich wieder zurückgemietet (»geleast«). Dieses merkwürdige Geschäft sollte angeblich Steuervorteile bringen. Die Folge dieser Deals: Nach einigen Jahren mussten viele Gemeinden unerwartet Millionen bereitstellen, für Pflichten, die irgendwo hinter komplizierten Klauseln versteckt waren.

Es erscheint geradezu weltfremd, wenn immer noch gefordert wird, die Wirtschaft müsse die Dinge in »Eigenverantwortung« regeln. Gemeint ist: Bloß nicht zu strenge Vorschriften erlassen, denn die Unternehmen machen das schon unter sich aus. »Eigenverantwortung« klingt gut, doch der Begriff führt in die Irre: Unternehmen wollen Gewinne erzielen. Wenn die Politik ihnen erlaubt, diese auf Kosten anderer zu erzielen, werden einige Unternehmen das ausnutzen. Wenn Händler und Bankmanager Millionen mit Deals verdienen können, die unser Finanzsystem zusammenbrechen lassen, dann wird es immer einige geben, die solche Deals machen. Das haben die letzten Jahre gezeigt.

Es fordert ja auch niemand, die Regeln des Strafgesetzbuchs zu »deregulieren«, also die Vorschriften gegen Betrug, Raub oder Mord weniger streng zu formulieren, und danach an die Eigenverantwortung aller Bürger zu appellieren.

Die ungezügelte Macht der Banken wird sogar zu einer Bedrohung für die Demokratie. Mit Millionenausgaben für Lobbyarbeit beeinflussen Banken die Politik in ihrem Sinne. Und sie nutzen Offshore-Finanzplätze wie die Cayman-Inseln, entlegene Schlupflöcher mit niedrigen Steuern und laschen Kontrollen, um sich dem Zugriff der Regierungen zu entziehen. Sie wickeln an solchen Finanzplätzen – bis heute – Geschäfte über undurchschaubare »Zweckgesellschaften« und wenig regulierte Hedgefonds ab. Der investigative Journalist Nicolas Shaxson, der unter anderem für die *BBC* und die *Financial Times* arbeitet, warnt sogar, die Offshore-Finanzplätze seien die eigentliche Gefahr. Eine Gefahr, die von der Politik in keinster Weise entschärft worden sei: »Teile der Weltmedien haben den Eindruck erweckt, […] das Offshore-System sei demontiert worden, oder zumindest ausreichend gezähmt. […] Das Gegenteil ist passiert. Das Offshore-System strotzt vor Gesundheit, und wächst schnell.«[1]

Ähnlich äußert sich der Leiter der ZEIT-Wirtschaftsredaktion, Uwe-Jean Heuser. Er befürchtet, die Politik könnte gewissermaßen die Fassade der Banken renovieren, während gleichzeitig über Hintertüren die alten Geschäfte weiterlaufen: »Schon jetzt wandern viele Milliarden von Anlegern und Banken zu den Desperados der Branche, den fast unbehelligt spekulierenden Hedgefonds, und mancher Insider erwartet genau dort die nächste Blase. Nicht zufällig haben US-Banken in Washington gegen alle Regierungspläne durchgesetzt, dass sie dort weiter investieren dürfen.«[2]

Warum verbietet nicht wenigstens die deutsche Regierung den hiesigen Banken, gefährliche Geschäfte zu tätigen und Offshore-Finanzplätze zu nutzen? Als Antwort hört man oft das Argument, der Standort Deutschland werde geschwächt, wenn man die Banken streng reguliert. Sie würden dann weniger Kredite vergeben oder sogar nach London oder auf die Cayman-Inseln abwandern. Doch dieses Argument überzeugt nur auf den ersten Blick. Jene

---

[1]   Nicholas Shaxson: »Treasure Islands« (Kindle Edition; pos. 195), *The Bodley Head*, London, 2011.

[2]   Uwe Jean Heuser: »Das Volk will andere Banken«, *ZEIT Online*, 20.10.2011.

Geschäfte, die der deutschen Realwirtschaft nützen, können die Banken nämlich nur vor Ort abwickeln. Zudem sind diese Geschäfte so lukrativ, dass die Banken sie sich keinesfalls entgehen lassen werden: Die Milliarden auf den Konten der deutschen Sparer, die Kreditvergabe an solide deutsche Unternehmen – das sind sichere und renditeträchtige Geschäfte. Wenn die Banken dagegen die spekulativen Deals in andere Länder verlegen, sollten wir darüber froh sein, denn in diesem Fall müssten beim nächsten Crash andere die Rettungsmilliarden bereitstellen. Uwe-Jean Heuser kommentiert: »Man stelle sich eine stabile Finanzindustrie vor, die sich von einer Krise nicht umhauen lässt. [...] Der Fortschritt wäre groß, gemessen an dem, was die Deutschen in den vergangenen fünf Jahren erlebt haben.«[1]

Dass die Banken nicht strenger reguliert werden, ist kein Schicksal. Es ist ein Versagen der Politik. Noch 2009 kündigte die Bundeskanzlerin große Reformen an. *Spiegel Online* berichtete damals: »Angela Merkel gibt hochgesteckte Ziele für den G-20-Gipfel vor: Die Kanzlerin will in Pittsburgh klare Regeln für die internationalen Finanzmärkte durchsetzen – und Geldhäuser klein halten. ›Keine Bank darf so groß sein, dass sie wieder Staaten erpressen darf‹, fordert die CDU-Chefin.«[2] Nach dem Gipfel bewertete Merkel die Beschlüsse als vollen Erfolg.[3] Doch in Wahrheit ist bis heute keines der großen Probleme gelöst worden. Seit den Aussagen der Kanzlerin sind Jahre ins Land gegangen, und viele Hilfsmilliarden geflossen. Dennoch gibt es – nach

---

[1] Uwe Jean Heuser: »Das Volk will andere Banken«, *ZEIT Online*, 20.10.2011.

[2] »G-20-Gipfel: Merkel will Finanzbranche durchregulieren«, *Spiegel Online*, 24.09.2009.

[3] »Die Berliner Runde – zum Nachlesen im Live-Ticker«, *Abendblatt.de*, 27.09.2009, vgl. auch Mitschnitte der »Berliner Runde« auf *Youtube.de* (bei ARD/ZDF leider nicht mehr verfügbar).

fünf Jahren Krise – nur zaghafte Reformen, wie dieses Buch aufgezeigt hat: Die Banken sind keineswegs verkleinert worden. Sie wurden nicht einmal gezwungen, konsequent toxische Wertpapiere abzuschreiben, und sie machen längst wieder neue spekulative Geschäfte, bei denen sie immer noch mit einer absurd niedrigen Eigenkapitalausstattung arbeiten, die an spekulative Hedgefonds erinnert.

Auch bei anderen Problemfeldern sind bis heute nur zaghafte Reformen erkennbar: Bei den undurchsichtigen *Over-the-Counter*-Derivaten, den willfährigen Ratingagenturen, den risikoreichen Produkten für Privatanleger und den schädlichen Boni- und Provisionssystemen, mit denen Banker weiterhin dafür belohnt werden, gefährliche Deals abzuschließen oder Kunden über den Tisch zu ziehen.

Es gibt durchaus sinnvolle Reformansätze, aber sie werden von den Banken durch trickreiche Arbeit im Detail wieder verwässert: einerseits höhere Eigenkapitalanforderungen, andererseits weiterhin große Freiheiten für die Banken bei der »Risikogewichtung« ihrer Wertpapiere. Einerseits ein Verbot des Eigenhandels der Banken in den USA (»Volcker-Regel«), andererseits viele Hintertüren durch Ausnahmeregelungen, zudem kein Verbot in Europa.[1]

Das Kernproblem hat die Politik nicht angepackt: Die Finanzbranche verdient Milliarden mit kurzfristigen Deals – bis hin zum *Hochfrequenzhandel* im Nanosekundentakt. Doch der gesamte Kurzfristhandel ist reine Spekulation. Die Branche sorgt nur dann für eine sinnvolle Allokation von Kapital, wenn sie langfristig denkt – mit Zeithorizonten von Jahren und Jahrzehnten, denn die-

---

[1] Patrick Welter: »Verbot des Eigenhandels ist schwer zu verwirklichen«, *FAZ.net*, 12.10.2011.

se Laufzeit brauchen Projekte, in die das Geld eigentlich fließen soll. An den Börsen hingegen denkt man heute vor allem in Tagen und Stunden.

Der ehemalige amerikanische Vizepräsident Al Gore hat im Februar 2012 ein Manifest für einen »nachhaltigen Kapitalismus« veröffentlicht. Er zitiert in dem Text ein sehr schönes Bild: »Es ist Zeit, sich bei der Navigation an den Sternen zu orientieren und nicht an den Lichtern jedes vorbeiziehenden Schiffes.« Das trifft es genau. Die Wirtschaft ist auf dem falschen Kurs, weil sie sich an kurzfristigen Zielen orientiert. Es ist zunehmend aus dem Blick geraten, dass viele Geschäfte langfristig enormen Schaden anrichten. Gore hat eine erstaunliche Parallele erkannt: Die Finanzkrise und die weltweite Umweltzerstörung haben die gleiche Wurzel. Je gieriger Manager versuchen, ihre Profite zu maximieren, desto häufiger entstehen nur Pseudoprofite, die auf Kosten der Gesellschaft oder nachfolgender Generationen gemacht werden.

Der eigentliche Irrsinn der letzten fünf Jahre ist, dass die Banken weitgehend so weitermachen konnten wie vor der Krise, dass sie sogar weiter Boni und Dividenden ausschütten, während sie gleichzeitig fast monatlich neue Milliarden an öffentlichen Geldern erhalten. Der Staat ist für die Verluste zuständig, die Privaten für die Gewinne.

Der »Turbo-Kapitalismus« zerstört sich selbst. Erst wenn der Staat den richtigen Rahmen schafft, werden private Profitinteressen in die richtige Richtung gelenkt. Erst dann schaffen Unternehmen Wohlstand für alle statt nur Profite für wenige. Es ist sinnlos, auf die Banken zu schimpfen. Entscheidend ist, dass Politiker an die Macht kommen, die mutige Reformen nicht nur versprechen.

~

In den nächsten Jahren droht uns eine schwere Wirtschaftskrise. Durch die Gier weniger sind wir in eine Situation geraten, in der viele leiden müssen. Weltweit drohen Massenarbeitslosigkeit und Not. Doch wir können das Schlimmste vermeiden. Wenn wir erkennen, worauf es wirklich ankommt.

Anders als vielfach angenommen ist in einer schweren Wirtschaftskrise der drohende Wohlstandsverlust nicht das eigentliche Problem. In der Weltwirtschaftskrise ab 1929 beispielsweise ging die Wirtschaftsleistung im Deutschen Reich um weniger als 20 Prozent zurück. Zum Vergleich: Allein seit 1991 ist sie in Deutschland um 30 Prozent gestiegen. Und in Westdeutschland hat sie sich von 1970 bis 1991 fast verdoppelt, jeweils nach Abzug der Inflation.[1] Selbst wenn sich die Summe der produzierten Waren und Dienstleistungen also in den nächsten Jahren halbieren sollte, wären wir immer noch deutlich über dem Stand der siebziger Jahre.

Wogegen wir uns mit aller Kraft stemmen müssen, ist also weniger der wirtschaftliche Einbruch, es sind vielmehr Verteilungskämpfe, Ungerechtigkeit, ein Jeder-gegen-Jeden. Genau dieses Jeder-gegen-Jeden hat die letzten Jahrzehnte geprägt. Die Schere bei Einkommen und Vermögen klafft immer weiter auseinander. Das Ergebnis: In Deutschland ist heute ein Viertel des gesamten Vermögens in den Händen von nur einem Prozent der Bevölkerung. Dagegen haben 27 Prozent der Deutschen keinerlei Rücklagen – oder sogar Schulden.[2] Die unten stehende Grafik illustriert die wachsende Ungleichheit in den USA. Die Bezieher von Kapi-

---

[1] Norbert Räth: »Rezessionen in historischer Betrachtung«, *Statistisches Bundesamt*, 03/09, S. 204, 206.

[2] Joachim Frick, Markus Grabka: »Gestiegene Vermögensungleichheit in Deutschland«, *DIW-Wochenbericht*, 04/2009, S. 55. »Armutsforscher Markus Grabka […]«, *Süddeutsche.de*, 26.06.2009.

taleinkommen profitieren von explodierenden Unternehmensgewinnen, während das Einkommen der Massen kaum stärker gestiegen ist als das Preisniveau.[1]

Wessen Party?

—— Unternehmensgewinne USA (1986 = 100)

—— Masseneinkommen USA (1986 = 100)

*Quelle: Thomson Datastream via
Financial Times Deutschland (12.12.2008, S.31)*

Auch die Jahre vor der Weltwirtschaftskrise der dreißiger Jahre waren von starker sozialer Ungleichheit geprägt.[2]

Hieraus ergibt sich ein wichtiger Ansatz zur Lösung der aktuellen Krise: Zwar sind viele Staaten und Haushalte überschuldet, doch auf der anderen Seite gibt es gewaltige Guthaben, die sich unter anderem durch die hohen Boni in der Finanzbranche angehäuft haben. Als der *Stern* den Finanzkrisenexperten Rogoff fragt, was zu tun sei, antwortet er: »Die USA brauchen drastische Strukturreformen, etwa ein gerechteres Steuersystem. Die Reichsten

[1] Arloc Sherman, Aviva Aron-Dine: »New CBO Data Show Income Inequality Continues To Widen«, Center on Budget and Policy Priorities, (Datenquelle: *Congressional Budget Office*), 23.01.2007.

[2] Vgl. James K. Galbraith: »Inequality and Instability: A Study of the World Economy Just Before the Great Crisis«, *Oxford University Press*, Oxford/ New York, 2012.

zahlen heute im Schnitt ja gerade einmal 17 Prozent Steuern. Mit seinen Steuersenkungen für die Wohlhabenden vergab George W. Bush die Chance einer ganzen Generation, das Schuldenproblem zu lösen. Als er gewählt wurde, waren die USA ja faktisch schuldenfrei.«[1]

Sogar in Griechenland wäre bei den Reichen genug Geld vorhanden, um die Probleme des Landes zu lösen, berichtet der oberste griechische Steuerfahnder, Nikos Lekkas. Er warnt vor einer »sozialen Explosion«, wenn es nicht gelinge, die Spaltung der Gesellschaft in »unberührbare Eliten und Bürger, die geschröpft werden«, zu überwinden. Doch ein Hindernis, auf das Lekkas stößt, sind die Banken: In den meisten Fällen seien sie nicht bereit, mit seinen Ermittlern zu kooperieren, klagt Lekkas.[2]

Eine schwere weltweite Wirtschaftskrise lässt sich wohl nicht mehr vermeiden, politisches Chaos dagegen schon. In einer Demokratie haben wir es in der Hand. Wenn wir die falschen Weichen stellen, kann eine Weltwirtschaftskrise in der Diktatur enden. Sie muss es aber nicht, wie die USA, Großbritannien und viele weitere Länder in den dreißiger Jahren gezeigt haben.

Ein funktionierender demokratischer Staat ist unsere entscheidende Versicherung gegen die Krise. In den kommenden Jahren gibt es neben der Wirtschaftkrise zwei große Gefahren: Einerseits dass politische Extremisten die Oberhand gewinnen, andererseits dass wir den Finanzmärkten erlauben, den Staat weiter zurückzudrängen. Genau diejenigen, die für diese Krise verantwortlich sind, erzählen uns immer noch, dass wir mehr Markt und weni-

---

[1] Kenneth Rogoff (Interview): »Es wird ein langer, sehr schmerzhafter Prozess«, *Stern*, 20/2011, S. 81.

[2] »Oberster Steuerfahnder geißelt Zahlungsmoral der Griechen«, *Spiegel Online*, 08.06.2012. Boris Kálnoky, Dimitra Moutsouri: »Jagd auf die Steuermilliarden der Elite-Griechen«, *Welt Online*, 07.06.2012.

ger Staat brauchen. Und dass der Staat, der die Banken mit Milliarden gerettet hat, nun dringend sparen müsse. Es ist gut, staatliche Institutionen effizienter zu machen. Es ist nicht gut, sie zu demontieren.

Die angeblich so ineffizienten Beamten sind in Wirklichkeit ein entscheidender Standortvorteil Deutschlands. Warum siedeln sich viele Unternehmen in Deutschland an statt in einem Billiglohnland? Unternehmen und ihre Mitarbeiter profitieren in Deutschland von: Rechtssicherheit, Innenstädten ohne mörderischen Smog, von sozialem Frieden, gut ausgebildeten und selbstständig denkenden Nachwuchskräften, verlässlichen Verkehrswegen, hervorragender medizinischer Versorgung und niedrigen Kriminalitätsraten. Alles Güter und Vorzüge, für die vor allem Beamte und öffentliche Angestellte sorgen: Lehrer, Richter, Umweltschutzbeauftragte, Ärzte, Streetworker, Polizisten.

Es war ein gieriger Egoismus, der uns in die aktuelle Krise geführt hat. Um diese Krise zu überwinden, brauchen wir genau das Gegenteil: kein Gegeneinander, bei dem die Stärkeren ihre Interessen aggressiv durchsetzen, sondern ein Miteinander. Wir haben eine leistungsfähige, effiziente Wirtschaft und genug Wohlstand. In der kommenden Krise wird es daher entscheidend sein, alle an Arbeit und Wohlstand teilhaben zu lassen. Eine faire Verteilung des Reichtums ist auch im Interesse der Oberschicht. Denn Verelendung führt direkt in die Diktatur.

~

Das Gewinnstreben hat Ähnlichkeiten mit einem Fluss: Wenn er gemächlich dahinfließt und in kontrollierte Bahnen gelenkt wird, dann kann man seine Energie nutzbringend einsetzen. Doch wenn der Fluss durch starken Regen anschwillt, tritt er unkontrolliert über die Ufer, und die tosenden Wassermassen richten gewaltige Zerstörungen an. Gewinnstreben kann die Wirtschaft vorantreiben. Jedoch nur, wenn es in die richtigen Bahnen gelenkt wird. Wir brauchen dazu nicht bloß eine staatliche Lenkung, sondern auch eine neue Einstellung zur Wirtschaft. Wir müssen wieder den Menschen in den Mittelpunkt stellen, und nicht den Profit.

Diese Krise bietet eine große Chance: die Marktwirtschaft so auszurichten, dass sie den Menschen dient. Und nicht umgekehrt.

ICH DANKE

Meinen Eltern, die mich immer auf alle erdenkliche Weise unterstützt haben.

Meinem Lektor Edgar Bracht, der nie locker ließ, bis verwirrende Labyrinthe entwirrt und schwache Stellen stark waren.

Meiner Agentin Beatrice Beckmann, ohne die es dieses Buch niemals gegeben hätte.

Julika Brandestini, die aus einem umständlichen Einstieg einen spannenden gemacht hat.

Wolfgang Uchatius, der mit seinem wirtschaftlichen Sachverstand geholfen hat, die Argumentation stringenter zu machen.

Katrin Fromm, die als hellwache Testleserin viele Passagen verbessert hat.

Bildnachweis

Grafiken: Veronika Moga | vm Grafik
Fotos: Action Press/Zuma Press, Inc.: 56
Boston Public Library, Leslie Jones Collection,
     Print Department: 110
ddp images/dapd: 153, 196
Google 2012: 55
Wikimedia Foundation Inc.: 31